How To Manage **HUMANOID ROBOT**
By Yourself: BIOLOID

혼자서도 즐기는

휴머노이드 로봇

바이올로이드 편

| 김종욱 지음 |

홍릉과학출판사

머리말

2000년에 아시모, 2004년에 휴보가 일반인에게 공개된 이후 두 다리로 서서 걷고, 뛰고, 계단을 오르내리고, 인간과 대화하는 휴머노이드 로봇은 더 이상 만화 영화나 공상과학 영화에서만 볼 수 있는 꿈같은 존재가 아니다. 그 이후로 전 세계 각국에서 다양한 실물급 휴머노이드 로봇이 경쟁적으로 연구 개발되고 있고, 에듀테인먼트를 목표로 한 저가의 휴머노이드 로봇 키트들이 출시되고 있다.

휴머노이드 로봇은 인간의 신체 구조를 모방해서 만들어진 로봇을 일컫는데 인간이 하는 모든 일들을 함께 또는 대신 하는 것을 목표로 한다. 예를 들어 로보컵(세계 로봇 월드컵)에서는 2050년에 휴머노이드 로봇으로 구성된 축구단이 실제 월드컵 우승팀(인간)을 이기는 것을 목표로 삼고 있다. 또한 미래의 가정에서는 휴머노이드 로봇이 주부의 가사 노동을 돕고, 아이에게 책을 읽어주며, 빈집을 지키는 역할까지 다양하게 수행하는 것을 볼 수 있을 것이다. 이 뿐만 아니라 2011년에 발생한 후쿠시마 원전사고 현장처럼 인간에게는 극히 위험한 상황에서도 휴머노이드 로봇은 계단 오르기, 문턱 넘기 등을 수행하며 각종 사고처리를 지능적으로 할 수 있을 것으로 기대된다. 이처럼 휴머노이드 로봇의 적용 영역은 무궁무진하지만, 고가의 로봇 부품들(센서, 액추에이터, 임베디드 시스템)과 각종 신호 처리와 모션 생성 기술의 어려움, 인간에 비해 현저히 낮은 상황 판단력 등의 이유로 휴머노이드 로봇 관련 기술은 상대적으로 더디게 발전하고 있다. 이를 해결하기 위해서는 휴머노이드 로봇에 관해 이론과 실무 능력을 고루 갖춘 전문 인력 양성이 시급하다고 할 수 있다.

휴머노이드 로봇에 대해 로봇 공학자가 가지는 시각은 서로 상반된 두 가지로 나뉜다. 첫 번째는 휴머노이드 로봇이 20 자유도 내외의 복잡한 구조를 가지는 시스템이라 기구학과 동역학 식을 유도하고 이를 기반으로 보행 등의 모션을 생성하는 방법이 너무 어렵다는 시각이다. 두 번째는 로봇 댄스나 퍼포먼스를 구현할 때 손으로 구분 동작들을 일일이 지정해 주는 현재의 방법이 교육적으로 큰 의미가 없다는 시각이다. 이 두 간극을 연결할 수 있는 하나의 해결책으로서 저자는 시중의 컴퓨터 프로그래밍 관련 서적처럼 단계별로 작성된 예제 코드를 독자가 직접 실행해 봄으로써 체계적이고 구체적인 지식을 얻게 하는 것이라고 생각했고, 이 책을 집필하게 된 동기가 되었다.

이 책은 전 세계적으로 가장 많이 사용되고 있는 공학용 시뮬레이션 소프트웨어인 Matlab을 다룰 줄 아는 대학교 3학년 이상의 공대 학생, 대학원생, 공학자들이 휴머노이드 로봇에 관한 이론적 원리를 터득하고 기본적인 동작(보행, 제자리에서 방향틀기, 앞차기)을 Matlab으로 시뮬레이션한 후 상용 키트로 동작을 구현하는 내용으로 이루어져 있다. 지금까지 대부분의 국내외 로봇공학 교재들이 추상적인 이론 소개와 간단한 로봇에 적용한 결과를 다루었다면 이 책은 대중적인 다관절 로봇 키트인 바이올로이드를 로봇 플랫폼으로 선정해서 실무적으로 적용하는 내용까지 상세히 다뤘다. 이는 휴머노이드로봇 공학의 이론부터 기본적인 실무까지 체계적으로 다룸으로써 독자가 휴머노이드 로봇에 대해 흥미와 자신감을 갖출 수 있게 하기 위함이다. 내용 상 여러 면에서 부족하지만 앞으로 바이올로이드로 구현할 수 있는 보다 다양한 모션을 지능적으로 생성하는 방법에 대해 지속적으로 개정판을 출간할 예정이므로 독자 여러분들의 따뜻한 관심과 격려를 부탁하는 바이다.

끝으로, 이 책이 출판되기까지 고생을 하신 홍릉과학출판사 사장님과 직원 여러분들, 이 책을 후원해 주시고 바이올로이드의 기술적 자문에 성실히 응해 주신 ㈜로보티즈 사장님과 직원 여러분들께 감사를 표하는 바이다. 그리고 이 책을 집필하는 동안 큰 힘이 되어 준 아내와 두 딸(규리와 지운이), 그리고 가족들과 함께 이 기쁨을 나누고 싶다.

2012년 8월

승학산 자락에서 저자 씀

차례

Chapter 01 서론

Chapter 02 휴머노이드 로봇 기구학

Chapter
03 휴머노이드 로봇 동역학

Chapter
04 바이올로이드

Chapter

05 휴머노이드 로봇 모션 생성

Chapter 01

서론

1.1 로봇의 역사

인간의 형상을 닮은 휴머노이드 로봇은 '아톰',' 마징가Z', '태권V' 와 같은 애니메이션이나 '로보캅',' 터미네이터',' 아이로봇' 같은 SF영화 속에 등장하며 사람들의 상상 속에 존재해 왔다. 로봇의 원조인 산업용 로봇은 20세기 중반부터 상용화에 성공하여 제조 라인에 투입되어 왔고, iRobot사의 로봇 청소기 Roomba는 2003년부터 전 세계에 시판되어 서비스 로봇의 스타 브랜드로 자리매김했다. 그 동안의 기술적인 진보와 융합화로 인해 2020년이면 1가구 1로봇 시대, 로봇 친구를 만드는 시대가 올 것이라는 것은 많은 로봇 전문가들의 공통적인 견해이다.

현대인에게 너무나 친숙해진 단어가 되어버린 로봇(robot)이라는 이름은 체코슬로바키아의 극작가 카렐 차페크(Karel Capek)가 1920년에 쓴 희곡 '로섬의 인조인간(Rossum' s Universal Robot)' 에서 처음 사용되었다. 이 희곡은 주인공인 로섬 부자가 일만 열심히 하는 일종의 인조인간인 로보타(robota)를 만들었는데 이들은 결국 이용만 당하는 자신들의 처지를 자각하고 인간들을 제거한다는 줄거리를 가진다. robota라는 단어는 체코슬로바키아어로 '일한다' 와 '강제 노동' 이라는 의미를 가지고 있다.

로봇은 인간을 대신해서 단순작업이나 높은 정밀도를 요하는 작업, 또는 위험한 작업을 수행하기 위해 전 세계의 수많은 대학과 연구소에서 연구되기 시작했고 산업용 로봇 분야에서 가장 먼저 성공적으로 개발 및 적용되었다. 산업용 로봇은 1954년 미국인 George Devol이 '프로그램이 가능한 장치' 를 특허출원하고, 1961년 Joseph Engelberger가 General Motors사의 조립 라인에 산업용 제조 로봇 Unimate(그림 1.1)를 개발하여 투입한 것이 세계 최초이다. 이후 1961년 포드 자동차에서 금형 주조 기계의 탈착용 로봇이 최초로 산업현장에 도입된 이래로 다양한 산업용 로봇이 개발되었다.

산업용 로봇은 '재프로그래밍이 가능한 범용 조작 기계' 로 정의된 1세대

그림 1.1 최초의 산업용 로봇인 Unimate

로봇으로서 용접, 조립, 도장(painting), 이송 등의 다양한 작업들을 고정밀도와 고신뢰도로 반복 수행할 수 있도록 설계 및 제작되고 있다. 산업용 로봇은 전력이 공급되고 전기적 · 기계적 고장이 없는 한 24시간 동안 작업할 수 있으므로 단순 노동인력을 점차적으로 대체하고 있으며, 세계 최대 전자제품 하청업체인 중국의 팍스콘(Foxconn)이 3년 안에 로봇 100만대를 생산 라인에 투입하기로 발표한 것도 노동 임금 절감을 위한 것이다(2011년 7월 30일, 신화통신). 2008년 한 해 동안 전 세계 산업용 로봇 판매는 11만대, 로봇 판매 총액은 약 6.2억불에 이르고, 2011년에는 15만대 이상의 산업용 로봇이 판매되었다.

정해진 장소에서 미리 프로그램된 작업을 반복적으로 정확하게 수행하는 산업용 로봇과는 달리, NASA에서 제작해서 1997년에 화성에 보내진 소저너(Sojourner) 같은 탐사 로봇(rover)은 6개의 특수 구동바퀴, 태양 전지판과 카메라, 데이터 전송용 안테나, 그리고 냄새를 맡아 흙이나 바위의 성분을 알아낼 수 있는 후각장치 등을 이용해서 화성 표면 암석의 원소 성분을 검출하고

그림 1.2 화성 탐사 로봇 Spirit 로버

수백 장의 사진을 지구로 전송하는 고난도의 작업을 수행하는 것을 목적으로 개발되었다. 당시 소저너는 성공적으로 임무를 완성했으며, 2004년에 화성에 보내진 Spirit 로버(그림 1.2)와 Opportunity 로버에는 화성의 표면에 있는 암석이나 토양의 샘플을 조사하기 위해 주위의 환경을 실시간으로 감지하고 그에 대응해서 자율적으로 주행하는 지능적 기술이 추가되었다. 이처럼 로봇에게 자율적으로 판단하고 주행 및 다양한 작업을 상황에 맞게 수행하는 지능(intelligence)이 필요하게 되었으며 이러한 로봇을 지능형 로봇이라고 한다.

지능형 로봇은 '외부 환경을 스스로 인식(perception)하고 상황을 판단(cognition)하여 자율적으로 동작(mobility)하는 기계장치' 로 정의된다(지능형 로봇 개발 및 보급 촉진법, 2008년 2월). 보다 구체적으로 지능형 로봇은 환경 인식, 정보 획득, 지능적 판단, 자율적인 행동 등의 인공지능 기술을 이용해 인간을 지원하고, 어려운 상황에서 인간을 대신하거나 특수한 작업을 수행하는 기계, 전자, 정보, 생체공학의 복합체로 정의한다. 급속한 노령화와 저출산, 개인화, 사회적 네트워크화, 기술 융합, 웰빙 추구 등의 세계적 추세는 이러한 지능형 로봇의 필요성을 더욱 증가시키고 있다.

지능형 로봇은 다음과 같이 개인서비스 로봇, 전문서비스 로봇, 제조업용 로봇으로 크게 구분된다.

- 개인서비스 로봇: 청소 로봇과 같은 가정용 로봇, 교육용 로봇, 오락용 로봇, 개인 비서 로봇, 간병 로봇, 친구 로봇 등 일반인을 대상으로 서비스를 제공하는 로봇
- 전문서비스 로봇: 의료용 로봇, 국방용 로봇, 건설용 로봇, 사회안전 로봇 등과 같이 전문가를 보조하며 사회에서 요구하는 서비스를 제공하는 로봇
- 제조업용 로봇: 산업용 로봇으로서 생산제조용 로봇, 농업용 로봇, 어업용 로봇 등 모든 산업생산 활동에 적용되는 로봇

지능형 로봇은 가정이나 사무실에 상주하며 인간에게 지능형 서비스를 제공하고 인간과 지적, 정서적 상호 교감을 할 수 있어야 한다. 문턱이나 계단이 있는 생활 공간에서의 높은 이동성과 친근감 있는 외형을 고려한다면 가장 적합한 구조의 몸체를 갖는 로봇은 바퀴형 로봇보다는 휴머노이드 로봇이라고 할 수 있다.

1.2 휴머노이드 로봇의 역사

휴머노이드 로봇은 인간의 신체 골격과 근육 구조를 모방해서 설계되었으며, 10~40 자유도를 갖는 복잡한 구조와 이족 보행 기술의 어려움 때문에 대중 앞에 등장하는 데에 오랜 시간이 걸렸다. 인간의 형상을 닮은 로봇의 메커니즘에 관한 연구는 15세기의 역사적 천재인 레오나르도 다빈치까지 거슬러 올라간다. 19세기에는 John Brainerd가 증기 엔진으로 움직이는 Steam Man을 개발했으며, Frank Reade Junior가 Electric Man을 개발해서 휴머노이드 로봇에 관한 관심을 불러일으켰다.

20세기 초에 미국의 Westinghouse사에서 Elektro라는 휴머노이드 로봇을 연구했으며, 1970년경에 일본에서 본격적으로 다리가 달린 로봇에 관한 연구

가 발표되기 시작했다. 이 무렵 러시아와 미국에서도 다리가 4개 또는 6개 달린 다족 로봇에 관한 연구가 활발해졌다. 1980년과 1983년 사이에 개발된 6족(hexapod) CMU는 최고 속도가 초속 0.11m에 달할 정도로 기술이 발전하게 되었다. 1980년대에 미국의 MIT에서는 점프하는 로봇에 관한 연구가 활발하게 진행되었는데, Spring Flamingo, Uniroo라고 불리는 3차원 이족보행 로봇은 정적 보행과 동적 보행을 통해 걷기와 뛰기를 모두 할 수 있었다.

안정적으로 보행하는 휴머노이드 로봇을 최초로 개발한 나라이자 휴머노이드 로봇의 연구가 가장 활발하게 진행되고 있는 곳은 일본이다. 1970년대부터 일본에서는 휴머노이드 로봇에 관한 연구가 시작되었으며, 와세다 대학에서 WL(Waseda Legged) 로봇 시리즈를 개발하기 시작했다. 1983년에 발표된 WL-10R은 10개의 서보모터로 관절을 구동시키며 전진과 후진 및 방향 틀기를 구현할 수 있었다. 와세다 대학의 최신 휴머노이드 로봇은 그림 1.3에 보인 2009년형 WABIAN(WAseda Bipedal humANoid)-2R인데 총 41개의 관절을 가지며 키가 1.53m이고 체중은 64.5kg이다. 이 로봇의 평균 보행 속도

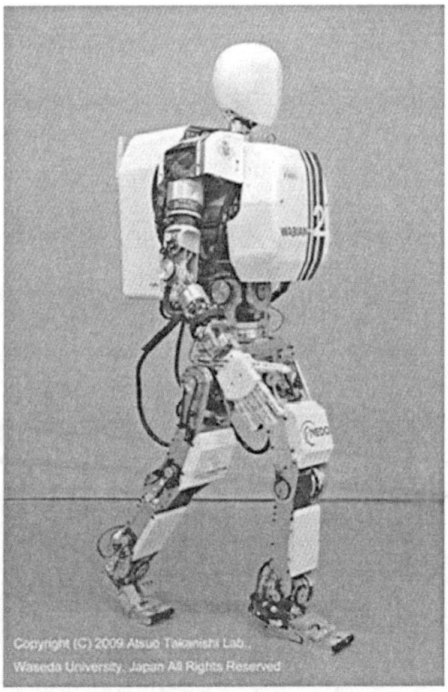

그림 1.3 와세다 대학의 WABIAN-2R

는 초속 0.36m이며 한 스텝당 0.96초의 주기를 가진다.

일본의 자동차 제조회사인 Honda사에서는 1986년부터 다양한 기종의 이족 보행 로봇을 E0에서 E6까지 개발했으며, 이를 바탕으로 휴머노이드 로봇 시리즈를 P1부터 P3까지 개발했다. Honda사에서 마침내 ASIMO(Advanced Step in Innovative Mobility)를 2000년 11월에 전 세계에 공개했을 때 휴머노이드 로봇을 실제로 구현하는 것은 불가능하다고 주장하던 수많은 로봇학자들을 경악케 했다. 이후 Honda사는 사람의 자세와 몸짓을 이해할 수 있는 커뮤니케이션 능력을 개선한 2002년형, 시속 3km까지 달릴 수 있도록 동작 성능이 개선된 2004년형, 8자 주행이 가능하고 인간과 손을 잡고 보행하고 카트를 밀고 가거나 접시를 운반하는 것이 가능한 2005년형, 다수의 ASIMO들과 함께 공동작업이나 개별작업을 같은 공간에서 진행할 수 있는 2007년형, 주변 환경이나 주변 사람과의 대화, 물건의 위치 정보를 통해 자율적으로 다음 행동을 결정할 수 있으며 최대 시속 9km까지 달릴 수 있는 운동 능력 등을 갖춘 2011년형 ASIMO를 지속적으로 발표하며 휴머노이드 로봇의 역사를 새로 쓰고 있다. 그림 1.4에 보인 신형 ASIMO의 키는 130cm이고 체중은 48kg이며 34개의 관절을 갖고 있다(http://asimo.honda.com/).

ASIMO의 성공에 자극을 받아 한국에서는 2004년 12월에 KAIST 기계공학과의 오준호 교수팀이 HUBO(Humanoid와 Robot의 합성어)를 개발하는데 성공했다. HUBO는 키 120cm, 체중이 55kg이고 35cm의 보폭으로 시속 1.25km를 걸을 수 있다. 또한 음성 인식과 합성 기능, 두 눈이 따로 움직이는 완벽한 비전 기능을 갖추고 다섯 손가락이 따로 움직여서 가위바위보도 할 수 있다. 오준호 박사팀은 2002년 1월부터 인간형 로봇 개발을 시작하여 KHR-1, KHR-2를 거쳐 HUBO를 완성했으며, 3년만에 약 10억 원의 연구비로 제작하는 데 성공함으로써 한국 로봇 기술이 세계적 수준임을 입증했다. 참고로 Honda는 ASIMO를 만들어내기까지 15년의 시간과 약 3,000억 원의 자금을 투입했다고 추정된다.

유럽에서도 일본과 한국의 성공에 자극받아 스페인의 Pal Robotics사

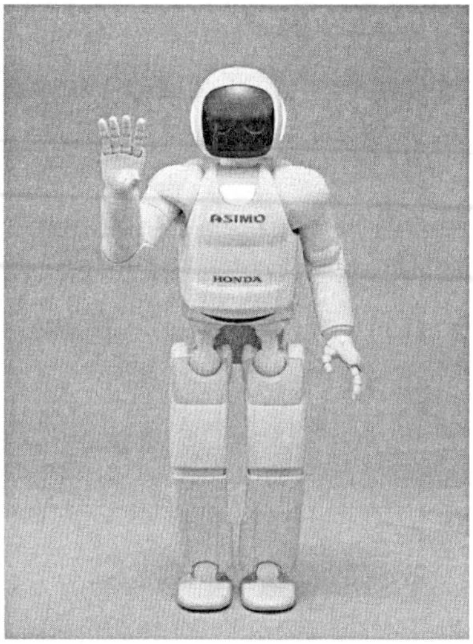

그림 1.4 Honda사의 ASIMO

(http://www.pal-robotics.com)에서 REEM B를 개발했는데, 자율 주행(autonomous navigation)을 할 수 있고, 사람을 인식하고 상호작용할 수 있으나 최고 속도가 시속 1.6km에 미치지 못한다. REEM B의 손은 정교한 동작을 할

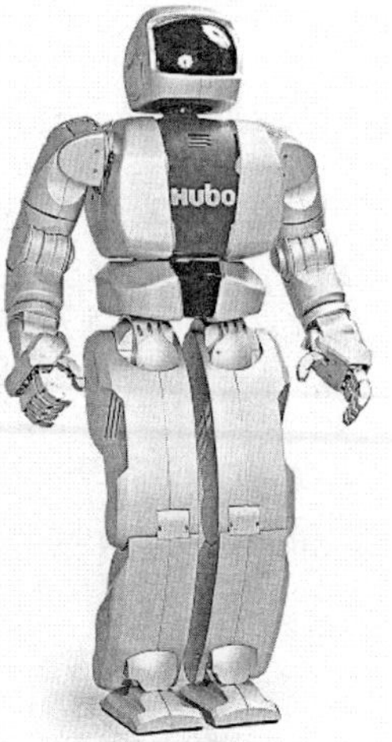

그림 1.5 KAIST의 HUBO

그림 1.6 Pal Robotics사의 REEM B

수 있으며, 무엇보다도 12kg의 짐을 들 수 있을 정도로 강력한 액추에이터를 자랑하고 있다. REEM B는 키 147cm에 체중이 60kg이며 51 자유도를 가지고 있다.

독일에서는 Institute of Robotics and Mechatronics(http://www.dlr.de/rm/en)에서 바퀴 4개로 구동하는 베이스 위에 사람의 상체가 얹혀 있는 구조를 갖는 Justin을 개발했다. Justin은 사람처럼 유연하면서 솜씨 있게 물건을 잡는 정교한 손가락을 가지고 있으며, Justin이 사물을 판별하고 그에 따라 주

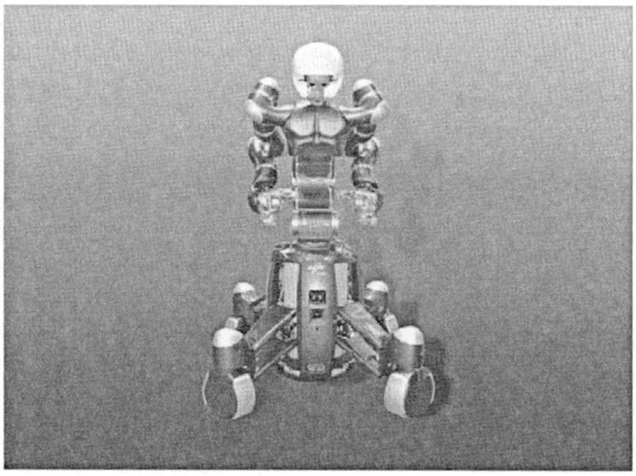

그림 1.7 독일 IRM의 Justin

어진 지능형 서비스를 수행하는 연구가 활발히 진행되고 있다. Justin은 170cm의 키에 체중이 45kg이며 15kg의 짐을 들 수 있다. 상체에 5자유도, 각 팔에 7자유도, 각 손에 12자유도가 있어서 총 43자유도를 가진다.

미국은 로봇의 기초 기술 연구와 우주용, 군사용, 의료, 재활, 서비스 분야의 로봇을 개발해 왔기 때문에 휴머노이드 로봇에 있어서는 후발 주자인 편에 속하는데, Virginia Tech 대학의 Dennis Hong 교수가 이끄는 RoMeLa 팀이 2011년에 발표한 CHARLI(Cognitive Humanoid Autonomous Robot with Learning Intelligence)가 공식적인 첫 휴머노이드 로봇이다. CHARLI는 인간이 팔이나 다리를 움직일 때 근육을 팽창시키고 수축시키는 원리를 로봇에 적용하기 위해, 회전형 모터 대신 선형 액추에이터를 사용하고 힘줄의 역할을 하는 컴플라이언스를 장착함으로써 충격을 완충시키면서 이족 보행을 효율적으로 할 수 있게 설계된 것이 특징이다. CHARLI-2는 140cm의 키에 체중이 12kg에 불과하며 축구를 할 수 있고, 사람을 따라 제스처를 취할 수도 있다.

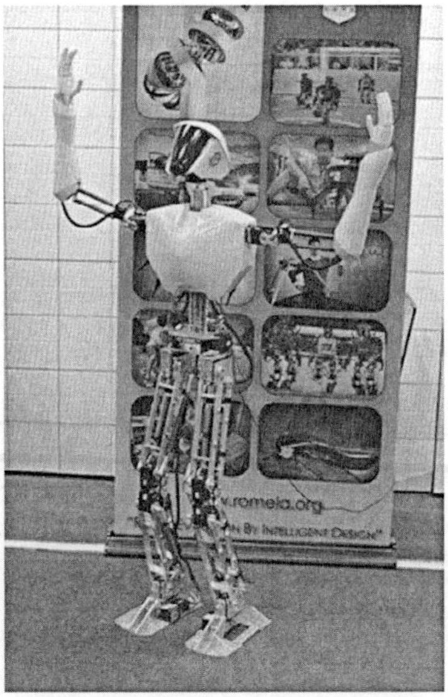

그림 1.8 Virginia Tech 대학의 CHARLI

그림 1.9 Robotis사의 BIOLOID 프리미엄 키트

지금까지 설명한 것은 키가 1m 이상인 실물급 휴머노이드 로봇이며 고가의 모터와 센서를 사용하기 때문에 연구용으로 주로 사용되고 있다. 일반인들이 구매할 수 있는 저가의 소형 휴머노이드 로봇 키트로 한국의 로보티즈(http://www.robotis.com)사에서 2005년부터 바이올로이드(BIOLOID)를 출시하기 시작했으며 현재 바이올로이드 초급, 종합, 프리미엄, GP 시리즈가 판매되고 있다. 이 책에서는 휴머노이드 로봇의 스테디셀러인 바이올로이드 프리미엄 키트를 휴머노이드 로봇 플랫폼으로 선정했으며 키트에 대한 자세한 사항은 4장에 소개될 것이다.

프랑스에서는 Aldebaran robotics사(http://www.aldebaran-robotics.com)에서 개발한 NAO가 2007년 Robocup에 등장함으로써 소형 휴머노이드 로봇 개발에 성공했음을 공식적으로 알렸다. NAO는 이족 보행이 가능하고 자율적으로 움직이며 얼굴/음성 인식과 인간과의 상호작용이 가능한 휴머노이드 로봇으로서, 2011년에 출시된 NAO Next Gen은 58cm의 키에 체중이 4.3kg이고 21~24자유도를 가지며 최대 시속 0.54km의 이동 성능을 갖고 있다. NAO Next Gen의 CPU는 Intel Atom 1.6GHz를 사용하며 기본 OS는 Linux이고 C++, Python, Matlab 등의 프로그래밍 언어로 코딩할 수 있다. NAO는

그림 1.10 Aldebaran Robotics사의 NAO Next Gen

전 세계 350개의 대학에 연구용 플랫폼으로 판매되었으며 현재 약 2,000대가 판매되었다.

1.3 국내외 동향

세계 각국은 로봇에 대한 활발한 투자를 통해 국가 기술발전 및 향후 시장 선점을 위해 노력하고 있다. 일본의 경우 기업과 정부가 중심으로 1998년부터 2002년까지 50억 엔의 예산을 통해 인간협조 공존형 로봇 시스템의 개발 프로젝트를 시행하였고, 한국도 2009년 5월에 발표한 '신성장동력 종합 추진계획' 에서 3대 분야 17개 사업 중 하나로 '로봇 응용' 분야를 선정하고 라이프케어 로봇, 청정생산용 첨단제조 로봇 시스템, 지속 가능 사회안전 로봇 시스템, 창의적 에듀테인먼트 로봇, 고부가 의료 서비스 로봇을 중점 분야로 선정했다. 중국은 National 863 key project에서 주방보조, 스포츠, 엔터테인먼트용 로봇 개발 등에 뛰어들었다. 이렇게 각국은 로봇 기술의 선점을 위해 많은 노력을 기울이고 있다. 또한 로봇 과목은 이미 세계적으로 정규교과로 인식

되고 있는 추세로 미국과 일본 등의 기술 선진국에서는 초·중·고교부터 로봇교육에 대한 관심과 투자를 아끼지 않고 있고 중국도 2008년부터 로봇교육을 의무화하고 있다. 우리나라는 방과 후 학교 프로그램에 별도로 로봇교실을 개설하여 운영하고 있는 실정이며, 지식경제부에서 2009년부터 융·복합형 로봇 전문인력 양성에 힘쓰고 있지만, 로봇 특성화 대학원, 산학연 로봇 연구센터 등 9개의 사업수행기관이 참여하여 양성하는 로봇 전문인력이 로봇산업의 수요에 크게 못 미치는 수준이다. 이 책이 이러한 로봇 전문인력을 양성하는 데 일조할 수 있기를 기대한다.

Chapter 02

휴머노이드 로봇 기구학

2.1 동차변환

2.2 DH법을 이용한 휴머노이드 로봇 모델링

2.3 투영법을 이용한 휴머노이드 로봇 모델링

로봇의 몸체를 구성하는 요소는 크게 기저부(base frame), 링크(link), 관절(joint), 말단부(end effector)라고 할 수 있다. 로봇은 이동성 면에서 산업용 로봇처럼 기저부가 고정되어 있는 것과 모바일 로봇처럼 이동하는 것으로 구분할 수 있다. 휴머노이드 로봇은 모바일 로봇으로 생각하기 쉽지만 동작 시 적어도 한쪽 발을 땅에 지지하고 있어야 하므로 기저부 고정 모델로 간주해야 한다. 링크는 기저부와 관절, 관절과 관절을 연결해 주는 강체(rigid body)로서 인체의 뼈와 같은 역할을 한다. 관절은 2개 혹은 그 이상의 링크를 연결하며, 액추에이터(actuator)를 장착하여 회전(rotation) 또는 병진(translation) 운동을 함으로써 로봇을 움직이게 한다. 말단부는 로봇의 최종 링크에 위치하여 물건을 잡고 조립하고 운반하는 등의 여러 가지 작업을 수행한다.

휴머노이드 로봇의 모든 모션은 각 관절 모터의 회전 운동의 조합으로 이루어진다. 관절에 장착되어 있는 모터가 회전하면 각도와 각속도, 각가속도 값이 변하는데, 각도 값은 로봇의 자세를 결정하고 각속도와 각가속도 값들은 로봇이 생성하는 힘과 모멘트(moment)에 영향을 미친다. 여기에서 모든 관절의 각도 값으로부터 로봇의 자세를 계산하는 과정을 기구학(kinematics)이라고 하고, 관절의 각속도와 각가속도 값으로부터 로봇의 특정부위가 갖는 힘과 에너지를 계산하는 것을 동역학(dynamics)이라고 한다. 기구학은 3차원에서 로봇이 갖는 다양한 자세를 계산하기 위해 필수적이며, 기구학적 관계식으로부터 동역학식을 유도할 수 있으므로 이 책에서 가장 먼저 다루기로 한다.

기구학은 크게 정기구학(forward kinematics)와 역기구학(inverse kinematics)으로 구분할 수 있는데, 정기구학은 각 관절 모터의 현재 각도 값들로부터 로봇의 특정 위치 또는 말단부(end effector)가 갖는 2차원 또는 3차원 좌표를 계산하는 것을 수학적으로 체계화한 학문 분야를 의미한다. 이에 반해 역기구학은 로봇의 말단부나 특정 위치의 좌표로부터 그것에 연관된 관절의 각도 값들을 계산하는 방법을 의미하며, 같은 좌표 값에 대해서도 복수 개의 각도

해가 존재하는 특성이 있다. 휴머노이드 로봇의 경우 20개 내외의 관절로 구성되어 있어서 역행렬을 사용하는 일반적인 역기구학적 방법을 적용하면 대단히 복잡하므로 이 책에서는 다루지 않기로 한다.

모든 형태의 로봇에 적용 가능한 일반적인 기구학적 방법으로 Denavit-Hartenberg(DH)법[1]이 가장 많이 사용되고 있다. DH법은 하나의 관절이 잇는 인접한 두 링크의 상호 관계를 4개의 파라미터를 이용해서 체계적으로 정의하고, 관절의 회전/병신 운동에 의한 링크 좌표계의 상대적인 회전과 이동을 행렬식으로 표현하는 방법이다. 이 방법은 관절-링크 간의 관련 규칙을 위반하지 않는 한 모든 관절 유형에 대해 적용할 수 있기 때문에 아무리 복잡한 구조를 갖는 다관절 로봇이라도 DH법을 이용해서 말단부 좌표계의 방향과 위치를 계산할 수 있다.

DH법이 다양한 구조를 갖는 로봇에 적용 가능한 방법이라면 투영법(projection-based method)은 휴머노이드 로봇에 적용하기 위해 저자에 의해 새롭게 고안된 방법이다[2]. 인간의 골격과 관절 구조는 SCARA(Selective Compliant Articulated Robot for Assembly) 로봇과 같은 산업용 로봇의 구조와는 구별되는 특성이 있는데, 발목 관절은 2자유도를 가지고 고관절은 3자유도를 가진다는 점이다. 그러므로 인간은 다리를 앞뒤 좌우로 자유롭게 움직일 수 있고, 고관절을 회전시킴으로써 전진 방향을 바꿀 수도 있다. 만약 한쪽 다리를 앞(옆)으로 들어 올리는 순간 정면(측면)에서 이를 바라본다면 다리의 길이가 짧아져 보이는데 이는 투영(projection)의 효과 때문이다. 투영법은 로봇을 정면에서 볼 때와 측면에서 볼 때를 구분하여 각 평면에서 2차원 좌표계의 위치를 계산 후, 이를 통합하여 3차원 링크 좌표계의 위치를 계산하는 방법으로서 DH법보다 수식이 간단하고 계산량이 적은 장점이 있다.

이번 장에서 2.1절에서는 기구학의 수학적 기초로서 동차변환에 대해서 배운다. 2.2절과 2.3절에서는 DH법과 투영법의 원리를 각각 배우고, 이를 휴머노이드 로봇 플랫폼인 바이올로이드(Bioloid)의 규격에 맞춰 Matlab으로 시뮬레이션한 결과를 비교한다.

2.1 동차변환

동차변환(homogeneous transformation)이란 인접한 두 링크가 갖는 좌표계 간의 변환 관계를 행렬을 써서 수학적으로 표현하는 것을 의미한다. 동차변환을 공부하기 전에 다관절 로봇의 관절, 링크, 링크 좌표계에 색인(index)을 부여하는 방법에 대해 먼저 살펴보자. n개의 관절을 갖는 로봇 매니퓰레이터는 기저부 링크를 포함해서 $n+1$개의 링크를 가진다. 각 관절에는 1부터 n까지의 숫자를 부여하고, 각 링크에는 0(기저부)부터 n까지 숫자를 부여한다. 이러한 원칙에 의하면, 그림 2.1에 나타낸 것처럼 i번째 관절은 $i-1$번째 링크와 i번째 링크를 연결하고, i번째 링크를 움직인다.

관절(joint)은 액추에이터가 회전 운동을 하느냐 왕복 운동을 하느냐에 따라 크게 회전 관절(revolute joint)과 병진 관절(prismatic joint)로 분류된다. i번째 관절의 관절변수(joint variable)를 q_i로 표현하면 회전 관절의 경우 q_i는 회전각 θ_i가 되고, 병진 관절의 경우 관절 변위 d_i가 된다.

기구학적 해석을 위해서 각 관절에 좌표계를 설정해야 하는데 i번째 링크에는 그림 2.1과 같이 $x_i y_i z_i$ 좌표계가 부착된다. 그러므로 i번째 관절이 회전 또는 병진 운동을 하면 i번째 링크와 $x_i y_i z_i$ 좌표계가 함께 움직이며, 강체인 링크 상의 한 점은 좌표계 내에서 일정한 좌표를 유지한다. 특히 $x_0 y_0 z_0$ 좌표계는 기저부에 단단히 고정되어서 로봇의 움직임에 대한 관성적 반력을 제공

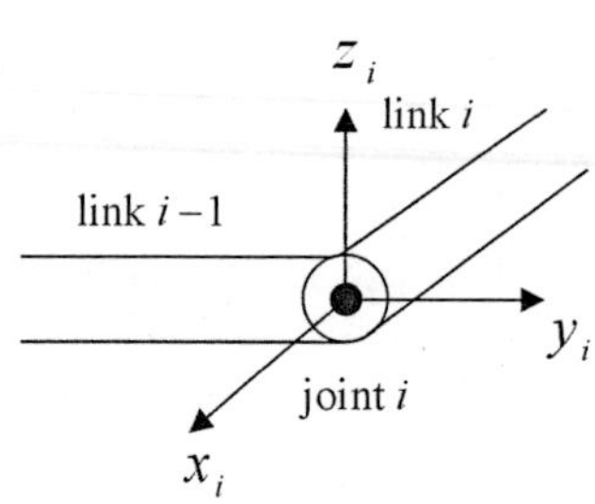

그림 2.1 링크와 관절의 관계

하므로 관성 좌표계(inertial frame)라고 부르고, 각 링크에 부착된 상대 좌표계(relative coordinate frame)들의 절대적 기준을 제공하기 때문에 기준 좌표계(reference coordinate frame)라고도 한다.

동차변환을 이해하기 위해서는 좌표계와 점, 벡터, 회전 행렬에 관한 기본적인 지식이 필요하다. 좌표계는 원점과 직교(orthogonal) 좌표축으로 구성되는데, 2차원 공간에 대해서는 2개의 좌표축(x, y축)이 필요하고 3차원 공간에 대해서는 3개의 좌표축(x, y, z축)이 필요하다. 공간에 하나의 점이 있다고 했을 때 그 점의 위치를 측정하기 위해서는 기준 좌표계를 설정해야 한다. 기준 좌표계는 임의로 정할 수 있으며 그에 따라 같은 점이라 하더라도 그 좌표값이 달라진다. 예를 들어 그림 2.2에서 2차원 공간상의 한 점 p는 두 좌표계 x_0y_0와 x_1y_1 중 어느 좌표계를 기준으로 하느냐에 따라 다음과 같이 2개의 좌표로 표현될 수 있다.

$$p^0 = \begin{bmatrix} 2 \\ 2.5 \end{bmatrix}, \quad p^1 = \begin{bmatrix} -1.2 \\ 1.8 \end{bmatrix} \tag{2.1}$$

식에서 p^0는 x_0y_0 좌표계에서 측정된 2차원 좌표이며, p^1은 x_1y_1 좌표계에서 측정된 좌표를 의미한다.

좌표계에서 한 점이 갖는 위치와 함께 중요한 개념이 벡터이다. 벡터는 방향(direction)과 크기(magnitude)를 갖는 물리량이며 자유벡터(free vector)는 점처럼 특정 공간에 한정되는 것이 아니라 공간을 자유롭게 이동할 수 있다. 그림 2.2에서 v_1과 v_2는 자유벡터로서 좌표계와는 상관없는 고유한 벡터값을 가진다. 그러나 이 벡터들은 기준 좌표계를 x_0y_0 좌표계로 잡느냐, x_1y_1 좌표계로 잡느냐에 따라 그 표현법들이 달라진다. 즉, 자유벡터 v_1을 x_0y_0 좌표계를 기준 좌표계로 설정할 경우를 v_1^0 벡터, x_1y_1 좌표계를 기준 좌표계로 설정할 경우를 v_1^1 벡터라고 한다면 다음과 같이 표현된다.

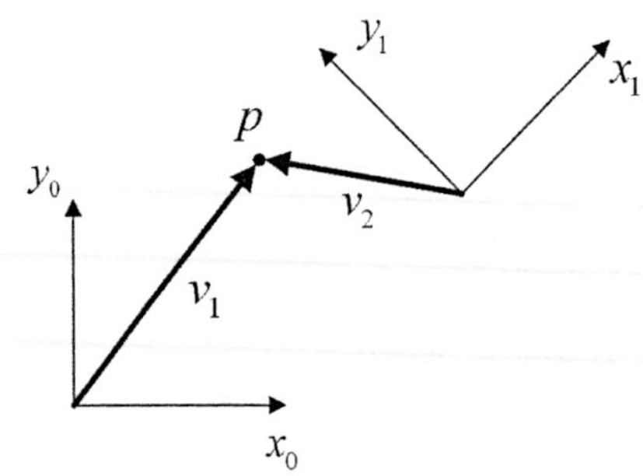

그림 2.2 두 2차원 좌표계에서 표현된 한 점의 위치와 벡터

$$v_1^0 = \begin{bmatrix} 2 \\ 2.5 \end{bmatrix}, \quad v_1^1 = \begin{bmatrix} 3.2 \\ 0.4 \end{bmatrix} \tag{2.2}$$

마찬가지로 자유벡터 v_2에 대해 x_0y_0 좌표계를 기준으로 한 v_2^0벡터, x_1y_1 좌표계를 기준으로 한 v_2^1벡터를 각 기준 좌표계에서 표현하면 다음과 같다.

$$v_2^0 = \begin{bmatrix} -2.2 \\ 0.4 \end{bmatrix}, \quad v_2^1 = \begin{bmatrix} -1.2 \\ 1.8 \end{bmatrix} \tag{2.3}$$

이제 좌표계를 회전시켜서 얻은 새로운 좌표계 상의 한 점을 표현하는 방법에 대해 알아보자. 그림 2.3은 x_0y_0 좌표계를 θ만큼 반시계방향으로 회전시

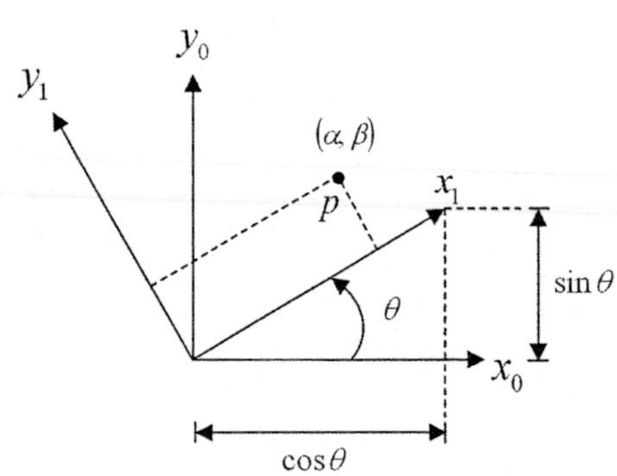

그림 2.3 2차원의 x_0y_0 좌표계를 θ만큼 회전시켜서 얻은 x_1y_1 좌표계의 관계도

켜서 x_1y_1 좌표계를 얻은 예를 보인다. x_1y_1 좌표계 상의 한 점 p의 좌표가 (α, β)이면 점 p는 다음과 같이 표현된다.

$$p = \alpha x_1 + \beta y_1 \tag{2.4}$$

식에서 x_1, y_1은 x_1y_1 좌표계의 단위벡터를 나타낸다.

점 p의 위치를 x_0y_0 좌표계에서 측정하고 그 점을 p^0라고 하면 다음과 같이 투영법을 써서 표현한다.

$$p^0 = \begin{bmatrix} p \cdot x_0 \\ p \cdot y_0 \end{bmatrix} = \begin{bmatrix} (\alpha x_1 + \beta y_1) \cdot x_0 \\ (\alpha x_1 + \beta y_1) \cdot y_0 \end{bmatrix} = \begin{bmatrix} \alpha x_1 \cdot x_0 + \beta y_1 \cdot x_0 \\ \alpha x_1 \cdot y_0 + \beta y_1 \cdot y_0 \end{bmatrix} = \begin{bmatrix} x_1 \cdot x_0 & y_1 \cdot x_0 \\ x_1 \cdot y_0 & y_1 \cdot y_0 \end{bmatrix} \begin{bmatrix} \alpha \\ \beta \end{bmatrix} \tag{2.5}$$

식에서 '·' 기호는 벡터 내적(dot product)을 의미하며 그림 2.4와 같이 두 벡터 x와 y의 내적은 한쪽 벡터를 다른 쪽 벡터에 수직으로 투영했을 때의 크기와 다른 쪽 벡터의 크기를 다음과 같이 곱하여 얻는다.

$$x \cdot y = |x||y|\cos\theta \tag{2.6}$$

식 (2.5)에서 x_0, x_1, y_0, y_1은 좌표축 방향 단위벡터로서 모두 크기가 1이므로 그림 2.3의 상호 관계로부터 다음과 같이 계산할 수 있다.

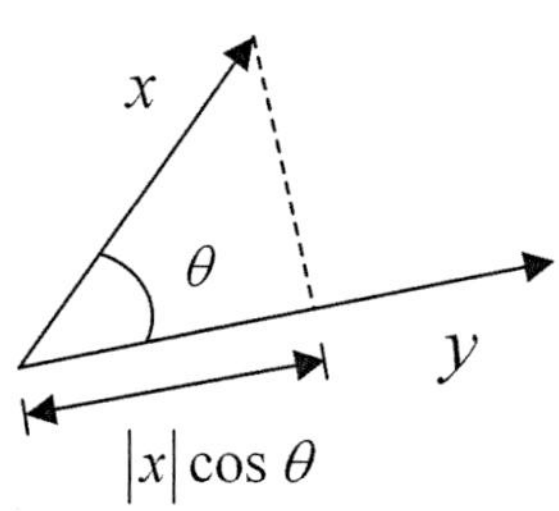

그림 2.4 두 벡터 x와 y 벡터의 내적

$$p^0 = \begin{bmatrix} x_1 \cdot x_0 & y_1 \cdot x_0 \\ x_1 \cdot y_0 & y_1 \cdot y_0 \end{bmatrix} \begin{bmatrix} \alpha \\ \beta \end{bmatrix} = \begin{bmatrix} \cos\theta & \cos\left(\frac{\pi}{2}+\theta\right) \\ \cos\left(\frac{\pi}{2}-\theta\right) & \cos\theta \end{bmatrix} \begin{bmatrix} \alpha \\ \beta \end{bmatrix} = \begin{bmatrix} \cos\theta & -\sin\theta \\ \sin\theta & \cos\theta \end{bmatrix} \begin{bmatrix} \alpha \\ \beta \end{bmatrix} \tag{2.7}$$

이 식에서 점 p의 좌표값 $[\alpha\ \beta]^T$앞에 곱해진 행렬을 회전 행렬 R이라 하며, x_1y_1 좌표계의 한 점 p를 x_0y_0 좌표계에서 바라본 것이므로 위첨자는 0, 아래첨자는 1을 붙여서 다음과 같이 표현한다.

$$p^0 = R_1^0 p, \quad R_1^0 = \begin{bmatrix} \cos\theta & -\sin\theta \\ \sin\theta & \cos\theta \end{bmatrix} \tag{2.8}$$

이번에는 3차원 상에서 좌표계 회전변환을 회전 행렬 R로 표현하는 방법에 대해 알아보자. 그림 2.5는 3차원 공간에서 $x_0y_0z_0$ 좌표계를 z_0 축을 중심으로 θ만큼 회전시켜서 얻은 $x_1y_1z_1$ 좌표계의 관계를 나타낸다. 3차원의 경우 식 (2.5)를 다음과 같이 확장해서 $x_1y_1z_1$ 좌표계 상의 한 점 p를 $x_0y_0z_0$ 좌표계에서 보았을 때의 좌표 p^0를 계산할 수 있다.

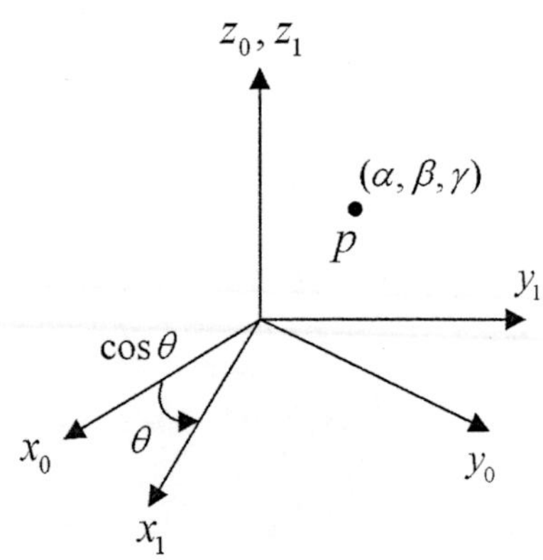

그림 2.5 3차원 공간에서 $x_0y_0z_0$ 좌표계를 z_0 축을 중심으로 θ만큼 회전시켜서 얻은 $x_1y_1z_1$ 좌표계의 관계도

$$p^0 = \begin{bmatrix} p\cdot x_0 \\ p\cdot y_0 \\ p\cdot z_0 \end{bmatrix} = \begin{bmatrix} (\alpha x_1 + \beta y_1 + \gamma z_1)\cdot x_0 \\ (\alpha x_1 + \beta y_1 + \gamma z_1)\cdot y_0 \\ (\alpha x_1 + \beta y_1 + \gamma z_1)\cdot z_0 \end{bmatrix} = \begin{bmatrix} x_1\cdot x_0 & y_1\cdot x_0 & z_1\cdot x_0 \\ x_1\cdot y_0 & y_1\cdot y_0 & z_1\cdot y_0 \\ x_1\cdot z_0 & y_1\cdot z_0 & z_1\cdot z_0 \end{bmatrix} \begin{bmatrix} \alpha \\ \beta \\ \gamma \end{bmatrix} \tag{2.9}$$

그림 2.5에서 x-y축의 회전은 그림 2.3과 같으므로 식 (2.9)의 3차원 회전 행렬에서 z축과의 벡터 내적만 새롭게 계산하면 된다. z-x축과, z-y축은 서로 직교하므로 회전 행렬의 3번째 열과 3번째 행의 원소 중 $z_1 \cdot z_0$ 원소만 제외하고 모두 0이다. $z_1 \cdot z_0$는 서로 일치하며 크기가 1인 단위벡터이므로 식 (2.9)는 다음과 같다.

$$p^0 = \begin{bmatrix} p\cdot x_0 \\ p\cdot y_0 \\ p\cdot z_0 \end{bmatrix} = \begin{bmatrix} \cos\theta & -\sin\theta & 0 \\ \sin\theta & \cos\theta & 0 \\ 0 & 0 & 1 \end{bmatrix} \begin{bmatrix} \alpha \\ \beta \\ \gamma \end{bmatrix} \tag{2.10}$$

이 식은 z축을 중심으로 반시계방향(오른손 법칙에서 양의 방향)으로 θ만큼 회전시킨 경우에 해당되므로 식 (2.8)의 관계식을 적용하면 회전 행렬 $R_{z,\theta}$는 다음과 같이 정의된다.

$$R_1^0 = R_{z,\theta} = \begin{bmatrix} \cos\theta & -\sin\theta & 0 \\ \sin\theta & \cos\theta & 0 \\ 0 & 0 & 1 \end{bmatrix} \tag{2.11}$$

같은 원리를 이용해서 x축을 중심으로 반시계방향으로 θ만큼 회전시켰을 때의 회전 행렬 $R_{x,\theta}$와 y축을 중심으로 반시계방향으로 θ만큼 회전시켰을 때의 회전 행렬 $R_{y,\theta}$는 다음과 같이 정의된다.

$$R_{x,\theta} = \begin{bmatrix} 1 & 0 & 0 \\ 0 & \cos\theta & -\sin\theta \\ 0 & \sin\theta & \cos\theta \end{bmatrix} \tag{2.12}$$

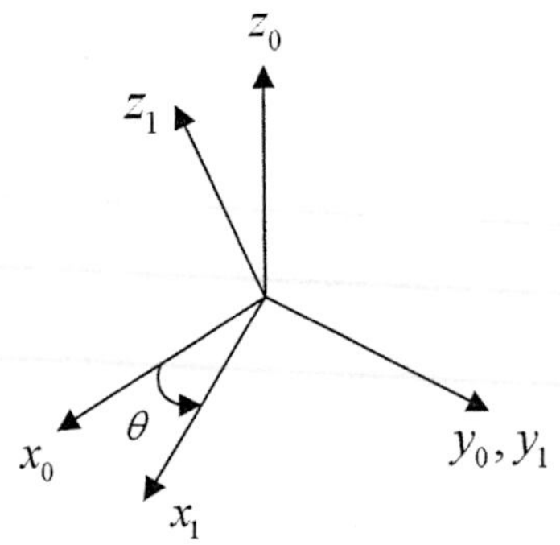

그림 2.6 3차원 공간에서 $x_0y_0z_0$ 좌표계를 y_0 축을 중심으로 θ만큼 회전시켜서 얻은 $x_1y_1z_1$ 좌표계의 관계도

$$R_{y,\theta} = \begin{bmatrix} \cos\theta & 0 & \sin\theta \\ 0 & 1 & 0 \\ -\sin\theta & 0 & \cos\theta \end{bmatrix} \tag{2.13}$$

$R_{y,\theta}$의 경우 sin θ의 부호가 다른 회전 행렬과 다름을 알 수 있는데, 그림 2.6을 보면서 식 (2.9)를 적용하면 구할 수 있다.

지금까지는 회전 관계에 있는 2개의 좌표계에 대해서만 생각했다. 그러나 다관절 로봇은 관절 수만큼의 좌표계가 존재하며, 다수개의 관절이 동시에 회전하거나 병진할 때 임의의 링크나 말단장치(end effector)가 갖는 좌표계의 위치와 방향을 수학적으로 표현할 수 있어야 한다.

먼저 둘 이상의 좌표계가 복합회전(composite rotation)하는 경우에 대해 생각해 보자. 3차원 공간에서 $x_0y_0z_0$ 좌표계를 회전 행렬 R_1^0로 회전시켜 $x_1y_1z_1$ 좌표계를 얻고, 이 좌표계를 다시 회전 행렬 R_2^1로 회전시켜 $x_2y_2z_2$ 좌표계를 얻었다고 하자. $x_2y_2z_2$ 좌표계에 위치한 한 점 p의 위치를 $x_0y_0z_0$ 좌표계에서 측정하고 싶다면, 먼저 $x_1y_1z_1$ 좌표계에서 점 p를 보았을 때의 위치 p^1을 다음 식을 이용해서 구한다.

$$p^1 = R_2^1 p \tag{2.14}$$

이렇게 변환된 점 p^1을 $x_0y_0z_0$ 좌표계에서 측정하기 위해 다음과 같이 한 번 더 회전 행렬 R_1^0을 곱해야 한다.

$$p^0 = R_1^0 p^1 \tag{2.15}$$

식 (2.14)를 식 (2.15)에 대입하면 다음의 식을 얻는다.

$$p^0 = R_1^0 R_2^1 p \tag{2.16}$$

$x_0y_0z_0$ 좌표계로부터 $x_2y_2z_2$ 좌표계까지의 회전 행렬을 R_2^0로 표기하면 이 식은 다음과 같이 간략화된다.

$$p^0 = R_2^0 p, \quad R_2^0 = R_1^0 R_2^1 \tag{2.17}$$

이 식으로부터, 어떤 좌표계를 회전시켜서 새로운 좌표계가 생성되었다면 이때의 회전 행렬을 기존 회전 행렬의 뒤에 곱해줌으로써 전체 회전 행렬을 계산할 수 있다는 사실을 알 수 있다. 이를 일반화하면, $x_0y_0z_0$ 좌표계를 R_1^0부터 R_n^{n-1}까지의 회전 행렬을 사용해서 순차적으로 회전시켜 $x_ny_nz_n$ 좌표계를 얻었을 때 이 좌표계의 전체 회전 행렬 R_n^0은 다음과 같다.

$$p^0 = R_n^0 p, \quad R_n^0 = R_1^0 R_2^1 \cdots R_n^{n-1} \tag{2.18}$$

이처럼 복합회전의 경우 파생된 좌표계의 회전 행렬을 뒤에서 곱해주는 규칙을 후행 승산(postmultiply) 규칙이라 한다.

지금까지 좌표계 간의 회전변환에 대해서만 살펴보았는데, 선형 모터를 사용하는 관절의 경우 병진변환도 발생하므로 이에 대해 알아보자. 그림 2.7은 앞의 경우에서처럼 $x_0y_0z_0$ 좌표계를 z_0 축을 중심으로 θ만큼 반시계방향으로 회전시킨 후, 병진변환 벡터 d_0만큼 이동시켜서 얻은 $x_1y_1z_1$ 좌표계를 나타낸다. 이때 $x_1y_1z_1$ 좌표계 상의 한 점 p의 위치를 $x_0y_0z_0$ 좌표계에서 표현하려면 식 (2.8)을 다음과 같이 확장해야 한다.

$$p^0 = R_1^0 p + d_0 \tag{2.19}$$

일반화를 위해 둘 이상의 좌표계가 관절의 회전/병진 운동에 의해 복합적으로 회전하고 이동하는 경우에 대해 생각해 보자. 먼저 $x_0y_0z_0$ 좌표계에 대해 R_1^0 행렬로 좌표계 회전을 일으키고 d_1^0 벡터로 좌표계를 이동시켜서 $x_1y_1z_1$ 좌표계를 얻고, 이 좌표계에 대해 R_2^1 행렬로 회전시키고 d_2^1 벡터만큼 이동시켜서 $x_2y_2z_2$ 좌표계를 얻었다고 하자. $x_2y_2z_2$ 좌표계 상의 한 점 p의 위치를 $x_0y_0z_0$ 좌표계에서 표현하기 위해서는 이 점을 $x_1y_1z_1$ 좌표계에서 보았을 때의 위치 p^1을 다음 식에 의해 먼저 계산해야 한다.

$$p^1 = R_2^1 p + d_2^1 \tag{2.20}$$

그리고 다음 식을 이용해서 점 p^1을 $x_0y_0z_0$ 좌표계에서 보았을 때의 좌표를 계산한다.

$$p^0 = R_1^0 p^1 + d_1^0 \tag{2.21}$$

식 (2.20)을 식 (2.21)에 대입하면 다음 식을 얻을 수 있다.

$$p^0 = R_1^0 R_2^1 p + R_1^0 d_2^1 + d_1^0 \tag{2.22}$$

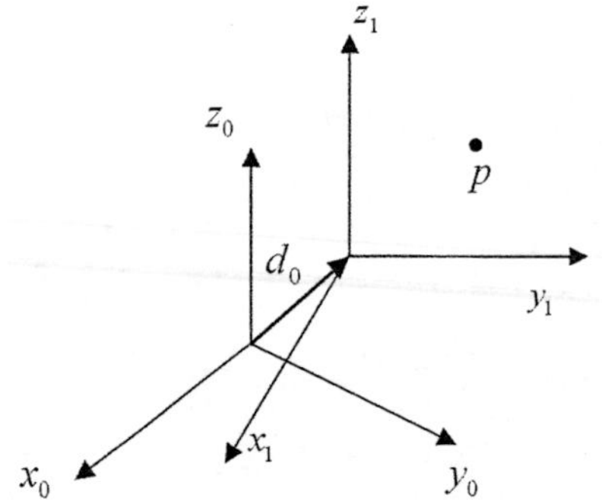

그림 2.7 3차원 공간에서 $x_0y_0z_0$ 좌표계를 z_0 축을 중심으로 θ만큼 회전시킨 후 d_0 만큼 이동시켜서 얻은 $x_1y_1z_1$ 좌표계의 관계도

이 식을 식 (2.16)과 비교해 보면 우변의 $R_1^0 d_2^1 + d_1^0$항은 병진 운동에 의해 새롭게 추가되었음을 알 수 있으며, 다음과 같이 d_2^0 벡터를 이용하여 간략하게 표현할 수 있다.

$$p^0 = R_2^0 p + d_2^0, \quad R_2^0 = R_1^0 R_2^1, \quad d_2^0 = d_1^0 + R_1^0 d_2^1 \tag{2.23}$$

어떤 로봇에 n개의 관절이 있고, 관절이 회전과 병진 운동을 한다면 식 (2.23)으로 표현하기엔 너무 길고 복잡하게 될 것이다. 그러나 앞서 배운 회전 행렬 R에 병진변환 벡터 d를 추가하여 다음과 같이 확장된 행렬을 이용한다면 간단히 표현할 수 있다.

$$H = \begin{bmatrix} R & d \\ 0 & 1 \end{bmatrix} \tag{2.24}$$

이 행렬을 동차변환 행렬(homogeneous transformation matrix)이라고 하며 R은 3차원 정방 행렬(square matrix)이고 d는 3×1 벡터이므로 H는 4차원 정방 행렬이다. 동차변환 행렬로 식 (2.23)의 R_2^0와 d_2^0를 표현하면 다음과 같이 각 동차변환 행렬의 곱으로 간략화할 수 있다.

$$H_2^0 = \begin{bmatrix} R_2^0 & d_2^0 \\ 0 & 1 \end{bmatrix} = \begin{bmatrix} R_1^0 R_2^1 & R_1^0 d_2^1 + d_1^0 \\ 0 & 1 \end{bmatrix} = \begin{bmatrix} R_1^0 & d_1^0 \\ 0 & 1 \end{bmatrix}\begin{bmatrix} R_2^1 & d_2^1 \\ 0 & 1 \end{bmatrix} = H_1^0 H_2^1 \tag{2.25}$$

동차변환 행렬을 이용해서 좌표계 상의 한 점의 위치를 표현하려면 3차원 위치벡터 $p=(p_x, p_y, p_z)$는 다음과 같이 4×1 벡터로 확장되어야 한다.

$$P = \begin{bmatrix} p_x \\ p_y \\ p_z \\ 1 \end{bmatrix} \tag{2.26}$$

이제 동차변환 행렬 H와 확장벡터 P를 이용하면 식 (2.22)는 다음과 같다.

$$P^0 = H_1^0 H_2^1 P \tag{2.27}$$

그리고 회전 행렬의 경우와 마찬가지로, n번의 동차변환의 경우 식 (2.18)과 같은 후행 승산 방식을 적용하면 다음과 같이 구할 수 있다.

$$P^0 = H_n^0 P, \quad H_n^0 = H_1^0 H_2^1 \cdots H_n^{n-1} \tag{2.28}$$

아래 행렬들은 관절이 각 축을 따라서 병진 운동을 할 때의 동차변환 행렬(Trans)과 각 축을 중심으로 회전 운동을 할 때의 동차변환 행렬(Rot)을 정리한 것이다. 예를 들어 $\text{Trans}_{x,a}$는 어떤 좌표계가 x축을 따라 a만큼 이동한 것을 나타내고 $\text{Rot}_{y,\beta}$는 y축을 중심으로 β만큼 회전한 것을 나타낸다.

$$\text{Trans}_{x,a} = \begin{bmatrix} 1 & 0 & 0 & a \\ 0 & 1 & 0 & 0 \\ 0 & 0 & 1 & 0 \\ 0 & 0 & 0 & 1 \end{bmatrix}, \quad \text{Trans}_{y,b} = \begin{bmatrix} 1 & 0 & 0 & 0 \\ 0 & 1 & 0 & b \\ 0 & 0 & 1 & 0 \\ 0 & 0 & 0 & 1 \end{bmatrix}, \quad \text{Trans}_{z,c} = \begin{bmatrix} 1 & 0 & 0 & 0 \\ 0 & 1 & 0 & 0 \\ 0 & 0 & 1 & c \\ 0 & 0 & 0 & 1 \end{bmatrix}$$

$$\text{Rot}_{x,\alpha} = \begin{bmatrix} 1 & 0 & 0 & 0 \\ 0 & \cos\alpha & -\sin\alpha & 0 \\ 0 & \sin\alpha & \cos\alpha & 0 \\ 0 & 0 & 0 & 1 \end{bmatrix}, \quad \text{Rot}_{y,\beta} = \begin{bmatrix} \cos\beta & 0 & \sin\beta & 0 \\ 0 & 1 & 0 & 0 \\ -\sin\beta & 0 & \cos\beta & 0 \\ 0 & 0 & 0 & 1 \end{bmatrix}, \quad \text{Rot}_{z,\gamma} = \begin{bmatrix} \cos\gamma & -\sin\gamma & 0 & 0 \\ \sin\gamma & \cos\gamma & 0 & 0 \\ 0 & 0 & 1 & 0 \\ 0 & 0 & 0 & 1 \end{bmatrix} \tag{2.29}$$

2.2 DH법을 이용한 휴머노이드 로봇 모델링

2.2.1 DH(Denavit-Hartenberg)법

DH법은 인접한 링크 간의 회전과 이동 관계를 표현하기 위해 Denavit와 Hartenberg가 1955년에 제안한 방법으로서, 4개의 파라미터를 갖는 4×4 동차변환 행렬로 로봇의 링크나 몸체에 부착된(body-attached) 좌표계를 이전 링크의 좌표계로부터 체계적으로 구축하는 방법이다[1]. DH법은 링크와 링크가 서로 연결되어 있으면 대부분의 로봇에 적용할 수 있으므로, 기저부 좌표계 $(x_0y_0z_0)$를 기준으로 임의의 링크 좌표계 $(x_iy_iz_i)$나 말단부 좌표계 $(x_ny_nz_n)$의 원점과 방향도 순차적인 방식으로 구할 수 있다.

DH법을 이해하기 위해 그림 2.1과 같이 i번째 관절이 $i-1$번째 링크와 i번째 링크를 연결하고, 각 링크에 $x_{i-1}y_{i-1}z_{i-1}$ 좌표계와 $x_iy_iz_i$ 좌표계가 부착되어 있다고 가정하자. 앞에서 설명했듯이 i번째 관절의 액추에이터가 회전이나 이동을 하면 i번째 링크와 $x_iy_iz_i$ 좌표계가 이에 반응해서 움직인다. 그림 2.8은 DH법에서 규정한 방식으로 두 좌표계 간의 상대적인 변환 관계를 정의한 것을 나타낸 것으로, 4개의 DH 파라미터 δ_i, α_i, d_i, a_i는 각각 관절각(joint angle), 링크 비틀림(link twist), 링크 오프셋(link offset), 링크 길이(link length)를 나타낸다.

DH법은 4×4 동차변환 행렬을 4개의 파라미터 만으로 표현하는 것이므로, 두 인접 좌표계 사이에 다음의 규칙이 성립해야만 적용 가능하다.

(규칙 1) x_i축은 z_{i-1}축과 직교해야 한다.
(규칙 2) x_i축은 z_{i-1}축과 만나야 한다.

다음은 DH법을 이용해서 $x_{i-1}y_{i-1}z_{i-1}$ 좌표계를 기준으로 $x_iy_iz_i$ 좌표계를

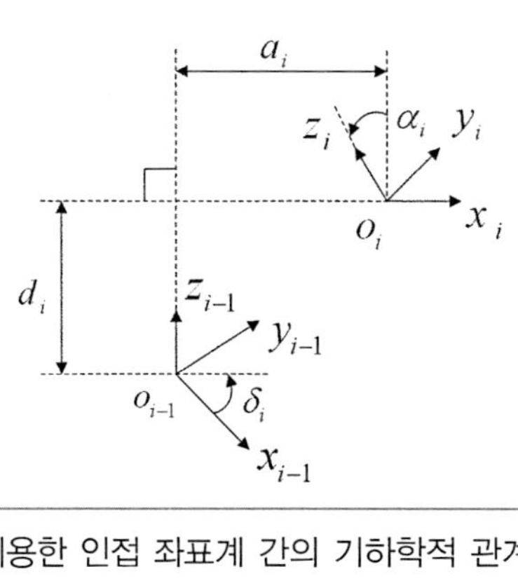

그림 2.8 DH법을 이용한 인접 좌표계 간의 기하학적 관계

구축하는 원리 및 순서를 설명한다.

1) 먼저 2개의 링크 좌표계 설정을 위해 z축을 기준축으로 정해야 하는데 회전 관절의 경우 회전 중심축, 병진 관절의 경우 왕복 방향축을 z축으로 설정한다. z축이 회전축일 경우 회전각 θ는 오른손 법칙을 따라야 하므로 그림 2.9와 같이 z축이 위로 향할 때 반시계방향으로 각도가 증가하는 것이 양(+)의 방향이다.
2) z_{i-1} 축을 회전축으로 삼고 x_{i-1} 축을 δ_i만큼 회전하여 x_i축을 얻는다.
3) z_{i-1} 축을 따라서 $x_i y_i z_i$ 좌표계를 d_i 만큼 이동시키고, 그 결과로서 x_i축과 x_{i-1} 축 사이에 오프셋(offset)이 발생한다.
4) 새로운 x_i 축을 따라서 $x_i y_i z_i$ 좌표계를 a_i 만큼 이동한다. 휴머노이드 로봇의 경우 병진 관절이 없으므로 a_i는 링크 길이에 해당한다.
5) 마지막으로 x_i 축을 회전축으로 삼아서 z_{i-1} 축을 α_i 만큼 회전하여 z_i 축을 만든다. 오른손 법칙을 사용하기 때문에 그림에서 z_i 축은 지면 앞쪽을 향한다.

위의 각 과정은 식 (2.24)에 표현된 동차변환 행렬을 기본 단위로 사용해서 표현할 수 있으며, 이전 좌표계 $x_{i-1}y_{i-1}z_{i-1}$를 순차적으로 회전 및 병진변환시켜서 새로운 좌표계를 얻는 것이므로 DH변환 행렬 B는 앞에서 설명한 후행 승산 기법을 적용하여 다음과 같이 수식화할 수 있다.

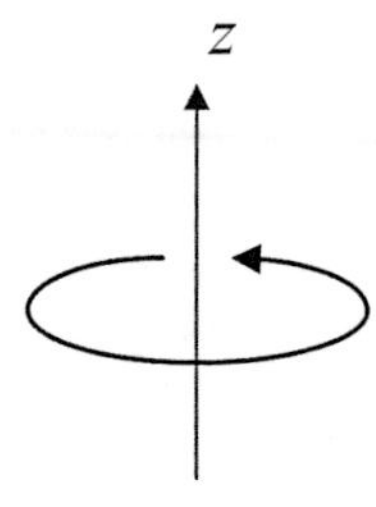

그림 2.9 오른손 법칙에서의 양의 각도 방향

$$
\begin{aligned}
B_i(\delta_i, d_i, a_i, \alpha_i) &= \text{Rot}_{z,\delta_i}\,\text{Trans}_{z,d_i}\,\text{Trans}_{x,a_i}\,\text{Rot}_{x,\alpha_i} \\
&= \begin{bmatrix} C_i^\delta & -S_i^\delta & 0 & 0 \\ S_i^\delta & C_i^\delta & 0 & 0 \\ 0 & 0 & 1 & 0 \\ 0 & 0 & 0 & 1 \end{bmatrix}
\begin{bmatrix} 1 & 0 & 0 & 0 \\ 0 & 1 & 0 & 0 \\ 0 & 0 & 1 & d_i \\ 0 & 0 & 0 & 1 \end{bmatrix}
\begin{bmatrix} 1 & 0 & 0 & a_i \\ 0 & 1 & 0 & 0 \\ 0 & 0 & 1 & 0 \\ 0 & 0 & 0 & 1 \end{bmatrix}
\begin{bmatrix} 1 & 0 & 0 & 0 \\ 0 & C_i^\alpha & -S_i^\alpha & 0 \\ 0 & S_i^\alpha & C_i^\alpha & 0 \\ 0 & 0 & 0 & 1 \end{bmatrix} \\
&= \begin{bmatrix} C_i^\delta & -S_i^\delta C_i^\alpha & S_i^\delta S_i^\alpha & a_i C_i^\delta \\ S_i^\delta & C_i^\delta C_i^\alpha & -C_i^\delta S_i^\alpha & a_i S_i^\delta \\ 0 & S_i^\alpha & C_i^\alpha & d_i \\ 0 & 0 & 0 & 1 \end{bmatrix}
\end{aligned}
\tag{2.30}
$$

식에서 대문자 S와 C는 sin함수와 cos함수를 각각 나타내며, 위첨자와 아래첨자는 변수와 그 인덱스를 나타낸다. 즉, C_i^δ는 $\cos\delta_i$를 나타내고 S_i^α는 $\sin\alpha_i$를 의미한다. 행렬 B_i의 3×3 부분 행렬(submatrix)에 해당하는 아래 행렬은 $x_{i-1}y_{i-1}z_{i-1}$ 좌표계 기준으로 $x_iy_iz_i$ 좌표계의 방향을 나타내는 행렬이다.

$$
\begin{bmatrix} C_i^\delta & -S_i^\delta C_i^\alpha & S_i^\delta S_i^\alpha \\ S_i^\delta & C_i^\delta C_i^\alpha & -C_i^\delta S_i^\alpha \\ 0 & S_i^\alpha & C_i^\alpha \end{bmatrix}
\tag{2.31}
$$

그리고 B_i에서 열벡터 $[\alpha_i C_i^\delta \;\; \alpha_i S_i^\delta \;\; d_i]^T$는 $x_iy_iz_i$ 좌표계 원점의 상대적 변위를 나타낸다.

DH법을 이용해서 각 링크 좌표계의 방향과 변위를 구하는 예로서 그림 2.10과 같이 2개의 링크를 갖는 평면 매니퓰레이터를 생각해 보자. 이 로봇은 x축과 y축으로 구성된 2차원 평면상에서만 움직이며 z축은 페이지 앞쪽을 향한다. 기준 좌표계는 $x_0y_0z_0$이고 이로부터 DH법을 적용하여 $x_1y_1z_1$ 좌표계를 구축한다. x_1축은 x_0축을 z_0축 중심으로 θ_1만큼 회전시켜서 얻었고, x_1축과 x_0축 사이에는 z_0축 방향의 오프셋이 없으므로 $d_1=0$이다. 그리고 z_1축과 z_0축 사이에는 x_1축 방향으로 a_1만큼의 변위가 발생하며, 마지막으로 x_1축을 회전축으로 한 z_1축과 z_0축 사이의 회전이 없으므로 $\alpha_1=0$의 관계가 성립된다. 두

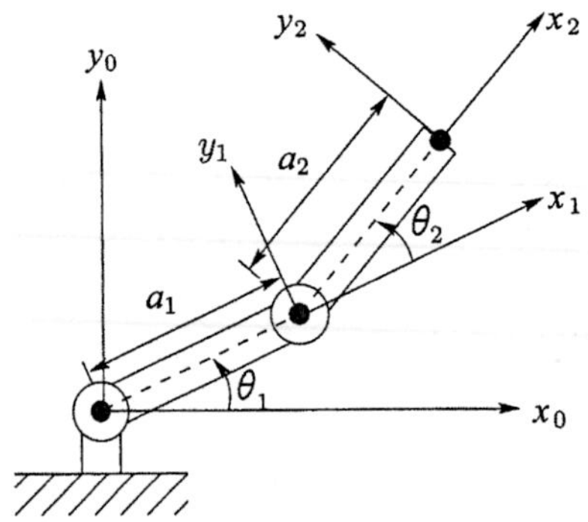

그림 2.10 2-링크 평면 매니퓰레이터와 지역 좌표계

번째 링크의 말단부 좌표계인 $x_2y_2z_2$ 좌표계와 $x_1y_1z_1$ 좌표계 간의 4개의 DH 파라미터들도 이와 같은 방식으로 구할 수 있으며, 모든 파라미터들을 <표 2.1>에 정리했다.

〈표 2.1〉 2-링크 평면 매니퓰레이터의 DH 파라미터

링크	δ_i	d_i	a_i	α_i
1	θ_1	0	a_1	0
2	θ_2	0	a_2	0

앞에서 구한 DH 파라미터와 변환 행렬을 이용해서 링크 좌표계의 한 점이 기준 좌표계에서는 어떻게 수식으로 표현되는 지를 알아보자. 먼저 $x_1y_1z_1$ 좌표계 상에서 (p_x^1, p_y^1, p_z^1)의 좌표값을 갖는 점 p^1을 $x_0y_0z_0$ 좌표계에서 바라보았을 때의 절대 좌표 (p_x^0, p_y^0, p_z^0)는 DH변환 행렬식 (2.30)에 표 2.1의 파라미터들을 대입함으로써 다음과 같이 계산할 수 있다.

$$\begin{bmatrix} p_x^0 \\ p_y^0 \\ p_z^0 \\ 1 \end{bmatrix} = \begin{bmatrix} C_1^\theta & -S_1^\theta & 0 & a_1C_1^\theta \\ S_1^\theta & C_1^\theta & 0 & a_1S_1^\theta \\ 0 & 0 & 1 & 0 \\ 0 & 0 & 0 & 1 \end{bmatrix} \begin{bmatrix} p_x^1 \\ p_y^1 \\ p_z^1 \\ 1 \end{bmatrix} = \begin{bmatrix} C_1^\theta p_x^1 - S_1^\theta p_y^1 + a_1C_1^\theta \\ S_1^\theta p_x^1 + C_1^\theta p_y^1 + a_1S_1^\theta \\ p_z^1 \\ 1 \end{bmatrix} \tag{2.32}$$

이번에는 $x_2y_2z_2$ 좌표계 상에서 (p_x^2, p_y^2, p_z^2)의 좌표값을 갖는 점을 $x_0y_0z_0$ 좌표계 상의 절대 좌표로 표현하고 싶다면 다음과 같이 식 (2.32)의 행렬에 후행 승산 방식을 적용하면 된다.

$$\begin{bmatrix} p_x^0 \\ p_y^0 \\ p_z^0 \\ 1 \end{bmatrix} = \begin{bmatrix} C_1^\theta & -S_1^\theta & 0 & a_1C_1^\theta \\ S_1^\theta & C_1^\theta & 0 & a_1S_1^\theta \\ 0 & 0 & 1 & 0 \\ 0 & 0 & 0 & 1 \end{bmatrix} \begin{bmatrix} C_2^\theta & -S_2^\theta & 0 & a_2C_2^\theta \\ S_2^\theta & C_2^\theta & 0 & a_2S_2^\theta \\ 0 & 0 & 1 & 0 \\ 0 & 0 & 0 & 1 \end{bmatrix} \begin{bmatrix} p_x^2 \\ p_y^2 \\ p_z^2 \\ 1 \end{bmatrix} \tag{2.33}$$

식 (2.32)와 식 (2.33)을 보면 관절이 추가될 때 동차변환 행렬의 뒤에 새로운 행렬을 곱해주는 형태가 되므로, 관절이 3개 이상일 경우 i번째 관절부터 j번째 관절까지의 복합적인 좌표계변환을 나타내는 복합변환 행렬 T_j^i의 개념을 다음과 같이 도입하면 효율적으로 표현할 수 있다.

$$T_j^i = B_{i+1}B_{i+2}\cdots B_j = \begin{bmatrix} R_j^i & d_j^i \\ 0 & 1 \end{bmatrix} \tag{2.34}$$

여기에 $i+1$번째 관절과 링크를 새로 추가할 경우 복합변환 행렬을 써서 다음과 같이 표현할 수 있다.

$$T_{j+1}^i = B_{i+1}\cdots B_jB_{j+1} = T_j^iB_{j+1} = \begin{bmatrix} R_{j+1}^i & d_{j+1}^i \\ 0 & 1 \end{bmatrix} \tag{2.35}$$

식 (2.32)와 식 (2.33)을 이용해서 $x_1y_1z_1$ 좌표계와 $x_2y_2z_2$ 좌표계 원점의 절대 좌표를 구하는 방법에 대해 참고로 알아보자. 이 방법은 2.2.2절에서 휴머노이드 로봇의 관절 좌표를 구할 때 사용된다. 먼저 $x_1y_1z_1$ 좌표계 원점을 기준 좌표계로부터 측정한 좌표는 식 (2.32)에 $(p_x^1, p_y^1, p_z^1)=(0, 0, 0)$을 대입하면 $(p_x^0, p_y^0, p_z^0)=(a_1C_1^\theta, a_1S_1^\theta, 0)$과 같이 구해진다. 그리고 $x_2y_2z_2$ 좌표계 원점의 좌표는 마찬가지로 식 (2.33)에 $(p_x^2, p_y^2, p_z^2)=(0, 0, 0)$을 대입하면 $(p_x^0, p_y^0, p_z^0)=(a_1C_1^\theta+a_2S_{12}^\theta, a_1S_1^\theta+a_2S_{12}^\theta, 0)$로 구해진다.

앞에서 다룬 2-링크 평면 매니퓰레이터의 동작을 Matlab으로 시뮬레이션해 보자. 링크 길이에 해당하는 a_1이 0.1m, a_2는 0.2m라고 설정하고, θ_1은 20°에서 50°까지 1° 간격으로, θ_2는 0°에서 30°까지 1° 간격으로 회전한다고 가정하자. 코드는 http://office.ucloud.com의 My ucloud/게스트폴더의 two_link_planar_robot.m 파일에 작성되어 있으며, 이를 컴퓨터에서 실행한 화면이 그림 2.11이다. 코드에서 p1_0는 $x_1y_1z_1$ 좌표계 원점의 절대 좌표를 나타내며, p2_0는 $x_2y_2z_2$ 좌표계 원점의 절대 좌표를 나타낸다. 그리고 DH_trans_mat은 함수로서 코드 2.2에서 보듯이 식 (2.30)을 Matlab으로 구현한 것이다. Matlab 언어에 대한 자세한 설명은 참고문헌[3]을 참고하기 바란다.

```
d1 = 0;        d2 = 0;
a1 = 0.1;      a2 = 0.2;
alpha1 = 0; alpha2 = 0;
theta1 = deg2rad([20:1:50]);  theta2 = deg2rad([0:1:30]);

p0 = [0 0 0 1]' ;     % x0y0z0 좌표계의 원점
p1 = [0 0 0 1]' ;     % x1y1z1 좌표계의 원점
p2 = [0 0 0 1]' ;     % x2y2z2 좌표계의 원점

for i=1:length(theta1)
    p1_0 = DH_mat(theta1(i), d1, a1, alpha1)*p1;
    p2_0 = DH_mat(theta1(i), d1, a1, alpha1)*DH_mat(theta2(i), d2, a2, alpha2)*p2;

    figure(1)
    plot([p0(1) p1_0(1) p2_0(1)], [p0(2) p1_0(2) p2_0(2)],  '-bo' );
    xlabel( 'x (m)' );
    ylabel( 'y (m)' );
    hold on;
end
```

〈코드 2.1〉 2-링크 평면 매니퓰레이터의 동작 시뮬레이션

```
function y = DH_mat(theta, d, a, alpha)

y = [cos(theta),  -sin(theta)*cos(alpha),  sin(theta)*sin(alpha),     a*cos(theta);
     sin(theta),   cos(theta)*cos(alpha),  -cos(theta)*sin(alpha),  a*sin(theta);
     0,            sin(alpha),             cos(alpha),              d;
     0,            0,                      0,                       1];
```

〈코드 2.2〉 DH변환 행렬

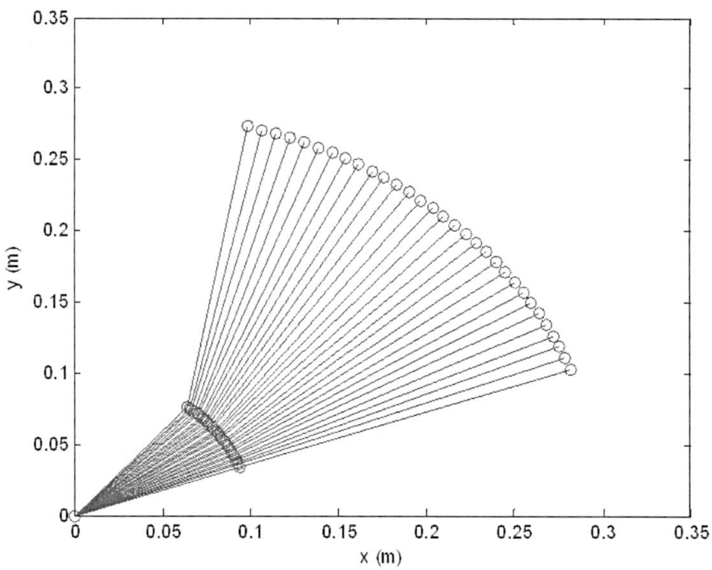

그림 2.11 2-링크 평면 매니퓰레이터의 동작 시뮬레이션

2.2.2 DH법의 휴머노이드 로봇 적용

이번 절에서는 앞 절에서 배운 DH법을 이용해서 휴머노이드 로봇의 동작을 표현하는 방법에 대해 알아보자. 휴머노이드 로봇의 전신 구조와 링크-관절들은 인체를 모방한 것이므로, 인체의 관절과 뼈, 근육의 구조와 기능들을 먼저 살펴볼 필요가 있다. 그림 2.12는 인체를 전면, 측면, 상부에서 보았을 때의

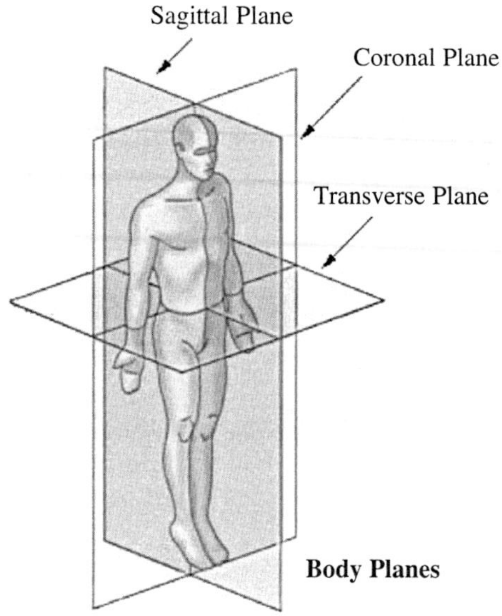

그림 2.12 인체의 세 가지 평면

2차원 단면들을 나타낸다. 먼저 인체를 정면에서 보았을 때의 평면을 관상면(coronal plane 또는 frontal plane), 측면에서 보았을 때의 평면을 시상면(sagittal plane), 상부에서 보았을 때의 평면을 횡평면(transverse plane)이라고 부른다. 인간은 앞이나 뒤로 움직이기 위해서는 시상면 상의 관절들을 움직이고, 옆으로 움직이기 위해서는 관상면 상의 관절들을 회전시킨다. 그리고 제자리에서 또는 보행 중에 전방의 방향을 전환하기 위해서는 횡평면 상의 관절들을 회전시킨다.

인체에서 시상면에 수직인 축을 갖는 관절에는 하체에 족관절(ankle joint), 슬관절(knee joint), 고관절(hip joint)이 있고, 상체에는 견관절(shoulder joint), 주관절(elbow joint), 수관절(wrist joint)이 있다. 관상면에 수직인 회전축을 갖는 관절에는 하체에는 족관절, 고관절이 있고, 상체에는 견관절, 수관절이 있다. 마지막으로 횡평면에 수직인 회전축을 갖는 관절에는 하체에는 고관절, 상체에는 목관절과 수관절이 있다. 이상의 관절명 중 가장 복잡하고 정교한 관절은 3자유도(degree of freedom)를 갖는 고관절과 수관절이며,

그 다음으로 복잡한 관절은 2자유도를 갖는 족관절과 견관절임을 알 수 있다. 이 책에서 휴머노이드 로봇 플랫폼으로 채택한 바이올로이드는 수관절용 액추에이터가 부착되어 있지 않으므로 모델링 시 수관절을 제외한다.

그림 2.13은 바이올로이드 타입의 휴머노이드 로봇이 왼발로 서 있을 때의 하체를 링크와 관절들로 표현한 것으로 각 링크 좌표계들은 DH법의 파라

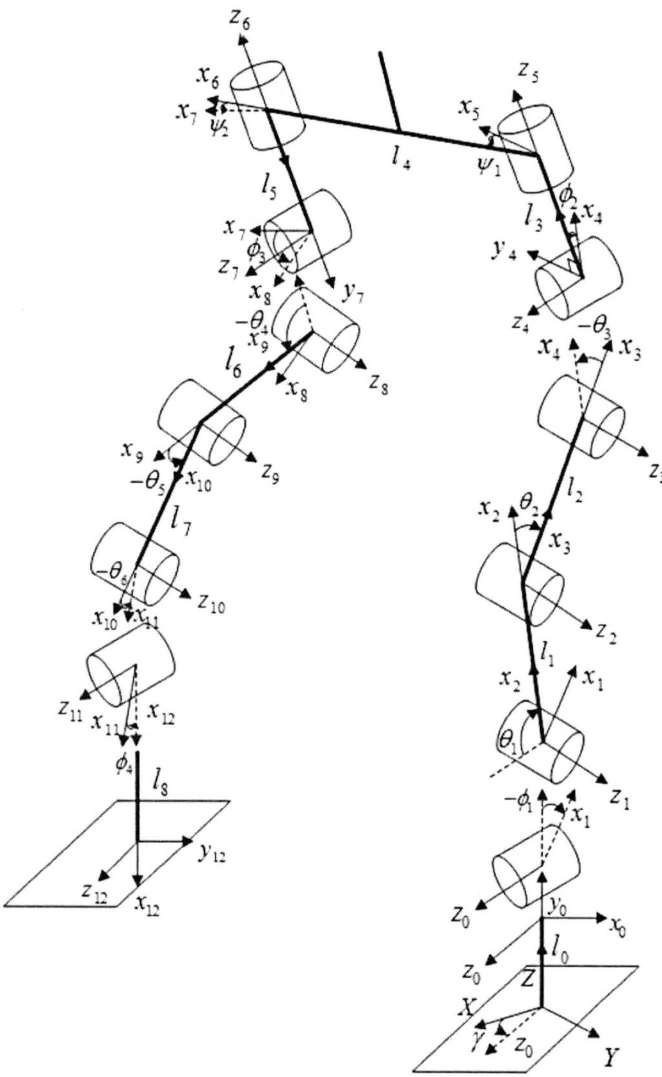

그림 2.13 왼발 지지 시 휴머노이드 로봇 하체의 DH법 모델

미터 규정 방식을 따랐다. 로봇이 왼발로 서 있을 때와 오른발로 서 있을 때의 차이는 기준이 되는 $x_0y_0z_0$ 좌표계가 각각 왼발과 오른발의 발목 관절에 놓이게 되므로 모든 링크 좌표계가 그에 의해 결정되고, 인체 골격 구조상 양쪽 고관절에서 DH 파라미터들이 다르게 정의된다는 사실이다. 그림에서 지지 다리의 발 중심점에 위치한 XYZ 좌표계는 전역 좌표계(world coordinate frame) 또는 절대 좌표계(absolute coordinate frame)를 나타내는데 이 책에서는 로봇이 전진하는 방향을 X축, 로봇의 측면 방향을 Y축, 수직 방향을 Z축으로 설정했다. 로봇이 전진하다가 방향을 전환하게 되면 XYZ 좌표계와 $x_0y_0z_0$ 좌표계가 어긋나게 되는데 이 각도를 γ라고 표시했다. 5장에서 방향 전환 시 이 각도를 이용해서 로봇 모델링을 할 것이다.

그림 2.13에서 휴머노이드 로봇의 하체는 2개의 발바닥 면과 9개의 링크(l_0~l_8), 그리고 12개의 관절(ϕ_1~ϕ_4, θ_1~θ_6, ψ_1~ψ_2)로 구성되어 있음을 알 수 있다. 링크는 인체의 대칭성 때문에 발꿈치 뼈(종골, calcaneus)인 l_0와 l_8 정강뼈(경골, tibia)인 l_1과 l_7, 넙다리 뼈(대퇴골, femur)에 해당되는 l_2와 l_6, l_3와 l_5가 서로 짝을 이룸을 알 수 있다. 참고로 이 책의 인체 골격과 근육 등의 명칭은 참고문헌[4]의 표기법을 따랐다.

관절변수의 명칭은 그림 2.12에 보인 인체의 세 가지 단면에 의거해서 시상면의 관절변수에는 θ를, 관상면과 횡평면 관절들의 변수는 ϕ와 ψ를 각각 사용했다. 이렇게 관절변수의 명칭을 다르게 정한 이유는 휴머노이드 로봇의 모션 생성을 위한 관절 모터의 회전각 궤적이 단면별로 다른 패턴을 가지기 때문이다. 즉, 보행의 한 주기 동안 시상면의 관절각들은 초기 각과 최종 각이 다르면서 다양한 모양으로 변하지만 관상면의 관절각들은 0°에서 시작해서 다시 0°로 돌아오는 형상을 가진다. 반면에 횡평면 관절은 보행의 방향을 바꾸지 않는 한 항상 0°를 유지하고, 방향 전환 시는 한쪽 다리의 횡평면 관절만 목표 각으로 회전 후 다시 0°로 원위치한다.

관절각의 양의 방향은 관절변수별로 조금씩 다른데, 관상면과 횡평면 관절각들은 z축을 중심으로 반시계방향으로 회전하는 것이 양의 방향이지만,

시상면 관절각들은 z축을 중심으로 시계 방향으로 회전하는 것을 양의 방향으로 정의했다. 그 이유는 절대 좌표계의 X축과 Y축으로 이루어진 시상면은 그림 상에서 로봇의 오른쪽으로부터 왼쪽으로 바라보는 방향이며, 이 면에서 그림 2.10과 같이 회전하는 양의 θ각 방향은 그림 2.13에서는 시계 방향에 해당되기 때문이다. 다시 말해, 시상면 관절각은 상대 좌표계 대신 절대 좌표계의 $-Y$축(시상면의 수직 방향)을 오른손 법칙의 회전축으로 삼아서 양의 방향을 정했는데, 이는 투영법에서의 시상면 각도 정의와 일치시키기 위함이다.

같은 맥락으로, 관절 모터가 회전할 때 기준(0°)으로 설정하는 축도 단면별로 다르게 정의했다. 시상면 관절각은 그림 2.10처럼 X축을 0°로 잡고, 관상면 관절각은 Z축을 0°로 잡는다. 이렇게 정하면 직립자세일 때 관상면 각은 0°가 되는데 보행 시 직립자세에서 크게 벗어나지 않으므로 0° 주변에서 값이 변하게 된다. 횡평면 관절각은 $-Y$축을 0°로 잡는데, 이는 로봇의 다리가 평행한 상태로 정면을 바라보는 경우에 해당된다.

이제 하체의 링크 좌표계 상의 임의의 점을 기준 좌표계 $x_0y_0z_0$에서 측정할 때의 좌표를 계산하도록 하자. 먼저 지지 다리의 발목에 위치한 $x_1y_1z_1$ 좌표계 상의 한 점 p_1을 $x_0y_0z_0$ 좌표계에서 보았을 때의 확장벡터는 다음과 같다.

$$P_1^0 = B_1P_1 \qquad (2.36)$$

식의 P_1^0 벡터에서 위첨자 0은 기준 좌표계가 0번째 좌표계이고 아래첨자 1은 대상 좌표계가 첫 번째 좌표계라는 의미를 가진다 B_1은 DH변환 행렬로서, 그림 2.13을 보면 4개의 DH 파라미터는 $d=\phi_1+\frac{\pi}{2}$, $d_1=a_1=0$, $\alpha_1=\frac{\pi}{2}$의 관계를 가짐을 알 수 있다. 왼발 지지 시 하체의 모든 링크 좌표계의 DH변환 행렬을 <표 2.2>에 일목요연하게 정리했다.

〈표 2.2〉 왼발 지지 시 휴머노이드 로봇 하체 링크 좌표계의 DH변환 행렬과 추가 변환 행렬

DH변환 행렬	δ_i	d_i	a_i	α_i	추가변환 행렬
B_1	$\phi_1+\frac{\pi}{2}$	0	0	$\frac{\pi}{2}$	–
B_2	$-\theta_1+\frac{\pi}{2}$	0	l_1	0	–
B_3	$-\theta_2$	0	l_2	0	–
B_4	$-\theta_3$	0	0	$-\frac{\pi}{2}$	–
B_5	ϕ_2	0	l_3	0	$\begin{bmatrix} 0 & 0 & 1 & 0 \\ 1 & 0 & 0 & 0 \\ 0 & 1 & 0 & 0 \\ 0 & 0 & 0 & 1 \end{bmatrix}$
B_6	ψ_1	0	l_4	0	–
B_7	ψ_2	0	0	$-\frac{\pi}{2}$	$\begin{bmatrix} 1 & 0 & 0 & 0 \\ 0 & 1 & 0 & l_5 \\ 0 & 0 & 1 & 0 \\ 0 & 0 & 0 & 1 \end{bmatrix}$
B_8	ϕ_3	0	0	$-\frac{\pi}{2}$	–
B_9	$-\theta_4+\pi$	0	l_6	0	–
B_{10}	$-\theta_5$	0	l_7	0	–
B_{11}	$-\theta_6$	0	0	$\frac{\pi}{2}$	–
B_{12}	ϕ_4	0	l_8	0	–

지지 다리의 정강뼈 링크에 위치한 $x_2y_2z_2$ 좌표계 상의 한 점 p_2는 식 (2.34)에 정의된 복합변환 행렬을 이용해서 다음과 같은 관계식으로 표현된다.

$$P_2^0 = B_1B_2P_2 = T_2^0P_2 \tag{2.37}$$

지지 다리의 넙다리뼈 링크에 부착된 $x_3y_3z_3$ 좌표계의 한 점 p_3와 고관절 부위에 위치한 $x_4y_4z_4$ 좌표계의 한 점 p_4의 기준 좌표계 상의 위치도 다음과 같이 순차적인 복합변환 행렬식을 써서 표현한다.

$$P_3^0 = T_2^0 B_3 P_3 = T_3^0 P_3, \quad T_3^0 = T_2^0 B_3 \tag{2.38}$$

$$P_4^0 = T_4^0 P_4, \quad T_4^0 = T_3^0 B_4 \tag{2.39}$$

지지 다리의 골반에 위치한 $x_5y_5z_5$ 좌표계는 그림 2.14에서 보듯이 골반 관절의 구조적인 특수성(z_5축이 z_4축과 직교함)이 DH법의 좌표계 간 규칙을 위반하기 때문에 DH법을 바로 적용할 수 없다. 이를 해결하기 위해 $x_4y_4z_4$ 좌표계에 대해 DH법 적용 규칙을 만족하게 하는 $x_5'y_5'z_5'$ 좌표계를 그림 2.14와 같이 개념적으로 추가 설정한 후, 이 좌표계를 한 번 더 변환하여 $x_5y_5z_5$ 좌표계를 얻는 방식을 고안했다. 이 과정을 수식으로 표현하면 다음과 같다.

$$P_5^0 = T_4^0 B_5 \begin{bmatrix} x_5 \cdot x_5' & y_5 \cdot x_5' & z_5 \cdot x_5' & 0 \\ x_5 \cdot y_5' & y_5 \cdot y_5' & z_5 \cdot y_5' & 0 \\ x_5 \cdot z_5' & y_5 \cdot z_5' & z_5 \cdot z_5' & 0 \\ 0 & 0 & 0 & 1 \end{bmatrix} P_5 = T_4^0 B_5 \begin{bmatrix} 0 & 0 & 1 & 0 \\ 1 & 0 & 0 & 0 \\ 0 & 1 & 0 & 0 \\ 0 & 0 & 0 & 1 \end{bmatrix} P_5 = T_5^0 P_5 \tag{2.40}$$

식에서 DH 행렬 B_5 뒤에 곱해진 행렬이 추가변환 행렬이며 식 (2.9)를 참고하면 이해가 쉬울 것이다.

지면에서 들어 올린 자유 다리의 골반부 횡평면 회전을 담당하는 $x_6y_6z_6$

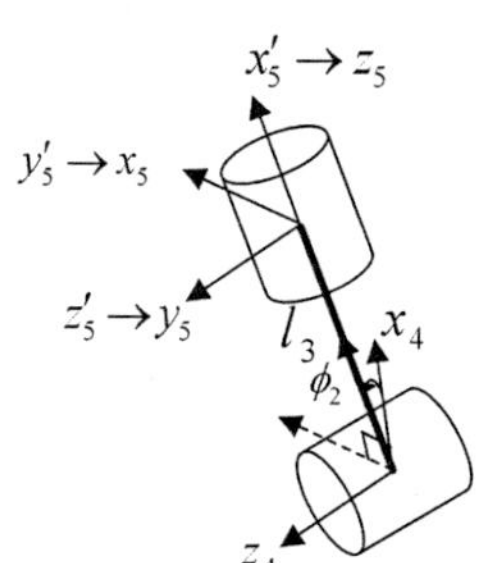

그림 2.14 휴머노이드 로봇 하체의 DH 지역 좌표계 모델

좌표계에 대해서는 표 2.2의 DH 행렬을 사용해서 다음과 같다.

$$P_6^0 = T_6^0 P_6, \quad T_6^0 = T_5^0 B_6 \tag{2.41}$$

자유 다리의 골반부에서 관상면 회전을 담당하는 $x_7y_7z_7$ 좌표계는 $x_6y_6z_6$ 좌표계로부터 B_7 행렬로 표현되는 DH변환 후에 새로운 y_7축을 따라 l_5만큼 좌표계 원점이 이동했으므로 다음과 같이 이동 변환 행렬을 추가로 곱해야 한다.

$$P_7^0 = T_6^0 B_7 \begin{bmatrix} 1 & 0 & 0 & 0 \\ 0 & 1 & 0 & l_5 \\ 0 & 0 & 1 & 0 \\ 0 & 0 & 0 & 1 \end{bmatrix} P_7 = T_7^0 P_7 \tag{2.42}$$

자유 다리의 나머지 링크 좌표계인 $x_8y_8z_8$ 좌표계에서 $x_{12}y_{12}z_{12}$ 좌표계까지는 일정한 규칙이 있어서 k번째 좌표계 상의 한 점 p_k의 절대 좌표는 다음과 같이 순차적으로 표현할 수 있다.

$$P_k^0 = T_{k-1}^0 B_k P_k = T_k^0 P_k, \quad T_k^0 = T_{k-1}^0 B_k, \quad k = 8, \cdots, 12 \tag{2.43}$$

지금까지는 링크 좌표계 상의 한 점이 갖는 좌표 (p_x, p_y, p_z)를 $x_0y_0z_0$ 좌표계 기준으로 측정했을 때의 좌표 관계식을 구했는데, 이를 그림 2.13의 절대 좌표계인 XYZ 좌표계 기준으로 측정한 좌표값 (p_X, p_Y, p_Z)로 변환하기 위해서는 다음 식과 같이 좌표계 변환 행렬을 곱해줘야 한다.

$$\begin{bmatrix} p_X \\ p_Y \\ p_Z \\ 1 \end{bmatrix} = \begin{bmatrix} x_0 \cdot X & y_0 \cdot X & z_0 \cdot X & 0 \\ x_0 \cdot Y & y_0 \cdot Y & z_0 \cdot Y & 0 \\ x_0 \cdot Z & y_0 \cdot Z & z_0 \cdot Z & l_0 \\ 0 & 0 & 0 & 1 \end{bmatrix} \begin{bmatrix} p_x \\ p_y \\ p_z \\ 1 \end{bmatrix} = \begin{bmatrix} -\sin\gamma & 0 & \cos\gamma & 0 \\ \cos\gamma & 0 & \sin\gamma & 0 \\ 0 & 1 & 0 & l_0 \\ 0 & 0 & 0 & 1 \end{bmatrix} \begin{bmatrix} p_x \\ p_y \\ p_z \\ 1 \end{bmatrix} \tag{2.44}$$

변환 행렬의 원소 중에 l_0가 있는 이유는 그림 2.13에 볼 수 있듯이 $x_0y_0z_0$

좌표계의 원점이 XYZ 좌표계의 Z축 방향으로 l_0 이동한 위치에 놓여있기 때문에 이를 반영하기 위함이다.

지금까지 휴머노이드 로봇이 왼발로 지지한 채 오른쪽 다리를 들고 있는 자세를 DH법으로 표현하는 방법에 대해 배웠다. 이번에는 그림 2.15와 같이 로봇이 오른발로 지지하고 왼발을 들었을 때 하체의 링크 좌표계들을 DH법

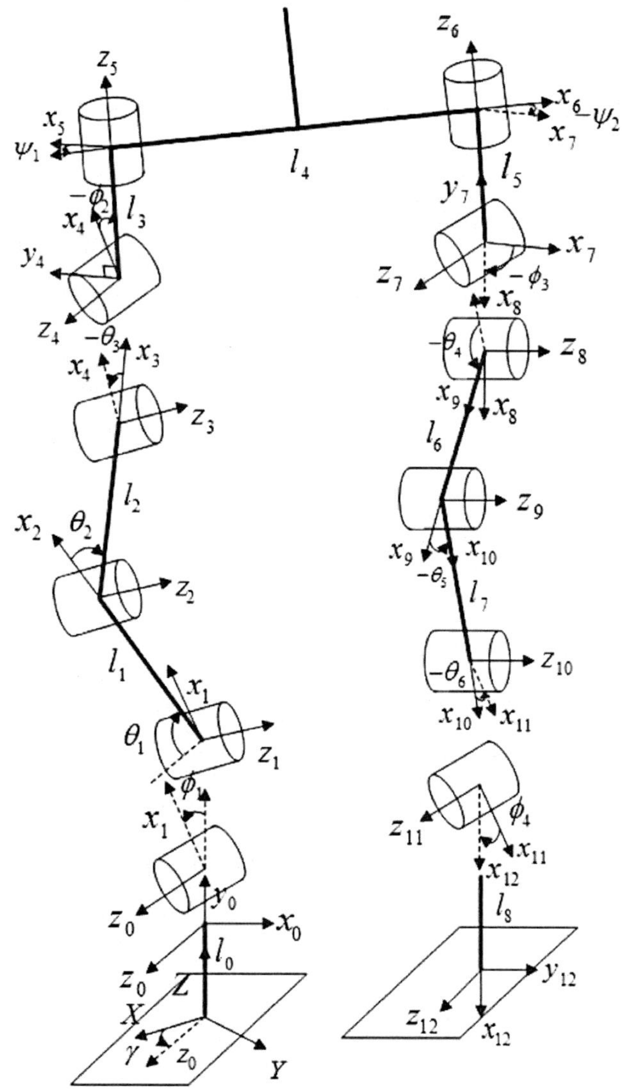

그림 2.15 오른발 지지 시 휴머노이드 로봇 하체의 DH 지역 좌표계 모델

으로 표현할 때의 차이점을 살펴보자. 로봇이 오른발로 지지하고 있으므로 모든 링크 좌표계의 기준이 되는 $x_0y_0z_0$ 좌표계는 그림 2.15에서 보듯이 오른쪽 발목 관절에 위치한다. 그리고 이 좌표계를 기준으로 $x_1y_1z_1$~$x_5y_5z_5$ 좌표계를 DH변환으로 표현하는 것을 왼발 지지 상태와 같은 방식으로 수행한다. 이 좌표계들에 대해 세 단면의 관절각(θ, ϕ, ψ)을 정의하는 방법이 왼발 지지 상태와 같으므로 DH변환 행렬 파라미터는 같다. 그러나 $x_6y_6z_6$ 좌표계는 왼발 지지 시와는 반대 방향에 위치하므로 이에 따라 $x_7y_7z_7$ 좌표계의 변환 관계도 달라지는데, DH 파라미터도 <표 2.3>과 같이 수정되어야 한다.

〈표 2.3〉 오른발 지지 시 휴머노이드 로봇 하체 링크 좌표계의 수정된 DH 파라미터

DH변환 행렬	δ_i	d_i	a_i	α_i	추가변환 행렬
B_6	$\psi_1+\pi$	0	l_4	0	–
B_7	ψ_2	0	0	$\frac{\pi}{2}$	$\begin{bmatrix}1&0&0&0\\0&1&0&-l_5\\0&0&1&0\\0&0&0&1\end{bmatrix}$

<표 2.2>와 비교했을 때 B_6의 경우 δ_6가 ψ_1에서 $\psi_1+\pi$로 수정되었는데 이는 그림 2.15에서 보듯이 x_6축이 z_5축을 중심으로 ψ_1만큼 회전한 후 180° 더 회전을 해야 왼쪽 고관절의 x축이 될 수 있기 때문이다. B_7의 경우 α_7이 $-\frac{\pi}{2}$에서 $\pi/2$로, 추가변환 행렬에서 l_5가 $-l_5$로 수정되었는데 이는 $x_6y_6z_6$ 좌표계의 방향이 달라졌지만 $x_7y_7z_7$ 좌표계의 방향은 왼발 지지 상태와 같게 설정되었기 때문이다. 그리고 $x_8y_8z_8$~$x_{12}y_{12}z_{12}$ 좌표계는 왼발 지지 시와 같은 관계로 설정되었기에 DH변환 행렬은 변함이 없다.

휴머노이드 로봇의 하체에 대한 링크 좌표계 정의가 완성되었으므로 그림 2.16을 토대로 상체를 구성하는 각 링크 좌표계에 대해 DH법을 적용해 보자. 그림에서 보듯이 로봇의 상체는 하체의 골반 좌표계 $x_6y_6z_6$에 고정되어 있기

때문에 머리, 몸통, 팔 부위의 좌표계는 이를 기준 좌표계로 삼아야 한다. 이때 주의할 점은 그림 2.16은 그림 2.13에서 보인 왼발 지지 시 상체의 좌표계를 나타낸다는 것이며, 오른발 지지 시에는 그림의 $x_5y_5z_5$ 좌표계와 $x_6y_6z_6$ 좌표계의 위치만 서로 바뀔 뿐 상체의 모든 링크 좌표계의 인덱스는 같게 부여된다.

먼저 그림 2.16에서 왼쪽 팔에 위치한 관절들의 좌표계를 구하기 위해 $x_{13}y_{13}z_{13}$ 좌표계와 $x_6y_6z_6$ 좌표계 사이의 변환 관계를 알아보자. $x_{13}y_{13}z_{13}$ 좌표계는 $x_6y_6z_6$ 좌표계의 원점을 x_6축 방향으로 $-l_4/2$만큼 이동한 후 z_6축 방향으로 l_{tr}만큼 이동하고 다시 x_6축 방향으로 $-l_{sh}/2$ 이동한 다음 그림 2.17과 같

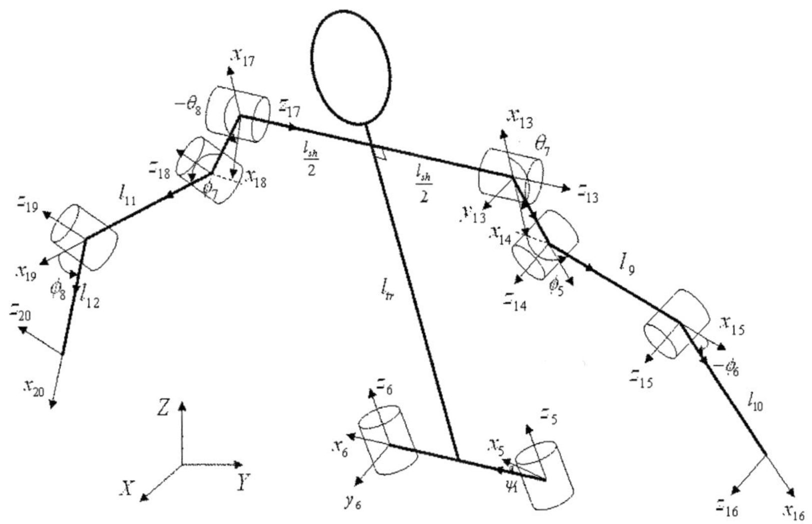

그림 2.16 왼발 지지 시 휴머노이드 로봇 상체의 DH법 모델

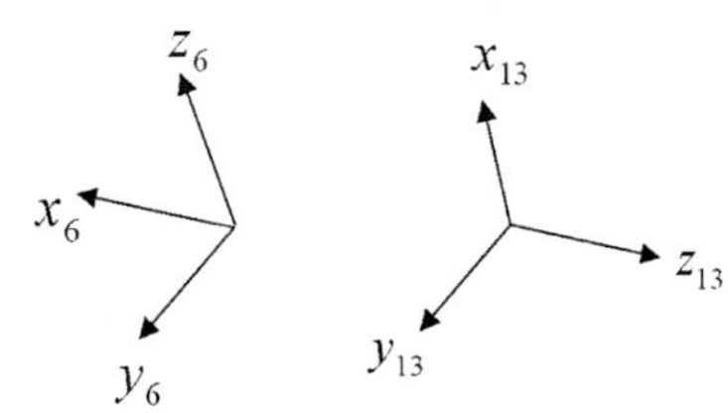

그림 2.17 왼발 지지 시 $x_6y_6z_6$ 좌표계와 $x_{13}y_{13}z_{13}$ 좌표계의 방향 비교

이 좌표계를 회전시켜서 얻어진다. 이를 동차변환 행렬로 표현하면 다음과 같다.

$$T_{13}^{6} = \begin{bmatrix} x_{13}\cdot x_6 & y_{13}\cdot x_6 & z_{13}\cdot x_6 & -\frac{l_4}{2}-\frac{l_{sh}}{2} \\ x_{13}\cdot y_6 & y_{13}\cdot y_6 & z_{13}\cdot y_6 & 0 \\ x_{13}\cdot z_6 & y_{13}\cdot z_6 & z_{13}\cdot z_6 & l_{tr} \\ 0 & 0 & 0 & 1 \end{bmatrix} = \begin{bmatrix} 0 & 0 & -1 & -\frac{l_4}{2}-\frac{l_{sh}}{2} \\ 0 & 1 & 0 & 0 \\ 1 & 0 & 0 & l_{tr} \\ 0 & 0 & 0 & 1 \end{bmatrix} \quad (2.45)$$

이 식을 이용해서 $x_{13}y_{13}z_{13}$ 좌표계의 한 점 p_{13}을 기준 좌표계 $x_0y_0z_0$에서 보았을 때의 확장 좌표는 다음과 같다.

$$P_{13}^{0} = T_6^0 T_{13}^6 P_{13} = T_{13}^0 P_{13} \quad (2.46)$$

같은 원리를 이용해서 오른쪽 어깨 관절에 위치한 $x_{17}y_{17}z_{17}$ 좌표계는 $x_6y_6z_6$ 좌표계의 원점을 x_6축 방향으로 $-l_4/2$ 만큼 이동한 후 z_6축 방향으로 l_{tr} 만큼 이동하고 다시 x_6축 방향으로 $l_{sh}/2$ 이동한 다음 그림 2.17과 같은 방식으로 좌표계를 회전시켜서 얻어진다. 그러므로 $x_{17}y_{17}z_{17}$ 좌표계 상의 한 점 p_{17}을 기준 좌표계에서 보았을 때의 확장 좌표는 다음과 같다.

$$P_{17}^{0} = T_6^0 T_{17}^6 P_{13}, \quad T_{17}^{6} = \begin{bmatrix} 0 & 0 & -1 & -\frac{l_4}{2}+\frac{l_{sh}}{2} \\ 0 & 1 & 0 & 0 \\ 1 & 0 & 0 & l_{tr} \\ 0 & 0 & 0 & 1 \end{bmatrix} \quad (2.47)$$

이번에는 어깨에 위치한 두 링크 좌표계의 변환 관계를 그림 2.18을 통해 알아보도록 하자. 먼저 왼쪽 어깨의 $x_{13}y_{13}z_{13}$ 좌표계와 $x_{14}y_{14}z_{14}$ 좌표계의 관계를 보면, $x_{14}y_{14}z_{14}$ 좌표계는 $x_{13}y_{13}z_{13}$ 좌표계를 z_{13}축을 중심으로 θ_7만큼 회전시켜서 x_{14}축을 만들고, z_{13}축을 따라 2.5cm만큼, 그리고 x_{14}축을 따라 1.4cm만큼 좌표계 원점을 이동시킨다. 이 수치는 바이올로이드에 대해 측정한

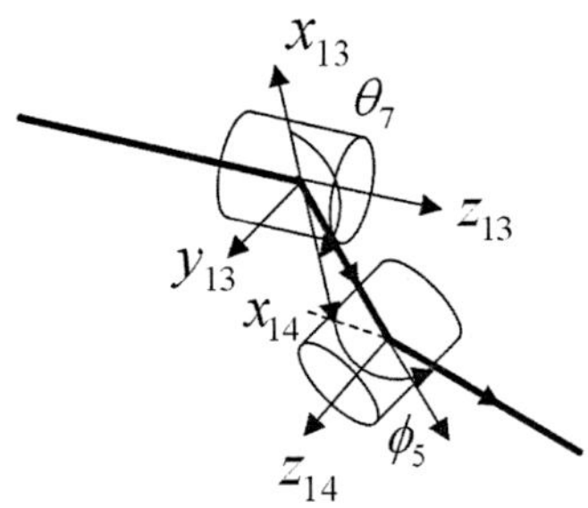

그림 2.18 인쪽 이께 관절의 두 좌표계

값임에 유의하자. 마지막으로 x_{14}축을 중심으로 z_{13}축을 90° 회전시켜서 z_{14}축을 만들므로 드물게도 4개의 DH 파라미터를 모두 사용하여 다음과 같이 기준 좌표계 상의 좌표를 구한다.

$$P_{14}^{0} = T_{13}^{0} B_{14}\left(-\theta_7, 0.025, 0.014, \frac{\pi}{2}\right) P_{14} = T_{14}^{0} P_{14} \tag{2.48}$$

오른쪽 어깨의 $x_{17}y_{17}z_{17}$ 좌표계와 $x_{18}y_{18}z_{18}$ 좌표계의 관계는 그림 2.19에서 보듯이 $x_{18}y_{18}z_{18}$ 좌표계는 $x_{17}y_{17}z_{17}$ 좌표계를 z_{17}축을 중심으로 $-\theta_8$만큼 회전시켜서 x_{18}축을 만들고, $-z_{17}$축을 따라 2.5cm만큼, 그리고 x_{18}축을 따라 1.4cm만큼 좌표계의 원점을 이동시켜서 얻는다. 마지막으로 x_{18}축을 중심으로 z_{17}축을 90° 회전시키면 z_{18}축이 되므로 기준 좌표계 상의 위치는 다음 식으로 표현된다.

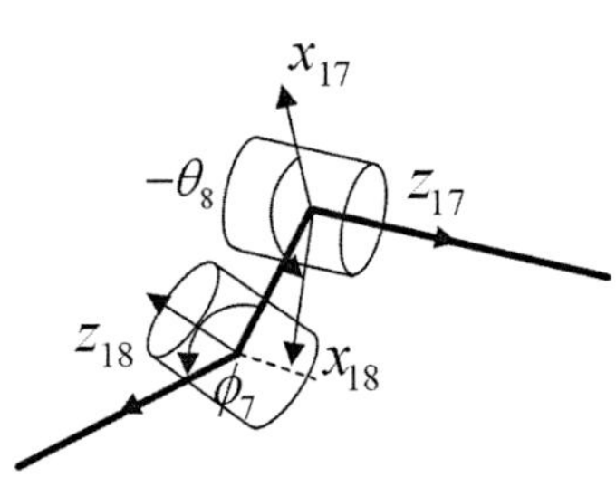

그림 2.19 오른쪽 어깨 관절의 두 좌표계

$$P_{18}^{0} = T_{17}^{0} B_{18}\left(-\theta_8, -0.025, 0.014, \frac{\pi}{2}\right) P_{18} = T_{18}^{0} P_{18} \tag{2.49}$$

왼쪽 위팔뼈(상완골, humerus)와 노뼈(요골, radius) 링크에 각각 위치한 $x_{15}y_{15}z_{15}$ 좌표계와 $x_{16}y_{16}z_{16}$ 좌표계, 오른쪽 위팔뼈와 노뼈에 위치한 $x_{19}y_{19}z_{19}$ 좌표계와 $x_{20}y_{20}z_{20}$ 좌표계는 식 (2.43)과 같은 일반적인 DH변환 행렬 관계로 표현할 수 있으며 모든 DH 파라미터들은 <표 2.4>에 정리했다.

〈표 2.4〉 왼발 지지 시 휴머노이드 로봇 상체 링크 좌표계의 DH변환 행렬

DH변환 행렬	δ_i	d_i	a_i	α_i
B_{14}	$-\theta_7$	0.025	0.014	$\frac{\pi}{2}$
B_{15}	$\phi_5 - \frac{\pi}{2}$	0	l_9	0
B_{16}	ϕ_6	0	l_{10}	0
B_{18}	$-\theta_8$	-0.025	0.014	$\frac{\pi}{2}$
B_{19}	$\phi_7 - \pi$	0	l_{11}	0
B_{20}	ϕ_8	0	l_{12}	0

앞에서 언급한 것처럼 그림 2.16은 왼발 지지 시 상체의 링크 좌표계들을 보인 것이고, 그림 2.20은 오른발 지지 시 상체 모델에서 고관절부위의 좌표계가 서로 바뀐 것을 보인다. 그에 따른 변화로서 $x_{13}y_{13}z_{13}$ 좌표계는 $x_6y_6z_6$ 좌표계의 원점을 x_6축 방향으로 $-l_4/2$만큼 이동한 후 z_6축 방향으로 l_{tr}만큼 이동하고 다시 x_6축 방향으로 $l_{sh}/2$ 이동한 다음 그림 2.21과 같이 좌표계를 회전시켜서 얻어진다. 이를 동차변환 행렬로 표현하면 다음과 같다.

$$T_{13}^{6} = \begin{bmatrix} x_{13}\cdot x_6 & y_{13}\cdot x_6 & z_{13}\cdot x_6 & -\frac{l_4}{2}+\frac{l_{sh}}{2} \\ x_{13}\cdot y_6 & y_{13}\cdot y_6 & z_{13}\cdot y_6 & 0 \\ x_{13}\cdot z_6 & y_{13}\cdot z_6 & z_{13}\cdot z_6 & l_{tr} \\ 0 & 0 & 0 & 1 \end{bmatrix} = \begin{bmatrix} 0 & 0 & 1 & -\frac{l_4}{2}+\frac{l_{sh}}{2} \\ 0 & -1 & 0 & 0 \\ 1 & 0 & 0 & l_{tr} \\ 0 & 0 & 0 & 1 \end{bmatrix} \quad (2.50)$$

오른쪽 어깨 관절에 위치한 $x_{17}y_{17}z_{17}$ 좌표계는 $x_6y_6z_6$ 좌표계의 원점을 x_6축 방향으로 $-l_4/2$만큼 이동한 후 z_6축 방향으로 l_{tr}만큼 이동하고 다시 x_6축 방향으로 $-l_{sh}/2$만큼 이동한 다음 그림 2.21과 같은 방식으로 좌표계를 회전

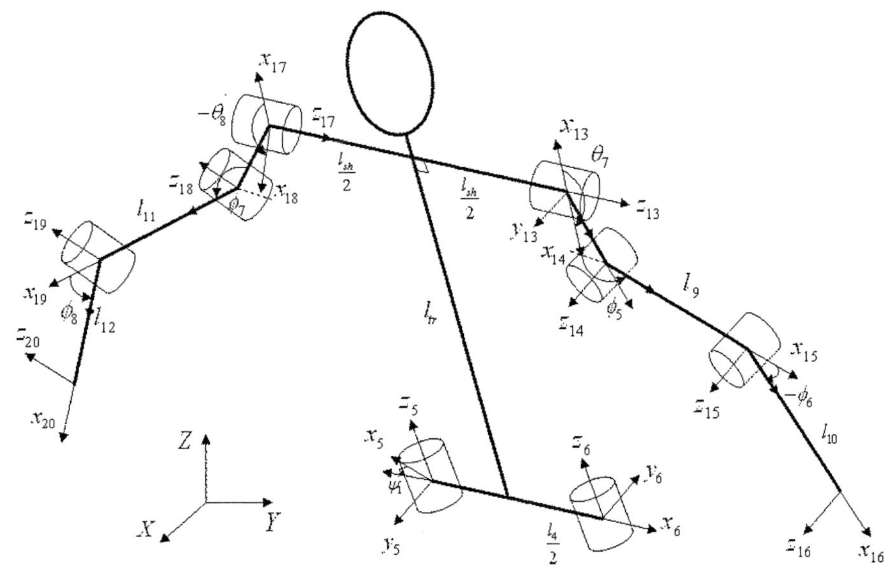

그림 2.20 오른발 지지 시 휴머노이드 로봇 상체의 DH법 모델

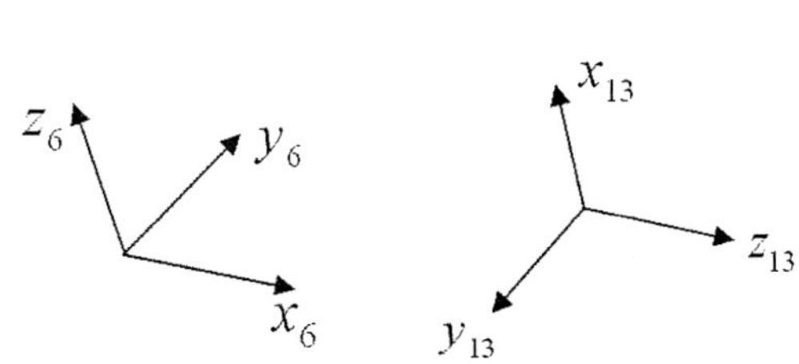

그림 2.21 오른발 지지 시 $x_6y_6z_6$ 좌표계와 $x_{13}y_{13}z_{13}$ 좌표계의 방향 비교

시켜서 얻어진다. 이를 $x_6y_6z_6$ 좌표계를 기준으로 한 $x_{17}y_{17}z_{17}$의 동차변환 행렬로 표현하면 다음과 같다.

$$T_{17}^{6} = \begin{bmatrix} x_{13}\cdot x_6 & y_{13}\cdot x_6 & z_{13}\cdot x_6 & -\dfrac{l_4}{2}-\dfrac{l_{sh}}{2} \\ x_{13}\cdot y_6 & y_{13}\cdot y_6 & z_{13}\cdot y_6 & 0 \\ x_{13}\cdot z_6 & y_{13}\cdot z_6 & z_{13}\cdot z_6 & l_{tr} \\ 0 & 0 & 0 & 1 \end{bmatrix} = \begin{bmatrix} 0 & 0 & 1 & -\dfrac{l_4}{2}-\dfrac{l_{sh}}{2} \\ 0 & -1 & 0 & 0 \\ 1 & 0 & 0 & l_{tr} \\ 0 & 0 & 0 & 1 \end{bmatrix} \quad (2.51)$$

그 외의 상체의 링크 좌표계의 DH변환 행렬은 <표 2.4>와 같다.

지금까지 설명한 좌표계 변환 관계식들을 이용해서 전신의 관절각들을 정해 주었을 때 바이올로이드가 그에 따른 자세를 취하는 것을 Matlab으로 시뮬레이션해 보자. <코드 2.3>은 http://office.ucloud.com의 My ucloud/게스트 폴더의 code\matlab code 디렉터리에 있는 sim_pose.m 파일로서 휴머노이드 로봇이 직립한 것을 시뮬레이션한다. 코드에서 주의할 점은 같은 직립자세이지만 왼발 지지 시에는 그림 2.13에서 보듯이 ϕ_3가 $\pi/2$이지만 오른발 지지 시에는 그림 2.15에서 보듯이 ϕ_3가 $-\pi/2$이라는 사실이다. 다소 혼란스러워 보이긴 하지만 5장에서 관절 모터 각의 개념을 배우고 나면 이해가 될 것이므로 걱정할 필요는 없다.

```
md = 'DH' ;                 % 기구학 방법: DH: Denavit-Hartenberg, PB: 투영법
sf = 'LEFT_BASE' ;          % 지지하는 발이 왼쪽 발임
sp = [0, 0, 0];             % 지지하는 발의 중심점 위치
sim_type = 'pose_sim' ;  % 자세를 시뮬레이션함

spec = robot_spec_bioloid_prem(md);  %바이올로이드 로봇의 규격명세를 불러 옴
link = spec(1:20);
mass = spec(21:42);
flags = zeros(1,5);         % 모션 생성 시 보여주는 그림에 관한 플래그

                            % 직립자세
th = [pi/2 0 0 pi 0 0 pi pi];  % 시상면 관절각
if strcmp(sf, 'LEFT_BASE' )
```

```
  phi = [0 0 pi/2 0 pi/2 0 pi 0];     % 관상면 관절각
elseif strcmp(sf, 'RIGHT_BASE' )
  phi = [0 0 -pi/2 0 pi/2 0 pi 0];
end
psi = [0 0];              % 횡평면 관절각
gamma = 0;                % 절대 좌표계와 기준 좌표계 사이 각

% 정지 자세이므로 모든 관절각의 미분값은 0으로 설정
th_1d = zeros(1,8);
th_2d = zeros(1,8);
phi_1d = zeros(1,8);
phi_2d = zeros(1,8);
psi_1d = zeros(1,2);
psi_2d = zeros(1,2);
fig_no = 1;  % 시뮬레이션 그림 번호

if strcmp(md, 'DH' )==1
  res = func_robot_motion_dh(link, mass, sf, sp, gamma, th, th_1d, th_2d, phi, phi_1d, phi_2d, psi,
psi_1d, psi_2d, fig_no, sim_type, flags);
elseif strcmp(md, 'PB' )==1
  res = func_robot_motion_pb(link, mass, sf, sp, th, th_1d, th_2d, phi, phi_1d, phi_2d, psi, fig_no,
sim_type, flags);
end
```

〈코드 2.3〉 sim_pose.m을 이용한 직립자세 시뮬레이션 코드

코드에서 md는 모델링 방법이 DH법인지, 투영법인지를 정하고, sf는 지지하는 발이 왼발이냐 오른발이냐를 정하며 스트링 타입으로서 'LEFT_BASE' (왼발 지지)와 'RIGHT_BASE' (오른발 지지) 두 가지가 있다. sp는 지지하는 발의 중심점 위치(start position)로서 기준 좌표계의 원점인 [0, 0, 0]으로 설정했다. sim_type은 시뮬레이션의 목적이 제자리에서 정지한 자세를 취하기 위한 것인지('pose_sim'), 앞으로 전진해 가는 것인지('walk_sim'), 트레드밀처럼 제자리에서 전진해 가는 것인지('tread_sim')를 정해주는 것으로 모션을 보여주는 화면의 x축 범위가 결정된다.

spec은 휴머노이드 로봇의 링크 길이와 질량 등의 명세 데이터이며 robot_spec_bioloid_prem.m 파일로부터 읽어온다. 이 파일에는 ㈜로보티즈의 휴머노이드 로봇인 바이올로이드 프리미엄의 각 링크 길이와 질량 등의 정보를 담고 있다. 휴머노이드 로봇의 종류가 달라지면 이 명세 파일의 링크 데이터도 수정되어야 한다. link와 mass는 시뮬레이션 할 로봇의 각 링크의 길이와 질량을 나타낸다. flags는 시뮬레이션한 결과를 보여주는 화면에 대한 플래그들로서 정지자세의 경우 모두 0으로 둔다. flags에 대한 자세한 내용은 5장에서 설명된다.

th, th_1d, th_2d는 시상면 관절각 벡터와 1차 미분벡터, 2차 미분벡터를 각각 나타내고, phi, phi_1d, phi_2d는 관상면 관절각 벡터와 1차 미분벡터, 2차 미분벡터를 각각 나타낸다. psi, psi_1d, psi_2d는 횡평면 관절각 벡터와 1차 미분벡터, 2차 미분벡터를 각각 나타내는데 정지자세의 경우 모든 미분값들은 0이 된다. gamma는 그림 2.13과 2.15에서 보였듯이 절대 좌표계와 기준 좌표계 간의 회전각을 나타내며 전진이나 정지자세에서는 0° 이다. fig_no는 matlab에서 시뮬레이션을 보여주는 그림의 번호이며 사용자가 보기를 원할 경우 1이상의 값을 설정하면 된다.

<표 2.5>에 바이올로이드의 상체와 하체의 링크 길이를 정리했다. DH 링크명은 앞에서 본 상체와 하체의 기구학 모델에 들어가는 링크명을 의미하며, 실질 링크명은 각 링크와 상응하는 인체 뼈의 명칭을 따라 붙여진 이름이다. 링크 길이의 단위는 미터이며 로봇 플랫폼이 달라지면 이 값들도 모두 변경되어야 한다.

〈표 2.5〉 바이올로이드 링크의 길이 명세

DH 링크명	실질 링크명	길이(m)	DH 링크명	실질 링크명	길이(m)
l_0, l_8	l_{ca}	0.032	l_9, l_{11}	l_{hu}	0.068
l_1, l_7	l_{tb}	0.076	l_{10}, l_{12}	l_{ra}	0.05

DH 링크명	실질 링크명	길이(m)	DH 링크명	실질 링크명	길이(m)
l_2, l_6	l_{fe}	0.076		l_{tr}	0.125
l_3, l_5	l_{hp}	0.05		l_{sh}	0.091
l_4	l_{pv}	0.076		l_{hd}	0.089

아래의 <코드 2.4>는 func_robot_motion_dh.m 파일에서 기구학과 관련된 코드만을 선택해서 보여준다(동역학과 관련된 코드는 3장에서 설명된다). 코드에서 O1_0, O1_1, …, O20_0은 기준 좌표계 $x_0y_0z_0$에서 측정한 관절 좌표계의 원점을 나타내며, O1_0w, O1_1w, …, O20_0w는 절대 좌표계 XYZ에서 측정한 관절 좌표계의 원점을 나타낸다. 코드 맨 아래 부분에서 로봇의 자세를 3차원으로 보여주는 함수 plot3안에 mz라는 함수가 있는데, 이 함수는 10^{-5}보다 작은 좌표값은 0으로 만듦으로써 plot3 함수가 실행 중지되는 일을 방지하는 역할을 한다.

```
function y = func_robot_motion_dh(link, mass, sf, sp, gamma, th, th_1d, th_2d, phi, phi_1d, phi_2d,
psi, psi_1d, psi_2d, fig_no, sim_type, flags)

g = 9.8062;  % 중력 가속도
flag_show_zmp = flags(3);
flag_show_trace = flags(5);

% 시상면 각도
th1 = th(1);  th2 = th(2);  th3 = th(3);  th4 = th(4);  th5 = th(5);  th6 = th(6); th7 = th(7);  th8 = th(8);
% 관상면 각도
phi1 = phi(1);  phi2 = phi(2);  phi3 = phi(3);  phi4 = phi(4); phi5 = phi(5);  phi6 = phi(6);  phi7 = phi(7);
phi8 = phi(8);
% 횡평면 각도
psi1 = psi(1);  psi2 = psi(2);
% 링크 길이
```

```
l0 = link(1); l1 = link(2); l2 = link(3); l3 = link(4); l4 = link(5); l5 = link(6); l6 = link(7); l7 = link(8); l8 = link(9); l9 = link(10); l10 = link(11); l11 = link(12); l12 = link(13);  l_hd=link(14); l_sh=link(15); l_tr=link(16); l_ft_for=link(17); l_ft_back=link(18); l_ft_inner=link(19); l_ft_outer=link(20);
% 링크 질량
m1 = mass(1); m2 = mass(2); m3 = mass(3); m4 = mass(4); m5 = mass(5); m6 = mass(6); m7 = mass(7); m8 = mass(8); m9 = mass(9); m10 = mass(10); m11 = mass(11); m12 = mass(12);  m13 = mass(13); m14 = mass(14); m15 = mass(15); m16 = mass(16); m18 = mass(18); m19 = mass(19); m20 = mass(20);
O = [0 0 0 1]' ;   % 링크 좌표계의 원점 좌표
Z = [0 0 1 1]' ;   % 링크 좌표계의 z축 좌표
% 링크 좌표계의 링크 무게 중심점 좌표
C1 = [0 0 0 1]' ; C2 = [-l1/2 0 0 1]' ; C3 = [-l2/2 0 0 1]' ; C4 = [0 0 0 1]' ; C5 = [0 0 -l3/2 1]' ;
C6 = [-l4/2 0 0 1]' ;
if strcmp(sf, 'LEFT_BASE' )
    C7 = [0 -l5/2 0 1]' ;
elseif strcmp(sf, 'RIGHT_BASE' )
    C7 = [0  l5/2 0 1]' ;
end
C8 = [0 0 0 1]' ;  C9 = [-l6/2 0 0 1]' ;   C10 = [-l7/2 0 0 1]' ; C11 = [0 0 0 1]' ;    C12 = [-l8/2 0 0 1]' ;
C13 = [-l_tr/2 0 -l_sh/2 1]' ;  C14 = [-0.014/2 -0.025/2 0 1]' ; C15 = [-l9/2 0 0 1]' ;
C16 = [-l10/2 0 0 1]' ;
C18 = [-0.014/2 0.025/2 0 1]' ; C19 = [-l11/2 0 0 1]' ;      C20 = [-l12/2 0 0 1]' ;

% 지역 좌표계를 절대 좌표계로 변환
W=[-sin(gamma) 0 cos(gamma) 0; cos(gamma) 0 sin(gamma) 0; 0 1 0 l0; 0 0 0 1];
G=[0 -g 0]' ;
O0_0 = O;    Z0_0 = Z;
O0_0w = W*O+[sp 1]' ;

% 하체 지지 다리의 관절 좌표
B1 = DH_mat(phi1+pi/2, 0, 0, pi/2);  T1_0 = B1;  O1_0= T1_0*O;  O1_0w= W*O1_0+[sp 1]' ;
B2 = DH_mat(-th1+pi/2, 0, l1, 0);  T2_0 = B1*B2;  O2_0 = T2_0*O;  O2_0w= W*O2_0+[sp 1]' ;
B3 = DH_mat(-th2, 0, l2, 0);  T3_0 = T2_0*B3;  O3_0 = T3_0*O;  O3_0w= W*O3_0+[sp 1]' ;
B4 = DH_mat(-th3, 0, 0, -pi/2);  T4_0 = T3_0*B4;  O4_0 = T4_0*O;  O4_0w= W*O4_0+[sp 1]' ;
B5 = DH_mat(phi2, 0, l3, 0);  T5_0 = T4_0*B5*[0 0 1 0; 1 0 0 0; 0 1 0 0; 0 0 0 1];
O5_0 = T5_0*O; O5_0w= W*O5_0+[sp 1]' ;
if strcmp(sf, 'LEFT_BASE' )
    B6 = DH_mat(psi1, 0, l4, 0);
elseif strcmp(sf, 'RIGHT_BASE' )
    B6 = DH_mat(psi1+pi, 0, l4, 0);
```

```
end
T6_0 = T5_0*B6; O6_0 = T6_0*O; O6_0w= W*O6_0+[sp 1]' ;

% 하체 자유 다리의 관절 좌표
if strcmp(sf, 'LEFT_BASE' )
    B7 = DH_mat(psi2, 0, 0, -pi/2);     T7_0 = T6_0*B7*[1 0 0 0; 0 1 0 l5; 0 0 1 0; 0 0 0 1];
elseif strcmp(sf, 'RIGHT_BASE' )
    B7 = DH_mat(psi2, 0, 0, pi/2);      T7_0 = T6_0*B7*[1 0 0 0; 0 1 0 -l5; 0 0 1 0; 0 0 0 1];
end
O7_0 = T7_0*O; O7_0w= W*O7_0+[sp 1]' ;
B8 = DH_mat(phi3, 0, 0, -pi/2); T8_0 = T7_0*B8;    O8_0 = T8_0*O;    O8_0w= W*O8_0+[sp 1]' ;
B9 = DH_mat(-th4+pi, 0, l6, 0); T9_0 = T8_0*B9;    O9_0 = T9_0*O;    O9_0w= W*O9_0+[sp 1]' ;
B10 = DH_mat(-th5, 0, l7, 0);    T10_0 = T9_0*B10;   O10_0 = T10_0*O;
O10_0w= W*O10_0+[sp 1]' ;
B11 = DH_mat(-th6, 0, 0, pi/2); T11_0 = T10_0*B11; O11_0 = T11_0*O;
O11_0w= W*O11_0+[sp 1]' ;
B12 = DH_mat(phi4, 0, l8, 0);    T12_0 = T11_0*B12; O12_0 = T12_0*O;
O12_0w= W*O12_0+[sp 1]' ;

% 자유 다리 발바닥 중심점 좌표
tip_x = O12_0w(1); tip_y = O12_0w(2); tip_z = O12_0w(3);

if strcmp(sf, 'LEFT_BASE' )
    % 지지 다리 발바닥의 4개 좌표
    pf_0_1w = W*[l_ft_outer -l0 l_ft_for 1]' +[sp 1]' ;     pf_0_2w = W*[-l_ft_inner -l0 l_ft_for 1]' +[sp 1]' ;
    pf_0_3w = W*[-l_ft_inner -l0 -l_ft_back 1]' +[sp 1]' ;   pf_0_4w = W*[l_ft_outer -l0 -l_ft_back 1]'
    +[sp 1]' ;
    % 자유 다리 발바닥의 4개 좌표
    pf_12_1 = T12_0*[0 l_ft_inner l_ft_for 1]' ;    pf_12_2 = T12_0*[0 -l_ft_outer l_ft_for 1]' ;
    pf_12_3 = T12_0*[0 -l_ft_outer -l_ft_back 1]' ; pf_12_4 = T12_0*[0 l_ft_inner -l_ft_back 1]' ;
elseif strcmp(sf, 'RIGHT_BASE' )
    pf_0_1w = W*[l_ft_inner -l0 l_ft_for 1]' +[sp 1]' ;     pf_0_2w = W*[-l_ft_outer -l0 l_ft_for 1]' +[sp 1]' ;
    pf_0_3w = W*[-l_ft_outer -l0 -l_ft_back 1]' +[sp 1]' ;   pf_0_4w = W*[l_ft_inner -l0 -l_ft_back 1]'
    +[sp 1]' ;
    pf_12_1 = T12_0*[0 l_ft_outer l_ft_for 1]' ;    pf_12_2 = T12_0*[0 -l_ft_inner l_ft_for 1]' ;
    pf_12_3 = T12_0*[0 -l_ft_inner -l_ft_back 1]' ; pf_12_4 = T12_0*[0 l_ft_outer -l_ft_back 1]' ;
end

% 상체 왼팔의 관절 좌표
if strcmp(sf, 'LEFT_BASE' )
```

```
    T13_6 = [0 0 -1 -l4/2-l_sh/2; 0 1 0 0; 1 0 0 l_tr; 0 0 0 1];
elseif strcmp(sf, 'RIGHT_BASE' )
    T13_6 = [0 0  1 -l4/2+l_sh/2; 0 -1 0 0; 1 0 0 l_tr; 0 0 0 1];
end
T13_0 = T6_0*T13_6;    O13_0 = T13_0*O;   O13_0w = W*O13_0+[sp 1]' ;
B14 = DH_mat(-th7, 0.025, 0.014, pi/2); T14_0 = T13_0*B14;  O14_0 = T14_0*O;
O14_0w = W*O14_0+[sp 1]' ;
B15 = DH_mat(phi5-pi/2, 0, l9, 0);  T15_0 = T14_0*B15;   O15_0 = T15_0*O;
O15_0w = W*O15_0+[sp 1]' ;
B16 = DH_mat(phi6, 0, l10, 0);     T16_0 = T15_0*B16;   O16_0 = T16_0*O;
O16_0w = W*O16_0+[sp 1]' ;

% 상체 오른팔의 관절 좌표
if strcmp(sf, 'LEFT_BASE' )
    T17_6 = [0 0 -1 -l4/2+l_sh/2; 0 1 0 0; 1 0 0 l_tr; 0 0 0 1];
else
    T17_6 = [0 0  1 -l4/2-l_sh/2; 0 -1 0 0; 1 0 0 l_tr; 0 0 0 1];
end

T17_0 = T6_0*T17_6;   O17_0 = T17_0*O;   O17_0w = W*O17_0+[sp 1]' ;
B18 = DH_mat(-th8, -0.025, 0.014, pi/2);  T18_0 = T17_0*B18;  O18_0 = T18_0*O;
O18_0w = W*O18_0+[sp 1]' ;
B19 = DH_mat(phi7-pi, 0, l11, 0);      T19_0 = T18_0*B19;    O19_0 = T19_0*O;
O19_0w = W*O19_0+[sp 1]' ;
B20 = DH_mat(phi8, 0, l12, 0);        T20_0 = T19_0*B20;    O20_0 = T20_0*O;
O20_0w = W*O20_0+[sp 1]' ;

pc = (O5_0w + O6_0w)/2;                      % 신체 중심점
pn = (O13_0w + O17_0w)/2;                    % 목점
pt = W*T6_0*[-l4/2 0 l_tr+l_hd 1]' +[sp 1]' ;   % 정수리점

y = [tip_x, tip_y, tip_z, tip_z_min, zmp_x, zmp_y, pc(1)];

if strcmp(sf, 'LEFT_BASE' )  % 왼쪽 팔과 다리는 푸른색, 오른쪽은 붉은색
    c_sup_lg1 = '-bo' ; c_sup_lg2 = '-b' ; c_sway_lg1 = '-ro' ; c_sway_lg2 = '-r' ;
elseif strcmp(sf, 'RIGHT_BASE' )
    c_sup_lg1 = '-ro' ;  c_sup_lg2 = '-r' ; c_sway_lg1 = '-bo' ;  c_sway_lg2 = '-b' ;
end

if fig_no >= 1
```

```
figure(fig_no)
% 지지하는 다리 그림
plot3(mz([sp(1) O0_0w(1) O1_0w(1) O2_0w(1) O3_0w(1) O4_0w(1) O5_0w(1) pc(1)]),
  mz([sp(2) O0_0w(2)
    O1_0w(2) O2_0w(2) O3_0w(2) O4_0w(2) O5_0w(2) pc(2)]), mz([sp(3) O0_0w(3) O1_0w(3)
    O2_0w(3) O3_0w(3)
    O4_0w(3) O5_0w(3) pc(3)]), c_sup_lg1);
axis( 'equal' );   hold on;
% 움직이는 다리 그림
plot3(mz([pc(1) O6_0w(1) O7_0w(1) O8_0w(1) O9_0w(1) O10_0w(1) O11_0w(1) O12_0w(1)]),
  mz([pc(2) O6_0w(2) O7_0w(2) O8_0w(2) O9_0w(2) O10_0w(2) O11_0w(2) O12_0w(2)]),
  mz([pc(3) O6_0w(3) O7_0w(3)
    O8_0w(3) O9_0w(3) O10_0w(3) O11_0w(3) O12_0w(3)]), c_sway_lg1);
axis( 'equal' );   hold on;
% 왼팔 그림
plot3(mz([pn(1) O13_0w(1) O14_0w(1) O15_0w(1) O16_0w(1)]), mz([pn(2) O13_0w(2) O14_0w(2)
  O15_0w(2) O16_0w(2)]), mz([pn(3) O13_0w(3) O14_0w(3) O15_0w(3) O16_0w(3)]),  '-bo' );
axis( 'equal' );   hold on;
% 오른팔 그림
plot3(mz([pn(1) O17_0w(1) O18_0w(1) O19_0w(1) O20_0w(1)]), mz([pn(2) O17_0w(2) O18_0w(2)
  O19_0w(2) O20_0w(2)]), mz([pn(3) O17_0w(3) O18_0w(3) O19_0w(3) O20_0w(3)]),  '-ro' );
axis( 'equal' );  hold on;
% 머리와 허리 그림
plot3(mz([pt(1) pn(1) pc(1)]), mz([pt(2) pn(2) pc(2)]), mz([pt(3) pn(3) pc(3)]),  '-ko' );
axis( 'equal' );   hold on;
% 지지하는 발 그림
plot3(mz([pf_0_1w(1) pf_0_2w(1) pf_0_3w(1) pf_0_4w(1) pf_0_1w(1)]), mz([pf_0_1w(2)
  pf_0_2w(2) pf_0_3w(2) pf_0_4w(2) pf_0_1w(2)]), mz([pf_0_1w(3) pf_0_2w(3) pf_0_3w(3)
  pf_0_4w(3) pf_0_1w(3)]), c_sup_lg2);
axis( 'equal' );  hold on;
% 움직이는 발 그림
plot3(mz([pf_12_1w(1) pf_12_2w(1) pf_12_3w(1) pf_12_4w(1) pf_12_1w(1)]), mz([pf_12_1w(2)
  pf_12_2w(2) pf_12_3w(2) pf_12_4w(2) pf_12_1w(2)]), mz([pf_12_1w(3) pf_12_2w(3)
  pf_12_3w(3) pf_12_4w(3)
  pf_12_1w(3)]), c_sway_lg2);
axis( 'equal' );
if strcmp(sim_type,  'walk_sim' ) == 1          axis([-0.2 1 -0.2 0.2 0 0.5]);
elseif strcmp(sim_type,  'tread_sim' ) == 1     axis([-0.4 0.4 -0.2 0.2 0 0.5]);
else                                            axis([-0.2 0.2 -0.2 0.2 0 0.5]);
end
```

```
view(45,20);
xlabel( 'X (m)' );   ylabel( 'Y (m)' );   zlabel( 'Z (m)' );   hold on;   grid on;
```

〈코드 2.4〉 func_robot_motion_dh.m 파일의 기구학 코드

그림 2.22(a)와 2.22(b)는 sim_pose.m(코드 2.3)을 이용해서 왼발 지지(sf = 'LEFT_BASE') 상태로 직립한 자세와 오른발 지지(sf = 'RIGHT_BASE') 상태로 직립한 자세를 시뮬레이션 한 것을 보인다. 두 그림이 같게 보이지만, 절대 좌표계의 원점이 지지하는 발의 중심점에 놓여 있음을 알 수 있다.

이번에는 <코드 2.3>의 왼발 지지 상태(sf = 'LEFT_BASE')에서 관절각을 다음과 같이 임의로 주어서 로봇의 포즈를 시뮬레이션해 보자. 코드에서 deg2rad함수는 각도(degree) 단위의 벡터값을 라디안(radian) 단위로 변환해 주는 함수이다.

```
th = deg2rad([80 10 0 210 -10 -5 170 200]);
phi = deg2rad([-10 5 80 10 100 -10 170 5]);
psi = deg2rad([5 -5]);
```

〈코드 2.5〉 임의 자세를 위한 관절각

그림 2.23은 위의 관절각 세트를 sim_pose.m 파일에 입력해서 시뮬레이션 한 휴머노이드 로봇의 자세를 보인다.

로봇 시뮬레이션 시 사각형으로 표현된 발바닥 모양은 그림 2.24와 같이 왼발과 오른발이 대칭이 되며 네 가지 치수(l_ft_for, l_ft_back, l_ft_outer, l_ft_inner)를 가진다. 그리고 지지하는 다리가 왼쪽이냐 오른쪽이냐에 따라 <코드 2.4>에서 보듯이 l_ft_inner와 l_ft_outer의 위치가 바뀌어야 한다. 바이

올로이드에 대한 발바닥 치수는 robot_spec_bioloid_prem.m 파일에 정의되어 있다.

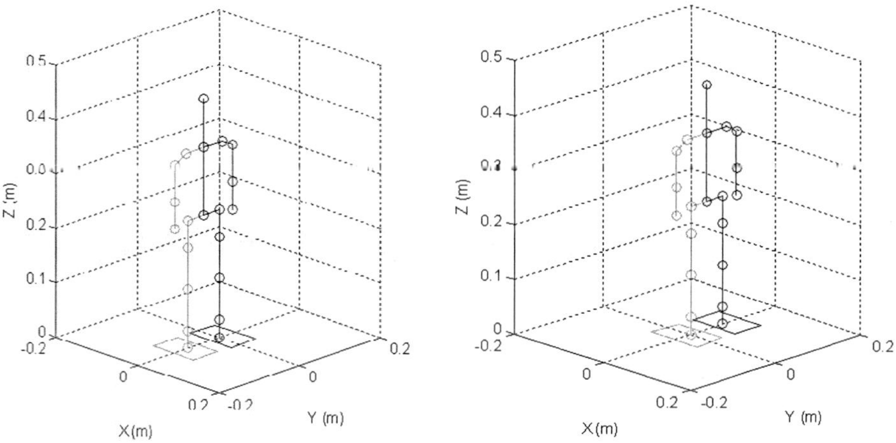

(a) 왼발 지지 상태 (b) 오른발 지지 상태

그림 2.22 휴머노이드 로봇의 직립자세 시뮬레이션

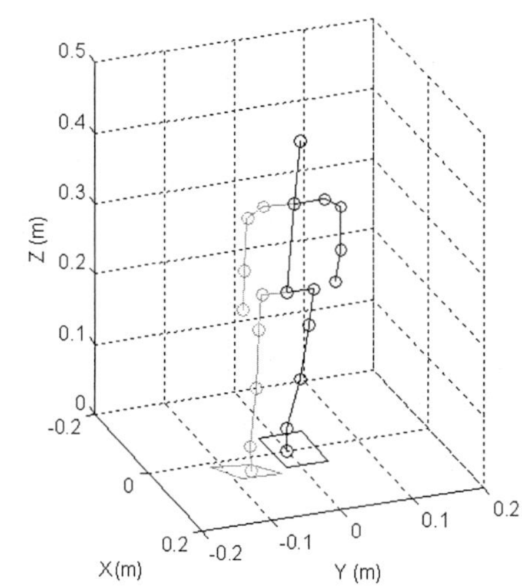

그림 2.23 임의 각도에 대한 휴머노이드 로봇의 자세 시뮬레이션

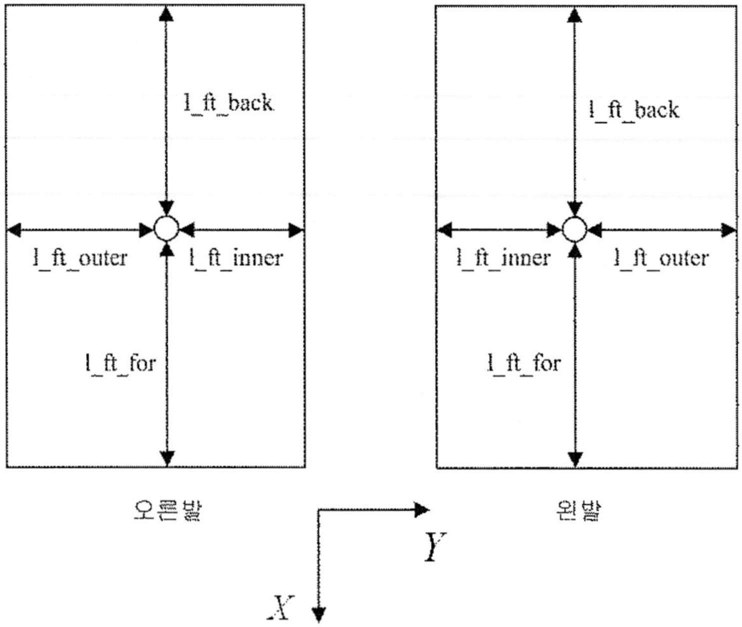

그림 2.24 바이올로이드 로봇의 왼발과 오른발의 형상 치수

2.3 투영법을 이용한 휴머노이드 로봇 모델링

2.3.1 투영법(Projection-Based Method)

2.2절에서 DH법을 이용하여 휴머노이드 로봇의 각 링크에 고정된 좌표계의 위치와 방향을 계산하는 방법을 배웠다. DH법은 하나의 관절에서 오직 한 가지의 회전이나 병진 운동이 일어날 경우에만 적용할 수 있는 방법이므로 휴머노이드 로봇의 발목 관절이나 고관절, 어깨 관절에서처럼 2자유도 이상의 복수회전이 동시에 일어날 경우 어떤 회전 운동을 우선시해서 좌표계변환을 하느냐에 따라 그 결과 값에 미세한 차이가 발생한다. 또한 DH법은 행렬 합

과 곱의 연산량이 많기 때문에 CPU 클록 속도가 느리고 메모리 용량이 작은 임베디드 시스템이 실시간으로 처리하기에는 무리가 있다. 이를 해결하기 위해 저자는 투영의 원리에 기반해서 절대 좌표계 상의 각 관절 좌표를 구하는 투영법(Projection Based Method)을 개발했다[2]. 이 방법은 DH법처럼 링크나 말단부의 좌표계를 구하는 것이 아니라 각 관절의 절대 좌표를 구하는 것이어서 엄밀히 말하면 DH법과는 약간 다르다고 할 수 있지만, 로봇의 자세를 표현하는 데 있어서 계산량이 적은 장점이 있다.

투영법의 원리에 대해 알아보기 위해 2자유도를 갖는 관절 모터가 하나의 링크를 회전시키는 경우를 생각해 보자. 그림 2.25는 초기에 z축에 정렬되어 있는 길이 l인 링크를 x축을 중심으로 반시계방향으로 ϕ만큼 회전시킨 후, 다시 y축을 중심으로 θ만큼 회전시킨 것을 보인다.

그림 2.26은 링크의 이러한 3차원 모션을 x-z 평면인 시상면과 y-z 평면인 관상면에 투영한 모습을 보인다. 먼저 링크를 x축 중심으로 ϕ 만큼 회전시킨 것을 시상면에서 보면 그림 2.26(a)에서처럼 링크의 길이가 l에서 $l \cos \phi$ 만큼 줄어든 것처럼 보이게 된다. 이를 다시 y축 중심으로 θ 만큼 회전시키면 링크 말단의 x 좌표 p_x는 다음과 같다.

$$p_x = (l \cos \phi) \sin \theta = l \cos \phi \sin \theta = l^s \sin \theta \tag{2.52}$$

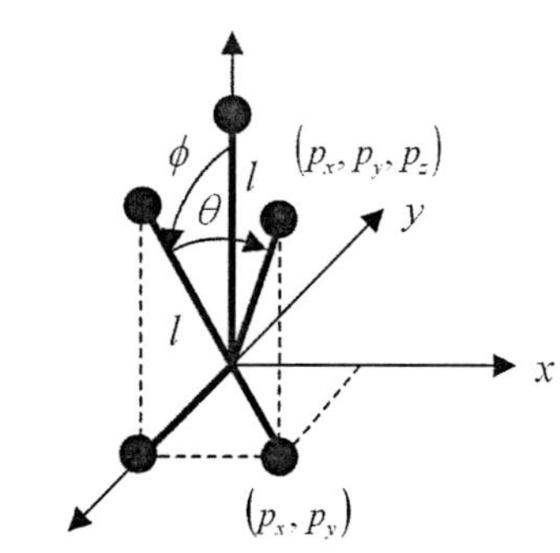

그림 2.25 2자유도 회전이 있는 링크의 3차원 좌표

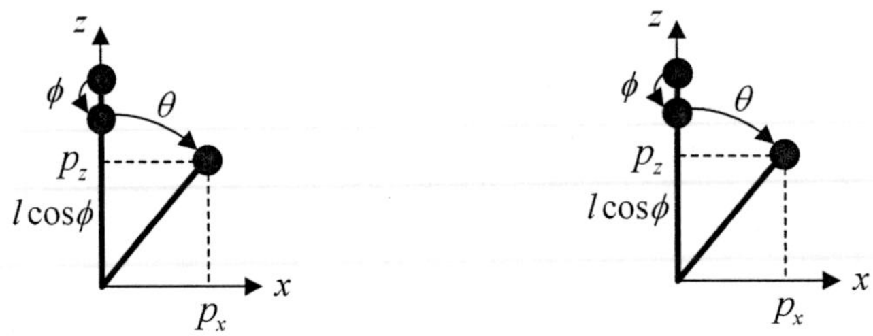

(a) 시상면 (b) 관상면

그림 2.26 3차원 상에서 2자유도 회전을 하는 링크를 2차원 평면에 투영한 모습

식에서 l^s는 시상면에 투영된 링크 길이를 의미한다.

이번에는 같은 복합 회전을 관상면에서 보았을 때의 경우를 생각해 보자. 길이 l인 링크를 x축 중심으로 ϕ 만큼 회전시킨 것을 관상면에서 보면 그림 2.26(b)에서처럼 링크의 길이는 변화가 없고 링크 말단의 y 좌표가 $-l \sin \phi$가 된다. 그 다음 y축을 중심으로 θ 만큼 회전시키면 링크 길이만 $l \cos \theta$로 줄어든 것처럼 보이게 되어 링크 말단의 y 좌표 p_y는 다음과 같다.

$$p_y = -(l\cos\theta)\sin\phi = -l\cos\theta\sin\phi = -l^c \sin\phi \tag{2.53}$$

식에서 l^c는 관상면에 투영된 링크 길이를 의미한다. 링크 말단의 z좌표 p_z는 어느 평면에서 보든지 다음과 같이 동일하게 계산된다.

$$p_z = (l\cos\phi)\cos\theta = (l\cos\theta)\cos\phi = l\cos\theta\cos\phi \tag{2.54}$$

이제 식 (2.52)~(2.54)를 조합하면 그림 2.25에 나타낸 링크 끝점의 3차원 위치를 다음과 같이 표현할 수 있다.

$$\begin{aligned}(p_x, p_y, p_z) &= (l\cos\phi\sin\theta, -l\cos\theta\sin\phi, l\cos\theta\cos\phi) \\ &= (l^s\sin\theta, -l^c\sin\phi, l^s\cos\theta)\end{aligned} \tag{2.55}$$

2.3.2 투영법의 휴머노이드 로봇 적용

이제 투영법을 적용해서 휴머노이드 로봇의 각 관절 좌표들을 구해보자. 그림 2.27은 휴머노이드 로봇이 왼발로 지지하고 있을 때 3차원 전신 모델을 시상면과 관상면으로 투영한 2차원 모델을 나타내는데, 12개의 링크와 관절 좌표들이 각 평면으로 투영된 링크와 절대 좌표로 각각 표현됨을 유의하자. DH법과의 호환성을 위해 모델에 표현된 세 종류의 관절각(ϕ_1~ϕ_4, θ_1~θ_6, ψ_1~ψ_2)들의 명칭과 회전각 정의는 2.2절의 DH법 모델과 일치시켰다. 투영법으로 관

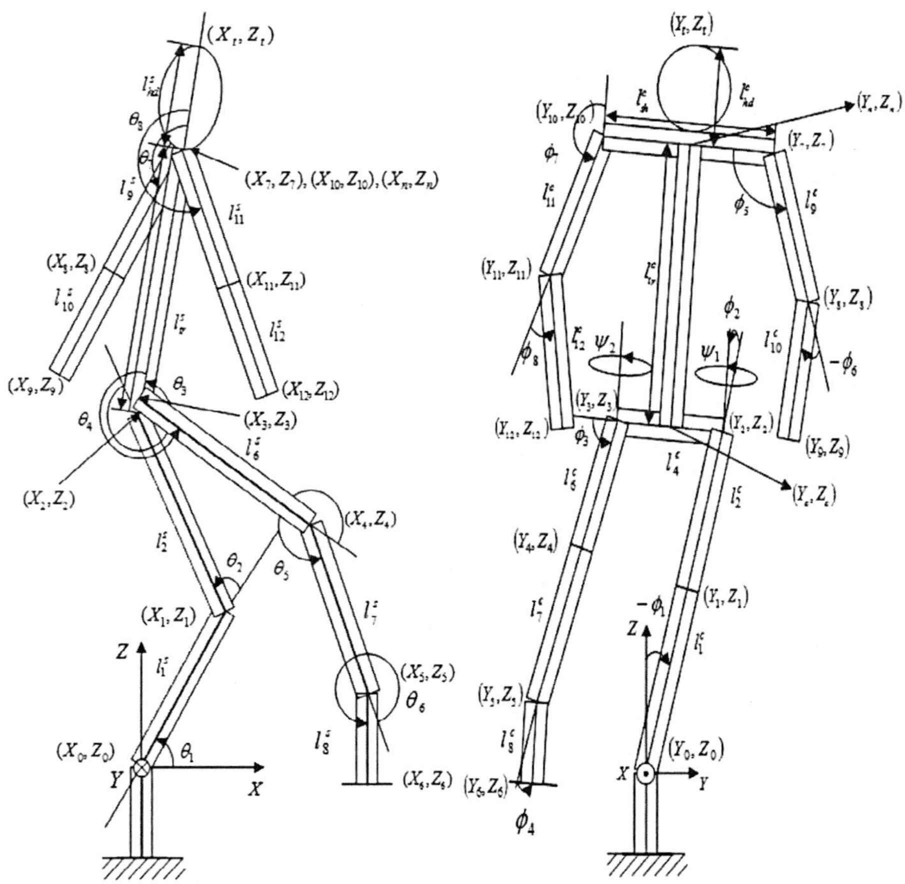

(a) 시상면에 투영된 모델 (b) 관상면에 투영된 모델

그림 2.27 휴머노이드 로봇의 왼발 지지 시 2차원 투영 모델

절 좌표들을 계산하기 위해서는 식 (2.52)와 (2.53)에서 보았듯이 각 평면에 투영된 링크 길이를 먼저 계산해야 한다.

그림 2.13에서 정의된 관절각을 이용해서 링크를 시상면에 투영했을 때 하체의 링크 길이는 다음과 같다.

$$l_1^s = l_1\left|\cos\phi_1\right|,\quad l_2^s = l_2\left|\cos\phi_1\right|,\quad l_4^s = l_4\left|\cos\left(\phi_{12}+\frac{\pi}{2}\right)\right|,$$
$$l_6^s = l_6\left|\cos\left(\phi_{123}+\frac{\pi}{2}\right)\right|,\quad l_7^s = l_7\left|\cos\left(\phi_{123}+\frac{\pi}{2}\right)\right|,\quad l_8^s = l_8\left|\cos\left(\phi_{1234}+\frac{\pi}{2}\right)\right| \qquad (2.56)$$

마찬가지로 관상면에 투영된 하체의 링크 길이는 다음과 같다.

$$l_1^c = l_1\left|S_1^\theta\right|, l_2^c = l_2\left|S_{12}^\theta\right|, l_4^c = l_4, l_6^c = l_6\left|S_{1234}^\theta\right|, l_7^s = l_7\left|S_{12345}^\theta\right|, l_8^s = l_8\left|S_{123456}^\theta\right| \qquad (2.57)$$

식에서 $S_{1\cdots k}^\theta$는 $\sin(\theta_1+\cdots+\theta_k)$을 의미한다. 식 (2.57)이 식 (2.56)과 달리 sin 함수로 표현되는 이유는 그림 2.27(a)에서 볼 수 있듯이 θ가 Z축이 아니라 X축에서부터 출발하므로 $l_1^c = l_1\left|\cos\left(\frac{\pi}{2}-\theta_1\right)\right| = l_1\left|\sin\theta_1\right|$ 의 관계가 성립하기 때문이다. 식 (2.56)과 (2.57)을 보면 시상면과 관상면에 투영된 링크 길이는 l_4^c를 제외하고는 모두 시간에 따라 변하는 값임을 알 수 있다. l_4^c 링크는 횡평면 관절 ψ_{hp}^l이나 ψ_{hp}^r이 회전할 경우 변하게 된다. 횡평면 관절이 회전할 때에도 투영법을 적용하여 각 관절 좌표의 위치를 계산할 수 있지만, 식이 필요 이상으로 복잡해지므로 이 책에서는 방향 전환이 발생하는 움직임에 대해서는 투영 기법 대신 DH법을 적용하기로 한다.

지금까지 구한 시상면과 관상면에 투영된 링크들을 이용해서 왼발 지지 시 각 관절들의 3차원 절대 좌표를 다음과 같이 순차적으로 표현할 수 있다.

$$X_1 = X_0 + l_1^s C_1^\theta, Y_1 = Y_0 - l_1^c \sin\phi_1, Z_1 = Z_0 + l_1^s S_1^\theta,$$
$$X_2 = X_1 + l_2^s C_{12}^\theta, Y_2 = Y_1 - l_2^c \sin\phi_1, Z_2 = Z_1 + l_2^s S_{12}^\theta,$$

$$
\begin{aligned}
&X_3 = X_2 + l_4^s C_{123}^{\theta},\, Y_3 = Y_2 - l_4^c \sin\left(\phi_{12} + \frac{\pi}{2}\right),\, Z_3 = Z_2 + l_4^s S_{123}^{\theta}, \\
&X_4 = X_3 + l_6^s C_{1234}^{\theta},\, Y_4 = Y_3 - l_6^c \sin\left(\phi_{123} + \frac{\pi}{2}\right),\, Z_4 = Z_3 + l_6^s S_{1234}^{\theta}, \\
&X_5 = X_4 + l_7^s C_{12345}^{\theta},\, Y_5 = Y_4 - l_7^c \sin\left(\phi_{123} + \frac{\pi}{2}\right),\, Z_5 = Z_4 + l_7^s S_{12345}^{\theta}, \\
&X_6 = X_5 + l_8^s C_{123456}^{\theta},\, Y_6 = Y_5 - l_8^c \sin\left(\phi_{1234} + \frac{\pi}{2}\right),\, Z_6 = Z_5 + l_8^s S_{123456}^{\theta}.
\end{aligned}
\tag{2.58}
$$

식에서 $C_{12\cdots i}^{\theta}$는 $S_{12\cdots j}^{\theta}$는 $\cos(\theta_1 + \theta_2 + \cdots + \theta_i)$와 $\sin(\theta_1 + \theta_2 + \cdots + \theta_j)$를 각각 나타낸다.

DH법과 마찬가지로 투영법에서도 로봇이 오른발로 지지하고 있을 때 하체 관절 좌표들을 따로 계산해야 한다. 그림 2.28은 휴머노이드 로봇이 오른발로 지지하고 있는 전신 모델을 시상면과 관상면으로 투영한 2차원 모델을 나타낸다. 이 경우 시상면에 투영된 링크의 길이는 l_1^c와 l_2^s는 같지만 다른 링크 길이는 다음과 같이 수정되어야 한다.

$$
l_4^s = l_4\left|\cos\left(\phi_{12} - \frac{\pi}{2}\right)\right|,\, l_6^s = l_6\left|\cos\left(\phi_{123} - \frac{\pi}{2}\right)\right|,\, l_7^s = l_7\left|\cos\left(\phi_{123} - \frac{\pi}{2}\right)\right|,\, l_8^s = l_8\left|\cos\left(\phi_{1234} - \frac{\pi}{2}\right)\right|
\tag{2.59}
$$

그리고 3차원 관절 좌표 중 Y_3~Y_6 좌표의 계산식이 다음과 같이 수정되고 나머지 관절들의 좌표 계산식은 같다. 두 식을 비교해 보면 관상면 상에서 자유 다리의 관절이 지지 다리 관절과 이루는 각이 왼발 지지 시에는 $+90°$ 관계지만 오른발 지지 시에는 $-90°$ 관계를 가지고, 이러한 위상 차이가 투영된 링크와 Y 좌표에 영향을 미친다.

$$
\begin{aligned}
&Y_3 = Y_2 - l_4^c \sin\left(\phi_{12} - \frac{\pi}{2}\right),\; Y_4 = Y_3 - l_6^c \sin\left(\phi_{123} - \frac{\pi}{2}\right) \\
&Y_5 = Y_4 - l_7^c \sin\left(\phi_{123} - \frac{\pi}{2}\right),\; Y_6 = Y_5 - l_8^c \sin\left(\phi_{1234} - \frac{\pi}{2}\right)
\end{aligned}
\tag{2.60}
$$

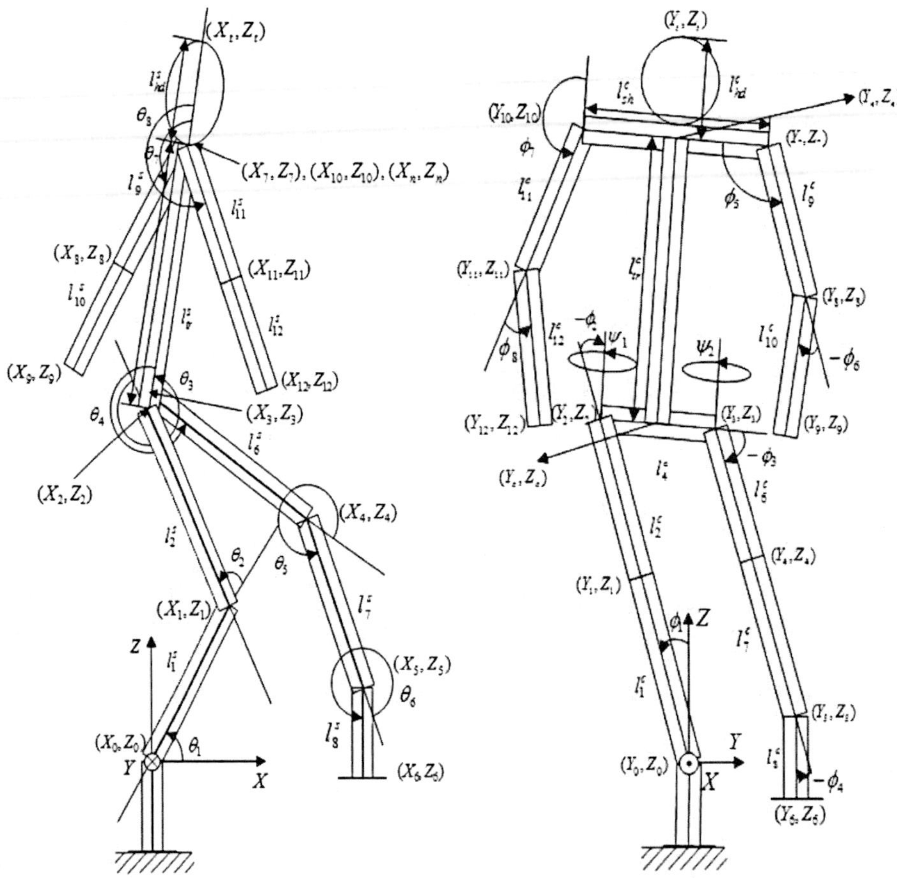

(a) 시상면에서 본 모델 (b) 관상면에서 본 모델

그림 2.28 휴머노이드 로봇의 오른발 지지 시 2차원 투영 모델

투영법에서 상체의 각 관절들은 지지하는 다리와 상관없이 3차원 좌표값이 계산되며, 그림 2.27과 2.28에서 정의된 상체 링크를 시상면에 투영했을 때의 길이는 다음과 같다.

$$l_9^s = l_9\left|\cos\left(\phi_{125} + \frac{\pi}{2}\right)\right|,\quad l_{10}^s = l_{10}\left|\cos\left(\phi_{1256} + \frac{\pi}{2}\right)\right|,\quad l_{11}^s = l_{11}\left|\cos\left(\phi_{127}\right)\right|,\quad l_{12}^s = l_{12}\left|\cos\left(\phi_{1278}\right)\right| \tag{2.61}$$

식에서 ϕ_{ijkl}은 $\phi_i+\phi_i+\phi_k+\phi_l$을 의미하며, l_9^s와 l_{10}^s의 각도에 $\pi/2$가 더해진 것은 왼쪽 어깨의 수선으로부터 ϕ_5까지의 각도 차이를 계산에 넣기 위함이다. 같은 원리로 관상면에 투영된 상체의 링크 길이는 다음과 같이 표현된다.

$$l_9^c = l_9\left|S_{1237}^{\theta}\right|,\quad l_{10}^c = l_{10}\left|S_{1237}^{\theta}\right|,\quad l_{11}^c = l_{11}\left|S_{1238}^{\theta}\right|,\quad l_{12}^c = l_{12}\left|S_{1238}^{\theta}\right| \tag{2.62}$$

위의 식으로부터 상체의 전체 관절각도를 결정하는 각도가 지지하는 나리의 관절각도 합과 관계있음을 알 수 있는데 시상면에서는 θ_{123}이고 관상면에서는 ϕ_{12}이다.

상체의 관절 좌표들을 계산하기 위한 기준점으로서 그림 2.27의 전신의 중심 좌표 (X_c, Y_c, Z_c)와 목 좌표 (X_n, Y_n, Z_n)을 다음과 같다.

$$X_c = \frac{X_2+X_3}{2},\quad Y_c = \frac{Y_2+Y_3}{2},\quad Z_c = \frac{Z_2+Z_3}{2}, \tag{2.63}$$

$$X_n = X_c + l_{tr}^s C_{123}^{\theta},\ Y_n = Y_c - l_{tr}^c S_{12}^{\phi},\ Z_n = Z_c + l_{tr}^s S_{123}^{\theta}. \tag{2.64}$$

식에서 l_{tr}^s와 l_{tr}^c는 로봇의 상체를 나타내는 링크 l_{tr}을 시상면과 관상면으로 투영한 링크를 각각 나타내며 투영법에 의해 다음 식으로 표현한다.

$$l_{tr}^s = l_{tr}\left|C_{12}^{\phi}\right|,\ l_{tr}^c = l_{tr}\left|S_{123}^{\theta}\right| \tag{2.65}$$

참고로 로봇 머리의 정수리 좌표 (X_t, Y_t, Z_t)는 다음 식과 같다.

$$X_t = X_n + l_{hd}^s C_{123}^{\theta},\ Y_t = Y_n - l_{hd}^c S_{12}^{\phi},\ Z_t = Z_n + l_{hd}^s S_{123}^{\theta}, \tag{2.66}$$

식에서 l_{hd}^s와 l_{hd}^c는 로봇의 머리를 나타내는 링크 l_{hd}를 시상면과 관상면으로 투영한 링크를 각각 나타내며 다음 식과 같다.

$$l_{hd}^s = l_{hd}\left|C_{12}^{\phi}\right|,\ l_{hd}^c = l_{hd}\left|S_{123}^{\theta}\right| \tag{2.67}$$

식 (2.64)의 목 좌표를 이용해서 상체의 6개의 관절 좌표를 구하면 다음과 같다.

$$X_7 = X_n, Y_7 = Y_n + \frac{l_{sh}^c}{2}\sin\left(\phi_{12} + \frac{\pi}{2}\right), Z_7 = Z_n + \frac{l_{sh}^c}{2}S_{12}^{\phi},$$

$$X_8 = X_7 + l_9^s C_{1237}^{\theta}, Y_8 = Y_7 - l_9^c \sin\left(\phi_{125} + \frac{\pi}{2}\right), Z_8 = Z_7 + l_9^s S_{1237}^{\theta},$$

$$X_9 = X_8 + l_{10}^s C_{1237}^{\theta}, Y_9 = Y_8 - l_{10}^c \sin\left(\phi_{1256} + \frac{\pi}{2}\right), Z_9 = Z_8 + l_{10}^s S_{1237}^{\theta}, \qquad (2.68)$$

$$X_{10} = X_n, Y_{10} = Y_n - \frac{l_{sh}^c}{2}\sin\left(\phi_{12} + \frac{\pi}{2}\right), Z_{10} = Z_n - \frac{l_{sh}^c}{2}S_{12}^{\phi},$$

$$X_{11} = X_{10} + l_{11}^s C_{1238}^{\theta}, Y_{11} = Y_{10} - l_{11}^c S_{127}^{\phi}, Z_{11} = Z_{10} + l_{11}^s S_{1238}^{\theta},$$

$$X_{12} = X_{11} + l_{12}^s C_{1238}^{\theta}, Y_{12} = Y_{11} - l_{12}^c S_{1278}^{\phi}, Z_{12} = Z_{11} + l_{12}^s S_{1238}^{\theta}.$$

식에서 l_{sh}^c는 어깨 링크 l_{sh}가 관상면에서 투영된 링크 길이를 의미하며 횡평면에서 회전이 없기 때문에 $l_{sh}^c = l_{sh}$의 관계를 가진다. 식 (2.68)에서 (X_7, Y_7, Z_7)~(X_9, Y_9, Z_9)는 왼쪽 팔에 위치한 관절의 절대 좌표를 나타내며, (X_{10}, Y_{10}, Z_{10})~(X_{12}, Y_{12}, Z_{12})는 오른쪽 팔에 위치한 관절의 절대 좌표를 나타낸다.

위의 식에서 보듯이 모든 관절의 절대 좌표를 삼각함수의 수식으로 표현할 수 있게 되었으므로, 링크 중심에서의 선속도(linear velocity)와 선가속도(linear acceleration) 또한 삼각함수의 미분 관계식을 통해 계산할 수 있다. 선속도는 운동에너지를 계산하는데 사용되며, 선가속도는 영모멘트점을 계산하는데 필요하다. 선속도와 선가속도를 계산하기 위해서는 식 (2.58)과 (2.68)을 미분할 수 있어야 하는데, 이 식들이 둘 이상의 삼각함수가 곱해져 있는 형태라는 점에 주목할 필요가 있다. 예를 들면 식 (2.58)로부터 무릎 관절의 절대 좌표 식을 원래의 링크 길이와 절대값 변환공식 $|f(x)| = \mathrm{sgn}(f(x))f(x)$(sgn함수는 인수가 0보다 크면 1, 0보다 작으면 -1을 출력함)를 사용하면 다음과 같이 표현할 수 있다.

$$X_1 = X_0 + \mathrm{sgn}(C_1^{\phi})l_1 C_1^{\phi} C_1^{\theta}, Y_1 = Y_0 - \mathrm{sgn}(S_1^{\theta})l_1 S_1^{\theta} S_1^{\phi}, Z_1 = Z_0 + \mathrm{sgn}(C_1^{\phi})l_1 C_1^{\phi} S_1^{\theta} \qquad (2.69)$$

이 식을 식 (2.58)과 비교해 보면 두 삼각함수의 곱으로 표현되는 항이 존재함을 알 수 있다. 매번 삼각함수의 곱을 수식으로 표현하기가 번거로우므로 다음과 같은 삼각함수 곱함수를 새롭게 정의하자.

$$P_S(\alpha)=\sin\alpha,\ P_C(\alpha)=\cos\alpha,$$
$$P_{SS}(\alpha,\beta)=\sin\alpha\sin\beta,\ P_{CS}(\alpha,\beta)=\cos\alpha\sin\beta,\ P_{CC}(\alpha,\beta)=\cos\alpha\cos\beta \quad (2.70)$$

이 함수에서 아래첨자 S와 C는 sin함수와 cos함수를 각각 의미하며, 함수의 인자는 첨자에 적힌 순서대로 삼각함수와 결합해서 곱해짐을 주의해야 한다. 그러므로 $P_{SC}(\alpha, \beta)$와 $P_{CS}(\alpha, \beta)$는 같지 않다.

식 (2.58)에서 표현된 왼발 지지 시 하체 관절들의 절대 좌표를 앞에서 정의한 삼각함수 곱함수를 이용해서 표현하면 다음과 같다.

$$X_1 = X_0 + \mathrm{sgn}(C_1^{\phi})l_1P_{CC}(\phi_1,\theta_1),\ Y_1 = Y_0 - \mathrm{sgn}(S_1^{\theta})l_1P_{SS}(\phi_1,\theta_1),\ Z_1 = Z_0 + \mathrm{sgn}(C_1^{\phi})l_1P_{CS}(\phi_1,\theta_1),$$

$$X_2 = X_1 + \mathrm{sgn}(C_1^{\phi})l_2P_{CC}(\phi_1,\theta_{12}),\ Y_2 = Y_1 - \mathrm{sgn}(S_{12}^{\theta})l_2P_{SS}(\phi_1,\theta_{12}),\ Z_2 = Z_1 + \mathrm{sgn}(C_1^{\phi})l_2P_{CS}(\phi_1,\theta_{12}),$$

$$X_3 = X_2 + \mathrm{sgn}\left(P_C\left(\phi_{12}+\frac{\pi}{2}\right)\right)l_4P_{CC}\left(\phi_{12}+\frac{\pi}{2},\theta_{123}\right),\ Y_3 = Y_2 - l_4P_S\left(\phi_{12}+\frac{\pi}{2}\right),$$
$$Z_3 = Z_2 + \mathrm{sgn}\left(P_C\left(\phi_{12}+\frac{\pi}{2}\right)\right)l_4P_{CS}\left(\phi_{12}+\frac{\pi}{2},\theta_{123}\right),$$

$$X_4 = X_3 + \mathrm{sgn}\left(P_C\left(\phi_{123}+\frac{\pi}{2}\right)\right)l_6P_{CC}\left(\phi_{123}+\frac{\pi}{2},\theta_{1234}\right),\ Y_4 = Y_3 - \mathrm{sgn}(S_{1234}^{\theta})l_6P_{SS}\left(\phi_{123}+\frac{\pi}{2},\theta_{1234}\right),$$
$$Z_4 = Z_3 + \mathrm{sgn}\left(P_C\left(\phi_{123}+\frac{\pi}{2}\right)\right)l_6P_{CS}\left(\phi_{123}+\frac{\pi}{2},\theta_{1234}\right), \quad (2.71)$$

$$X_5 = X_4 + \mathrm{sgn}\left(P_C\left(\phi_{123}+\frac{\pi}{2}\right)\right)l_7P_{CC}\left(\phi_{123}+\frac{\pi}{2},\theta_{12345}\right),\ Y_5 = Y_4 - \mathrm{sgn}(S_{12345}^{\theta})l_7P_{SS}\left(\phi_{123}+\frac{\pi}{2},\theta_{12345}\right),$$
$$Z_5 = Z_4 + \mathrm{sgn}\left(P_C\left(\phi_{123}+\frac{\pi}{2}\right)\right)l_7P_{CS}\left(\phi_{123}+\frac{\pi}{2},\theta_{12345}\right),$$

$$X_6 = X_5 + \mathrm{sgn}\left(P_C\left(\phi_{1234}+\frac{\pi}{2}\right)\right)l_8P_{CC}\left(\phi_{1234}+\frac{\pi}{2},\theta_{123456}\right),\ Y_6 = Y_5 - \mathrm{sgn}(S_{123456}^{\theta})l_8P_{SS}\left(\phi_{1234}+\frac{\pi}{2},\theta_{123456}\right),$$
$$Z_6 = Z_5 + \mathrm{sgn}\left(P_C\left(\phi_{1234}+\frac{\pi}{2}\right)\right)l_8P_{CS}\left(\phi_{1234}+\frac{\pi}{2},\theta_{123456}\right)$$

로봇이 오른발로 서 있을 때는 3번째에서 6번째 관절 좌표의 식에서 관상면 각도에 더해지는 $\frac{\pi}{2}$ 대신 $-\frac{\pi}{2}$를 다음과 같이 대입하면 된다.

$$X_3 = X_2 + \mathrm{sgn}\left(P_C\left(\phi_{12} - \frac{\pi}{2}\right)\right) l_4 P_{CC}\left(\phi_{12} - \frac{\pi}{2}, \theta_{123}\right),\ Y_3 = Y_2 - l_4 P_S\left(\phi_{12} - \frac{\pi}{2}\right),$$
$$Z_3 = Z_2 + \mathrm{sgn}\left(P_C\left(\phi_{12} - \frac{\pi}{2}\right)\right) l_4 P_{CS}\left(\phi_{12} - \frac{\pi}{2}, \theta_{123}\right),$$
$$X_4 = X_3 + \mathrm{sgn}\left(P_C\left(\phi_{123} - \frac{\pi}{2}\right)\right) l_6 P_{CC}\left(\phi_{123} - \frac{\pi}{2}, \theta_{1234}\right),\ Y_4 = Y_3 - \mathrm{sgn}\left(S^{\theta}_{1234}\right) l_6 P_{SS}\left(\phi_{123} - \frac{\pi}{2}, \theta_{1234}\right),$$
$$Z_4 = Z_3 + \mathrm{sgn}\left(P_C\left(\phi_{123} - \frac{\pi}{2}\right)\right) l_6 P_{CS}\left(\phi_{123} - \frac{\pi}{2}, \theta_{1234}\right), \tag{2.72}$$
$$X_5 = X_4 + \mathrm{sgn}\left(P_C\left(\phi_{123} - \frac{\pi}{2}\right)\right) l_7 P_{CC}\left(\phi_{123} - \frac{\pi}{2}, \theta_{12345}\right),\ Y_5 = Y_4 - \mathrm{sgn}\left(S^{\theta}_{12345}\right) l_7 P_{SS}\left(\phi_{123} - \frac{\pi}{2}, \theta_{12345}\right),$$
$$Z_5 = Z_4 + \mathrm{sgn}\left(P_C\left(\phi_{123} - \frac{\pi}{2}\right)\right) l_7 P_{CS}\left(\phi_{123} - \frac{\pi}{2}, \theta_{12345}\right),$$
$$X_6 = X_5 + \mathrm{sgn}\left(P_C\left(\phi_{1234} - \frac{\pi}{2}\right)\right) l_8 P_{CC}\left(\phi_{1234} - \frac{\pi}{2}, \theta_{123456}\right),\ Y_6 = Y_5 - \mathrm{sgn}\left(S^{\theta}_{123456}\right) l_8 P_{SS}\left(\phi_{1234} - \frac{\pi}{2}, \theta_{123456}\right),$$
$$Z_6 = Z_5 + \mathrm{sgn}\left(P_C\left(\phi_{1234} - \frac{\pi}{2}\right)\right) l_8 P_{CS}\left(\phi_{1234} - \frac{\pi}{2}, \theta_{123456}\right)$$

마찬가지 방법으로, 상체에 있는 관절들의 절대 좌표를 식 (2.64)~(2.68)과 식 (2.70)의 삼각함수 곱함수 표현형을 이용해서 수식으로 표현하면 다음과 같다.

$$X_n = X_c + \mathrm{sgn}\left(C^{\phi}_{12}\right) l_{tr} P_{CC}\left(\phi_{12}, \theta_{123}\right),\ Y_n = Y_c - \mathrm{sgn}\left(S^{\theta}_{123}\right) l_{tr} P_{SS}\left(\phi_{12}, \theta_{123}\right),$$
$$Z_n = Z_c + \mathrm{sgn}\left(C^{\phi}_{12}\right) l_{tr} P_{CS}\left(\phi_{12}, \theta_{123}\right),$$
$$X_7 = X_n,\ Y_7 = Y_n + \frac{l_{sh}}{2} P_S\left(\phi_{12} + \frac{\pi}{2}\right),\ Z_7 = Z_n + \frac{l_{sh}}{2} P_S\left(\phi_{12}\right),$$
$$X_8 = X_7 + \mathrm{sgn}\left(C^{\phi}_{125}\right) l_9 P_{CC}\left(\phi_{125}, \theta_{1237}\right),\ Y_8 = Y_7 - \mathrm{sgn}\left(S^{\theta}_{1237}\right) l_9 P_{SS}\left(\phi_{125} + \frac{\pi}{2}, \theta_{1237}\right),$$
$$Z_8 = Z_7 + \mathrm{sgn}\left(C^{\phi}_{125}\right) l_9 P_{CS}\left(\phi_{125}, \theta_{1237}\right)$$

$$X_9 = X_8 + \text{sgn}\left(C^{\phi}_{1256}\right) l_{10} P_{CC}\left(\phi_{1256}, \theta_{1237}\right), Y_9 = Y_8 - \text{sgn}\left(S^{\theta}_{1237}\right) l_{10} P_{SS}\left(\phi_{1256} + \frac{\pi}{2}, \theta_{1237}\right),$$
$$Z_9 = Z_8 + \text{sgn}\left(C^{\phi}_{1256}\right) l_{10} P_{CS}\left(\phi_{1256}, \theta_{1237}\right) \quad (2.73)$$

$$X_{10} = X_n, Y_{10} = Y_n - \frac{l_{sh}}{2} P_S\left(\phi_{12} + \frac{\pi}{2}\right), Z_{10} = Z_n - \frac{l_{sh}}{2} P_S\left(\phi_{12}\right),$$

$$X_{11} = X_{10} + \text{sgn}\left(C^{\phi}_{127}\right) l_{11} P_{CC}\left(\phi_{127}, \theta_{1238}\right), Y_{11} = Y_{10} - \text{sgn}\left(S^{\theta}_{1238}\right) l_{11} P_{SS}\left(\phi_{127}, \theta_{1238}\right),$$
$$Z_{11} = Z_{10} + \text{sgn}\left(C^{\phi}_{127}\right) l_{11} P_{CS}\left(\phi_{127}, \theta_{1238}\right),$$

$$X_{12} = X_{11} + \text{sgn}\left(C^{\phi}_{1278}\right) l_{12} P_{CC}\left(\phi_{1278}, \theta_{1238}\right), Y_{12} = Y_{11} - \text{sgn}\left(S^{\theta}_{1238}\right) l_{12} P_{SS}\left(\phi_{1278}, \theta_{1238}\right),$$
$$Z_{12} = Z_{11} + \text{sgn}\left(C^{\phi}_{1278}\right) l_{12} P_{CS}\left(\phi_{1278}, \theta_{1238}\right)$$

로봇이 직립한 자세를 투영법으로 시뮬레이션하려면 <코드 2.3>의 sim_pose.m 파일에서 md = 'PB' 로 설정을 바꾸면 된다. <코드 2.6>은 func_robot_motion_pb.m 파일에서 기구학과 관련된 코드만을 주석과 함께 선택적으로 보여준다.

```
function y = func_robot_motion_pb(link, mass, sf, sp, th, th_1d, th_2d, phi, phi_1d, phi_2d, psi, fig_no,
sim_type, flags)

g = 9.8062;
flag_show_zmp = flags(3);       % 0: ZMP 보여주지 않음, 1: ZMP 보여줌
flag_show_2d = flags(4);        % 0: 2D 평면모델 보여주지 않음, 1: 2D 평면모델 보여줌

% 시상면 각도
th1 = th(1);  th12 = sum(th(1:2));  th123 = sum(th(1:3));  th1234 = sum(th(1:4)); th12345 = sum(th(1:5));
th123456 = sum(th(1:6));
th7 = th(7);  th8 = th(8);   th1237 = th123+th7;  th1238 = th123+th8;

% 관상면 각도
phi1 = phi(1);   phi2 = phi(2);   phi3 = phi(3);   phi4 = phi(4);   phi5 = phi(5);   phi6 = phi(6);
phi7 = phi(7);   phi8 = phi(8);
phi12 = sum(phi(1:2));   phi123 = sum(phi(1:3));   phi1234 = sum(phi(1:4));   phi125 = phi12+phi5;
```

```
phi1256 = phi125+phi6;  phi127 = phi12+phi7;  phi1278 = phi127+phi8;

% 링크 길이
l0 = link(1); l1 = link(2); l2 = link(3); l3 = link(4); l4 = link(5); l5 = link(6); l6 = link(7); l7 = link(8); l8 = link(9);
l9 = link(10); l10 = link(11); l11 = link(12); l12 = link(13);  l_hd=link(14); l_sh=link(15); l_tr=link(16);
l_ft_for=link(17); l_ft_back=link(18); l_ft_inner=link(19); l_ft_outer=link(20);

% 링크 질량
m1 = mass(1); m2 = mass(2); m3 = mass(3); m4 = mass(4); m5 = mass(5); m6 = mass(6); m7 = mass(7);
m8 = mass(8); m9 = mass(9); m10 = mass(10); m11 = mass(11); m12 = mass(12); m13 = mass(13);
m14 = mass(14); m15 = mass(15); m16 = mass(16); m18 = mass(18); m19 = mass(19); m20 =
mass(20); m_hd = mass(21); m_tr = mass(22);

% 하체의 투영된 링크
l1s = l1*abs(cos(phi1));   l2s = l2*abs(cos(phi1));
if strcmp(sf, 'LEFT_BASE' )
   l4s = l4*abs(cos(phi12+pi/2));    l6s = l6*abs(cos(phi123+pi/2));    l7s = l7*abs(cos(phi123+pi/2));
   l8s = l8*abs(cos(phi1234+pi/2));
elseif strcmp(sf, 'RIGHT_BASE' )
   l4s = l4*abs(cos(phi12-pi/2));    l6s = l6*abs(cos(phi123-pi/2));    l7s = l7*abs(cos(phi123-pi/2));
   l8s = l8*abs(cos(phi1234-pi/2));
end
l1c = l1*abs(sin(th1));    l2c = l2*abs(sin(th12));    l4c = l4;     l6c = l6*abs(sin(th1234));
l7c = l7*abs(sin(th12345));    l8c = l8*abs(sin(th123456));

% 상체의 투영된 링크
l9s = l9*abs(cos(phi125+pi/2));   l10s = l10*abs(cos(phi1256+pi/2));   l11s = l11*abs(cos(phi127));
l12s = l12*abs(cos(phi1278));
l9c = l9*abs(sin(th1237));          l10c = l10*abs(sin(th1237));          l11c = l11*abs(sin(th1238));
l12c = l12*abs(sin(th1238));
l_trs = l_tr*cos(phi12);    l_trc = l_tr*sin(th123);            % 몸통 링크
l_hds = l_hd*cos(phi12);    l_hdc = l_hd*sin(th123);            % 머리 링크
l_shs = l_sh;               l_shc = l_sh;                       % 어깨 링크

% 하체 관절 좌표
p0 = [sp(1) sp(2) sp(3)+l0];
p1 = p0 + [l1s*cos(th1)              -l1c*sin(phi1)              l1s*sin(th1)];
p2 = p1 + [l2s*cos(th12)             -l2c*sin(phi1)              l2s*sin(th12)];
if strcmp(sf, 'LEFT_BASE' )
   p3 = p2 + [l4s*cos(th123)           -l4c*sin(phi12+pi/2)         l4s*sin(th123)];
```

```
    p4 = p3 + [l6s*cos(th1234)        -l6c*sin(phi123+pi/2)      l6s*sin(th1234)];
    p5 = p4 + [l7s*cos(th12345)       -l7c*sin(phi123+pi/2)      l7s*sin(th12345)];
    p6 = p5 + [l8s*cos(th123456)      -l8c*sin(phi1234+pi/2)     l8s*sin(th123456)];
elseif strcmp(sf, 'RIGHT_BASE' )
    p3 = p2 + [l4s*cos(th123)         -l4c*sin(phi12-pi/2)       l4s*sin(th123)];
    p4 = p3 + [l6s*cos(th1234)        -l6c*sin(phi123-pi/2)      l6s*sin(th1234)];
    p5 = p4 + [l7s*cos(th12345)       -l7c*sin(phi123-pi/2)      l7s*sin(th12345)];
    p6 = p5 + [l8s*cos(th123456)      -l8c*sin(phi1234-pi/2)     l8s*sin(th123456)];
end

% 상체 관절 좌표
pc = (p2+p3)/2;     % 중심 좌표
pn = pc + [l_trs*cos(th123)      -l_trc*sin(phi12)           l_trs*sin(th123)];      % 목좌표
pt = pn + [l_hds*cos(th123)      -l_hdc*sin(phi12)           l_hds*sin(th123)];      % 정수리 좌표
p7 = pn + [0                     l_shc/2*sin(phi12+pi/2)     l_shc/2*sin(phi12)];
p8 = p7 + [l9s*cos(th1237)       -l9c*sin(phi125+pi/2)       l9s*sin(th1237)];
p9 = p8 + [l10s*cos(th1237)      -l10c*sin(phi1256+pi/2)     l10s*sin(th1237)];
p10 = pn + [0                    -l_shc/2*sin(phi12+pi/2)    -l_shc/2*sin(phi12)];
p11 = p10 + [l11s*cos(th1238) -l11c*sin(phi127)              l11s*sin(th1238)];
p12 = p11 + [l12s*cos(th1238) -l12c*sin(phi1278)             l12s*sin(th1238)];

% 발바닥의 꼭짓점 좌표
if strcmp(sf, 'LEFT_BASE' )
    % 지지 다리
    pf_supp = [sp; sp; sp; sp] + [l_ft_for  l_ft_outer  0;       % 왼발 왼쪽 앞
                                  -l_ft_back l_ft_outer  0;      % 왼발 왼쪽 뒤
                                  -l_ft_back -l_ft_inner 0;      % 왼발 오른쪽 뒤
                                  l_ft_for  -l_ft_inner 0];      % 왼발 오른쪽 앞
    % 자유 다리
    pf_sway = [p6; p6; p6; p6] + ...
        [l_ft_for*cos(th123456 + pi/2) l_ft_inner l_ft_for*sin(th123456 + pi/2);       % 오른발 왼쪽 앞
        l_ft_back*cos(th123456 - pi/2) l_ft_inner l_ft_back*sin(th123456 - pi/2);      % 오른발 왼쪽 뒤
        l_ft_back*cos(th123456 - pi/2) -l_ft_outer l_ft_back*sin(th123456 - pi/2);     % 오른발 오른쪽 뒤
        l_ft_for*cos(th123456 + pi/2)  -l_ft_outer l_ft_for*sin(th123456 + pi/2)];     % 오른발 오른쪽 앞

elseif strcmp(sf, 'RIGHT_BASE' )
    % 지지 다리
    pf_supp = [sp; sp; sp; sp] + [l_ft_for  l_ft_inner  0;       % 오른발 왼쪽 앞
                                  -l_ft_back l_ft_inner  0;      % 오른발 왼쪽 뒤
                                  -l_ft_back -l_ft_outer 0;      % 오른발 오른쪽 뒤
```

```
                    l_ft_for   -l_ft_outer 0];          % 오른발 오른쪽 앞
    % 자유 다리
    pf_sway = [p6; p6; p6; p6] + ...
            [l_ft_for*cos(th123456 + pi/2)  l_ft_outer  l_ft_for*sin(th123456 + pi/2);     % 왼발 왼쪽 앞
             l_ft_back*cos(th123456 - pi/2)  l_ft_outer  l_ft_back*sin(th123456 - pi/2); % 왼발 왼쪽 뒤
             l_ft_back*cos(th123456 - pi/2)  -l_ft_inner  l_ft_back*sin(th123456 - pi/2);  % 왼발 오른쪽 뒤
             l_ft_for*cos(th123456 + pi/2)  -l_ft_inner  l_ft_for*sin(th123456 + pi/2)];   % 왼발 오른쪽 앞
end
tip_z_min = min(pf_sway(:,3));  % 발바닥 최저점
tip_x = p6(1);   tip_y = p6(2);   tip_z = p6(3);  % 자유 다리의 발 중심점
```

〈코드 2.6〉 func_robot_motion_pb.m 파일의 기구학 코드

그림 2.29(a)는 투영법으로 왼발 지지(sf = 'LEFT_BASE') 상태로 직립한 자세를, 2.29(b)는 오른발 지지(sf = 'RIGHT_BASE') 상태로 직립한 자세를 시뮬레이션한 것이다. DH법의 시뮬레이션 결과와 마찬가지로 두 그림이 같아 보이지만, 절대 좌표계의 원점이 지지하는 발의 중심점에 놓여 있다.

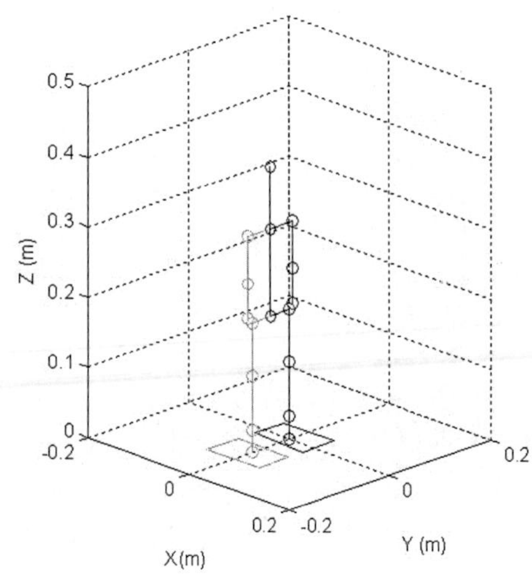

(a) 왼발 지지 상태

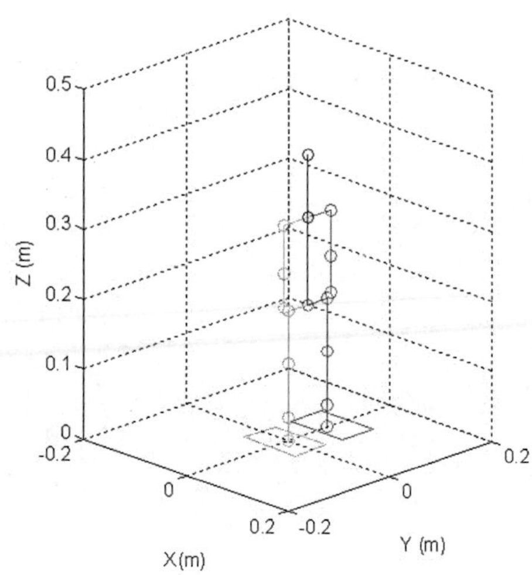

(b) 오른발 지지 상태

그림 2.29 휴머노이드 로봇의 직립자세 시뮬레이션

임의의 로봇 자세를 만들기 위해 코드 2.3의 sim_pose.m 파일에서 sf = 'LEFT_BASE' , md = 'PB' 로 설정하고 관절각을 다음과 같이 바꿔서 시뮬레이션해 보자. 다음 코드가 DH법 코드와 다른 점은 투영법에서는 psi 값을 0° 로 설정해야 한다는 사실이다.

```
th = deg2rad([80 10 0 210 -10 -5 170 200]);
phi = deg2rad([-10 5 80 10 100 -10 170 5]);
psi = deg2rad([0 0]);
```

〈코드 2.7〉 임의 자세를 위한 관절각

그림 2.30은 위의 관절각 세트를 sim_pose.m 파일에 입력해서 시뮬레이션한 휴머노이드 로봇의 자세를 보이며, 어깨 관절과 고관절부위가 간략화되었음을 감안해도 DH법의 결과와 거의 유사함을 알 수 있다. 결과적으로 DH법은 인간의 골격을 모방한 휴머노이드 로봇에 적합하고, 투영법은 인간의 신

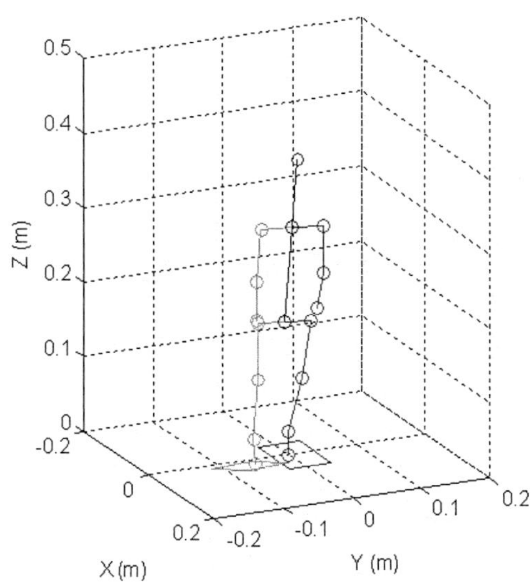

그림 2.30 임의 각도에 대한 휴머노이드 로봇의 자세 시뮬레이션(투영법)

체 골격을 표현하는데 더 적합하다고 할 수 있다. 두 방법의 장단점을 잘 배합하면 휴머노이드 로봇의 실시간 모션 생성과 제어에 도움이 되리라고 생각된다.

Chapter 03

휴머노이드 로봇 동역학

3.1 동역학

2장에서 배웠듯이 로봇공학의 정기구학은 관절의 각도변수와 링크를 이용해서 인접한 링크 좌표계들의 방향과 원점 좌표를 수학적인 관계식으로 계산하는 분야를 의미한다. 그러므로 어떤 시점의 관절의 회전각이 중요할 뿐 관절 각속도와 각가속도는 고려하지 않는다. 그에 비해 동역학(dynamics)은 관절 모터의 각속도나 각가속도에 의해 링크가 회전 또는 병진 운동을 할 때, 링크의 무게 중심점을 중심으로 한 각속도와 회전 운동에너지, 링크의 무게 중심점에서의 선속도와 병진 운동에너지 등의 관계를 물리적인 법칙을 이용해서 수식으로 유도하는 분야이다.

휴머노이드 로봇은 각 관절에 위치한 모터들을 회전시킴으로써 특정 모션을 생성한다. 만약 휴머노이드 로봇의 왼쪽 손을 원하는 속도로 들어올리기 위해서는 어떤 모터에 얼마만큼의 토크를 인가해야 하는지를 계산하고 싶다면 동역학적 관계식이 필요하다. 또는 로봇의 모든 관절이 주어진 각도 값에 의해 회전할 때 말단부인 팔이나 손에 접촉하는 물체가 받는 충격량을 계산할 때도 동역학적 관계식이 필요하다.

로봇의 기구학에서 DH법을 많이 사용하듯이 동역학에서는 오일러-라그랑제(Euler-Lagrange) 식을 일반적으로 많이 사용한다[5]. 그러나, 휴머노이드 로봇은 20개 내외의 많은 관절로 구성되어 있어서 오일러-라그랑제 식에 필요한 자코비안(Jacobian, 관절변수의 미분 값과 그에 의한 링크의 선속도/각속도 사이의 관계를 정의한 행렬)을 일일이 계산하는 것은 대단히 복잡하고 힘든 작업이 된다. 그러므로 이 책에서는 운동 방정식으로부터 유도하여 수식이 상대적으로 간단한 일반화된 d' Alembert(generalized d' Alembert)법[6]을 채택하여 휴머노이드 로봇의 관절 토크를 계산했다. 그리고 로봇의 자세 안정도 판정을 위해 영모멘트점(zero-moment point)[7]을 계산하는 방법에 대해서도 배워보기로 한다.

복잡한 동역학 관련식을 유도하기 전에 다음 절에서 동역학의 기초가 되는 각속도와 선속도의 개념부터 익혀보도록 하자.

3.1.1 각속도(angular velocity)와 선속도(linear velocity)

각속도와 선속도의 기본 개념을 알기 위해 그림 3.1과 같이 기준 좌표계의 원점이 O이고, OQ축을 중심으로 Δt 시간 동안 θ만큼 회전한 타원형 강체가 있다고 하자. 이 강체 내에 존재하는 한 점 p의 질량은 Δm이며 기준 좌표계 상의 위치벡터가 s라고 할 때, 강체 내의 위치와는 상관없이 다음과 같은 일정한 각속도(angular velocity) 벡터 ω를 가진다.

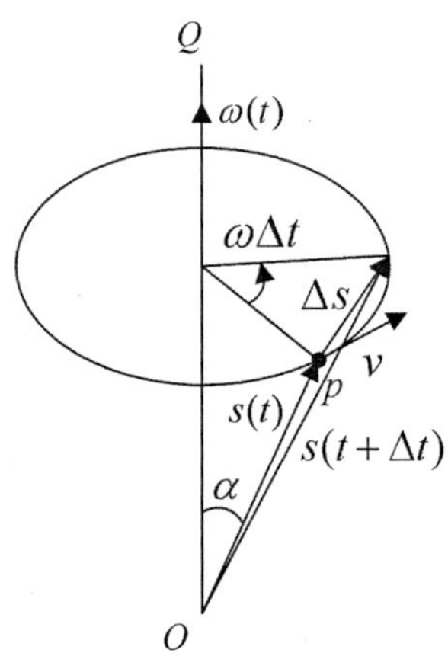

그림 3.1 회전 좌표계 상의 한 점 p의 각속도와 선속도 관계도

$$\omega(t) = \overline{OQ}\frac{d\theta(t)}{dt} = \overline{OQ}\dot{\theta}(t) \tag{3.1}$$

식에서 $\overline{OQ}$는 회전하는 좌표계의 회전축인 OQ축 방향의 단위벡터를 나타낸다. 그러므로 각속도는 스칼라(scalar) 값이 아니라 벡터로 표현되며, 각속도 벡터의 크기는 회전각의 미분 값 즉, 각속도가 되고 벡터의 방향은 회전축 방

향과 일치한다.

점 p가 갖는 선속도 v는 회전축과의 수선(perpendicular) 거리에 비례하며, 다음과 같이 각속도벡터 ω와 위치벡터 s간 외적(cross product)의 관계식으로 표현된다.

$$v(t) = \omega(t) \times s(t) = |\omega(t)||s(t)|\sin\alpha = |s(t)|\dot{\theta}(t)\sin\alpha \tag{3.2}$$

식에서 α는 ω와 s가 이루는 각도를 의미하며, α가 0° 일 경우 선속도는 0이고 90° 일 경우 선속도가 최대가 된다. 즉, 둥근 공을 바닥에 놓고 돌릴 경우 회전축의 원점 O가 공의 무게 중심에 위치한다고 하면, 공의 윗부분이나 아랫부분의 한 점이 갖는 선속도는 공의 중간 부분의 한 점이 갖는 선속도보다 느린데 그 이유는 바로 α값이 작기 때문이다. 그러나 각속도는 한 점이 공 표면의 어디에 위치하느냐와 상관없이 모두 같다. 식 (3.2)로부터 선속도는 스칼라양이며, 그림 3.1에서처럼 선속도가 향하는 방향은 회전하는 점 p의 접선방향임에 유의하자.

3차원 상에서 다관절 로봇이 움직일 때, 각 관절 모터들이 직선 또는 회전운동을 하면 링크 좌표계 상의 한 점에서 각속도와 선속도가 발생하기 때문에 이를 체계적으로 표현할 수 있는 방법이 필요하다. Spong 등은 동차변환 시 좌표계 간의 상대적인 속도 관계식을 간편하게 표현하기 위해 다음과 같은 특성을 갖는 반대칭 행렬(skew symmetric matrix)의 개념을 도입했다[5].

$$S^T + S = 0 \tag{3.3}$$

크기가 3×3인 모든 반대칭 행렬 집합을 $so(3)$의 형식으로 표현하면, $so(3)$의 모든 원소는 식 (3.3)으로부터 다음과 같은 성질을 가진다.

$$s_{ij} + s_{ji} = 0, s_{ii} = 0, \quad i, j = 1, 2, 3. \tag{3.4}$$

만약 3×3 반대칭 행렬을 다음과 같이 정의하면, 식 (3.4)의 조건을 만족하게 함을 알 수 있다.

$$S = \begin{bmatrix} 0 & -s_3 & s_2 \\ s_3 & 0 & -s_1 \\ -s_2 & s_1 & 0 \end{bmatrix} \tag{3.5}$$

이 행렬에서 독립적인 원소는 3개이므로, 어떤 벡터 $a=[a_x, a_y, a_z]^T$ 가 주어졌을 때 이 벡터로 만들 수 있는 빈대칭 행렬 $S(a)$는 다음과 같다.

$$S(a) = \begin{bmatrix} 0 & -a_z & a_y \\ a_z & 0 & -a_x \\ -a_y & a_x & 0 \end{bmatrix} \tag{3.6}$$

이러한 반대칭 행렬의 일반적인 특성에 대해 간략히 설명하면 다음과 같다.

1) 연산자 S는 선형적이어서 어떤 벡터 a와 b를 가중치 α와 β로 곱한 후 더해서 얻은 벡터에 대해 반대칭 행렬 연산을 적용하면 다음과 같이 두 벡터 각각에 대해 반대칭 행렬을 취하고 거기에 α와 β를 곱한 표현식과 항등인 관계를 가진다.

$$S(\alpha a + \beta b) = \alpha S(a) + \beta S(b) \tag{3.7}$$

2) 임의의 벡터 a에 대해서 3차원 벡터 p는 다음과 같은 관계를 가진다.

$$S(a)p = a \times p \tag{3.8}$$

식에서 $a \times p$는 벡터 a와 p의 외적을 의미한다.

3) 특수직교(Special Orthogonal, SO) 그룹[5, pp. 40-41]에 속하는 회전 행렬 $R \in SO(3)$에 대해서 반대칭 행렬은 다음과 같은 관계를 가진다.

$$RS(a)R^T = S(Ra) \tag{3.9}$$

4) 어떤 $n \times n$반대칭 행렬 S와 임의의 n차원 벡터 x는 다음과 같은 관계를 가진다.

$$x^T S x = 0 \tag{3.10}$$

만약 어떤 회전 행렬 R이 하나의 변수 θ만으로 표현되고 특수직교 그룹에 속한다고 하자. 어떤 행렬 R이 특수직교 그룹에 속하면 다음의 네 가지 성질을 모두 만족해야 한다.

- $R^T = R^{-1}$
- 행렬 R의 모든 열이 상호직교(orthogonal)이며 동시에 모든 행도 상호직교한다.
- 행렬 R의 모든 열이 단위벡터이며 동시에 모든 행도 단위벡터가 된다.
- $\det R = 1$

회전 행렬 R이 특수직교 그룹의 첫 번째 성질을 만족하므로 다음 식이 성립한다.

$$R(\theta)R(\theta)^T = I \tag{3.11}$$

이 식을 증명하기 위해, 식 (2.11)의 회전 행렬 $R_{z,\theta}$를 예로 들어 전치 행렬을 구하면 다음과 같다.

$$R_{z,\theta}^T = \begin{bmatrix} \cos\theta & -\sin\theta & 0 \\ \sin\theta & \cos\theta & 0 \\ 0 & 0 & 1 \end{bmatrix}^T = \begin{bmatrix} \cos\theta & \sin\theta & 0 \\ -\sin\theta & \cos\theta & 0 \\ 0 & 0 & 1 \end{bmatrix} = \begin{bmatrix} \cos(-\theta) & -\sin(-\theta) & 0 \\ \sin(-\theta) & \cos(-\theta) & 0 \\ 0 & 0 & 1 \end{bmatrix} = R_{z,-\theta} \tag{3.12}$$

$R_{z,\theta}^T$는 $R_{z,-\theta}$와 서로 같은데 이는 어떤 좌표계를 z축 중심으로 $-\theta$만큼 회전시킨 운동을 나타낸다. 이 관계식을 식 (3.11)에 대입하면 z축을 중심으로 θ만큼 회전 후($R_{z,\theta}$) 다시 $-\theta$ 만큼 회전($R_{z,\theta}^T$)한 복합회전을 의미하는데, 이는

결과적으로 어떤 좌표계가 원래 위치로 돌아오는 것을 의미한다. 그러므로 결과적으로 아무 회전도 발생하지 않게 되어 다음과 같이 단위 행렬로 표현되고, 이는 식 (3.11)이 참임을 증명한다.

$$R_{z,\theta}R_{z,\theta}^{T} = R_{z,\theta}R_{z,-\theta} = R_{z,0} = I \tag{3.13}$$

식 (2.12)와 (2.13)에 표현된 회전 행렬 $R_{x,\theta}$와 $R_{y,\theta}$도 같은 특성을 가지며, 같은 원리로 증명할 수 있다.

회전 행렬을 회전각으로 편미분한 식은 좌표계의 각속도 계산을 위해 자주 사용되는데, 앞에서 배운 반대칭 행렬을 사용하면 보다 간편하게 표현할 수 있다. 이를 확인하기 위해 식 (3.11)을 θ에 대해서 미분하면 곱의 법칙(product rule)을 통해 다음과 같은 관계식을 얻는다.

$$\left[\frac{d}{d\theta}R\right]R(\theta)^{T} + R(\theta)\left[\frac{d}{d\theta}R^{T}\right] = 0 \tag{3.14}$$

이 식에서 행렬 S는 다음과 같다.

$$S = \left[\frac{d}{d\theta}R\right]R(\theta)^{T} \tag{3.15}$$

그러면 식 (3.14)는 다음과 같이 표현되며, 이는 S가 반대칭 행렬임을 의미한다.

$$S + S^{T} = 0 \tag{3.16}$$

이제 식 (3.15)의 오른쪽에 $R(\theta)$를 곱하면 식 (3.11)의 성질($R^{T}R=I$)을 이용하여 다음과 같은 관계식을 얻는다.

$$\frac{d}{d\theta}R = SR(\theta) \tag{3.17}$$

이 식은 동역학 관계식에서 매우 중요한데, 회전 행렬 R을 θ로 미분하는 것이 반대칭 행렬 S를 곱해주는 것과 같으므로 미분 방정식을 대수방정식으로 대체할 수 있기 때문이다. 그러면, 각 축을 θ만큼 회전시킨 회전변환에 대해 식 (3.15)와 (3.17)을 계산해 보자.

먼저 x축을 중심으로 θ만큼 회전한 변환에 대해 식 (3.15)로부터 S를 구해 보자.

$$\begin{aligned} S = \left[\frac{d}{d\theta}R_{x,\theta}\right]R_{x,\theta}{}^{T} &= \begin{bmatrix} 0 & 0 & 0 \\ 0 & -\sin\theta & -\cos\theta \\ 0 & \cos\theta & -\sin\theta \end{bmatrix} \begin{bmatrix} 1 & 0 & 0 \\ 0 & \cos\theta & \sin\theta \\ 0 & -\sin\theta & \cos\theta \end{bmatrix} \\ &= \begin{bmatrix} 0 & 0 & 0 \\ 0 & 0 & -1 \\ 0 & 1 & 0 \end{bmatrix} = S(i) \end{aligned} \tag{3.18}$$

식에서 i는 x축 방향의 단위벡터로서 $[1\ 0\ 0]^T$를 나타낸다. 이 결과를 식 (3.17)에 대입하면 다음과 같은 관계식을 얻는다.

$$\frac{d}{d\theta}R_{x,\theta} = S(i)R_{x,\theta} \tag{3.19}$$

마찬가지로 y축과 z축을 중심으로 θ 만큼 회전한 좌표계에 대해 S를 구하면 다음과 같다.

$$\begin{aligned} S = \left[\frac{d}{d\theta}R_{y,\theta}\right]R_{y,\theta}{}^{T} &= \begin{bmatrix} -\sin\theta & 0 & \cos\theta \\ 0 & 0 & 0 \\ -\cos\theta & 0 & -\sin\theta \end{bmatrix} \begin{bmatrix} \cos\theta & 0 & -\sin\theta \\ 0 & 1 & 0 \\ \sin\theta & 0 & \cos\theta \end{bmatrix} \\ &= \begin{bmatrix} 0 & 0 & 1 \\ 0 & 0 & 0 \\ -1 & 0 & 0 \end{bmatrix} = S(j) \end{aligned} \tag{3.20}$$

$$S=\left[\frac{d}{d\theta}R_{z,\theta}\right]R_{z,\theta}{}^{T}=\begin{bmatrix}-\sin\theta & -\cos\theta & 0\\ \cos\theta & -\sin\theta & 0\\ 0 & 0 & 0\end{bmatrix}\begin{bmatrix}\cos\theta & \sin\theta & 0\\ -\sin\theta & \cos\theta & 0\\ 0 & 0 & 1\end{bmatrix}$$
$$=\begin{bmatrix}0 & -1 & 0\\ 1 & 0 & 0\\ 0 & 0 & 0\end{bmatrix}=S(k) \tag{3.21}$$

식에서 j와 k는 y축과 z축 방향의 단위벡터로서 각각 $[0\ 1\ 0]^T$와 $[0\ 0\ 1]^T$를 나타낸다. 이 식들을 식 (3.17)에 대입하면 다음의 관계식을 얻는다.

$$\frac{d}{d\theta}R_{y,\theta}=S(j)R_{y,\theta} \tag{3.22}$$

$$\frac{d}{d\theta}R_{z,\theta}=S(k)R_{z,\theta} \tag{3.23}$$

이제 회전 행렬의 시간에 대한 미분 방정식을 각속도벡터와 반대칭 행렬을 이용해서 표현하는 방법을 알아보자. 어떤 회전 행렬 $R=R(t)\in SO(3)$의 모든 원소가 시간에 따라 변하며 미분 가능하다고 하자. 이 경우 $R(t)$의 시간에 대한 미분 방정식은 식 (3.17)을 이용해서 다음과 같다.

$$\dot{R}=\frac{dR}{dt}=\frac{dR}{d\theta}\frac{d\theta}{dt}=\dot{\theta}SR(t) \tag{3.24}$$

이 식과 반대칭 행렬의 선형적 특성을 나타내는 식 (3.7)을 이용하여 x, y, z축에 대한 회전 행렬의 미분식을 각각 유도하면 다음과 같다.

$$\dot{R}_{x,\theta}=\frac{dR_{x,\theta}}{d\theta}\frac{d\theta}{dt}=\dot{\theta}S(i)R_{x,\theta}(t)=S(i\dot{\theta})R_{x,\theta}(t)=S(\omega_x(t))R_{x,\theta}(t) \tag{3.25}$$

$$\dot{R}_{y,\theta}=\dot{\theta}S(j)R_{y,\theta}(t)=S(j\dot{\theta})R_{y,\theta}(t)=S(\omega_y(t))R_{y,\theta}(t) \tag{3.26}$$

$$\dot{R}_{z,\theta}=\dot{\theta}S(k)R_{z,\theta}(t)=S(k\dot{\theta})R_{z,\theta}(t)=S(\omega_z(t))R_{z,\theta}(t) \tag{3.27}$$

식에서 ω_x, ω_y, ω_z는 x, y, z축을 중심으로 θ 만큼 회전할 때의 각속도벡터를

각각 나타낸다. 이 관계식을 식 (3.24)에 적용하면 회전축 방향의 각속도벡터 ω를 이용해서 다음과 같이 일반화하여 표현할 수 있다.

$$\dot{R} = S(\omega)R(t) \tag{3.28}$$

지금까지 유도한 수식들을 이용해서 둘 이상의 좌표계가 복합적으로 회전할 때, 좌표계들의 각속도를 기준 좌표계에서 체계적으로 표현하는 방법을 알아보자. 먼저 3차원 공간에서 회전 행렬 R_1^0으로 $x_0y_0z_0$ 좌표계를 회전시켜 $x_1y_1z_1$ 좌표계를 얻고, 점 p^1이 $x_1y_1z_1$ 좌표계 상에 고정되어 있다고 하자. R_1^0의 회전축에 대한 각속도벡터를 ω라고 하면 이 점의 미분 방정식은 식 (2.15), (3.8), (3.28)을 이용해서 다음과 같이 표현할 수 있다.

$$\frac{d}{dt}p_1^0 = \dot{R}_1^0 p^1 + R_1^0 \dot{p}^1 = \dot{R}_1^0 p^1 = S(\omega)R_1^0 p^1 = \omega \times R_1^0 p^1 = \omega \times p_1^0 \tag{3.29}$$

식에서 점 p^1은 $x_1y_1z_1$ 좌표계 상에 고정되어 있기 때문에 $R_1^0\dot{p}^1$은 0이 된다.

이제 회전 행렬 R_2^1로 $x_1y_1z_1$ 좌표계를 추가적으로 회전시켜 $x_2y_2z_2$ 좌표계를 얻고, 점 p^2가 $x_2y_2z_2$ 좌표계 상에 고정되어 있다고 하자. $x_0y_0z_0$ 좌표계로부터 $x_2y_2z_2$ 좌표계까지의 회전 행렬을 R_2^0로 표기하면 $x_0y_0z_0$ 좌표계 기준으로 p^2를 시간에 대해 미분한 식은 다음과 같다.

$$\dot{p}_2^0 = \dot{R}_2^0 p^2, \quad R_2^0 = R_1^0 R_2^1 \tag{3.30}$$

이 식에서 회전 행렬 R_2^0를 시간에 대해 미분하면 다음의 관계식을 가진다.

$$\dot{R}_2^0(t) = \dot{R}_1^0(t)R_2^1(t) + R_1^0(t)\dot{R}_2^1(t) \tag{3.31}$$

편의성을 위해 k번째 좌표계에서 바라본 회전 행렬 R_j^i의 각속도벡터를 $\omega_{i,j}^k$라고 정의하면 식 (3.31)의 좌변은 식 (3.28)의 관계식을 이용하면 다음과 같이 표현할 수 있다.

$$\dot{R}_2^0 = S\left(\omega_{0,2}^0\right)R_2^0 \tag{3.32}$$

그리고 식 (3.31)의 우변 첫 번째 항은 다음의 관계식을 가진다.

$$\dot{R}_1^0 R_2^1 = S\left(\omega_{0,1}^0\right)R_1^0 R_2^1 = S\left(\omega_{0,1}^0\right)R_2^0 \tag{3.33}$$

식에서 $\omega_{0,1}^0$은 R_1^0의 회전에 의해 발생한 각속도벡터를 $x_0y_0z_0$ 좌표계에서 측정한 값을 의미한다. 식 (3.31)의 우변 두 번째 항은 식 (3.7), (3.9), (3.11)을 이용해서 다음과 같이 각속도벡터로 표현한다.

$$R_1^0 \dot{R}_2^1 = R_1^0 S\left(\omega_{1,2}^1\right)R_2^1 = R_1^0 S\left(\omega_{1,2}^1\right)R_1^{0T} R_1^0 R_2^1 = S\left(R_1^0 \omega_{1,2}^1\right)R_1^0 R_2^1 = S\left(R_1^0 \omega_{1,2}^1\right)R_2^0 \tag{3.34}$$

식에서 $\omega_{1,2}^1$은 R_2^1의 회전에 의해 발생한 각속도벡터를 $x_1y_1z_1$ 좌표계에서 측정한 값을 나타내며, $R_1^0\omega_{1,2}^1$은 이 각속도벡터를 $x_0y_0z_0$ 좌표계 기준으로 변환한 값을 의미한다.

식 (3.31)~(3.34)의 수식들을 취합해서 정리하면 다음과 같은 관계식을 얻는다.

$$S\left(\omega_{0,2}^0\right)R_2^0 = \left[S\left(\omega_{0,1}^0\right) + S\left(R_1^0 \omega_{1,2}^1\right)\right]R_2^0 \tag{3.35}$$

반대칭 행렬이 갖는 $S(a)+S(b)=S(a+b)$의 관계를 이용하면 위 식으로부터 다음의 관계식이 유도된다.

$$\omega_{0,2}^0 = \omega_{0,1}^0 + R_1^0 \omega_{1,2}^1 \tag{3.36}$$

이 식의 의미를 해석하면, R_1^0로 $x_0y_0z_0$ 좌표계를 회전시켜 $x_1y_1z_1$ 좌표계를 얻고 $x_1y_1z_1$ 좌표계를 회전시켜 $x_2y_2z_2$ 좌표계를 얻었을 때, $x_0y_0z_0$ 좌표계를 기준으로 한 $x_2y_2z_2$ 좌표계의 각속도벡터는 $x_1y_1z_1$ 좌표계의 각속도벡터($\omega_{0,1}^0$)에 $x_1y_1z_1$ 좌표계를 기준으로 한 $x_2y_2z_2$ 좌표계 각속도벡터($\omega_{1,2}^1$)를 R_1^0로 변환한 항을 더해준 것과 같다는 것이다.

식 (3.36)에서 얻은 규칙을 n번째 회전좌표계 $x_n y_n z_n$의 각속도벡터를 $x_0 y_0 z_0$ 좌표계 기준으로 측정하는 것으로 확장하면 식 (3.32)와 (3.36)을 다음과 같이 일반화된 형태로 표현할 수 있다.

$$\dot{R}_n^0(t) = S\left(\omega_{0,n}^0\right) R_n^0, \quad R_n^0 = R_1^0 R_2^1 \cdots R_n^{n-1} \tag{3.37}$$

$$\begin{aligned} \omega_{0,n}^0 &= \omega_{0,1}^0 + R_1^0 \omega_{1,2}^1 + R_2^0 \omega_{2,3}^2 + \cdots + R_{n-1}^0 \omega_{n-1,n}^{n-1} \\ &= \omega_{0,1}^0 + \omega_{1,2}^0 + \omega_{2,3}^0 + \cdots + \omega_{n-1,n}^0 \end{aligned} \tag{3.38}$$

이 식들은 3.2.2절에서 링크 무게 중심점을 중심으로 하는 회전 운동과 토크를 계산할 때 사용된다.

3.1.2 동차변환 시 선속도 계산

2장에서 이웃한 두 좌표계 사이에 회전 운동이나 병진 운동에 의한 변환 관계가 있을 때 동차변환 행렬과 DH변환 행렬을 이용하여 한 좌표계 상의 어떤 점의 좌표를 다른 좌표계에서 체계적으로 수식화할 수 있음을 배웠다. 3.2절에서 휴머노이드 로봇의 관절 모터가 발생시키는 토크를 계산하기 위해 로봇의 링크 좌표계 상의 한 점이 갖는 선속도를 기준 좌표계에서 동차변환 행렬과 DH변환 행렬을 이용하여 체계적으로 표현하는 방법에 대해 알아보자.

그림 2.7과 같이 $x_0 y_0 z_0$ 좌표계 기준으로 $x_1 y_1 z_1$ 좌표계가 다음의 동차변환 행렬로 표현되는 회전/병진변환 관계에 있다고 하자.

$$H_1^0(t) = \begin{bmatrix} R_1^0(t) & d_1^0(t) \\ 0 & 1 \end{bmatrix} \tag{3.39}$$

식에서 $R_1^0(t)$는 $x_0 y_0 z_0$ 좌표계를 기준으로 한 $x_1 y_1 z_1$ 좌표계의 회전 행렬이며, $d_1^0(t)$는 $x_0 y_0 z_0$ 좌표계의 원점으로부터 $x_1 y_1 z_1$ 좌표계의 원점까지를 가리키는 벡터를 나타낸다. $x_1 y_1 z_1$ 좌표계 상의 한 점 p^1을 $x_0 y_0 z_0$ 좌표계에서 보았을 때의 위치 p_1^0는 $R_1^0(t)$와 $d_1^0(t)$를 써서 다음과 같이 표현된다.

$$p_1^0 = R_1^0 p^1 + d_1^0 \tag{3.40}$$

이 식의 양변을 곱의 미분법칙을 이용해서 미분하고 식 (3.29)를 적용하면 다음과 같다.

$$\dot{p}_1^0 = \dot{R}_1^0 p^1 + \dot{d}_1^0 = \omega_{0,1}^0 \times r_1^0 + v_1^0 \tag{3.41}$$

식에서 $r_1^0(=R_1^0 p^1)$는 좌표계의 회전 운동에 의한 p^1의 변환 좌표이므로 $x_1y_1z_1$ 좌표계의 원점을 이동하여 $x_0y_0z_0$ 좌표계의 원점과 포갠 후 $x_0y_0z_0$ 좌표계에서 p^1의 좌표를 측정하여 얻는다. 식에서 $\omega_{0,1}^0 \times r_1^0$항은 식 (3.2)와 형태가 같으므로 좌표계 회전에 의해 p^1이 갖는 선속도를 나타내고, v_1^0은 좌표계 이동에 의해 발생한 p^1의 선속도를 나타낸다. 만약 점 p^1이 $x_1y_1z_1$ 좌표계에 고정되어 있지 않은 경우(즉, 강체가 아닌 경우) $\dot{p}^0$의 계산식에 $R_1^0(t)\dot{p}^1$이 추가되어야 한다.

로봇의 링크 좌표계들은 2장에서 보았듯이 DH법을 이용해서 계산하며, DH법은 동차변환 행렬의 곱으로 만들어진다. 그러므로 동차변환 행렬로부터 선속도를 구하기 위해 식 (3.40)을 다음과 같이 표현한다.

$$\begin{bmatrix} p_1^0 \\ 1 \end{bmatrix} = P_1^0 = H_1^0 P^1 = \begin{bmatrix} R_1^0 & d_1^0 \\ 0 & 1 \end{bmatrix} \begin{bmatrix} p^1 \\ 1 \end{bmatrix} \tag{3.42}$$

식에서 p_1^0과 p^1은 확장된 위치벡터이며, 이 식을 미분하면 다음과 같은 관계가 성립한다.

$$\dot{P}_1^0 = \dot{H}_1^0 P^1 = \begin{bmatrix} \dot{R}_1^0 & \dot{d}_1^0 \\ 0 & 1 \end{bmatrix} \begin{bmatrix} p^1 \\ 1 \end{bmatrix} = \begin{bmatrix} \dot{R}_1^0 p^1 + \dot{d}_1^0 \\ 1 \end{bmatrix} \tag{3.43}$$

이 식을 식 (3.41)과 비교하면 좌표계 이동에 의한 선속도 v_1^0는 $\dot{H}_1^0$ 행렬의 네번째 열 1~3행에 위치한 벡터인 $\dot{d}_1^0$에 해당되며, 좌표계 회전에 의한 선속도는 다음 식으로 구한다.

$$\omega_{0,1}^{0} \times r_1^0 = \dot{P}_1^0(1:3) - \dot{d}_1^0 = \dot{P}_1^0(1:3) - v_1^0 \tag{3.44}$$

이제 $x_1y_1z_1$ 좌표계를 변환시켜 얻은 $x_2y_2z_2$ 좌표계 상의 한 점 p^2의 선속도 식을 계산하기 위해 식 (2.23)의 양변을 미분하면 다음과 같다.

$$\dot{p}_2^0 = \dot{R}_2^0 p^2 + \dot{d}_2^0, \quad \dot{R}_2^0 = \dot{R}_1^0 R_2^1 + R_1^0 \dot{R}_2^1, \quad \dot{d}_2^0 = \dot{d}_1^0 + \dot{R}_1^0 d_2^1 + R_1^0 \dot{d}_2^1 \tag{3.45}$$

이 식으로부터 알 수 있는 사실은 $\dot{R}_2^0$와 $\dot{d}_2^0$을 얻기 위해서는 식 (3.41)에서 계산한 $\dot{R}_1^0$와 $\dot{d}_1^0$을 이용하고 $\dot{R}_2^1$과 $\dot{d}_2^1$만 추가적으로 계산하면 된다는 것이다.

식 (3.45)를 좌표계의 회전과 이동에 의한 선속도로 구분해서 표현하면 다음과 같다.

$$\dot{p}_2^0 = \dot{R}_2^0 p^2 + \dot{d}_2^0 = S\left(\omega_{0,2}^0\right) R_2^0 p^2 + \dot{d}_2^0 = \omega_{0,2}^0 \times r_2^0 + v_2^0 \tag{3.46}$$

식에서 r_2^0는 순수한 회전 운동에 의한 p^2의 기준 좌표계($x_0y_0z_0$ 좌표계) 상의 위치벡터이며 $x_2y_2z_2$ 좌표계를 이동하여 $x_0y_0z_0$ 좌표계의 원점에 겹친 후 p^2의 좌표를 $x_0y_0z_0$ 좌표계에서 측정하여 얻는다. $\omega_{0,2}^0 \times r_2^0$ 항은 좌표계의 순수한 회전에 의해 p^2가 갖는 선속도를 나타내고, v_2^0는 좌표계 이동에 의해 발생한 p^2의 선속도를 나타낸다.

이러한 복합변환을 동차변환 행렬로 표현한 식으로부터 선속도 식을 유도하기 위해 식 (2.23)을 다음과 같이 동차변환 행렬 식으로 표현해 보자.

$$\begin{bmatrix} p_2^0 \\ 1 \end{bmatrix} = P_2^0 = H_2^0 P^2 = H_1^0 H_2^1 P^2 = \begin{bmatrix} R_1^0 & d_1^0 \\ 0 & 1 \end{bmatrix} \begin{bmatrix} R_2^1 & d_2^1 \\ 0 & 1 \end{bmatrix} \begin{bmatrix} p^2 \\ 1 \end{bmatrix} \tag{3.47}$$

이 식을 시간에 대해 미분하면 다음과 같은 관계가 성립한다.

$$\begin{aligned} \dot{P}_2^0 = \dot{H}_2^0 P^2 &= \left(\begin{bmatrix} \dot{R}_1^0 & \dot{d}_1^0 \\ 0 & 0 \end{bmatrix} \begin{bmatrix} R_2^1 & d_2^1 \\ 0 & 1 \end{bmatrix} + \begin{bmatrix} R_1^0 & d_1^0 \\ 0 & 1 \end{bmatrix} \begin{bmatrix} \dot{R}_2^1 & \dot{d}_2^1 \\ 0 & 0 \end{bmatrix} \right) \begin{bmatrix} p^2 \\ 1 \end{bmatrix} \\ &= \begin{bmatrix} \dot{R}_1^0 R_2^1 + R_1^0 \dot{R}_2^1 & \dot{R}_1^0 d_2^1 + R_1^0 \dot{d}_2^1 + \dot{d}_1^0 \\ 0 & 0 \end{bmatrix} \begin{bmatrix} p^2 \\ 1 \end{bmatrix} \end{aligned} \tag{3.48}$$

이 식을 자세히 살펴보면 점 p^2가 갖는 선속도는 순수한 좌표계 회전에 의한 속도벡터 $\left(\dot{R}_1^0 R_2^1 + R_1^0 \dot{R}_2^1\right)p^2$와 순수한 좌표계 이동에 의한 속도벡터 $\dot{R}_1^0 d_2^1 + R_1^0 \dot{d}_2^1 + \dot{d}_1^0$의 합으로 표현됨을 알 수 있다. 이 식을 식 (3.46)과 비교하면 좌표계 이동에 의한 선속도 v_2^0는 $\dot{H}_2^0$행렬의 (1:3,4) 위치에 있는 부분 행렬인 $\dot{R}_1^0 d_2^1 + R_1^0 \dot{d}_2^1 + \dot{d}_1^0$에 해당하므로, 좌표계 회전에 의한 선속도는 다음 식으로 계산할 수 있다.

$$\omega_{0,2}^0 \times r_2^0 = \dot{P}_2^0(1:3) - v_2^0 \tag{3.49}$$

지금까지의 결과들을 n번째 좌표계 $x_n y_n z_n$까지 확장하면 다음과 같이 일반화할 수 있다.

$$\dot{p}_n^0 = \dot{R}_n^0 p^n + \dot{d}_n^0 = \omega_{0,n}^0 \times r_n^0 + v_n^0 \tag{3.50}$$

$$\dot{P}_n^0 = \dot{H}_n^0 P^n \tag{3.51}$$

$$v_n^0 = \dot{H}_n^0(1:3,4),\ \omega_{0,n}^0 \times r_n^0 = \dot{P}_n^0(1:3) - v_n^0 \tag{3.52}$$

휴머노이드 로봇의 링크 좌표계는 DH변환법을 이용해서 체계적으로 구축했는데, DH변환 행렬은 다음과 같이 4개의 동차변환 행렬이 곱해진 형태임을 2장에서 배웠다.

$$B_i(\delta_i, d_i, a_i, \alpha_i) = \mathrm{Rot}_{z,\delta_i}\mathrm{Trans}_{z,d_i}\mathrm{Trans}_{x,a_i}\mathrm{Rot}_{x,\alpha_i} \tag{3.53}$$

휴머노이드 로봇의 경우 표 2.2~2.4에서 확인할 수 있듯이 DH변환 파라미터 중 변수는 z축 중심 회전 관절변수 δ_i밖에 없으며 나머지 3개의 파라미터들은 모두 상수이다. 그러므로 이에 해당하는 세 행렬 Trans_{z,d_i}, Trans_{x,a_i}, $\mathrm{Rot}_{x,\alpha_i}$들은 상수 행렬로 간주하고 식 (3.21)과 식 (3.27)을 이용해서 DH변환 행렬의 시간에 대한 미분 방정식을 다음과 같이 구한다.

$$\dot{B}_i = \frac{d}{dt}\left(\begin{bmatrix} C_i^\delta & -S_i^\delta & 0 & 0 \\ S_i^\delta & C_i^\delta & 0 & 0 \\ 0 & 0 & 1 & 0 \\ 0 & 0 & 0 & 1 \end{bmatrix}\right)\begin{bmatrix} 1 & 0 & 0 & 0 \\ 0 & 1 & 0 & 0 \\ 0 & 0 & 1 & d_i \\ 0 & 0 & 0 & 1 \end{bmatrix}\begin{bmatrix} 1 & 0 & 0 & a_i \\ 0 & 1 & 0 & 0 \\ 0 & 0 & 1 & 0 \\ 0 & 0 & 0 & 1 \end{bmatrix}\begin{bmatrix} 1 & 0 & 0 & 0 \\ 0 & C_i^\alpha & -S_i^\alpha & 0 \\ 0 & S_i^\alpha & C_i^\alpha & 0 \\ 0 & 0 & 0 & 1 \end{bmatrix}$$

$$= \dot{\delta}_i S(k)\begin{bmatrix} C_i^\delta & -S_i^\delta & 0 & 0 \\ S_i^\delta & C_i^\delta & 0 & 0 \\ 0 & 0 & 1 & 0 \\ 0 & 0 & 0 & 1 \end{bmatrix}\begin{bmatrix} 1 & 0 & 0 & 0 \\ 0 & 1 & 0 & 0 \\ 0 & 0 & 1 & d_i \\ 0 & 0 & 0 & 1 \end{bmatrix}\begin{bmatrix} 1 & 0 & 0 & a_i \\ 0 & 1 & 0 & 0 \\ 0 & 0 & 1 & 0 \\ 0 & 0 & 0 & 1 \end{bmatrix}\begin{bmatrix} 1 & 0 & 0 & 0 \\ 0 & C_i^\alpha & -S_i^\alpha & 0 \\ 0 & S_i^\alpha & C_i^\alpha & 0 \\ 0 & 0 & 0 & 1 \end{bmatrix}$$

$$= \dot{\delta}_i\begin{bmatrix} 0 & -1 & 0 & 0 \\ 1 & 0 & 0 & 0 \\ 0 & 0 & 0 & 0 \\ 0 & 0 & 0 & 0 \end{bmatrix}\begin{bmatrix} C_1^\delta & -S_1^\delta & 0 & 0 \\ S_1^\delta & C_1^\delta & 0 & 0 \\ 0 & 0 & 1 & 0 \\ 0 & 0 & 0 & 1 \end{bmatrix}\begin{bmatrix} 1 & 0 & 0 & 0 \\ 0 & 1 & 0 & 0 \\ 0 & 0 & 1 & d_1 \\ 0 & 0 & 0 & 1 \end{bmatrix}\begin{bmatrix} 1 & 0 & 0 & a_1 \\ 0 & 1 & 0 & 0 \\ 0 & 0 & 1 & 0 \\ 0 & 0 & 0 & 1 \end{bmatrix}\begin{bmatrix} 1 & 0 & 0 & 0 \\ 0 & C_1^\alpha & -S_1^\alpha & 0 \\ 0 & S_1^\alpha & C_1^\alpha & 0 \\ 0 & 0 & 0 & 1 \end{bmatrix}$$

$$= \dot{\delta}_i\begin{bmatrix} 0 & -1 & 0 & 0 \\ 1 & 0 & 0 & 0 \\ 0 & 0 & 0 & 0 \\ 0 & 0 & 0 & 0 \end{bmatrix}B_i = \dot{\delta}_i Q B_i,$$

$$Q = \begin{bmatrix} 0 & -1 & 0 & 0 \\ 1 & 0 & 0 & 0 \\ 0 & 0 & 0 & 0 \\ 0 & 0 & 0 & 0 \end{bmatrix} \tag{3.54}$$

식 (3.50)~(3.52)의 관계식을 이 식에 적용하면 $x_{i-1}y_{i-1}z_{i-1}$ 좌표계로부터 DH변환한 $x_i y_i z_i$ 좌표계 상의 한 점 p^i가 갖는 선속도는 다음과 같다.

$$\dot{P}_i^{i-1} = \dot{B}_i P^i \tag{3.55}$$

$$v_i^{i-1} = \dot{B}_i(1:3,4)\,,\ \omega_{i-1,i}^{i-1} \times r_i^{i-1} = \dot{P}_i^{i-1}(1:3) - v_i^{i-1} \tag{3.56}$$

마지막으로 복수 개의 링크가 직렬로 연결된 다관절 로봇의 링크 좌표계에 대한 복합변환 행렬에 대해 선속도 관계식을 구해보자. $x_i y_i z_i$ 좌표계로부터 $x_j y_j z_j$ 좌표계까지 연속적으로 DH변환한 행렬을 표현한 식 (2.34)를 시간에 대해 미분하면 다음과 같이 표현된다.

$$\dot{T}_j^i = \frac{d}{dt}\left(B_{i+1}B_{i+2}\cdots B_j\right) = \begin{bmatrix} \dot{R}_j^i & \dot{d}_j^i \\ 0 & 0 \end{bmatrix} \tag{3.57}$$

이 식은 DH변환 행렬의 곱의 형태로 되어 있으므로 식 (3.50)~(3.52)에서 0을 i로, n을 j로, $\dot{H}_n^0$을 $\dot{T}_j^i$로 대체하면 다음과 같다.

$$\dot{P}_j^i = \dot{T}_j^i P^j \tag{3.58}$$

$$v_j^i = \dot{T}_j^i(1:3,4),\ \ \omega_{i,j}^i \times r_j^i \tag{3.59}$$

지금까지 유도한 관계식을 이용해서 휴머노이드 로봇의 링크 좌표계의 선속도를 다음 절에서 구해보자.

3.1.3 DH법을 이용한 휴머노이드 로봇의 링크 선속도와 가속도 계산

이번 절에서는 휴머노이드 로봇의 각 링크 좌표계의 한 점에서의 선속도와 가속도를 구하는 방법에 대해 알아보자. 가속도는 3.2절에서 관절 모터의 토크 식에서 사용되고, 3.3절에서 영모멘트점(zero moment point)을 계산하는 데 사용된다.

그림 2.13과 같이 휴머노이드 로봇이 왼발로 지지하고 서 있는 상태에서 지지 다리의 발목에 위치한 $x_1y_1z_1$ 좌표계 상의 한 점 p_1의 선속도를 $x_0y_0z_0$ 좌표계 기준으로 계산하기 위해 다음과 같이 확장벡터 p_1과 DH변환 행렬 B_1을 이용해서 P_1^0를 표현하자.

$$P_1^0 = B_1 P_1 \tag{3.60}$$

<표 2.2>에서 보듯이 B_1의 파라미터들은 $\delta_1 = \phi_1 + \frac{\pi}{2}, d_1 = 0, a_1 = 0, \alpha_1 = \frac{\pi}{2}$ 이며, 이 중에서 시간에 대한 변수는 δ_1뿐이고 나머지는 모두 상수이다. 식 (3.54)를 사용해서 $\dot{B}_1$을 계산하고 이를 식 (3.60)에 적용하면 다음과 같다.

$$\dot{B}_1 = \dot{\delta}_1 Q B_1 = \dot{\phi}_1 Q B_1 \tag{3.61}$$

$$\dot{P}_1^0 = \dot{B}_1 P_1 \tag{3.62}$$

지지 다리의 정강 뼈 링크에 해당되는 $x_2 y_2 z_2$ 좌표계 상의 한 점 p_2의 선속도를 계산하기 위해 식 (2.37)을 미분하면 다음과 같은 관계식을 얻는다.

$$\dot{P}_2^0 = \dot{T}_2^0 P_2, \quad \dot{T}_2^0 = \frac{d}{dt}(B_1 B_2) = \dot{B}_1 B_2 + B_1 \dot{B}_2 \tag{3.63}$$

이 식에서 B_1과 B_2는 2장에서 이미 계산했고 식 (3.61)에서 $\dot{B}_1$을 구했으므로, $\dot{T}_2^0$를 계산하기 위해서는 $\dot{B}_2$만을 새로 계산하면 된다. 이를 위해 식 (3.54)에 $\delta_2 = -\theta_1 + \frac{\pi}{2}$ 의 관계식(표 2.2 참조)을 적용하면 $\dot{B}_2$은 다음과 같다.

$$\dot{B}_2 = \dot{\delta}_2 Q B_2 = -\dot{\theta}_1 Q B_2 \tag{3.64}$$

마찬가지로 $x_3 y_3 z_3$ 좌표계의 한 점 p_3와 $x_4 y_4 z_4$ 좌표계의 한 점 p_4의 선속도는 다음과 같이 순차적인 복합변환 행렬 미분식으로 표현한다.

$$\dot{P}_3^0 = \dot{T}_3^0 P_3, \quad \dot{T}_3^0 = \dot{T}_2^0 B_3 + T_2^0 \dot{B}_3 \tag{3.65}$$

$$\dot{P}_4^0 = \dot{T}_4^0 P_4, \quad \dot{T}_4^0 = \dot{T}_3^0 B_4 + T_3^0 \dot{B}_4 \tag{3.66}$$

$\dot{T}_2^0$는 식 (3.63)에서 이미 계산했으므로 이 식에서 새롭게 계산해야 하는 것은 다음의 두 미분 행렬이다.

$$\dot{B}_3 = -\dot{\theta}_2 Q B_3 \tag{3.67}$$

$$\dot{B}_4 = -\dot{\theta}_3 Q B_4 \tag{3.68}$$

지지 다리의 골반에 위치한 $x_5 y_5 z_5$ 좌표계에서는 골반 관절의 구조적인 특수성 때문에 식 (2.40)에서처럼 T_5^0가 약간 다르게 정의되었지만, 다음과 같이 P_5^0과 T_5^0의 미분식을 유도할 수 있다.

$$\dot{P}_5^0 = \dot{T}_5^0 P_5, \quad \dot{T}_5^0 = \left(\dot{T}_4^0 B_5 + T_4^0 \dot{B}_5\right)\begin{bmatrix} 0 & 0 & 1 & 0 \\ 1 & 0 & 0 & 0 \\ 0 & 1 & 0 & 0 \\ 0 & 0 & 0 & 1 \end{bmatrix} \tag{3.69}$$

$$\dot{B}_5 = \dot{\phi}_2 Q B_5 \tag{3.70}$$

왼발 지지 시 자유 다리의 골반부에서 횡평면 회전을 담당하는 $x_6 y_6 z_6$ 좌표계에서는 $\dot{B}_6$을 계산한 후 다음과 같이 P_6^0의 미분식으로 표현한다.

$$\dot{P}_6^0 = \dot{T}_6^0 P_6, \quad \dot{T}_6^0 = \dot{T}_5^0 B_6 + T_5^0 \dot{B}_6 \tag{3.71}$$

$$\dot{B}_6 = \dot{\psi}_1 Q B_6 \tag{3.72}$$

자유 다리의 골반부에서 관상면 회전을 담당하는 $x_7 y_7 z_7$ 좌표계는 식 (2.42)에서 보듯이 뒤쪽에 변환 행렬이 추가로 곱해지는 형태이므로 $\dot{P}_7^0$의 미분식은 다음과 같다.

$$\dot{P}_7^0 = \dot{T}_7^0 P_6, \quad \dot{T}_7^0 = \left(\dot{T}_6^0 B_7 + T_6^0 \dot{B}_7\right)\begin{bmatrix} 1 & 0 & 0 & 0 \\ 0 & 1 & 0 & l_5 \\ 0 & 0 & 1 & 0 \\ 0 & 0 & 0 & 1 \end{bmatrix} \tag{3.73}$$

$$\dot{B}_7 = \dot{\psi}_2 Q B_7 \tag{3.74}$$

자유 다리의 나머지 링크에 위치하는 $x_8 y_8 z_8 \sim x_{12} y_{12} z_{12}$ 좌표계는 정규적인 DH변환을 하므로 k번째 좌표계의 한 점 P_k^0의 미분식은 다음과 같이 순차적으로 표현한다.

$$\dot{P}_k^0 = \dot{T}_k^0 P_k, \quad \dot{T}_k^0 = \dot{T}_{k-1}^0 B_k + T_{k-1}^0 \dot{B}_k, \quad k = 8, \cdots, 12 \tag{3.75}$$

식에서 $\dot{B}_k$은 표 2.2를 참조해서 다음과 같은 관계를 가진다.

$$\dot{B}_8 = \dot{\phi}_3 QB_8,\ \dot{B}_9 = -\dot{\theta}_4 QB_9,\ \dot{B}_{10} = -\dot{\theta}_5 QB_{10},\ \dot{B}_{11} = -\dot{\theta}_6 QB_{11},\ \dot{B}_{12} = \dot{\phi}_4 QB_{12} \quad (3.76)$$

지금까지는 그림 2.13에서 보듯이 지지하는 다리의 발목에 위치한 $x_0 y_0 z_0$ 좌표계를 기준으로 했을 때 휴머노이드 로봇 하체의 링크 좌표계 상의 한 점 (p_x, p_y, p_z)가 갖는 속도 식을 유도했다. 이를 로봇의 전역 좌표계인 XYZ 좌표계를 기준으로 한 점 (p_X, p_Y, p_Z)로 변환한 후 미분 방정식을 구해야 투영법으로 구한 값과 같다. 이를 위해 식 (2.44)를 미분하면 다음과 같은 관계식을 가지므로, 위에서 구한 $x_0 y_0 z_0$ 좌표계 기준의 링크 선속도에 다음의 좌표계 변환 행렬을 추가적으로 곱해줘야 한다.

$$\begin{bmatrix} \dot{p}_X \\ \dot{p}_Y \\ \dot{p}_Z \\ 0 \end{bmatrix} = \begin{bmatrix} -\sin\gamma & 0 & \cos\gamma & 0 \\ \cos\gamma & 0 & \sin\gamma & 0 \\ 0 & 1 & 0 & l_0 \\ 0 & 0 & 0 & 1 \end{bmatrix} \begin{bmatrix} \dot{p}_x \\ \dot{p}_y \\ \dot{p}_z \\ 0 \end{bmatrix} \quad (3.77)$$

식에서 XYZ 좌표계와 $x_0 y_0 z_0$ 좌표계 간의 각도인 γ는 모션 생성 중에는 고정되어 있으므로 변환 행렬은 상수 행렬임을 유의하자.

2장에서와 마찬가지로 이제 오른발로 지지하는 경우 하체의 각 링크 좌표계 상의 한 점이 갖는 선속도를 계산하는 과정을 검토해 보자. 표 2.3에서 보듯이 오른발 지지 시 B_6와 B_7 행렬만이 수정되었는데, 선속도의 경우 식 (3.54)에서 보듯이 z축에 대한 관절변수 δ의 미분식이 같으면 전체 수식의 변화는 없다. B_6의 경우 오른발 지지 시 δ_6가 Ψ_1에서 $\Psi_1 + \pi$로 바뀌었기 때문에 둘 다 미분하면 $\dot{\Psi}_1$이 되므로 식 (3.72)는 B_6가 변한 것 외에는 같다. B_7의 경우 오른발 지지 시 δ_7이 Ψ_2로 불변이고 다른 파라미터와 추가변환 행렬이 바뀌었기 때문에 $\dot{P}_7^0$은 다음과 같이 수정되어야 한다.

$$\dot{P}_7^0 = \dot{T}_7^0 P_6, \quad \dot{T}_7^0 = \left(\dot{T}_6^0 B_7 + T_6^0 \dot{B}_7\right)\begin{bmatrix} 1 & 0 & 0 & 0 \\ 0 & 1 & 0 & -l_5 \\ 0 & 0 & 1 & 0 \\ 0 & 0 & 0 & 1 \end{bmatrix} \tag{3.78}$$

$$\dot{B}_7 = \dot{\psi}_2 Q B_7 \tag{3.79}$$

지금까지 하체를 구성하는 각 링크 좌표계의 선속도에 대해 계산했는데 그림 2.16을 이용해서 왼발 지지 시 휴머노이드 로봇의 상체에 위치한 각 링크 좌표계 내의 한 점이 갖는 선속도를 계산해 보자. 왼쪽 어깨 관절에 위치한 $x_{13}y_{13}z_{13}$ 좌표계 상의 한 점 p_{13}의 선속도는 $x_0y_0z_0$ 좌표계 기준으로 식 (2.46)으로부터 다음과 같이 유도할 수 있다.

$$\dot{P}_{13}^0 = \dot{T}_6^0 T_{13}^6 P_{13} = \dot{T}_{13}^0 P_{13} \tag{3.80}$$

$$\dot{T}_{13}^0 = \dot{T}_6^0 T_{13}^6 \tag{3.81}$$

식에서 T_{13}^6은 식 (2.45)에서 보듯이 상수 행렬이므로 따로 미분할 필요가 없다.

왼쪽 어깨 아래쪽에 위치한 $x_{14}y_{14}z_{14}$ 좌표계 상의 한 점에 대한 선속도는 식 (2.48)과 식 (3.54)로부터 다음과 같다.

$$\dot{P}_{14}^0 = \dot{T}_{14}^0 P_{14}, \quad \dot{T}_{14}^0 = \dot{T}_{13}^0 B_{14}\left(-\theta_7, 0.025, 0.014, \frac{\pi}{2}\right) + T_{13}^0 \dot{B}_{14}\left(-\theta_7, 0.025, 0.014, \frac{\pi}{2}\right) \tag{3.82}$$

$$\dot{B}_{14} = -\dot{\theta}_7 Q B_{14}\left(-\theta_7, 0.025, 0.014, \frac{\pi}{2}\right) \tag{3.83}$$

왼쪽 위팔뼈와 노뼈(아래팔뼈) 링크에 위치한 $x_{15}y_{15}z_{15}$ 좌표계와 $x_{16}y_{16}z_{16}$ 좌표계 상에 있는 한 점에서의 미분은 식 (3.75)에 $k=15, 16$을 각각 대입하여 구할 수 있다. 그리고 식 (3.54)의 관계식에 표 2.4의 DH 파라미터들을 대입하면 다음을 유도할 수 있다.

$$\dot{B}_{15} = \dot{\phi}_5 Q B_{15}, \quad \dot{B}_{16} = \dot{\phi}_6 Q B_{16} \tag{3.84}$$

한편, 오른쪽 어깨 관절에 위치한 $x_{17}y_{17}z_{17}$ 좌표계 상의 한 점 p_{17}의 선속도를 기준 좌표계에서 계산한 식은 식 (2.47)과 (3.71)로부터 다음과 같다.

$$\dot{P}_{17}^0 = \dot{T}_6^0 T_{17}^6 P_{13}, \quad T_{17}^6 = \begin{bmatrix} 0 & 0 & -1 & -\frac{l_4}{2}+\frac{l_{sh}}{2} \\ 0 & 1 & 0 & 0 \\ 1 & 0 & 0 & l_{tr} \\ 0 & 0 & 0 & 1 \end{bmatrix} \tag{3.85}$$

오른쪽 어깨 아래쪽에 위치한 $x_{18}y_{18}z_{18}$ 좌표계 상의 한 점이 갖는 선속도는 식 (2.49)를 미분함으로써 다음과 같다.

$$\dot{P}_{18}^0 = \dot{T}_{18}^0 P_{18}, \quad \dot{T}_{18}^0 = \dot{T}_{17}^0 B_{18}\left(-\theta_8, -0.025, 0.014, \frac{\pi}{2}\right) + T_{17}^0 \dot{B}_{18}\left(-\theta_8, -0.025, 0.014, \frac{\pi}{2}\right) \tag{3.86}$$

$$\dot{B}_{18} = -\dot{\theta}_8 Q B_{18}\left(-\theta_8, -0.025, 0.014, \frac{\pi}{2}\right) \tag{3.87}$$

오른쪽 위팔뼈와 노뼈 링크에 위치한 $x_{19}y_{19}z_{19}$ 좌표계와 $x_{20}y_{20}z_{20}$ 좌표계 상의 한 점에 대한 미분식은 <표 2.4>를 참고하면 다음과 같다.

$$\dot{P}_k^0 = \dot{T}_k^0 P_k, \quad \dot{T}_k^0 = \dot{T}_{k-1}^0 B_k + T_{k-1}^0 \dot{B}_k, \quad k = 19, 20 \tag{3.88}$$

$$\dot{B}_{19} = \dot{\phi}_7 Q B_{19}, \quad \dot{B}_{20} = \dot{\phi}_8 Q B_{20} \tag{3.89}$$

이제 그림 2.20을 이용해서 오른발 지지 시 휴머노이드 로봇의 상체에 위치한 각 링크 좌표계의 한 점이 갖는 선속도를 유도해 보자. 상체는 왼발 지지 상태이건 오른발 지지 상태이건 각 링크의 좌표계는 변함이 없지만 고관절에 위치한 $x_5y_5z_5$ 좌표계와 $x_6y_6z_6$ 좌표계의 위치가 서로 바뀌게 된다. 그 결과 식 (2.50)과 식 (2.51)에 표현했듯이 고관절로부터 왼쪽 어깨와 오른쪽 어깨까지의 변환 행렬인 T^6_{13}과 T^6_{17}이 달라진다. 그러나 식 (3.81)과 (3.85)를 보면 이 변환 행렬들은 상수 행렬이므로 미분식에 변화를 주지 못하기 때문에 기구학적 모델링 루틴에서 T^6_{13}과 T^6_{17}를 교체하는 것 외에는 수식의 변화는 없다. 그러므로 상체의 모든 링크들은 지지하는 다리와는 상관없이 같은 미분 방정식을 가진다.

지금부터는 각 링크 좌표계 상의 한 점이 갖는 가속도를 계산하기 위해 DH변환 관계식의 2차 미분 방정식을 유도하도록 하자. 왼발 지지 시 $x_1 y_1 z_1$ 좌표계 상의 한 점에 대해 식 (3.62)를 한번 더 미분하면 다음의 2차 미분식이 성립한다.

$$\ddot{P}_1^0 = \ddot{B}_1 P_1 \tag{3.90}$$

식에서 $\ddot{B}_1$은 DH변환 행렬 B_1을 시간에 대해 두 번 미분한 행렬이며, 식 (3.61)로부터 다음과 같이 유도된다.

$$\begin{aligned}\ddot{B}_1 &= \frac{d}{dt}\frac{dB_1}{dt} = \frac{d\left(\dot{\phi}_1 Q B_1\right)}{dt} = \ddot{\phi}_1 Q B_1 + \dot{\phi}_1 Q \dot{B}_1 = \ddot{\phi}_1 Q B_1 + \dot{\phi}_1 Q\left(\dot{\phi}_1 Q B_1\right) \\ &= \ddot{\phi}_1 Q B_1 + \dot{\phi}_1^2 Q^2 B_1 = \left(\ddot{\phi}_1 + \dot{\phi}_1^2 Q\right) Q B_1\end{aligned} \tag{3.91}$$

같은 원리로 $x_2 y_2 z_2$ 좌표계 상의 한 점 p_2에 대해서는 식 (3.63)을 한 번 더 미분하여 다음과 같은 관계식을 얻는다.

$$\ddot{P}_2^0 = \ddot{T}_2^0 P_2, \quad \ddot{T}_2^0 = \frac{d}{dt}\left(\dot{B}_1 B_2 + B_1 \dot{B}_2\right) = \ddot{B}_1 B_2 + 2\dot{B}_1 \dot{B}_2 + B_1 \ddot{B}_2 \tag{3.92}$$

식에서 $\ddot{T}_2^0$을 계산하기 위해서는 이미 계산한 행렬들을 이용하고 $\ddot{B}_2$ 만을 다음과 같이 새로 계산해서 곱해주면 된다.

$$\ddot{B}_2 = \left(-\ddot{\theta}_1 + \dot{\theta}_1^2 Q\right) Q B_2 \tag{3.93}$$

$x_3 y_3 z_3$ 좌표계와 $x_4 y_4 z_4$ 좌표계 상의 점 p_3와 p_4에 대해서는 식 (3.65)~

(3.68)을 이용해서 다음의 관계식을 얻는다.

$$\ddot{P}_k^0 = \ddot{T}_k^0 P_k, \quad \ddot{T}_k^0 = \ddot{T}_{k-1}^0 B_k + 2\dot{T}_{k-1}^0 \dot{B}_k + T_{k-1}^0 \ddot{B}_k, \quad k = 3, 4 \tag{3.94}$$

식에서 행렬 $\ddot{B}_3$과 $\ddot{B}_4$는 다음과 같다.

$$\ddot{B}_3 = \left(-\ddot{\theta}_2 + \dot{\theta}_2^2 Q\right) Q B_3 \tag{3.95}$$

$$\ddot{B}_4 = \left(-\ddot{\theta}_3 + \dot{\theta}_3^2 Q\right) Q B_4 \tag{3.96}$$

$x_5 y_5 z_5$ 좌표계는 앞에서 언급한 것처럼 골반 관절의 특수성 때문에 앞의 식과는 다른 $\ddot{T}_5^0$를 갖지만 같은 방식으로 2차 미분식을 다음과 같이 계산할 수 있다.

$$\ddot{P}_5^0 = \ddot{T}_5^0 P_5, \quad \ddot{T}_5^0 = \left(\ddot{T}_4^0 B_5 + 2\dot{T}_4^0 \dot{B}_5 + T_4^0 \ddot{B}_5\right) \begin{bmatrix} 0 & 0 & 1 & 0 \\ 1 & 0 & 0 & 0 \\ 0 & 1 & 0 & 0 \\ 0 & 0 & 0 & 1 \end{bmatrix} \tag{3.97}$$

$$\ddot{B}_5 = \left(\ddot{\phi}_2 + \dot{\phi}_2^2 Q\right) Q B_5 \tag{3.98}$$

왼발 지지 시 자유 다리의 $x_6 y_6 z_6$ 좌표계 상의 한 점에 대한 가속도 식은 다음과 같다.

$$\ddot{P}_6^0 = \ddot{T}_6^0 P_6, \quad \ddot{T}_6^0 = \ddot{T}_5^0 B_6 + 2\dot{T}_5^0 \dot{B}_6 + T_5^0 \ddot{B}_6 \tag{3.99}$$

$$\ddot{B}_6 = \left(\ddot{\psi}_1 + \dot{\psi}_1^2 Q\right) Q B_6 \tag{3.100}$$

자유 다리의 $x_7 y_7 z_7$ 좌표계는 $x_5 y_5 z_5$ 좌표계에서의 2차 미분식처럼 다음과 같이 독특한 형태로 유도된다.

$$\ddot{P}_7^0 = \ddot{T}_7^0 P_6, \quad \ddot{T}_7^0 = \left(\ddot{T}_6^0 B_7 + 2\dot{T}_6^0 \dot{B}_7 + T_6^0 \ddot{B}_7\right)\begin{bmatrix} 1 & 0 & 0 & 0 \\ 0 & 1 & 0 & l_5 \\ 0 & 0 & 1 & 0 \\ 0 & 0 & 0 & 1 \end{bmatrix} \tag{3.101}$$

$$\ddot{B}_7 = \left(\ddot{\psi}_2 + \dot{\psi}_2^2 Q\right) Q B_7 \tag{3.102}$$

자유 다리의 나머지 링크 좌표계인 $x_8 y_8 z_8 \sim x_{12} y_{12} z_{12}$ 좌표계 상의 한 점이 갖는 가속도식은 식 (3.94)에 k를 8~12까지 대입하면 구할 수 있으며, $\ddot{B}_k$, k =8, ⋯, 12는 다음과 같은 관계식을 가진다.

$$\begin{gathered} \ddot{B}_8 = \left(\ddot{\phi}_3 + \dot{\phi}_3^2 Q\right) Q B_8, \quad \ddot{B}_9 = \left(-\ddot{\theta}_4 + \dot{\theta}_4^2 Q\right) Q B_9, \quad \ddot{B}_{10} = \left(-\ddot{\theta}_5 + \dot{\theta}_5^2 Q\right) Q B_{10} \\ \ddot{B}_{11} = \left(-\ddot{\theta}_6 + \dot{\theta}_6^2 Q\right) Q B_{11}, \quad \ddot{B}_{12} = \left(\ddot{\phi}_4 + \dot{\phi}_4^2 Q\right) Q B_{12} \end{gathered} \tag{3.103}$$

식 (3.77)의 경우와 마찬가지로, 지금까지 구한 것은 $x_0 y_0 z_0$ 좌표계에서 측정한 각 링크 점에서의 가속도 값이므로 절대 좌표계인 XYZ 좌표계에서 측정한 값으로 환산하기 위해서는 다음과 같이 변환 행렬을 추가적으로 곱해줘야 한다.

$$\begin{bmatrix} \ddot{p}_X \\ \ddot{p}_Y \\ \ddot{p}_Z \\ 0 \end{bmatrix} = \begin{bmatrix} -\sin\gamma & 0 & \cos\gamma & 0 \\ \cos\gamma & 0 & \sin\gamma & 0 \\ 0 & 1 & 0 & l_0 \\ 0 & 0 & 0 & 1 \end{bmatrix} \begin{bmatrix} \ddot{p}_x \\ \ddot{p}_y \\ \ddot{p}_z \\ 0 \end{bmatrix} \tag{3.104}$$

오른발 지지 상태에서는 앞에서 보았듯이 $\ddot{P}_7^0$의 수식만 아래와 같이 수정하면 된다.

$$\ddot{P}_7^0 = \ddot{T}_7^0 P_6, \quad \ddot{T}_7^0 = \left(\ddot{T}_6^0 B_7 + 2\dot{T}_6^0 \dot{B}_7 + T_6^0 \ddot{B}_7\right)\begin{bmatrix} 1 & 0 & 0 & 0 \\ 0 & 1 & 0 & -l_5 \\ 0 & 0 & 1 & 0 \\ 0 & 0 & 0 & 1 \end{bmatrix} \tag{3.105}$$

이제 휴머노이드 로봇의 상체에 위치한 각 링크 좌표계 상의 한 점이 갖는 가속도 식을 유도해 보자. 왼발 지지 상태에서 왼쪽 어깨 관절 좌표계인 $x_{13}y_{13}z_{13}$ 좌표계의 한 점 p_{13}의 가속도는 식 (3.80)과 (3.81)로부터 다음과 같다.

$$\ddot{P}_{13}^{0} = \ddot{T}_{6}^{0} T_{13}^{6} P_{13} = \ddot{T}_{13}^{0} P_{13} \tag{3.106}$$

식에서 T_{13}^{6}는 상수 행렬이며, $\ddot{T}_{6}^{0}$는 식 (3.99)에서 계산한 결과를 이용하면 된다.

왼쪽 팔에 있는 3개의 링크에 위치한 $x_{14}y_{14}z_{14} \sim x_{16}y_{16}z_{16}$ 좌표계에 대해서는 $\ddot{B}_{14} \sim \ddot{B}_{16}$을 아래와 같이 계산해서 식 (3.94)의 관계식에 $k=14, \cdots, 16$을 대입하면 된다.

$$\ddot{B}_{14} = \left(-\ddot{\theta}_{7} + \dot{\theta}_{7}^{2} Q\right) Q B_{14}, \quad \ddot{B}_{15} = \left(\ddot{\phi}_{5} + \dot{\phi}_{5}^{2} Q\right) Q B_{15}, \quad \ddot{B}_{16} = \left(\ddot{\phi}_{6} + \dot{\phi}_{6}^{2} Q\right) Q B_{16} \tag{3.107}$$

왼발 지지 상태에서 오른쪽 어깨 관절 좌표계인 $x_{17}y_{17}z_{17}$ 좌표계 상의 한 점 p_{17}의 가속도 식은 식 (3.85)로부터 다음과 같이 구한다.

$$\ddot{P}_{17}^{0} = \ddot{T}_{6}^{0} T_{17}^{6} P_{13} = \ddot{T}_{17}^{0} P_{13} \tag{3.108}$$

오른쪽 팔에 위치한 $x_{18}y_{18}z_{18} \sim x_{20}y_{20}z_{20}$ 좌표계에 대해서는 $\ddot{B}_{18} \sim \ddot{B}_{20}$을 아래와 같이 계산해서 식 (3.94)의 관계식에 $k=18, 19, 20$을 대입하여 구하면 된다.

$$\ddot{B}_{18} = \left(-\ddot{\theta}_{8} + \dot{\theta}_{8}^{2} Q\right) Q B_{18}, \quad \ddot{B}_{19} = \left(\ddot{\phi}_{7} + \dot{\phi}_{7}^{2} Q\right) Q B_{19}, \quad \ddot{B}_{20} = \left(\ddot{\phi}_{8} + \dot{\phi}_{8}^{2} Q\right) Q B_{20} \tag{3.109}$$

오른발 지지 시 상체 링크의 한 점이 갖는 가속도는 속도의 경우와 마찬가지로 위의 2차 미분 방정식에서 T_{13}^{6}과 T_{17}^{6}를 교체하는 것 외에는 수식의 변화는 없다.

3.1.4 투영법을 이용한 휴머노이드 로봇의 관절 좌표 2차 미분식 계산

2.3절에서 보았듯이 투영법을 사용하면 DH변환 행렬을 사용하지 않고 삼각함수 곱함수만을 이용해서 모든 관절의 3차원 좌표를 직접적으로 표현할 수 있으므로, 관절 좌표의 1차와 2차 미분 값을 계산하는 것이 DH법보다 훨씬 직접적이고 간편하다. 관절 좌표의 2차 미분 값은 3.3절에서 영모멘트점을 계산하는데 사용된다. 영모멘트점은 모든 링크 무게 중심점 좌표의 2차 미뷴 값을 이용해서 계산하는데, 링크 무게 중심점 좌표는 양쪽 관절 좌표의 내분(interpolation)으로 표현되므로 관절 좌표의 2차 미분 값을 내분 공식에 적용하면 영모멘트점을 계산할 수 있다. 자세한 내용은 3.3절을 참고하기 바란다.

먼저 식 (2.70)에서 정의 된 삼각함수 곱함수에 대한 1차 미분함수와 2차 미분함수를 새롭게 정의하고 상호 간의 관계식에 대해 알아보자. 2장의 삼각함수 곱함수의 표현 방식을 이용해서 1차 미분함수를 다음과 같이 정의하자.

$$\begin{gathered}V_S(\alpha)=\frac{d}{dt}P_S(\alpha),\ V_C(\alpha)=\frac{d}{dt}P_C(\alpha),\\ V_{SS}(\alpha,\beta)=\frac{d}{dt}P_{SS}(\alpha),\ V_{CS}(\alpha,\beta)=\frac{d}{dt}P_{CS}(\alpha,\beta),\ V_{CC}(\alpha,\beta)=\frac{d}{dt}P_{CC}(\alpha,\beta)\end{gathered}\tag{3.110}$$

식에서 아래첨자 S와 C는 sin 함수와 cos 함수를 각각 나타낸다.

같은 형식으로 삼각함수 곱함수의 2차 미분함수는 다음과 같이 정의할 수 있다.

$$\begin{gathered}A_S(\alpha)=\frac{d}{dt}V_S(\alpha),\ A_C(\alpha)=\frac{d}{dt}V_C(\alpha),\\ A_{SS}(\alpha,\beta)=\frac{d}{dt}V_{SS}(\alpha),\ A_{CS}(\alpha,\beta)=\frac{d}{dt}V_{CS}(\alpha,\beta),\ A_{CC}(\alpha,\beta)=\frac{d}{dt}V_{CC}(\alpha,\beta)\end{gathered}\tag{3.111}$$

식에서 P, V, A는 영어로 position, velocity, acceleration의 앞글자를 딴 것이다. 식 (2.70)과 (3.110)을 이용해서 삼각함수의 곱함수와 1차 미분함수 사이의 관계식을 살펴보자.

$$V_S(\alpha) = \frac{d}{dt}P_S(\alpha) = C_\alpha \dot{\alpha}, \quad V_C(\alpha) = \frac{d}{dt}P_C(\alpha) = -S_\alpha \dot{\alpha}$$

$$\begin{aligned} V_{SS}(\alpha,\beta) &= \frac{d}{dt}P_{SS}(\alpha,\beta) = C_\alpha S_\beta \dot{\alpha} + S_\alpha C_\beta \dot{\beta} = P_{CS}(\alpha,\beta)\dot{\alpha} + P_{SC}(\alpha,\beta)\dot{\beta} \\ V_{CS}(\alpha,\beta) &= \frac{d}{dt}P_{CS}(\alpha,\beta) = -S_\alpha S_\beta \dot{\alpha} + C_\alpha C_\beta \dot{\beta} = -P_{SS}(\alpha,\beta)\dot{\alpha} + P_{CC}(\alpha,\beta)\dot{\beta} \\ V_{CC}(\alpha,\beta) &= \frac{d}{dt}P_{CC}(\alpha,\beta) = -S_\alpha C_\beta \dot{\alpha} - C_\alpha S_\beta \dot{\beta} = -P_{SC}(\alpha,\beta)\dot{\alpha} - P_{CC}(\alpha,\beta)\dot{\beta} \end{aligned} \tag{3.112}$$

이 관계식들로부터 삼각함수의 곱함수를 한 번 미분한 식은 다시 삼각함수의 곱함수를 이용해서 표현할 수 있음을 알 수 있는데, 이 성질을 이용하면 프로그램 코딩 시 편리하다.

삼각함수 곱함수의 2차 미분함수는 아래와 같이 원래 함수와 1차 미분함수를 이용해서 간략하게 표현한다.

$$A_S(\alpha) = \frac{d^2}{dt^2}P_S(\alpha) = \frac{d}{dt}\left(C_\alpha \dot{\alpha}\right) = -S_\alpha \dot{\alpha}^2 + C_\alpha \ddot{\alpha}$$

$$A_C(\alpha) = \frac{d^2}{dt^2}P_C(\alpha) = \frac{d}{dt}\left(-S_\alpha \dot{\alpha}\right) = -C_\alpha \dot{\alpha}^2 - S_\alpha \ddot{\alpha}$$

$$\begin{aligned} A_{SS}(\alpha,\beta) &= \frac{d}{dt}V_{SS}(\alpha,\beta) = V_{CS}(\alpha,\beta)\dot{\alpha} + V_{CS}(\beta,\alpha)\dot{\beta} + P_{CS}(\alpha,\beta)\ddot{\alpha} + P_{CS}(\beta,\alpha)\ddot{\beta} \\ A_{CS}(\alpha,\beta) &= \frac{d}{dt}V_{CS}(\alpha,\beta) = -V_{SS}(\alpha,\beta)\dot{\alpha} + V_{CC}(\beta,\alpha)\dot{\beta} - P_{SS}(\alpha,\beta)\ddot{\alpha} + P_{CC}(\beta,\alpha)\ddot{\beta} \\ A_{CC}(\alpha,\beta) &= \frac{d}{dt}V_{CC}(\alpha,\beta) = -V_{CS}(\beta,\alpha)\dot{\alpha} - V_{CS}(\alpha,\beta)\dot{\beta} - P_{CS}(\beta,\alpha)\ddot{\alpha} - P_{CS}(\alpha,\beta)\ddot{\beta} \end{aligned} \tag{3.113}$$

지금까지 정의한 삼각함수 곱함수의 미분함수들을 이용해서 로봇이 왼발로 지지하고 있을 때 6개 하체 관절들의 전역 좌표에 대한 2차 미분식을 구해보자. 식 (2.71)에서 삼각함수 곱함수의 함수명인 P를 A로 바꾸면 다음과 같이 2차 미분식이 구해진다.

$$\ddot{X}_1 = \mathrm{sgn}\left(C_1^{\phi}\right) l_1 A_{CC}(\phi_1, \theta_1),\ \ddot{Y}_1 = -\mathrm{sgn}\left(S_1^{\theta}\right) l_1 A_{SS}(\phi_1, \theta_1),\ \ddot{Z}_1 = \mathrm{sgn}\left(C_1^{\phi}\right) l_1 A_{CS}(\phi_1, \theta_1),$$
$$\ddot{X}_2 = \ddot{X}_1 + \mathrm{sgn}\left(C_1^{\phi}\right) l_2 A_{CC}(\phi_1, \theta_{12}),\ \ddot{Y}_2 = \ddot{Y}_1 - \mathrm{sgn}\left(S_{12}^{\theta}\right) l_2 A_{SS}(\phi_1, \theta_{12}),\ \ddot{Z}_2 = \ddot{Z}_1 + \mathrm{sgn}\left(C_1^{\phi}\right) l_2 A_{CS}(\phi_1, \theta_{12}),$$
$$\ddot{X}_3 = \ddot{X}_2 + \mathrm{sgn}\left(P_C\left(\phi_{12} + \frac{\pi}{2}\right)\right) l_4 A_{CC}\left(\phi_{12} + \frac{\pi}{2}, \theta_{123}\right),\ \ddot{Y}_3 = \ddot{Y}_2 - l_4 A_S\left(\phi_{12} + \frac{\pi}{2}\right),$$
$$\ddot{Z}_3 = \ddot{Z}_2 + \mathrm{sgn}\left(A_C\left(\phi_{12} + \frac{\pi}{2}\right)\right) l_4 A_{CS}\left(\phi_{12} + \frac{\pi}{2}, \theta_{123}\right),$$
$$\ddot{X}_4 = \ddot{X}_3 + \mathrm{sgn}\left(P_C\left(\phi_{123} + \frac{\pi}{2}\right)\right) l_6 A_{CC}\left(\phi_{123} + \frac{\pi}{2}, \theta_{1234}\right),\ \ddot{Y}_4 = \ddot{Y}_3 - \mathrm{sgn}\left(S_{1234}^{\theta}\right) l_6 A_{SS}\left(\phi_{123} + \frac{\pi}{2}, \theta_{1234}\right),$$
$$\ddot{Z}_4 = \ddot{Z}_3 + \mathrm{sgn}\left(P_C\left(\phi_{123} + \frac{\pi}{2}\right)\right) l_6 A_{CS}\left(\phi_{123} + \frac{\pi}{2}, \theta_{1234}\right),$$
$$\ddot{X}_5 = \ddot{X}_4 + \mathrm{sgn}\left(P_C\left(\phi_{123} + \frac{\pi}{2}\right)\right) l_7 A_{CC}\left(\phi_{123} + \frac{\pi}{2}, \theta_{12345}\right),\ \ddot{Y}_5 = \ddot{Y}_4 - \mathrm{sgn}\left(S_{12345}^{\theta}\right) l_7 A_{SS}\left(\phi_{123} + \frac{\pi}{2}, \theta_{12345}\right),$$
$$\ddot{Z}_5 = \ddot{Z}_4 + \mathrm{sgn}\left(P_C\left(\phi_{123} + \frac{\pi}{2}\right)\right) l_7 A_{CS}\left(\phi_{123} + \frac{\pi}{2}, \theta_{12345}\right),$$
$$\ddot{X}_6 = \ddot{X}_5 + \mathrm{sgn}\left(P_C\left(\phi_{1234} + \frac{\pi}{2}\right)\right) l_8 A_{CC}\left(\phi_{1234} + \frac{\pi}{2}, \theta_{123456}\right),\ \ddot{Y}_6 = \ddot{Y}_5 - \mathrm{sgn}\left(S_{123456}^{\theta}\right) l_8 A_{SS}\left(\phi_{1234} + \frac{\pi}{2}, \theta_{123456}\right),$$
$$\ddot{Z}_6 = \ddot{Z}_5 + \mathrm{sgn}\left(P_C\left(\phi_{1234} + \frac{\pi}{2}\right)\right) l_8 A_{CS}\left(\phi_{1234} + \frac{\pi}{2}, \theta_{123456}\right) \tag{3.114}$$

로봇이 오른발로 지지하고 있을 때는 식 (2.72)에서 보듯이 3번째에서 6번째 관절 좌표의 식들이 달라지며, 그 식을 두 번 미분하면 다음과 같다.

$$\ddot{X}_3 = \ddot{X}_2 + \mathrm{sgn}\left(P_C\left(\phi_{12} - \frac{\pi}{2}\right)\right) l_4 A_{CC}\left(\phi_{12} - \frac{\pi}{2}, \theta_{123}\right),\ \ddot{Y}_3 = \ddot{Y}_2 - l_4 A_S\left(\phi_{12} - \frac{\pi}{2}\right),$$
$$\ddot{Z}_3 = \ddot{Z}_2 + \mathrm{sgn}\left(P_C\left(\phi_{12} - \frac{\pi}{2}\right)\right) l_4 A_{CS}\left(\phi_{12} - \frac{\pi}{2}, \theta_{123}\right),$$
$$\ddot{X}_4 = \ddot{X}_3 + \mathrm{sgn}\left(P_C\left(\phi_{123} - \frac{\pi}{2}\right)\right) l_6 A_{CC}\left(\phi_{123} - \frac{\pi}{2}, \theta_{1234}\right),\ \ddot{Y}_4 = \ddot{Y}_3 - \mathrm{sgn}\left(S_{1234}^{\theta}\right) l_6 A_{SS}\left(\phi_{123} - \frac{\pi}{2}, \theta_{1234}\right),$$
$$\ddot{Z}_4 = \ddot{Z}_3 + \mathrm{sgn}\left(P_C\left(\phi_{123} - \frac{\pi}{2}\right)\right) l_6 A_{CS}\left(\phi_{123} - \frac{\pi}{2}, \theta_{1234}\right),$$
$$\ddot{X}_5 = \ddot{X}_4 + \mathrm{sgn}\left(P_C\left(\phi_{123} - \frac{\pi}{2}\right)\right) l_7 A_{CC}\left(\phi_{123} - \frac{\pi}{2}, \theta_{12345}\right),\ \ddot{Y}_5 = \ddot{Y}_4 - \mathrm{sgn}\left(S_{12345}^{\theta}\right) l_7 A_{SS}\left(\phi_{123} - \frac{\pi}{2}, \theta_{12345}\right),$$
$$\ddot{Z}_5 = \ddot{Z}_4 + \mathrm{sgn}\left(P_C\left(\phi_{123} - \frac{\pi}{2}\right)\right) l_7 A_{CS}\left(\phi_{123} - \frac{\pi}{2}, \theta_{12345}\right),$$

$$\ddot{X}_6 = \ddot{X}_5 + \text{sgn}\left(P_C\left(\phi_{1234} - \frac{\pi}{2}\right)\right) l_8 A_{CC}\left(\phi_{1234} - \frac{\pi}{2}, \theta_{123456}\right),\ \ddot{Y}_6 = \ddot{Y}_5 - \text{sgn}\left(S^{\theta}_{123456}\right) l_8 A_{SS}\left(\phi_{1234} - \frac{\pi}{2}, \theta_{123456}\right),$$
$$\ddot{Z}_6 = \ddot{Z}_5 + \text{sgn}\left(P_C\left(\phi_{1234} - \frac{\pi}{2}\right)\right) l_8 A_{CS}\left(\phi_{1234} - \frac{\pi}{2}, \theta_{123456}\right) \quad (3.115)$$

DH법과는 달리 투영법을 적용하면 상체의 모든 관절 좌표는 지지하는 다리와는 상관없이 같은 식으로 표현된다. 그러므로 식 (2.63)과 식 (2.73)을 두 번 미분하고 삼각함수 곱함수의 P대신 A로 바꿔주면 관절 좌표의 2차 미분식을 유도할 수 있다.

$$\ddot{X}_C = \frac{\ddot{X}_2 + \ddot{X}_3}{2},\quad \ddot{Y}_C = \frac{\ddot{Y}_2 + \ddot{Y}_3}{2},\quad \ddot{Z}_C = \frac{\ddot{Z}_2 + \ddot{Z}_3}{2}$$
$$\ddot{X}_n = \ddot{X}_c + \text{sgn}\left(C^{\phi}_{12}\right) l_{tr} A_{CC}(\phi_{12}, \theta_{123}),\ \ddot{Y}_n = \ddot{Y}_c - \text{sgn}\left(S^{\theta}_{123}\right) l_{tr} A_{SS}(\phi_{12}, \theta_{123}),$$
$$\ddot{Z}_n = \ddot{Z}_c + \text{sgn}\left(C^{\phi}_{12}\right) l_{tr} A_{CS}(\phi_{12}, \theta_{123}),$$
$$\ddot{X}_7 = \ddot{X}_n, \ddot{Y}_7 = \ddot{Y}_n + \frac{l_{sh}}{2} A_S\left(\phi_{12} + \frac{\pi}{2}\right), \ddot{Z}_7 = \ddot{Z}_n + \frac{l_{sh}}{2} A_S(\phi_{12}),$$
$$\ddot{X}_8 = \ddot{X}_7 + \text{sgn}\left(C^{\phi}_{125}\right) l_9 A_{CC}(\phi_{125}, \theta_{1237}), \ddot{Y}_8 = \ddot{Y}_7 - \text{sgn}\left(S^{\theta}_{1237}\right) l_9 A_{SS}\left(\phi_{125} + \frac{\pi}{2}, \theta_{1237}\right),$$
$$\ddot{Z}_8 = \ddot{Z}_7 + \text{sgn}\left(C^{\phi}_{125}\right) l_9 A_{CS}(\phi_{125}, \theta_{1237})$$
$$\ddot{X}_9 = \ddot{X}_8 + \text{sgn}\left(C^{\phi}_{1256}\right) l_{10} A_{CC}(\phi_{1256}, \theta_{1237}),\ \ddot{Y}_9 = \ddot{Y}_8 - \text{sgn}\left(S^{\theta}_{1237}\right) l_{10} A_{SS}\left(\phi_{12\frac{\pi}{2}56}, \theta_{1237}\right),$$
$$\ddot{Z}_9 = \ddot{Z}_8 + \text{sgn}\left(C^{\phi}_{1256}\right) l_{10} A_{CS}(\phi_{1256}, \theta_{1237})$$
$$\ddot{X}_{10} = \ddot{X}_n, \ddot{Y}_{10} = \ddot{Y}_n - \frac{l_{sh}}{2} A_S\left(\phi_{12} + \frac{\pi}{2}\right), \ddot{Z}_{10} = \ddot{Z}_n - \frac{l_{sh}}{2} A_S(\phi_{12}),$$
$$\ddot{X}_{11} = \ddot{X}_{10} + \text{sgn}\left(C^{\phi}_{127}\right) l_{11} A_{CC}(\phi_{127}, \theta_{1238}), \ddot{Y}_{11} = \ddot{Y}_{10} - \text{sgn}\left(S^{\theta}_{1238}\right) l_{11} A_{SS}(\phi_{127}, \theta_{1238}),$$
$$\ddot{Z}_{11} = \ddot{Z}_{10} + \text{sgn}\left(C^{\phi}_{127}\right) l_{11} A_{CS}(\phi_{127}, \theta_{1238}),$$
$$\ddot{X}_{12} = \ddot{X}_{11} + \text{sgn}\left(C^{\phi}_{1278}\right) l_{12} A_{CC}(\phi_{1278}, \theta_{1238}), \ddot{Y}_{12} = \ddot{Y}_{11} - \text{sgn}\left(S^{\theta}_{1238}\right) l_{12} A_{SS}(\phi_{1278}, \theta_{1238}),$$
$$\ddot{Z}_{12} = \ddot{Z}_{11} + \text{sgn}\left(C^{\phi}_{1278}\right) l_{12} A_{CS}(\phi_{1278}, \theta_{1238}) \quad (3.116)$$

3.2 휴머노이드 로봇의 관절 토크

휴머노이드 로봇의 동역학은 각 관절 모터에서 발생시키는 회전 또는 병진 운동이 링크나 말단부의 속도와 가속도에 어떤 영향을 미치는지를 이론적으로 규명하는 학문 분야이다. 휴머노이드 로봇의 움직임을 컴퓨터 상에서 미리 시뮬레이션하기 위해서는 각 관절모터의 회전각 궤적이 주어져야 한다. 이 때 어떤 관절 모터가 주어진 회전각대로 회전할 때 발생시키는 토크를 정확히 계산한다면 모터가 실제로 출력할 수 있는 토크 상한값을 넘어가는 지를 미리 체크해서 전기적 혹은 기계적 손상을 미리 방지할 수 있다. 또한 5장에서 모터의 전기에너지를 최소화하는 모터 회전각 궤적 생성 시 전체 모터의 토크 값을 계산할 때도 토크 관계식이 필요하다.

이번 절에서는 바이올로이드 타입의 휴머노이드 로봇이 각 관절 모터에서 생성시키는 토크를 계산하는 식을 유도하고 이를 Matlab으로 구현한 코드를 제공한다. 이를 위해서 회전 운동을 발생시키는 힘인 토크에 관련된 기본 지식을 다뤄보자.

3.2.1 토크

일상생활에서 렌치와 같은 공구로 볼트를 조이거나 풀 때의 경우를 생각해 보자. 같은 힘으로 렌치를 위에서 아래로 눌러서 돌린다고 할 때 렌치 손잡이의 끝 부분을 잡고 돌리는 것이 손잡이 앞부분을 잡고 돌리는 것보다 볼트에 더 큰 힘을 가한다. 이렇게 회전 운동을 일으키는 힘을 토크라고 하며 토크는 가하는 힘의 회전 반경, 크기와 방향에 영향을 받는다.

그림 3.2는 회전 중심점 O로부터 위치벡터가 r인 점 P에 F의 힘이 가해졌을 때 토크는 어떻게 발생하는지를 보인다. 그림에서 힘 F는 점 P에서 회전에 의해 발생한 원의 접선 성분인 F_{tan}과 원의 바깥쪽을 향하는 성분인 F_{rad}(원심

력)로 분해됨을 보인다. 이 중에서 점 P를 회전시키는 데 유효한 힘은 F_{tan}이며, 토크는 회전 중심점으로부터 F_{tan}가 가해지는 지점까지의 거리에 비례하므로 다음과 같은 관계식을 가진다.

$$\tau = F_{\tan} r = r(F \sin\theta) = r \times F \tag{3.117}$$

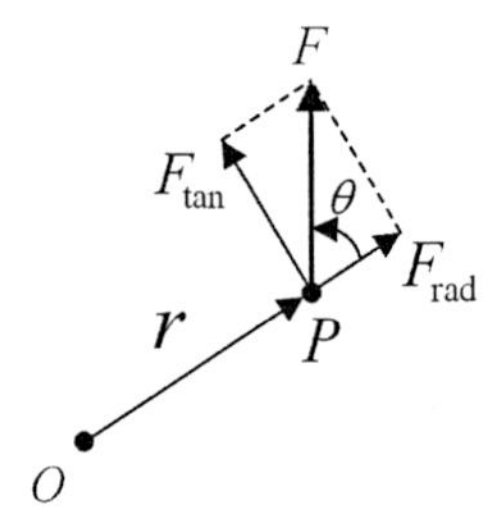

그림 3.2 회전 중심점 O로부터 위치 벡터가 r인 점 P에 가해진 힘 F의 성분

만약 그림 3.2의 힘이 순수하게 r의 방향과 같은 방향으로 가해지면($F = F_{rad}$), 점 P는 전혀 움직이지 않을 것이며 회전력인 토크는 0이 된다. 식 (3.117)에서 보듯이 토크는 벡터 외적(vector cross product)으로 표현되므로, 토크의 정방향과 역방향은 r과 F 벡터에 대해 오른손 법칙으로 정해진다. 그림 3.2에서 토크는 지면을 뚫고 나오는 방향이 되며 토크의 단위는 SI 단위로 [Nm]이다.

뉴튼의 제2 운동 법칙에 의하면 어떤 물체에 힘을 가하면 일정한 가속도를 갖는 직선 운동이 발생한다. 이와 마찬가지로 질량을 갖는 한 점을 중심점에 구속시켜 토크를 가하면 일정한 각가속도(angular acceleration) α를 갖는 회전 운동이 발생한다. 토크와 각가속도의 관계식을 유도하기 위해 어떤 강체가 다수의 질점(mass particle)으로 구성되어 있다고 하자. 그림 3.3에서처럼 이 가운데 한 질점의 질량이 m_1이고 회전축에서 수선 r_1거리 만큼 떨어져 있다고 하자.

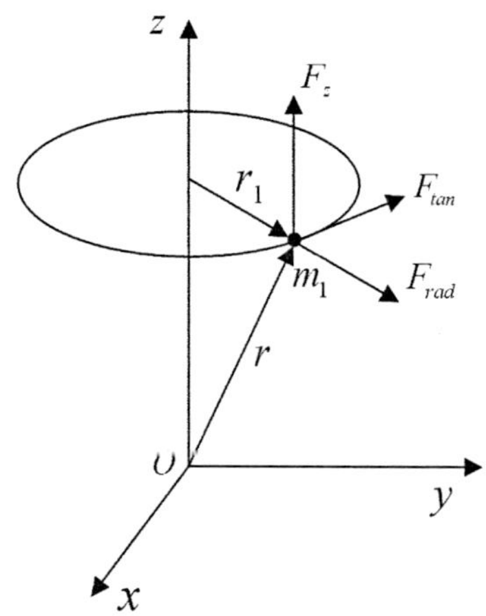

그림 3.3 강체의 한 질점에 작용하는 힘의 세 가지 구성 성분

그림 3.3에서 강체가 z축을 중심으로 회전할 때 한 점에 작용하는 총 힘은 세 가지 성분으로 구성됨을 알 수 있는데, 회전 경로의 반경 방향의 힘인 F_{rad}, 접선 방향의 힘인 F_{tan}, 그리고 회전축 방향과 평행한 힘인 F_z이다. 특히 F_z는 코리올리 효과와 관련된 힘이다. 이 중에서 질점의 운동량을 변화시키는 주된 힘인 접선 방향의 힘에 대해 뉴튼의 제2 운동 법칙을 적용하면 다음의 관계식이 성립한다.

$$F_{tan} = m_1 a_{tan} \tag{3.118}$$

식에서 접선 방향의 가속도는 $a_{tan}=r_1\ddot{\theta}=r_1\alpha$ 의 관계식이 있으므로 이 식의 양변에 r_1을 곱하면 다음의 관계식을 얻는다.

$$F_{tan} r_1 = m_1 r_1^2 \alpha \tag{3.119}$$

식 (3.117)에서 보듯이 $F_{tan}r_1$은 토크 값을 의미하므로, $m_1 r_2^1$ 항을 관성 모멘트(moment of inertia) I_1이라고 정의하면 토크 관계식은 다음과 같다.

$$\tau_1 = I_1\alpha, \quad I_1 = m_1 r_1^2 \tag{3.120}$$

그림 3.3의 질점이 강체 내에서 M 개 존재한다면 이 식은 다음과 같이 확장되어야 한다.

$$\sum_{i=1}^{M}\tau_i = \left(\sum_{i=1}^{M} m_i r_i^2\right)\alpha = I\alpha \tag{3.121}$$

식에서 좌변은 강체 내의 모든 질점에 가해지는 토크의 합을 나타내고, 우변은 전체 관성 모멘트(total moment of inertia) I에 접선 방향의 각가속도가 곱해진 것을 나타낸다. 각가속도 α는 각속도처럼 질점의 위치와는 상관없이 강체 전체에 공통이다.

동역학 관계식을 이용해서 토크를 계산할 때 또 한가지 중요한 물리량은 회전 운동에 의해 발생하는 운동에너지이며 관성 모멘트를 이용해서 수식화할 수 있다. 그림 3.3에서 질점 m_1은 회전축의 각속도 ω에 의해 $v_1 = r_1\omega$의 선속도로 회전하고 있으므로, 다음과 같은 운동에너지를 가진다.

$$\frac{1}{2}m_1 v_1^2 = \frac{1}{2}m_1 r_1^2 \omega^2 \tag{3.122}$$

이 식을 M 개의 질점이 갖는 회전 운동에너지로 확장하면 강체의 전체 운동에너지는 다음과 같다.

$$K = \frac{1}{2}m_1 r_1^2\omega^2 + \frac{1}{2}m_2 r_2^2\omega^2 + \cdots + \frac{1}{2}m_M r_M^2\omega^2 = \frac{1}{2}\sum_{i=1}^{M} m_i r_i^2\omega^2 = \frac{1}{2}I\omega^2 \tag{3.123}$$

3.2.2 관절 토크 계산법

로봇의 동역학을 유도하는 방법은 전통적으로 오일러-라그랑제(Euler-Lagrange, E-L) 방법과 뉴턴-오일러(Newton-Euler, N-E) 방법이 주로 사용되어 왔다[6].

E-L 방법은 강체 운동의 경우 2차의 상호연관된 비선형 미분 방정식으로 운동 방정식을 표현한다. E-L 방법은 정동역학(forward dynamics problem)과 역동역학(inverse dynamics problem) 모두에 적용되는데, 정동역학은 측정된 토크나 힘의 값들을 동역학식에 적용하여 관절의 각가속도를 구하고 이를 적분하여 관절의 각속도와 각도를 차례대로 계산하는 방법을 의미한다. 이에 반해 역동역학은 모터의 회전각도나 이동 변위인 일반화 좌표(generalized coordinate, 어떤 시스템의 위치를 완전하게 표현할 수 있는 편리한 좌표 집합으로 2장의 관절변수에 해당)와 그의 1차, 2차 미분 정보를 이용해서 힘과 토크를 계산하는 방법을 의미한다. E-L 방식을 사용하기 위해서는 모든 관절에 대해 관성 행렬과 Christoffel 기호[5], 중력벡터 등을 계산해야 하는데, 행렬 연산이 많아서 관절이 n개인 로봇일 경우 총 계산량의 단위가 n^4에 이른다. 그러므로 휴머노이드 로봇의 실시간 모션 제어에는 E-L 방법을 적용하기가 어렵다.

N-E 방법은 이러한 단점을 해결하기 위해 전방이나 후방의 링크 좌표계로부터 순차적으로 공식을 전개해서 운동 방정식을 표현한다. N-E 방법은 전방향 순차 공식을 이용해서 기준 좌표계로부터 말단부 좌표계까지 각 링크 무게 중심점에서의 선속도와 각속도, 선가속도와 각가속도를 차례대로 계산한 후, 역방향 순차 공식을 이용해서 말단부 좌표계로부터 기준 좌표계까지 각 링크에 가해지는 힘과 토크를 계산한다. 이 방법의 가장 큰 특징은 관절의 힘과 토크를 계산하는데 총 계산량의 단위가 관절 개수에 비례할 정도로 작아서 실시간 제어에 적합하며, 수식이 로봇의 구조에 독립적이라는 것이다. 그러나 동역학식이 오일러-라그랑제 공식처럼 명시적으로(explicitly) 표현되지 못하므로 제어기 설계에 어려움이 있다.

상기한 두 가지 방식의 장점들을 절충한 방법이 일반화 d' Alembert(generalized d' Alembert, G-D) 방법이다[6]. G-D 방법은 E-L 방법처럼 운동 방정식을 명시적으로 표현한 벡터-행렬 관계식으로 유도되었으며, 링크의 병진 운동과 회전 운동의 효과를 라그랑지안(Lagrangian) 기반으로 계산함으로써 유도식이 비교적 간단하고 계산량을 E-L 방법보다 줄일 수 있다. 관절이 n개인 로봇의 경우 G-D 방법은 총 계산량의 단위가 n^3이 되어서 E-L 방법보다 $1/n$줄어든다. 그러므로 휴머노이드 로봇처럼 관절 수가 20개 남짓한 경우 1/20만큼의 계산량 감소 효과가 있다. 저자는 2차원 휴머노이드 로봇의 하체 6관절에 대해서만 E-L 방법을 적용해서 토크를 계산해 보았는데[8][9], Christoffel 기호를 수식으로 유도하는 과정이 상당히 복잡하고 연산량 또한 많아서 휴머노이드 로봇에 적용하기에는 부적합하다는 판단을 했다. 그래서 이 책에서는 G-D 방법을 적용해서 로봇이 움직일 때 각 관절 모터가 발생시키는 토크 식을 유도하고자 한다.

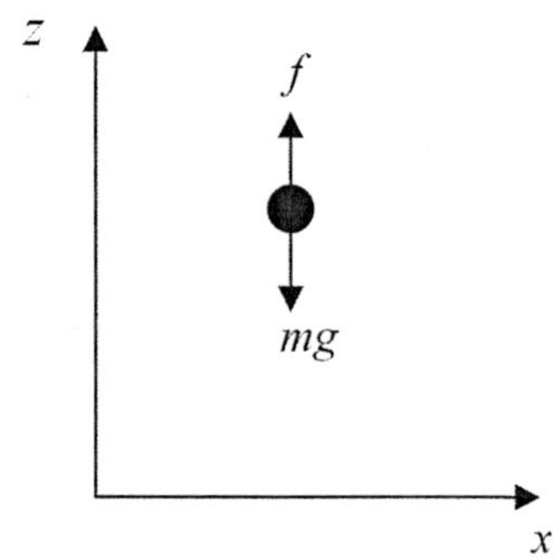

그림 3.4 중력장에서 m의 운동

E-L 방법과 G-D 방법에서 기본적으로 사용되는 연산자인 라그랑지안은 운동에너지(kinetic energy)와 위치에너지(potential energy)의 차이 값으로 정의되며 링크가 여러 개인 복잡한 시스템에 적용하기가 유리하다. 이해를 돕기 위해 그림 3.4에 중력장에서 질량이 m인 질점에 위쪽 방향으로 힘이 가해지는 상황을 나타냈다. 이 질점에 뉴튼의 제2 운동 법칙을 적용하면 다음과 같이 질점이 받는 힘을 계산할 수 있다.

$$m\ddot{z} = f - mg \tag{3.124}$$

식에서 g는 중력가속도를 나타내고, 그 값은 9.8m/sec^{2}이다. 이 식을 라그랑지안으로 표현하기 위해 왼쪽 항을 다음과 같이 운동에너지를 이용해서 표현해 보자.

$$m\ddot{z} = \frac{d}{dt}(m\dot{z}) = \frac{d}{dt}\frac{\partial}{\partial \dot{z}}\left(\frac{1}{2}m\dot{z}^2\right) = \frac{d}{dt}\frac{\partial K}{\partial \dot{z}}, \quad K = \frac{1}{2}m\dot{z}^2 \tag{3.125}$$

식에서 K는 운동에너지(kinetic energy)를 나타내며 다음과 같이 병진 운동에너지와 회전 운동에너지 성분으로 구성된다.

$$K = \frac{1}{2}mv^2 + \frac{1}{2}I\omega^2 \tag{3.126}$$

식에서 I와 ω는 식 (3.123)의 관성 모멘트와 각속도를 각각 나타낸다. 이해를 돕기 위해 두 가지 운동에너지 성분을 동시에 갖는 물체로서 당구공을 예를 들어보자. 만약 큐대로 당구공의 위쪽이나 아래쪽 가장자리를 겨냥하고 스트로크를 가하면 공이 갖는 운동에너지의 대부분은 회전 운동에너지가 될 것이다. 반대로 당구공의 중심부를 겨냥하고 스트로크를 가하면 바닥면과의 마찰력이 약한 경우 당구공이 갖는 에너지는 거의 대부분 병진 운동에너지 성분이 된다. 그러므로 당구공이 갖는 선속도는 후자의 경우가 훨씬 커진다.

식 (3.124)의 우변 2번째 항은 다음과 같이 위치에너지의 편미분 방정식으로 표현할 수 있다.

$$mg = \frac{\partial}{\partial z}(mgz) = \frac{\partial P}{\partial z}, \quad P = mgz \tag{3.127}$$

식에서 P는 중력에 의한 위치에너지(potential energy)를 나타낸다.

라그랑지안은 운동에너지와 위치에너지의 차이 값으로 정의되므로 다음과 같이 수식으로 표현된다.

$$L = K - P = \frac{1}{2}m\dot{z}^2 - mgz \tag{3.128}$$

그런데 이 식을 자세히 보면 운동에너지 식은 질점이 갖는 z 좌표의 미분항으로 표현되고, 위치에너지 식은 z 좌표 항으로 표현됨을 알 수 있다. 그러므로 두 에너지의 편미분 식은 다음과 같이 라그랑지안으로 통합해서 표현할 수 있다.

$$\frac{\partial K}{\partial \dot{z}} = \frac{\partial L}{\partial \dot{z}}, \quad \frac{\partial P}{\partial z} = -\frac{\partial L}{\partial z} \tag{3.129}$$

이 관계식을 식 (3.124)에 대입하면 다음과 같이 라그랑지안만으로 운동방정식을 표현할 수 있는데, 이 식을 오일러-라그랑제 식이라고 한다.

$$\frac{d}{dt}\frac{\partial L}{\partial \dot{z}} - \frac{\partial L}{\partial z} = f \tag{3.130}$$

이 식을 n개의 관절이 있고 일반화 좌표가 $(q_1, \cdots, q_n)$인 로봇의 각 관절에 대한 토크 방정식으로 표현하면 다음과 같다.

$$\frac{d}{dt}\frac{\partial L}{\partial \dot{q}_k} - \frac{\partial L}{\partial q_k} = \tau_k, \quad k = 1, \cdots, n \tag{3.131}$$

식에서 τ_k는 k번째 관절의 회전각 변수인 q_k에 의해 발생된 토크를 나타낸다.

휴머노이드 로봇은 링크가 직렬과 병렬로 복잡하게 연결된 구조를 갖고 있으므로 링크 간의 관계를 이용해서 각 관절의 토크를 계산해야 한다. 그림 3.5는 관절과 링크 무게 중심점(cm), 링크 좌표계 간의 명명법을 보이며, o_i는 $x_0y_0z_0$ 좌표계를 기준으로 했을 때 i번째 링크 좌표계의 원점좌표를, c_i^0는 기준좌표계에서 바라본 i번째 링크의 무게 중심점 좌표를, c_i와 r_i는 $x_{i-1}y_{i-1}z_{i-1}$ 좌표계 원점으로부터 i번째 링크의 무게 중심점 좌표와 $x_iy_iz_i$ 좌표계의 원점좌표를 향하는 벡터들을 각각 나타낸다.

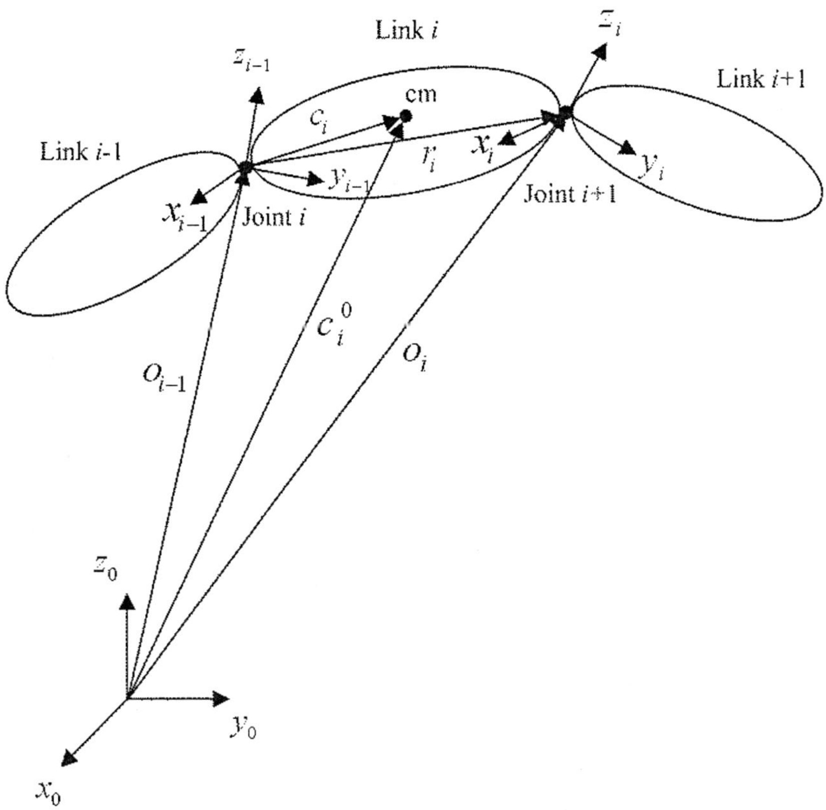

그림 3.5 링크와 관절 간의 관계도

이와 같은 관절-링크 좌표계 관계를 기반으로 G-D 방법을 적용하기 위해 l번째 링크의 각속도와 선속도 관계식을 유도해 보자. l번째 링크의 $x_0y_0z_0$ 좌표계 기준 각속도는 3.1.1절의 표현식을 써서 다음 식으로 계산할 수 있다.

$$\omega_{0,l}^{0} = \sum_{j=1}^{l} \dot{\theta}_j z_{j-1}^{0} \tag{3.132}$$

식에서 z_{j-1}^{0}은 기준 좌표계에서 바라본 j번째 관절의 회전축을 의미하고 θ_j는 이 축을 중심으로 한 j번째 관절의 회전각을 나타낸다. 이 식에 다음과 같이 l번째 좌표계로부터 기준 좌표계까지 역방향으로 회전변환 관계를 계산한 회전 행렬 R_0^l을 곱하면, l번째 좌표계를 기준으로 한 링크 각속도는 다음과 같다.

$$R_0^l \omega_{0,l}^0 = \sum_{j=1}^{l} \dot{\theta}_j R_0^l z_{j-1}^0 = \omega_{l,0}^l \tag{3.133}$$

식 (3.38)에서 $\omega_{0,l}^0$을 순방향 회전 행렬 R_l^0을 이용해서 순차적으로 계산하는 방법을 제시했으므로 이렇게 구해진 $\omega_{0,l}^0$에 역방향 회전 행렬 R_0^l을 곱해주면 $\omega_{l,0}^l$를 계산할 수 있다.

역방향 회전 행렬과 순방향 회전 행렬 사이에는 상대적인 각도변화가 존재하므로 회전각도의 부호가 반대로 된다. 예를 들어 $x_{i-1}y_{i-1}z_{i-1}$ 좌표계를 회전 행렬 $R_{z,\theta}$로 회전변환을 해서 $x_i y_i z_i$ 좌표계가 생성되었다고 하자. 이제 $x_i y_i z_i$ 좌표계 입장에서 $x_{i-1}y_{i-1}z_{i-1}$ 좌표계를 보면 z축으로 $-\theta$ 만큼 회전한 것으로 보이므로 회전 행렬은 $R_{z,-\theta}(=R_{z,\theta}^T)$가 된다. 식 (3.12)에서 보듯이 $R_{z,-\theta}$는 특수직교 그룹에 속하므로 $R_{z,\theta}$ 행렬의 전치 행렬을 구함으로써 쉽게 계산할 수 있다. 이러한 성질을 식 (2.18)에 표현된 복합회전 행렬의 원리에 적용하여 R_0^l를 전개하면 다음과 같이 순방향 복합 회전 행렬 R_l^0과 전치 행렬 관계가 있음을 알 수 있다.

$$R_0^l = R_{l-1}^l R_{l-2}^{l-1} \cdots R_0^1 = \left(R_l^{l-1}\right)^T \left(R_{l-1}^{l-2}\right)^T \cdots \left(R_1^0\right)^T = \left(R_1^0 \cdots R_l^{l-1}\right)^T = R_l^{0^T} \tag{3.134}$$

이제 G-D 방법으로 링크의 선속도를 계산하기 위해 기준 좌표계에서 측정한 l번째 링크 무게 중심점에서의 선속도 v_l^0을 식 (3.2)와 식 (3.132)를 이용하여 계산하면 다음과 같다.

$$v_l^0 = \sum_{k=1}^{l-1}\left[\left(\sum_{j=1}^{k} \dot{\theta}_j z_{j-1}^0\right) \times r_k\right] + \left(\sum_{j=1}^{l} \dot{\theta}_j z_{j-1}^0\right) \times c_l \tag{3.135}$$

식에서 r_k는 $x_{k-1}y_{k-1}z_{k-1}$ 좌표계를 기준으로 한 $x_k y_k z_k$ 좌표계의 원점

좌표를 나타내며, c_l은 $x_l y_l z_l$ 좌표계에서 측정한 l번째 링크 무게 중심점의 위치벡터를 나타낸다. 이 식에서 우변의 첫 번째 항은 $x_0 y_0 z_0$ 좌표계로부터 $x_{l-1} y_{l-1} z_{l-1}$ 좌표계까지의 회전에 의해 발생한 선속도 계산 식이며, 두 번째 항은 $x_l y_l z_l$ 좌표계 상에 있는 l번째 링크 무게 중심점 c_l이 갖는 선속도를 의미한다.

식 (3.135)를 이용해서 각 링크 무게 중심점이 갖는 선속도를 계산하려면 z_{j-1}^0과 r_k를 따로 계산 후 벡터 외적을 계산해야 하는데 이는 별도의 계산량을 요하는 작업이다. 그 대신 각 링크 좌표계 상의 한 점이 갖는 위치의 시간 변화량이 순간 속도에 해당되므로 3.1.3절에서 얻은 미분 관계식을 사용하기로 한다. 즉, l번째 링크 무게 중심점 c_l의 확장벡터를 Cl=$[c_l^T\ 1]^T$이라고 하면 식 (3.75)를 이용하여 c_l 좌표의 미분 값을 다음 식으로 계산할 수 있다.

$$\dot{C}_l^0 = \dot{T}_l^0 C_l \tag{3.136}$$

이 식으로부터 l번째 링크 무게 중심점에서의 선속도는 다음과 같이 계산할 수 있다. 이 속도는 $x_0 y_0 z_0$ 좌표계에서 측정된 것이지만 편의상 위첨자 0은 표기하지 않기로 한다.

$$v_l = \dot{C}_l^0(1:3) \tag{3.137}$$

식 (3.131)의 토크를 계산하기 위해서는 라그랑지안 수식이 필요하고, 라그랑지안은 운동에너지와 위치에너지로부터 계산되므로 운동에너지 식을 앞에서 구한 각속도와 선속도 식을 이용해서 전개해 보자. 질량이 m_l인 l번째 링크에 가해진 운동에너지 K_l은 병진 운동에너지 K_l^{trans}와 회전 운동에너지 K_l^{rot}으로 구성되며, 식 (3.123)에 식 (3.133)을 대입하여 다음과 같이 표현된다.

$$K_l = K_l^{trans} + K_l^{rot} = \frac{1}{2} m_l \left(v_l^T \cdot v_l\right) + \frac{1}{2}\left(R_0^l \omega_{0,l}^0\right)^T I_l \left(R_0^l \omega_{0,l}^0\right) \tag{3.138}$$

식에서 I_l은 l번째 좌표계를 기준으로 했을 때 l번째 링크의 무게 중심점에서의 관성 모멘트를 나타낸다.

위의 운동에너지 식에서 병진 운동에너지에 대해 식 (3.131)의 오일러-라그랑제 식을 적용해 보자.

$$\begin{aligned} \frac{d}{dt}\left[\frac{\partial K_l^{trans}}{\partial \dot{\theta}_i}\right] - \frac{\partial K_l^{trans}}{\partial \theta_i} &= \frac{d}{dt}\left[m_l v_l^T \cdot \frac{\partial v_l}{\partial \dot{\theta}_i}\right] - m_l v_l^T \cdot \frac{\partial v_l}{\partial \theta_i} \\ &= m_l \dot{v}_l^T \cdot \frac{\partial v_l}{\partial \dot{\theta}_i} + m_l v_l^T \cdot \frac{d}{dt}\left(\frac{\partial v_l}{\partial \dot{\theta}_i}\right) - m_l v_l^T \cdot \frac{\partial v_l}{\partial \theta_i} \end{aligned} \quad (3.139)$$

식에서 $\frac{\partial v_l}{\partial \dot{\theta}_i}$은 $i(i \le l)$번째 관절의 각속도가 l번째 링크의 선속도에 미치는 영향을 의미하며, 식 (3.135)를 $\dot{\theta}_i$으로 편미분하여 다음과 같이 유도할 수 있다.

$$\frac{\partial v_l}{\partial \dot{\theta}_i} = z_{i-1}^0 \times (r_i + r_{i+1} + \cdots + r_{l-1} + c_l) = z_{i-1}^0 \times (c_l^0 - o_{i-1}), \quad i \le l \quad (3.140)$$

식에서 c_l^0과 o_{i-1}은 $x_0 y_0 z_0$ 좌표계로부터 l번째 링크 무게 중심점의 좌표까지와 $i-1$번째 좌표계 원점까지를 가리키는 벡터를 각각 나타낸다. 그리고 식 (3.139)에 다음과 같은 미분 관계식을 대입하면,

$$\frac{d}{dt}\left(\frac{\partial v_l}{\partial \dot{\theta}_i}\right) = \frac{\partial \dot{v}_l}{\partial \dot{\theta}_i} = \frac{\partial v_l / dt}{\partial \theta_i / dt} = \frac{\partial v_l}{\partial \theta_i} \quad (3.141)$$

우변의 두 번째 항과 세 번째 항이 소거되어 다음과 같이 간략화된다.

$$\frac{d}{dt}\left[\frac{\partial K_l^{trans}}{\partial \dot{\theta}_i}\right] - \frac{\partial K_l^{trans}}{\partial \theta_i} = m_l \dot{v}_l^T \cdot \left[z_{i-1}^0 \times (c_l^0 - o_{i-1})\right], \quad i \le l \quad (3.142)$$

이 식은 i번째 관절이 θ_i만큼 회전하여 후단에 연결되어 있는 l번째 링크의 무게 중심점이 v_l의 선속도를 가질 때 그 관절에서 발생시킨 토크 관계식을

나타낸다.

다관절 로봇의 경우 i번째 관절이 회전하면 그 후단에 연결되어 있는 모든 링크가 같이 회전하게 되므로, 모든 후단 링크에 대해 토크 값을 계산해서 합해야 한다. i번째 관절의 후단에 연결되어 있는 s번째 링크의 무게 중심점이 갖는 속도를 v_s라고 하면 i번째 관절이 후단 링크 전체를 회전시키는데 필요한 토크는 다음과 같이 식 (3.142)의 합의 공식으로 표현된다.

$$\tau_i^{trans} = \frac{d}{dt}\left[\frac{\partial \mathrm{KE}_{trans}}{\partial \dot{\theta}_i}\right] - \frac{\partial \mathrm{KE}_{trans}}{\partial \theta_i} = \sum_{s=i}^{n} m_s \dot{v}_s^T \cdot \left[z_{i-1}^0 \times \left(c_s^0 - o_{i-1}\right)\right], \quad i \le s \qquad (3.143)$$

식에서 $\dot{v}_s$은 s번째 링크 무게 중심점에서의 가속도를 나타낸다. s번째 링크 무게 중심점 c_s의 확장벡터를 $C_s = [c_s^T \ \ 1]^T$이라고 표현하면 식 (3.94)의 관계식을 이용하여 C_s의 2차 미분 값은 다음 식과 같다.

$$\ddot{C}_s^0 = \ddot{T}_s^0 C_s \qquad (3.144)$$

이 벡터 값으로부터 s번째 링크 무게 중심점에서의 가속도는 다음 식으로부터 계산할 수 있다.

$$\dot{v}_s = \ddot{C}_s^0(1:3) \qquad (3.145)$$

이제 운동에너지 식 (3.138)의 회전 운동에너지 성분을 이용하여 l번째 링크에 대한 i번째 관절의 오일러-라그랑제 관계식을 다음과 같이 유도하자.

$$\tau_l^{rot} = \frac{d}{dt}\left[\frac{\partial K_l^{rot}}{\partial \dot{\theta}_i}\right] - \frac{\partial K_l^{rot}}{\partial \theta_i} \qquad (3.146)$$

식에서 회전 운동에너지 K_l^{rot}은 식 (3.138)로부터 다음과 같이 각속도 관계식으로 표현된다.

$$K_l^{rot} = \frac{1}{2}\left(R_0^l \omega_{0,l}^0\right)^T I_l \left(R_0^l \omega_{0,l}^0\right) = \frac{1}{2}\left(\sum_{j=1}^{l} \dot{\theta}_j R_0^l z_{j-1}^0\right)^T I_l \left(\sum_{j=1}^{l} \dot{\theta}_j R_0^l z_{j-1}^0\right) \tag{3.147}$$

그런데 다음과 같은 미분 관계식이 성립되므로,

$$\frac{\partial K_l^{rot}}{\partial \dot{\theta}_i} = \left(R_0^l z_{j-1}^0\right)^T I_l \left(\sum_{j=1}^{l} \dot{\theta}_j R_0^l z_{j-1}^0\right), \quad i \le l \tag{3.148}$$

이 식을 시간에 대해 미분하면 다음과 같이 전개할 수 있다.

$$\begin{aligned} \frac{d}{dt}\left[\frac{\partial K_l^{rot}}{\partial \dot{\theta}_i}\right] &= \left(\frac{d}{dt} R_0^l z_{j-1}^0\right)^T I_l \left(\sum_{j=1}^{l} \dot{\theta}_j R_0^l z_{j-1}^0\right) + \left(R_0^l z_{j-1}\right)^T I_l \left(\sum_{j=1}^{l} \ddot{\theta}_j R_0^l z_{j-1}^0\right) \\ &+ \left(R_0^l z_{j-1}^0\right)^T I_l \left[\sum_{j=1}^{l} \dot{\theta}_j \left(\frac{d}{dt} R_0^l z_{j-1}^0\right)\right] \end{aligned} \tag{3.149}$$

이 식의 우변 첫번째 항의 $\frac{d}{dt} R_0^l z_{j-1}^0$ 항은 연쇄 규칙(chain rule)을 이용해서 다음과 같이 계산되는데,

$$\frac{d}{dt} R_0^l z_{j-1}^0 = \sum_{j=1}^{l}\left(\frac{\partial R_0^l z_{j-1}^0}{\partial \theta_j}\right)\frac{d\theta_j}{dt} = R_0^l z_{j-1} \times \left(\sum_{j=1}^{l} \dot{\theta}_j R_0^l z_{j-1}^0\right) \tag{3.150}$$

이 식은 다음의 관계식을 이용했다[6].

$$\frac{\partial\left(R_0^l z_{j-1}^0\right)}{\partial \theta_i} = R_0^l z_{j-1}^0 \times R_0^l z_{i-1}^0, \quad j \le i \tag{3.151}$$

식 (3.150)을 식 (3.149)에 대입하면 다음과 같다.

$$\begin{aligned} \frac{d}{dt}\left[\frac{\partial K_l^{rot}}{\partial \dot{\theta}_i}\right] &= \left(R_0^l z_{j-1}^0 \times \sum_{j=1}^{l} \dot{\theta}_j R_0^l z_{j-1}^0\right)^T I_l \left(\sum_{j=1}^{l} \dot{\theta}_j R_0^l z_{j-1}^0\right) + \left(R_0^l z_{j-1}^0\right)^T I_l \left(\sum_{j=1}^{l} \ddot{\theta}_j R_0^l z_{j-1}^0\right) \\ &+ \left(R_0^l z_{j-1}^0\right)^T I_l \left[\sum_{j=1}^{l}\left(\dot{\theta}_j R_0^l z_{j-1}^0 \times \sum_{k=j+1}^{l}\left(\dot{\theta}_k R_0^l z_{k-1}^0\right)\right)\right] \end{aligned} \tag{3.152}$$

그리고 식 (3.151)을 이용해서 K_l^{rot}의 θ_i에 의한 편미분을 계산하면 다음과 같다.

$$\frac{\partial K_l^{rot}}{\partial \theta_i} = \left[\left(\sum_{j=1}^{i} \dot{\theta}_j R_0^l z_{j-1}^0\right) \times R_0^l z_{i-1}^0\right]^T I_l \left(\sum_{j=1}^{l} \dot{\theta}_j R_0^l z_{j-1}^0\right) \tag{3.153}$$

이 식을 (3.151)로부터 빼고 i번째 링크로부터 n번째 링크까지 더하면 다음과 같은 식을 얻는다.

$$\begin{aligned}\frac{d}{dt}\left[\frac{\partial \mathrm{KE}_{rot}}{\partial \dot{\theta}_i}\right] - \frac{\partial \mathrm{KE}_{rot}}{\partial \theta_i} &= \sum_{s=i}^{n}\left\{\frac{d}{dt}\left[\frac{\partial K_s^{rot}}{\partial \dot{\theta}_i}\right] - \frac{\partial K_s^{rot}}{\partial \theta_i}\right\} \\ &= \sum_{s=i}^{n}\left(\left(R_0^s z_{i-1}^0\right)^T I_s \left(\sum_{j=1}^{s} \ddot{\theta}_j R_0^s z_{j-1}^0\right) + \left(R_0^s z_{i-1}^0\right)^T I_s \left\{\sum_{j=1}^{s}\left[\dot{\theta}_j R_0^s z_{j-1}^0 \times \left(\sum_{k=j+1}^{s} \dot{\theta}_k R_0^s z_{k-1}^0\right)\right]\right\}\right. \\ &\quad \left. + \left[R_0^s z_{i-1}^0 \times \left(\sum_{k=1}^{s} \dot{\theta}_k R_0^s z_{k-1}^0\right)\right]^T I_s \left[\sum_{j=1}^{s} \dot{\theta}_j R_0^s z_{j-1}^0\right]\right)\end{aligned} \tag{3.154}$$

지금까지 라그랑지안에서 운동에너지에 대한 오일러-라그랑제 식을 유도했다. 식 (3.128)에서 보듯이 라그랑지안에는 위치에너지 항이 있으며, 다음과 같이 각 링크 무게 중심점이 갖는 위치에너지를 모두 더한 값이 로봇의 전체 위치에너지가 된다.

$$\mathrm{PE} = \sum_{l=1}^{n} P_l \tag{3.155}$$

식에서 P_l은 질량이 m_l인 l번째 링크가 갖는 위치에너지를 나타내며 다음과 같다.

$$P_l = -m_l \mathbf{g}^T \cdot \left(o_{i-1} + r_i + \cdots + r_{l-1} + c_l\right) \tag{3.156}$$

식에서 $g=(g_x, g_y, g_z)^T$는 중력가속도 벡터이고, 벡터의 크기는 $|g|=9.8062\mathrm{m/s^2}$

이다. 그림 2.13에서 보듯이 휴머노이드 로봇 기준 좌표계의 y_0축이 지면에 수직인 방향이므로 $g=(0, -9.8062, 0)^T$이다. 이 식에 $\theta_i(i \le l)$에 대한 오일러-라그랑제식을 적용하면 다음의 관계식을 얻는다.

$$\begin{aligned} \frac{d}{dt}\left[\frac{\partial P_l}{\partial \dot{\theta}_i}\right] - \frac{\partial P_l}{\partial \theta_i} = -\frac{\partial P_l}{\partial \theta_i} = m_l \mathbf{g}^T \cdot \frac{\partial\left(o_{i-1} + r_i + \cdots + r_{l-1} + c_l\right)}{\partial \theta_i} \\ = m_l \mathbf{g}^T \cdot \frac{\partial\left(c_l^0 - o_{i-1}\right)}{\partial \theta_i} = m_l \mathbf{g}^T \cdot \left[z_{i-1}^0 \times \left(c_l^0 - o_{i-1}\right)\right] \end{aligned} \tag{3.157}$$

이 식을 i번째부터 n번째 링크까지로 확장해서 모두 더하면 다음과 같이 전체 위치에너지에 대한 계산 식이 된다.

$$\frac{d}{dt}\left[\frac{\partial \mathrm{PE}}{\partial \dot{\theta}_i}\right] - \frac{\partial \mathrm{PE}}{\partial \theta_i} = -\sum_{s=i}^{n} \frac{\partial P_s}{\partial \theta_i} = \sum_{s=i}^{n} m_s \mathbf{g}^T \cdot \left[z_{i-1}^0 \times \left(c_s^0 - o_{i-1}\right)\right] \tag{3.158}$$

이제 i번째 관절을 θ_i 만큼 회전시키기 위해 관절이 생성해야 할 총 토크는 식 (3.131)에 (3.143), (3.154), (3.158)을 대입하여 다음과 같다.

$$\tau_i = \left(\frac{d}{dt}\frac{\partial \mathrm{KE}_{trans}}{\partial \dot{\theta}_i} - \frac{\partial \mathrm{KE}_{trans}}{\partial \theta_i}\right) + \left(\frac{d}{dt}\frac{\partial \mathrm{KE}_{rot}}{\partial \dot{\theta}_i} - \frac{\partial \mathrm{KE}_{rot}}{\partial \theta_i}\right) + \frac{\partial \mathrm{PE}}{\partial \theta_i} \tag{3.159}$$

그런데 소형 휴머노이드 로봇을 이루는 링크들은 관성 모멘트 값이 작고, 계산의 복잡성 때문에 이 책에서는 회전 운동에너지와 관련된 토크 성분을 코드로 구현하는 부분은 생략하기로 한다. 그러면 i번째 관절 모터가 생성해야 할 총 토크는 식 (3.143)과 (3.158)을 이용하여 다음과 같이 간략화된다.

$$\tau_i = \sum_{s=i}^{n} m_s \left(\dot{v}_s + \mathbf{g}\right)^T \cdot \left[z_{i-1}^0 \times \left(c_s^0 - o_{i-1}\right)\right] \tag{3.160}$$

코드 3.1은 DH법으로 각 관절의 토크를 계산하는 과정을 보인다. 2장의 코드 2.4가 기구학과 관련된 부분을 보인 것이라면 코드 3.1은 동역학과 관련된 코드 부분만을 발췌했다. 코드는 http://office.ucloud.com의 My ucloud/게스트폴더의 code\matlab code 디렉토리에 있는 func_robot_motion_dh.m 파일에 작성되어 있으며 용어에 대한 기본 설명은 2장의 코드 2.4 부분을 참고하기 바란다.


```
function y = func_robot_motion_dh(link, mass, sf, sp, gamma, th, th_1d, th_2d, phi, phi_1d, phi_2d, psi, psi_1d, psi_2d, fig_no, sim_type, flags)
        ⋮
% 코드 2.4와 같음
        ⋮
% 하체 지지 다리의 복합변환 행렬 1차 미분
B1_1d = phi1_1d*Q*B1;
B2_1d = -th1_1d*Q*B2;   T2_0_1d = B1_1d*B2 + B1*B2_1d;
B3_1d = -th2_1d*Q*B3;   T3_0_1d = T2_0_1d*B3 + T2_0*B3_1d;
B4_1d = -th3_1d*Q*B4;   T4_0_1d = T3_0_1d*B4 + T3_0*B4_1d;
B5_1d = phi2_1d*Q*B5;   T5_0_1d = (T4_0_1d*B4 + T4_0*B5_1d)*[0 0 1 0; 1 0 0 0; 0 1 0 0; 0 0 0 1];
B6_1d = psi1_1d*Q*B6;   T6_0_1d = T5_0_1d*B6 + T5_0*B6_1d;

% 하체 지지 다리의 링크 무게 중심점의 가속도
B1_2d = (phi1_2d+phi1_1d^2*Q)*Q*B1;   A1_0 = B1_2d*C1;   A1_0w = W*A1_0+[sp 1]' ;
B2_2d = (-th1_2d+th1_1d^2*Q)*Q*B2;   T2_0_2d = B1_2d*B2 + 2*B1_1d*B2_1d + B1*B2_2d;
A2_0 = T2_0_2d*C2;   A2_0w = W*A2_0+[sp 1]' ;
B3_2d = (-th2_2d+th2_1d^2*Q)*Q*B3;   T3_0_2d = T2_0_2d*B3 + 2*T2_0_1d*B3_1d + T2_0*B3_2d;
A3_0 = T3_0_2d*C3;   A3_0w = W*A3_0+[sp 1]' ;
B4_2d = (-th3_2d+th2_1d^2*Q)*Q*B4;   T4_0_2d = T3_0_2d*B4 + 2*T3_0_1d*B4_1d + T3_0*B4_2d;
A4_0 = T4_0_2d*C4;   A4_0w = W*A4_0+[sp 1]' ;
B5_2d = (phi2_2d+phi2_1d^2*Q)*Q*B5;   T5_0_2d = (T4_0_2d*B5 + 2*T4_0_1d*B5_1d +
T4_0*B5_2d)*[0 0 1 0; 1 0 0 0; 0 1 0 0; 0 0 0 1];   A5_0 = T5_0_2d*C5;   A5_0w = W*A5_0+[sp 1]' ;
B6_2d = (psi1_2d+psi1_1d^2*Q)*Q*B6;   T6_0_2d = T5_0_2d*B6 + 2*T5_0_1d*B6_1d + T5_0*B6_2d;
A6_0 = T6_0_2d*C6;   A6_0w = W*A6_0+[sp 1]' ;

% 하체 자유다리의 관절 좌표
if strcmp(sf, 'LEFT_BASE' )
   B7_1d = psi2_1d*Q*B7;   T7_0_1d = (T6_0_1d*B7 + T6_0*B7_1d)*[1 0 0 0; 0 1 0 l5; 0 0 1 0; 0 0 0 1];
   B7_2d = (psi2_2d+psi2_1d^2*Q)*Q*B7;   T7_0_2d = (T6_0_2d*B7 + 2*T6_0_1d*B7_1d +
      T6_0*B7_2d)*[1 0 0 0; 0 1 0 l5; 0 0 1 0; 0 0 0 1];   A7_0 = T7_0_2d*C7;   A7_0w = W*A7_0+[sp 1]' ;
```

```
elseif strcmp(sf, 'RIGHT_BASE' )
   B7 = DH_mat(psi2, 0, 0, pi/2);      T7_0 = T6_0*B7*[1 0 0 0; 0 1 0 -l5; 0 0 1 0; 0 0 0 1];
   B7_1d = psi2_1d*Q*B7;     T7_0_1d = (T6_0_1d*B7 + T6_0*B7_1d)*[1 0 0 0; 0 1 0 -l5; 0 0 1 0; 0 0 0 1];
   B7_2d = (psi2_2d+psi2_1d^2*Q)*Q*B7;   T7_0_2d = (T6_0_2d*B7 + 2*T6_0_1d*B7_1d +
        T6_0*B7_2d)*[1 0 0 0; 0 1 0 -l5; 0 0 1 0; 0 0 0 1];  A7_0 = T7_0_2d*C7;  A7_0w = W*A7_0+[sp 1]' ;
end

% 하체 자유 다리의 복합변환 행렬 1차 미분
B8_1d = phi3_1d*Q*B8;     T8_0_1d = T7_0_1d*B8 + T7_0*B8_1d;
B9_1d = -th4_1d*Q*B9;     T9_0_1d = T8_0_1d*B9 + T8_0*B9_1d;
B10_1d = -th5_1d*Q*B10;   T10_0_1d = T9_0_1d*B10 + T9_0*B10_1d;
B11_1d = -th6_1d*Q*B11;   T11_0_1d = T10_0_1d*B11 + T10_0*B11_1d;
B12_1d = -phi4_1d*Q*B12;  T12_0_1d = T11_0_1d*B12 + T11_0*B12_1d;

% 하체 자유 다리의 링크 무게 중심점의 가속도
B8_2d = (phi3_2d+phi3_1d^2*Q)*Q*B8;   T8_0_2d = T7_0_2d*B8 + 2*T7_0_1d*B8_1d + T7_0*B8_2d;
A8_0 = T8_0_2d*C8;    A8_0w = W*A8_0+[sp 1]' ;
B9_2d = (-th4_2d+th4_1d^2*Q)*Q*B9;    T9_0_2d = T8_0_2d*B9 + 2*T8_0_1d*B9_1d + T8_0*B9_2d;
A9_0 = T9_0_2d*C9;    A9_0w = W*A9_0+[sp 1]' ;
B10_2d = (-th5_2d+th5_1d^2*Q)*Q*B10;  T10_0_2d = T9_0_2d*B10 + 2*T9_0_1d*B10_1d +
T9_0*B10_2d;     A10_0 = T10_0_2d*C10;  A10_0w = W*A10_0+[sp 1]' ;
B11_2d = (-th6_2d+th6_1d^2*Q)*Q*B11;  T11_0_2d = T10_0_2d*B11 + 2*T10_0_1d*B11_1d +
T10_0*B11_2d;  A11_0 = T11_0_2d*C11;  A11_0w = W*A11_0+[sp 1]' ;
B12_2d = (phi4_2d+phi4_1d^2*Q)*Q*B12; T12_0_2d = T11_0_2d*B12 + 2*T11_0_1d*B12_1d +
T11_0*B12_2d;  A12_0 = T12_0_2d*C12;  A12_0w = W*A12_0+[sp 1]' ;

% 상체 왼팔의 복합변환 행렬 1차 미분
T13_0_1d = T6_0_1d*T13_6;
B14_1d = -th7_1d*Q*B14;    T14_0_1d = T13_0_1d*B14 + T13_0*B14_1d;
B15_1d = phi5_1d*Q*B15;    T15_0_1d = T14_0_1d*B15 + T14_0*B15_1d;
B16_1d = phi6_1d*Q*B15;    T16_0_1d = T15_0_1d*B16 + T15_0*B16_1d;

% 상체 왼팔의 링크 무게 중심점의 가속도
T13_0_2d = T6_0_2d*T13_6;  A13_0 = T13_0_2d*C13;  A13_0w = W*A13_0+[sp 1]' ;
B14_2d = (-th7_2d+th7_1d^2*Q)*Q*B14;  T14_0_2d = T13_0_2d*B14 + 2*T13_0_1d*B14_1d +
T13_0*B14_2d;  A14_0 = T14_0_2d*C14;  A14_0w = W*A14_0+[sp 1]' ;
B15_2d = (phi5_2d+phi5_1d^2*Q)*Q*B15;  T15_0_2d = T14_0_2d*B15 + 2*T14_0_1d*B15_1d +
T14_0*B15_2d;  A15_0 = T15_0_2d*C15;  A15_0w = W*A15_0+[sp 1]' ;
B16_2d = (phi6_2d+phi6_1d^2*Q)*Q*B16;  T16_0_2d = T15_0_2d*B16 + 2*T15_0_1d*B16_1d +
T15_0*B16_2d;  A16_0 = T16_0_2d*C16;  A16_0w = W*A16_0+[sp 1]' ;
```

```
% 상체 오른팔의 복합변환 행렬 1차 미분
T17_0_1d = T6_0_1d*T17_6;
B18_1d = -th8_1d*Q*B18;    T18_0_1d = T17_0_1d*B18 + T17_0*B18_1d;
B19_1d = phi7_1d*Q*B19;    T19_0_1d = T18_0_1d*B19 + T18_0*B19_1d;
B20_1d = phi8_1d*Q*B20;    T20_0_1d = T19_0_1d*B20 + T19_0*B20_1d;

% 상체 오른팔의 링크 무게 중심점의 가속도
T17_0_2d = T6_0_2d*T17_6;
B18_2d = (-th8_2d+th8_1d^2*Q)*Q*B18;  T18_0_2d = T17_0_2d*B18 + 2*T17_0_1d*B18_1d +
T17_0*B18_2d;  A18_0 = T18_0_2d*C18;  A18_0w = W*A18_0+[sp 1]' ;
B19_2d = (phi7_2d+phi7_1d^2*Q)*Q*B19;  T19_0_2d = T18_0_2d*B19 + 2*T18_0_1d*B19_1d +
T18_0*B19_2d;  A19_0 = T19_0_2d*C19;  A19_0w = W*A19_0+[sp 1]' ;
B20_2d = (phi8_2d+phi8_1d^2*Q)*Q*B20;  T20_0_2d = T19_0_2d*B20 + 2*T19_0_1d*B20_1d +
T19_0*B20_2d;  A20_0 = T20_0_2d*C20;  A20_0w = W*A20_0+[sp 1]' ;

% 토크 값
% 상체
tq_trans(20) = m20*(A20_0(1:3)+G)' *cross(Z19_0(1:3), C20_0(1:3)-O19_0(1:3));
tq_trans(19) = m20*(A20_0(1:3)+G)' *cross(Z18_0(1:3), C20_0(1:3)-O18_0(1:3)) + m19*(A19_0(1:3)+G)'
  *cross(Z18_0(1:3), C19_0(1:3)-O18_0(1:3));
tq_trans(18) = m20*(A20_0(1:3)+G)' *cross(Z17_0(1:3), C20_0(1:3)-O17_0(1:3)) + m19*(A19_0(1:3)+G)'
  *cross(Z17_0(1:3), C19_0(1:3)-O17_0(1:3)) + m18*(A18_0(1:3)+G)' *cross(Z17_0(1:3), C18_0(1:3)-
  O17_0(1:3));
tq_trans(16) = m16*(A16_0(1:3)+G)' *cross(Z15_0(1:3), C16_0(1:3)-O15_0(1:3));
tq_trans(15) = m16*(A16_0(1:3)+G)' *cross(Z14_0(1:3), C16_0(1:3)-O14_0(1:3)) + m15*(A15_0(1:3)+G)'
  *cross(Z14_0(1:3), C15_0(1:3)-O14_0(1:3));
tq_trans(14) = m16*(A16_0(1:3)+G)' *cross(Z13_0(1:3), C16_0(1:3)-O13_0(1:3)) + m15*(A15_0(1:3)+G)'
  *cross(Z13_0(1:3), C15_0(1:3)-O13_0(1:3)) + m14*(A14_0(1:3)+G)' *cross(Z13_0(1:3), C14_0(1:3)-
  O13_0(1:3));

% 하체
tq_trans(12) = m12*(A12_0(1:3)+G)' *cross(Z11_0(1:3), C12_0(1:3)-O11_0(1:3));
tq_trans(11) = m12*(A12_0(1:3)+G)' *cross(Z10_0(1:3), C12_0(1:3)-O10_0(1:3))+ m11*(A11_0(1:3)+G)'
  *cross(Z10_0(1:3), C11_0(1:3)-O10_0(1:3));
tq_trans(10) = m12*(A12_0(1:3)+G)' *cross(Z9_0(1:3),  C12_0(1:3)-O9_0(1:3)) + m11*(A11_0(1:3)+G)'
  *cross(Z9_0(1:3),  C11_0(1:3)-O9_0(1:3)) + m10*(A10_0(1:3)+G)' *cross(Z9_0(1:3),  C10_0(1:3)-
  O9_0(1:3));

tq_trans(9)  = m12*(A12_0(1:3)+G)' *cross(Z8_0(1:3),  C12_0(1:3)-O8_0(1:3)) + m11*(A11_0(1:3)+G)'
  *cross(Z8_0(1:3), C11_0(1:3)-O8_0(1:3)) +  m10*(A10_0(1:3)+G)' *cross(Z8_0(1:3),  C10_0(1:3)-
```

3.2 휴머노이드 로봇의 관절 토크

```
  O8_0(1:3)) + m9*(A9_0(1:3)+G)' *cross(Z8_0(1:3),   C9_0(1:3)-O8_0(1:3));
tq_trans(8) = m12*(A12_0(1:3)+G)' *cross(Z7_0(1:3), C12_0(1:3)-O7_0(1:3)) + m11*(A11_0(1:3)+G)'
  *cross(Z7_0(1:3), C11_0(1:3)-O7_0(1:3)) + m10*(A10_0(1:3)+G)' *cross(Z7_0(1:3), C10_0(1:3)-
  O7_0(1:3)) + m9*(A9_0(1:3)+G)' *cross(Z7_0(1:3),   C9_0(1:3)-O7_0(1:3))  + m8*(A8_0(1:3)+G)'
  *cross(Z7_0(1:3),  C8_0(1:3)-O7_0(1:3));
tq_trans(7) = m12*(A12_0(1:3)+G)' *cross(Z6_0(1:3), C12_0(1:3)-O6_0(1:3)) + m11*(A11_0(1:3)+G)'
  *cross(Z6_0(1:3), C11_0(1:3)-O6_0(1:3)) + m10*(A10_0(1:3)+G)' *cross(Z6_0(1:3), C10_0(1:3)-
  O6_0(1:3))  + m9*(A9_0(1:3)+G)' *cross(Z6_0(1:3),   C9_0(1:3)-O6_0(1:3))  + m8*(A8_0(1:3)+G)'
  *cross(Z6_0(1:3),  C8_0(1:3)-O6_0(1:3))  + m7*(A7_0(1:3)+G)' *cross(Z6_0(1:3),  C7_0(1:3)-
  O6_0(1:3));
tq_trans(6) = m13*A13_0(1:3)' *cross(Z5_0(1:3),  C13_0(1:3)-O5_0(1:3)) + m12*(A12_0(1:3)+G)'
  *cross(Z5_0(1:3), C12_0(1:3)-O5_0(1:3)) + m11*(A11_0(1:3)+G)' *cross(Z5_0(1:3), C11_0(1:3)-
  O5_0(1:3)) + m10*(A10_0(1:3)+G)' *cross(Z5_0(1:3),  C10_0(1:3)-O5_0(1:3)) + m9*(A9_0(1:3)+G)'
  *cross(Z5_0(1:3),  C9_0(1:3)-O5_0(1:3))  + m8*(A8_0(1:3)+G)' *cross(Z5_0(1:3),  C8_0(1:3)-O5_0(1:3))
  + m7*(A7_0(1:3)+G)' *cross(Z5_0(1:3),   C7_0(1:3)-O5_0(1:3))  + m6*(A6_0(1:3)+G)' *cross(Z5_0(1:3),
  C6_0(1:3)-O5_0(1:3));
% 상체의 두 팔에 대한 토크는 생략
tq_trans(5) = m13*A13_0(1:3)' *cross(Z4_0(1:3),  C13_0(1:3)-O4_0(1:3)) + m12*(A12_0(1:3)+G)'
  *cross(Z4_0(1:3), C12_0(1:3)-O4_0(1:3)) + m11*(A11_0(1:3)+G)' *cross(Z4_0(1:3), C11_0(1:3)-
  O4_0(1:3)) + m10*(A10_0(1:3)+G)' *cross(Z4_0(1:3),  C10_0(1:3)-O4_0(1:3)) + m9*(A9_0(1:3)+G)'
  *cross(Z4_0(1:3),  C9_0(1:3)-O4_0(1:3))  + m8*(A8_0(1:3)+G)' *cross(Z4_0(1:3),  C8_0(1:3)-O4_0(1:3))
  + m7*(A7_0(1:3)+G)' *cross(Z4_0(1:3),   C7_0(1:3)-O4_0(1:3))  + m6*(A6_0(1:3)+G)' *cross(Z4_0(1:3),
  C6_0(1:3)-O4_0(1:3))  + m5*(A5_0(1:3)+G)' *cross(Z4_0(1:3),  C5_0(1:3)-O4_0(1:3));
tq_trans(4) = m13*A13_0(1:3)' *cross(Z3_0(1:3),  C13_0(1:3)-O3_0(1:3)) + m12*(A12_0(1:3)+G)'
  *cross(Z3_0(1:3), C12_0(1:3)-O3_0(1:3)) + m11*(A11_0(1:3)+G)' *cross(Z3_0(1:3), C11_0(1:3)-
  O3_0(1:3)) + m10*(A10_0(1:3)+G)' *cross(Z3_0(1:3),  C10_0(1:3)-O3_0(1:3)) + m9*(A9_0(1:3)+G)'
  *cross(Z3_0(1:3),  C9_0(1:3)-O3_0(1:3))  + m8*(A8_0(1:3)+G)' *cross(Z3_0(1:3),  C8_0(1:3)-O3_0(1:3))
  + m7*(A7_0(1:3)+G)' *cross(Z3_0(1:3),   C7_0(1:3)-O3_0(1:3))  + m6*(A6_0(1:3)+G)' *cross(Z3_0(1:3),
  C6_0(1:3)-O3_0(1:3))  + m5*(A5_0(1:3)+G)' *cross(Z3_0(1:3),  C5_0(1:3)-O3_0(1:3)) +
  m4*(A4_0(1:3)+G)' *cross(Z3_0(1:3),   C4_0(1:3)-O3_0(1:3));
tq_trans(3) = m13*A13_0(1:3)' *cross(Z2_0(1:3),  C13_0(1:3)-O2_0(1:3)) + m12*(A12_0(1:3)+G)'
  *cross(Z2_0(1:3), C12_0(1:3)-O2_0(1:3)) + m11*(A11_0(1:3)+G)' *cross(Z2_0(1:3), C11_0(1:3)-
  O2_0(1:3)) + m10*(A10_0(1:3)+G)' *cross(Z2_0(1:3),  C10_0(1:3)-O2_0(1:3)) + m9*(A9_0(1:3)+G)'
  *cross(Z2_0(1:3),  C9_0(1:3)-O2_0(1:3))  + m8*(A8_0(1:3)+G)' *cross(Z2_0(1:3),  C8_0(1:3)-O2_0(1:3))
  + m7*(A7_0(1:3)+G)' *cross(Z2_0(1:3),   C7_0(1:3)-O2_0(1:3))  + m6*(A6_0(1:3)+G)' *cross(Z2_0(1:3),
  C6_0(1:3)-O2_0(1:3))  + m5*(A5_0(1:3)+G)' *cross(Z2_0(1:3),  C5_0(1:3)-O2_0(1:3)) +
  m4*(A4_0(1:3)+G)' *cross(Z2_0(1:3),   C4_0(1:3)-O2_0(1:3))  + m3*(A3_0(1:3)+G)' *cross(Z2_0(1:3),
  C3_0(1:3)-O2_0(1:3));

tq_trans(2) = m13*A13_0(1:3)' *cross(Z1_0(1:3),  C13_0(1:3)-O1_0(1:3)) + m12*(A12_0(1:3)+G)'
  *cross(Z1_0(1:3), C12_0(1:3)-O1_0(1:3)) + m11*(A11_0(1:3)+G)' *cross(Z1_0(1:3), C11_0(1:3)-
```

```
O1_0(1:3))...
        + m10*(A10_0(1:3)+G)' *cross(Z1_0(1:3), C10_0(1:3)-O1_0(1:3)) + m9*(A9_0(1:3)+G)'
*cross(Z1_0(1:3), C9_0(1:3)-O1_0(1:3)) + m8*(A8_0(1:3)+G)' *cross(Z1_0(1:3), C8_0(1:3)-
O1_0(1:3))...
        + m7*(A7_0(1:3)+G)' *cross(Z1_0(1:3), C7_0(1:3)-O1_0(1:3)) + m6*(A6_0(1:3)+G)'
*cross(Z1_0(1:3), C6_0(1:3)-O1_0(1:3)) + m5*(A5_0(1:3)+G)' *cross(Z1_0(1:3), C5_0(1:3)-
O1_0(1:3))...
        + m4*(A4_0(1:3)+G)' *cross(Z1_0(1:3), C4_0(1:3)-O1_0(1:3)) + m3*(A3_0(1:3)+G)'
*cross(Z1_0(1:3), C3_0(1:3)-O1_0(1:3)) + m2*(A2_0(1:3)+G)' *cross(Z1_0(1:3), C2_0(1:3)-
O1_0(1:3));
tq_trans(1) = m13*A13_0(1:3)' *cross(Z0_0(1:3), C13_0(1:3)-O0_0(1:3)) + m12*(A12_0(1:3)+G)'
*cross(Z0_0(1:3), C12_0(1:3)-O0_0(1:3)) + m11*(A11_0(1:3)+G)' *cross(Z0_0(1:3), C11_0(1:3)-
O0_0(1:3))...+ m10*(A10_0(1:3)+G)' *cross(Z0_0(1:3), C10_0(1:3)-O0_0(1:3)) + m9*(A9_0(1:3)+G)'
*cross(Z0_0(1:3), C9_0(1:3)-O0_0(1:3)) + m8*(A8_0(1:3)+G)' *cross(Z0_0(1:3), C8_0(1:3)-
O0_0(1:3))...
        + m7*(A7_0(1:3)+G)' *cross(Z0_0(1:3), C7_0(1:3)-O0_0(1:3)) + m6*(A6_0(1:3)+G)'
*cross(Z0_0(1:3), C6_0(1:3)-O0_0(1:3)) + m5*(A5_0(1:3)+G)' *cross(Z0_0(1:3), C5_0(1:3)-
O0_0(1:3))...
        + m4*(A4_0(1:3)+G)' *cross(Z0_0(1:3), C4_0(1:3)-O0_0(1:3)) + m3*(A3_0(1:3)+G)'
*cross(Z0_0(1:3), C3_0(1:3)-O0_0(1:3)) + m2*(A2_0(1:3)+G)' *cross(Z0_0(1:3), C2_0(1:3)-
O0_0(1:3))...
      + m1*(A1_0(1:3)+G)' *cross(Z0_0(1:3), C1_0(1:3)-O0_0(1:3));
```

〈코드 3.1〉 func_robot_motion_dh.m 파일의 토크 계산 코드

3.3 영모멘트점(ZMP)

휴머노이드 로봇이 보행할 때 가장 중요한 것은 로봇이 넘어지지 않도록 동적인 균형(balance) 또는 안정도(stability)를 유지해 주는 것이다. 로봇은 모든 관절들을 제어하며 움직이지만 지면에서 로봇을 지지해 주는 발은 직접적으로 제어할 수 없다. 그러므로, 지지하는 발 윗부분의 하체와 상체의 관절들을 적절히 제어해서 로봇이 넘어지지 않게 해준다. 만약 로봇의 현재 자세와 동

작이 발생시키는 모든 힘의 효과를 어떤 지점에서의 단일 힘으로 대체한다면 안정도를 평가하기가 쉬울 것이다. Vukobratović 은 1968년에 처음으로 이러한 개념을 제안했으며 단일 힘이 발생하는 지점을 ZMP(zero-moment point, 영모멘트점)라고 명명했다. ZMP는 지면 반발력(ground reaction force)과 관련된 피드백의 역할을 하므로 이족 보행 제어에서 대단히 중요하다.

ZMP를 이해하기 위해 휴머노이드 로봇을 지지하는 발의 위쪽은 링크들의 동적인 운동에 의해 힘 $\mathbf{F}_A$와 모멘트(토크) $\mathbf{M}_A$의 영향을 받고 있다고 가정하자. 한편, 지지하는 발은 아래쪽 지면으로부터 세 가지 성분을 갖는 힘 $\mathbf{R}=[R_x, R_y, R_z]$과 모멘트 $\mathbf{M}=[M_x, M_y, M_z]$으로 구성된 총 지면 반작용(ground reaction)을 받는다. 마찰력은 발이 지면과 접촉하는 점에서 발생하고 지지하는 발은 지면에 고정되어 있으므로, $\mathbf{R}$의 수평 성분 반력인 R_x와 R_y는 $\mathbf{F}_A$의 수평 성분과 균형 상태를 이룬다. 반면에 반작용 모멘트의 수직 성분인 M_z는 로봇의 링크에서 발생시킨 $\mathbf{M}_A$의 수직 성분과 힘 $\mathbf{F}_A$가 유발하는 토크와 균형을 맞춘다. 그러므로 발이 지면에서 미끄러지지 않는다면 정적인 마찰력은 반력의 수평 성분인 R_x, R_y와 반작용 토크의 수직 성분인 M_z를 보상하는 역할을 한다.

만약 로봇이 동적인 운동을 하면 그에 해당하는 $\mathbf{M}_A$의 수평 성분은 반력 $\mathbf{R}$이 발생하는 지면 포인트 P의 위치를 지지 발바닥 안의 위치 안에서 조절함으로써 균형을 잡을 수 있다. 이해를 돕기 위해 그림 3.6에 휴머노이드 로봇 전신의 무게 중심점을 상징하는 카트가 좁은 받침대의 테이블 위에서 움직이는 모델을 $x-z$ 평면에서 보도록 하자[10]. 만약 카트가 적절한 가속도 $\ddot{x}$ 으로 이동한다면 얼마 동안은 테이블이 균형을 잡고 서 있는데 이는 ZMP 위치인 P가 테이블 받침대 안쪽에 자리잡고 있기 때문이다. P점을 중심으로 모멘트가 0이므로 이 상황을 수식으로 표현하면 다음과 같다.

$$\tau_{ZMP}^{x} = mg(x-P) - m\ddot{x}z_c = 0 \qquad (3.161)$$

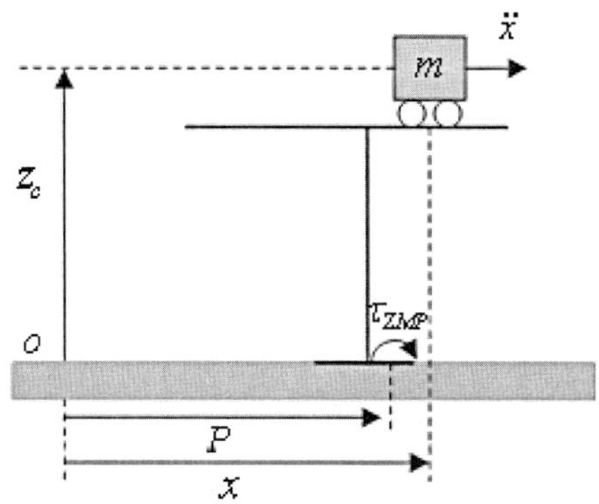

그림 3.6 ZMP의 이해를 위한 카트-테이블 모델

식에서 $mg(x-P)$항은 식 (3.117)과 같이 카트가 받는 중력 mg에 이 힘이 가해지는 지점 x와 회전 중심점인 P 사이의 거리를 곱해준 것이므로 ZMP에 시계 방향으로 작용하는 토크 값을 의미한다. 같은 맥락으로 두 번째 $m\ddot{x}z_c$ 항은 카트의 운동에 의해 발생한 힘 $m\ddot{x}$에 P점으로부터의 고도인 z_c가 곱해졌으므로 그만큼의 크기로 ZMP에 시계방향으로 작용하는 토크 값이다. 그런데, $m\ddot{x}z_c$ 항에 음의 부호가 붙은 것은 '작용-반작용의 법칙' 에 의해 카트가 전진하는 반대 방향으로 반작용의 힘이 발생하고 이 힘이 점 P에서 반시계 방향의 토크로 작용하기 때문이다. 그림 3.6은 $x-z$ 평면의 경우를 예로 한 것이고, $y-z$ 평면의 경우 ZMP는 같은 원리를 통해 다음과 같이 식 (3.161)에서 x를 y로 바꾸면 된다.

$$\tau_{ZMP}^{y} = mg(y-P) - m\ddot{y}z_c = 0 \qquad (3.162)$$

그림 3.6에서 테이블 받침대는 휴머노이드 로봇의 지지하는 발을 상징하므로 ZMP가 위치한 점 P가 테이블 받침대를 벗어나는 순간 이 테이블이 오른쪽으로 넘어지게 되듯이, 휴머노이드 로봇도 ZMP가 발바닥을 벗어나는 순간 균형을 잃고 쓰러진다. 휴머노이드 로봇은 여러 개의 관절로 구성되어 있고 각 관절은 그림 3.6처럼 테이블 평면상에서만 움직이지 않고 z축 방향으

로도 움직이기 때문에, 절대 좌표계에서의 ZMP식은 식 (3.161)을 다음과 같이 확장해서 표현해야 한다[11].

$$X_{ZMP}=\frac{\sum_{i=1}^{n}m_i\left(\ddot{Z}_{im}+g\right)X_{im}-\sum_{i=1}^{n}m_i\ddot{X}_{im}Z_{im}-\sum_{i=1}^{n}I_{iy}\ddot{\Omega}_{iy}}{\sum_{i=1}^{n}m_i\left(\ddot{Z}_{im}+g\right)} \tag{3.163}$$

$$Y_{ZMP}=\frac{\sum_{i=1}^{n}m_i\left(\ddot{Z}_{im}+g\right)Y_{im}-\sum_{i=1}^{n}m_i\ddot{Y}_{im}Z_{im}-\sum_{i=1}^{n}I_{ix}\ddot{\Omega}_{ix}}{\sum_{i=1}^{n}m_i\left(\ddot{Z}_{im}+g\right)} \tag{3.164}$$

식에서 g는 중력가속도, (X_{im}, Y_{im}, Z_{im})과 m_i는 i번째 링크 무게 중심점의 절대 좌표와 무게를 나타낸다. 그리고 I_{ix}와 I_{iy}는 x축과 y축의 관성 모멘트를 나타내고, $\ddot{\Omega}_{ix}$과 $\ddot{\Omega}_{iy}$는 i번째 링크가 그 무게 중심점을 중심으로 회전한 것으로 환산했을 때의 절대 각가속도를 의미한다. 휴머노이드 로봇의 경우 링크의 무게 중심점이 관절에 위치하지 않으므로 관절 모터의 각가속도와 절대 각가속도는 일치하지 않음을 유의하자.

3.3.1 DH법을 이용한 ZMP 계산

DH법으로 휴머노이드 로봇의 모션을 생성하고 있다면 바이올로이드 로봇에 적용해 보기 전에 컴퓨터에서 시뮬레이션을 먼저 수행해 보아야 한다. 이 때 모션의 정확도를 확인하는 것과 함께 ZMP가 지지하는 발바닥 안에 존재하는지를 확인해야 한다. 이를 위해 식 (3.163)과 (3.164)를 계산해야 하는데 링크 무게 중심점이 갖는 절대좌표의 2차 미분식이 필요함을 알 수 있다. 식 (3.136)과 (3.144)에서 i번째 링크 무게 중심점의 절대 좌표계 상의 확장벡터를 $C_i=[c_i^X\ c_i^Y\ c_i^Z\ 1]^T$이라고 정의했으므로 원래의 ZMP식을 DH법에 적용하기 위해 수정하면 다음과 같다.

$$X_{ZMP} = \frac{\sum_{i=1}^{20} m_i(\ddot{c}_i^Z + g)c_i^X - \sum_{i=1}^{20} m_i \ddot{c}_i^X c_i^Z}{\sum_{i=1}^{20} m_i(\ddot{c}_i^Z + g)} \tag{3.165}$$

$$Y_{ZMP} = \frac{\sum_{i=1}^{20} m_i(\ddot{c}_i^Z + g)c_i^Y - \sum_{i=1}^{20} m_i \ddot{c}_i^Y c_i^Z}{\sum_{i=1}^{20} m_i(\ddot{c}_i^Z + g)} \tag{3.166}$$

이 식에서 주의할 점은 DH법에서는 휴머노이드 로봇의 총 링크 개수가 20이라는 것과 원래의 ZMP 식에서 계산상의 편의를 위해 회전 운동의 영향을 나타내는 마지막 항을 생략했다는 것이다.

DH법으로 ZMP를 계산하기 위해 각 링크의 무게 중심점의 좌표를 정하는 법을 그림 3.7을 통해 알아보자. 이 그림은 두 링크 좌표계인 $x_{k-1}y_{k-1}z_{k-1}$ 좌표계와 $x_k y_k z_k$ 좌표계, 그리고 두 좌표계를 잇는, 길이 a_k인 링크로 구성되어 있다. 이 링크의 무게 중심점이 링크를 $\alpha_k : \beta_k$로 내분한 점에 위치하고 $\alpha_k + \beta_k = 1, 0 \le \alpha_k, \beta_k \le 1$의 관계가 있다고 하자. DH법의 좌표계 설정 규칙에 의해 $x_{k-1}y_{k-1}z_{k-1}$ 좌표계를 z_{k-1} 축을 중심으로 δ_k 만큼 회전한 후 새로운 x_k 축을 따라 a_k 만큼 이동시켜 얻은 $x_k y_k z_k$ 좌표계는 k번째 링크의 끝 부분에

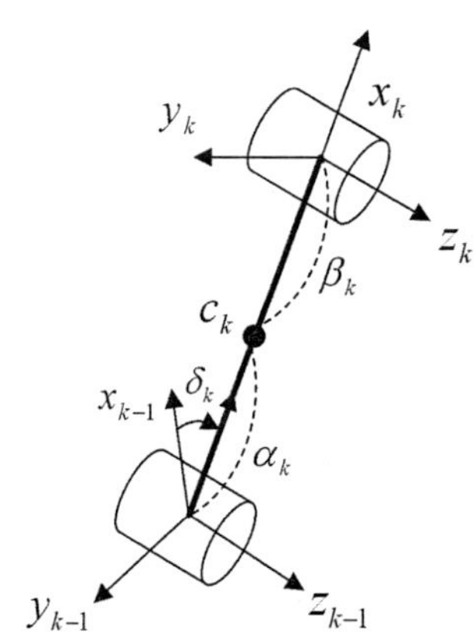

그림 3.7 좌표계와 좌표계를 잇는 링크의 무게 중심점

위치하게 된다. 그리고 k번째 링크의 무게 중심점 c_k는 $x_k y_k z_k$ 좌표계에 소속되므로, 그림 3.7에서 보듯이 c_k는 $x_k y_k z_k$ 좌표계 상에서 3차원 좌표값 $(-\beta_k a_k, 0, 0)$을 갖는다. 링크 무게 중심점의 내분 비율인 α_k와 β_k는 링크별로 정밀히 측정하여 계산해야 하지만 편의상 링크 가운데에 위치한다고 가정하고 관절 토크 계산 시 $\alpha_k = \beta_k = 0.5$로 설정한다.

그림 3.8은 그림 2.13에 보인 휴머노이드 로봇 하체 모델에 링크의 무게 중심점을 표시한 것을 나타낸다.

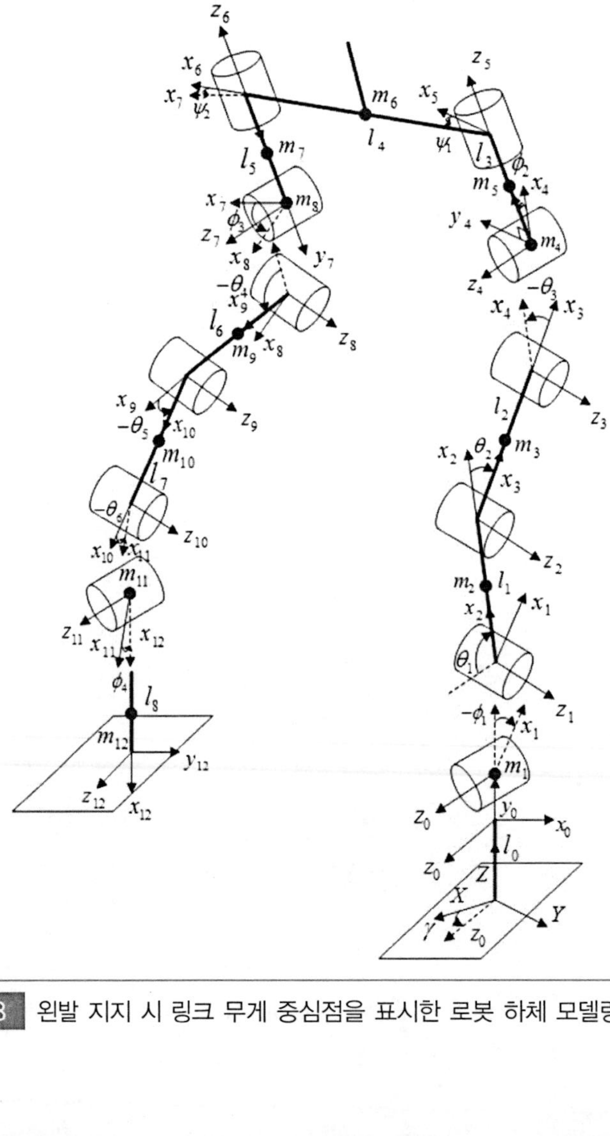

그림 3.8 왼발 지지 시 링크 무게 중심점을 표시한 로봇 하체 모델링

그림 3.8을 이용하여 휴머노이드 로봇 하체의 각 링크 무게 중심점의 지역 좌표를 구하면 다음과 같다.

$$c_1 = (0, 0, 0),\ c_2 = \left(-\frac{l_1}{2}, 0, 0\right),\ c_3 = \left(-\frac{l_2}{2}, 0, 0\right),\ c_4 = (0, 0, 0),\ c_5 = \left(0, 0, -\frac{l_3}{2}\right),$$
$$c_6 = \left(-\frac{l_4}{2}, 0, 0\right),\ c_7 = \left(0, -\frac{l_5}{2}, 0\right),\ c_8 = (0, 0, 0),\ c_9 = \left(-\frac{l_6}{2}, 0, 0\right), \quad (3.167)$$
$$c_{10} = \left(-\frac{l_7}{2}, 0, 0\right),\ c_{11} = (0, 0, 0),\ c_{12} = \left(-\frac{l_8}{2}, 0, 0\right)$$

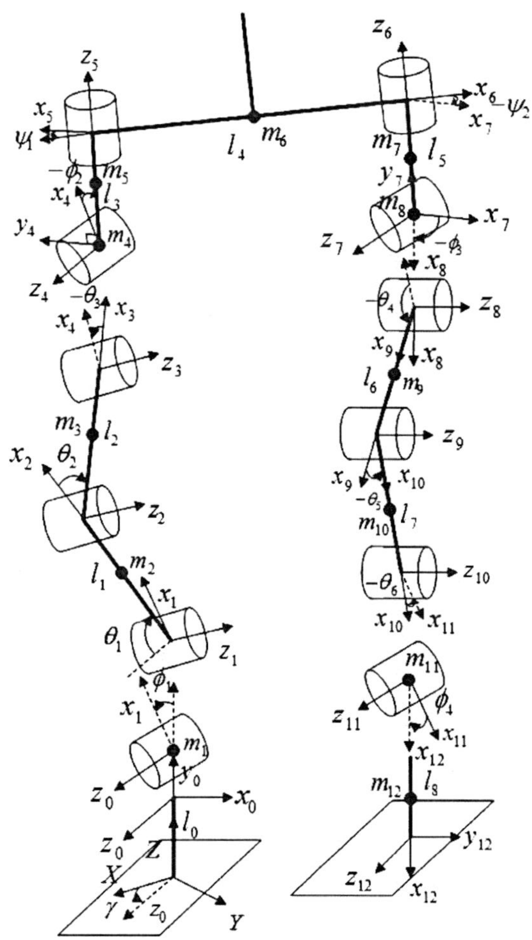

그림 3.9 오른발 지지 시 링크 무게 중심점을 표시한 로봇 하체 모델링

그림 3.9는 오른발 지지 시 휴머노이드 로봇 하체의 링크에 무게 중심점을 표시한 것으로, 그림 3.8과 비교해 보면 y_7축의 방향이 반대가 됨을 알 수 있다. 그 결과 $x_7y_7z_7$ 좌표계가 있는 링크의 무게 중심점 좌표가 다음과 같이 달라진다.

$$c_7 = \left(0, \frac{l_5}{2}, 0\right) \tag{3.168}$$

상체의 각 링크의 무게 중심점도 이와 같은 원리로 그림 3.10으로부터 계산할 수 있다.

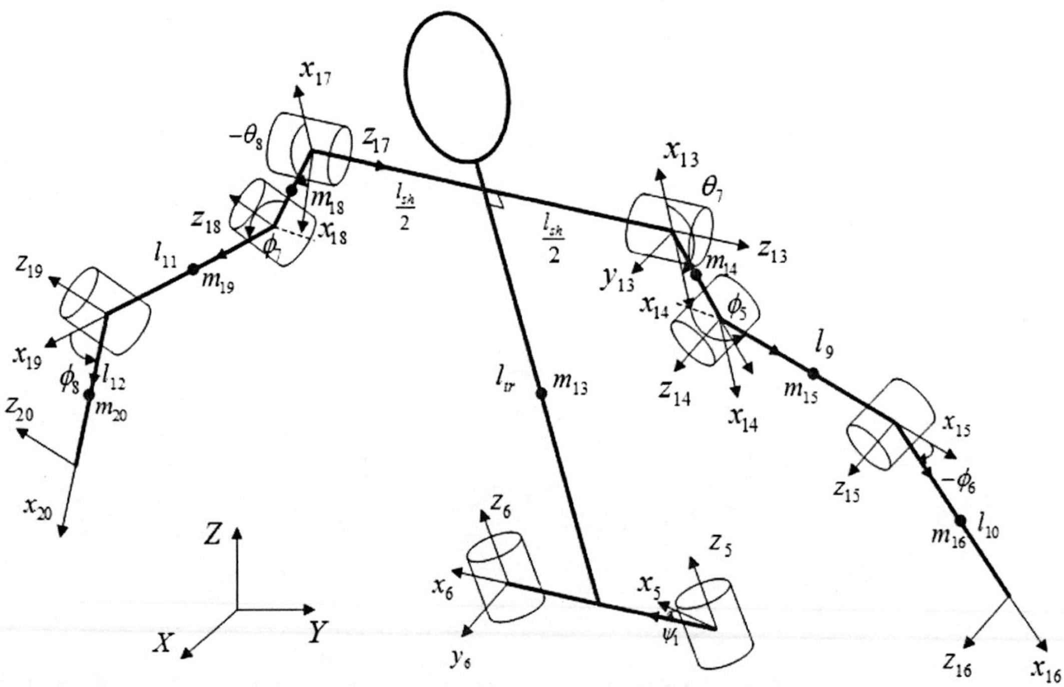

그림 3.10 왼발 지지 시 링크 무게 중심점을 표시한 로봇 상체 모델

그림 3.10을 보면 $x_5y_5z_5$ 좌표계와 왼쪽 어깨에 위치한 $x_{13}y_{13}z_{13}$ 좌표계 사이에는 상체 척추 링크인 l_{tr}과 어깨 링크인 l_{sh}가 존재하고, $l_{tr}/2$ 위치에 두 링크의 무게 중심점이 있다고 가정하자. 이 점을 $x_{13}y_{13}z_{13}$ 좌표계에서 보면 다음과 같다.

$$c_{13} = \left(-\frac{l_{tr}}{2}, 0, -\frac{l_{sh}}{2} \right) \tag{3.169}$$

참고로, 이 링크의 무게 중심점의 질량 m_{13}은 몸통과 머리 부분의 무게의 합을 구해야 한다.

왼팔에 있는 링크들의 무게 중심점을 각 링크 좌표계에서 표현한 좌표값은 다음과 같다.

$$c_{14} = \left(-\frac{0.014}{2}, -\frac{0.025}{2}, 0 \right),\ c_{15} = \left(-\frac{l_9}{2}, 0, 0 \right),\ c_{16} = \left(-\frac{l_{10}}{2}, 0, 0 \right) \tag{3.170}$$

마찬가지 원리로 오른팔에 위치한 각 링크 무게 중심점의 지역 좌표를 구하면 다음과 같다.

$$c_{18} = \left(-\frac{0.014}{2}, \frac{0.025}{2}, 0 \right),\ c_{19} = \left(-\frac{l_{11}}{2}, 0, 0 \right),\ c_{20} = \left(-\frac{l_{12}}{2}, 0, 0 \right) \tag{3.171}$$

휴머노이드 로봇이 오른발로 지지하고 있을 때는 그림 3.10에서 $x_5y_5z_5$ 좌표계와 $x_6y_6z_6$ 좌표계의 위치만 서로 바뀌므로 상체 링크들의 무게 중심점의 위치와 무게는 변화가 없다.

표 3.1에 바이올로이드의 상체와 하체의 링크 무게를 정리했으며 단위는 kg이다. 로봇 플랫폼이 달라지면 이 값들도 모두 변경되어야 하며 robot_spec_bioloid_prem.m 파일에 이 값들이 정의되어 있다.

〈표 3.1〉 바이올로이드 링크의 무게 명세

무게 중심점	무게(kg)	무게 중심점	무게(kg)	무게 중심점	무게(kg)
m_1, m_{11}	0.0701	m_6	0.0561	m_{14}, m_{18}	0.0709
m_2, m_{10}	0.0834	m_7	0.0802	m_{15}, m_{19}	0.0741
m_3	0.0864	m_9	0.0698	m_{16}, m_{20}	0.0765
m_4, m_8	0.0698	m_{12}	0.0981		
m_5	0.0713	m_{13}	0.2439		

코드 3.2는 func_robot_motion_dh.m 파일에서 ZMP의 x좌표와 y좌표를 계산하는 코드 부분만을 보여준다. 앞에서 구한 링크 무게 중심점 좌표와 링크 무게를 식 (3.165)와 (3.166)에 대입하여 계산하는 루틴으로서 코드가 길고 복잡하지만 자세 안정도 판별에 매우 중요한 부분이라고 할 수 있다.

```
% zmp의 x 좌표
zmp_x = m1*(A1_0w(3)+g)*C1_0w(1) + m2*(A2_0w(3)+g)*C2_0w(1) + m3*(A3_0w(3)+g)*C3_0w(1) +
    m4*(A4_0w(3)+g)*C4_0w(1) + m5*(A5_0w(3)+g)*C5_0w(1) + m6*(A6_0w(3)+g)*C6_0w(1) +
    m7*(A7_0w(3)+g)*C7_0w(1) + m8*(A8_0w(3)+g)*C8_0w(1) + m9*(A9_0w(3)+g)*C9_0w(1) +
    m10*(A10_0w(3)+g)*C10_0w(1) + m11*(A11_0w(3)+g)*C11_0w(1) +
    m12*(A12_0w(3)+g)*C12_0w(1) + m13*(A13_0w(3)+g)*C13_0w(1) +
    m14*(A14_0w(3)+g)*C14_0w(1) + m15*(A15_0w(3)+g)*C15_0w(1) +
    m16*(A16_0w(3)+g)*C16_0w(1) + m18*(A18_0w(3)+g)*C18_0w(1) +
    m19*(A19_0w(3)+g)*C19_0w(1) + m20*(A20_0w(3)+g)*C20_0w(1);
zmp_x = zmp_x - m1*A1_0w(1)*C1_0w(3) - m2*A2_0w(1)*C2_0w(3) - m3*A3_0w(1)*C3_0w(3) -
    m4*A4_0w(1)*C4_0w(3) - m5*A5_0w(1)*C5_0w(3) - m6*A6_0w(1)*C6_0w(3) -
    m7*A7_0w(1)*C7_0w(3) - m8*A8_0w(1)*C8_0w(3) - m9*A9_0w(1)*C9_0w(3) -
    m10*A10_0w(1)*C10_0w(3) - m11*A11_0w(1)*C11_0w(3) - m12*A12_0w(1)*C12_0w(3) -
    m13*A13_0w(1)*C13_0w(3) - m14*A14_0w(1)*C14_0w(3) - 15*A15_0w(1)*C15_0w(3)-
    m16*A16_0w(1)*C16_0w(3) - m18*A18_0w(1)*C18_0w(3) - m19*A19_0w(1)*C19_0w(3) -
    20*A20_0w(1)*C20_0w(3);
zmp_x = zmp_x/(m1*(A1_0w(3)+g) + m2*(A2_0w(3)+g) + m3*(A3_0w(3)+g) + m4*(A4_0w(3)+g) +
    m5*(A5_0w(3)+g) + m6*(A6_0w(3)+g) + m7*(A7_0w(3)+g) + m8*(A8_0w(3)+g) +
    m9*(A9_0w(3)+g) + m10*(A10_0w(3)+g) + m11*(A11_0w(3)+g) + m12*(A12_0w(3)+g) +
```

```
    m13*(A13_0w(3)+g) + m14*(A14_0w(3)+g) + m15*(A15_0w(3)+g) + m16*(A16_0w(3)+g) +
    m18*(A18_0w(3)+g) + m19*(A19_0w(3)+g) + m20*(A20_0w(3)+g));
% zmp의 y 좌표
zmp_y = m1*(A1_0w(3)+g)*C1_0w(2) + m2*(A2_0w(3)+g)*C2_0w(2) + m3*(A3_0w(3)+g)*C3_0w(2) +
    m4*(A4_0w(3)+g)*C4_0w(2) + m5*(A5_0w(3)+g)*C5_0w(2) + m6*(A6_0w(3)+g)*C6_0w(2) +
    m7*(A7_0w(3)+g)*C7_0w(2) + m8*(A8_0w(3)+g)*C8_0w(2) + m9*(A9_0w(3)+g)*C9_0w(2) +
    m10*(A10_0w(3)+g)*C10_0w(2) + m11*(A11_0w(3)+g)*C11_0w(2) +
    m12*(A12_0w(3)+g)*C12_0w(2) + m13*(A13_0w(3)+g)*C13_0w(2) +
    m14*(A14_0w(3)+g)*C14_0w(2) + m15*(A15_0w(3)+g)*C15_0w(2) +
    m16*(A16_0w(3)+g)*C16_0w(2) + m18*(A18_0w(3)+g)*C18_0w(2) +
    m19*(A19_0w(3)+g)*C19_0w(2) + m20*(A20_0w(3)+g)*C20_0w(2);
zmp_y = zmp_y - m1*A1_0w(2)*C1_0w(3) - m2*A2_0w(2)*C2_0w(3) - m3*A3_0w(2)*C3_0w(3) -
    m4*A4_0w(2)*C4_0w(3) - m5*A5_0w(2)*C5_0w(3) - m6*A6_0w(2)*C6_0w(3) -
    m7*A7_0w(2)*C7_0w(3) - m8*A8_0w(2)*C8_0w(3) - m9*A9_0w(2)*C9_0w(3) -
    m10*A10_0w(2)*C10_0w(3) - m11*A11_0w(2)*C11_0w(3) - m12*A12_0w(2)*C12_0w(3) -
    m13*A13_0w(2)*C13_0w(3) - m14*A14_0w(2)*C14_0w(3) - m15*A15_0w(2)*C15_0w(3)-
    m16*A16_0w(2)*C16_0w(3) - m18*A18_0w(2)*C18_0w(3) - m19*A19_0w(2)*C19_0w(3) -
    m20*A20_0w(2)*C20_0w(3);
zmp_y = zmp_y/(m1*(A1_0w(3)+g) + m2*(A2_0w(3)+g) + m3*(A3_0w(3)+g) + m4*(A4_0w(3)+g) +
    m5*(A5_0w(3)+g) + m6*(A6_0w(3)+g) + m7*(A7_0w(3)+g) + m8*(A8_0w(3)+g) +
    m9*(A9_0w(3)+g) + m10*(A10_0w(3)+g) + m11*(A11_0w(3)+g) + m12*(A12_0w(3)+g) +
    m13*(A13_0w(3)+g) + m14*(A14_0w(3)+g) + m15*(A15_0w(3)+g) + m16*(A16_0w(3)+g) +
    m18*(A18_0w(3)+g) + m19*(A19_0w(3)+g) + m20*(A20_0w(3)+g));
```

〈코드 3.2〉 func_robot_motion_dh.m 파일의 ZMP 계산 코드

3.3.2 투영법을 이용한 ZMP 계산

투영법을 이용해서 휴머노이드 로봇의 모션을 생성할 때에는 투영법에 적합한 ZMP 계산법을 써야 한다. 식 (3.163)과 (3.164)로부터 ZMP를 계산하기 위해서는 링크 무게 중심점에서의 가속도 값이 필요함을 알 수 있는데, 3.1.4절의 식 (3.114)~(3.116)에서 링크 끝에 위치한 모든 관절 좌표의 2차 미분식을 유도한 바가 있다. 대개의 경우 링크 무게 중심점은 그림 3.7에서 보듯이 양쪽 관절 좌표 사이에 위치하므로 두 관절의 내삽법(interpolation)을 이용해서 수식화하는 것이 가장 간편하다. 그림 3.7에서 k번째 링크의 무게 중심점

(x_{km}, y_{km}, z_{km})은 $(x_{k-1}, y_{k-1}, z_{k-1})$과 (x_k, y_k, z_k) 점을 $\alpha_k : \beta_k$로 내분하고 있고 $\alpha_k + \beta_k = 1$이므로 내삽법을 적용하면 다음과 같다.

$$\begin{aligned}(x_{km}, y_{km}, z_{km}) &= \left(\frac{\alpha_k x_k + \beta_k x_{k-1}}{\alpha_k + \beta_k}, \frac{\alpha_k y_k + \beta_k y_{k-1}}{\alpha_k + \beta_k}, \frac{\alpha_k z_k + \beta_k z_{k-1}}{\alpha_k + \beta_k}\right) \\ &= (\alpha_k x_k + \beta_k x_{k-1}, \alpha_k y_k + \beta_k y_{k-1}, \alpha_k z_k + \beta_k z_{k-1})\end{aligned} \quad (3.172)$$

휴머노이드 로봇의 링크는 강체이므로 링크가 움직이는 동안 무게 중심점의 위치는 링크 상에서 변하지 않는다. 또한 투영법은 전역 좌표계인 *XYZ* 좌표계에서 각 관절 좌표가 표현되므로, 식 (3.172)의 지역 좌표계 변수를 전역 좌표계 변수로 바꾸고 양변을 두 번 미분하면 다음과 같다.

$$(\ddot{X}_{km}, \ddot{Y}_{km}, \ddot{Z}_{km}) = (\alpha_k \ddot{X}_k + \beta_k \ddot{X}_{k-1}, \alpha_k \ddot{Y}_k + \beta_k \ddot{Y}_{k-1}, \alpha_k \ddot{Z}_k + \beta_k \ddot{Z}_{k-1}),\ k = 1, \cdots, 12 \quad (3.173)$$

그림 3.11은 왼발 지지 시 시상면과 관상면에 투영한 휴머노이드 로봇 모델을 나타내는데 그림 2.27과 달리 각 링크의 무게 중심점이 표시되어 있다. 주의할 점은 투영법의 모델은 DH법을 간략화한 것이므로 투영법의 링크 무게 M_i, $1 \le i \le 12$는 표 3.1의 값들로부터 다음과 같은 관계를 가진다.

$$\begin{gathered}M_1 = m_1 + m_2, M_2 = m_3 + m_4 + m_5, M_4 = m_6, M_6 = m_7 + m_8 + m_9, M_7 = m_{10} + m_{11}, \\ M_8 = m_{12}, M_9 = m_{14} + m_{15}, M_{10} = m_{16}, M_{11} = M_9, M_{12} = M_{10}\end{gathered} \quad (3.174)$$

투영법으로 ZMP를 계산할 때는 식 (3.163)과 (3.164)는 식 (3.174)를 적용해서 다음과 같이 수정되어야 한다.

$$X_{ZMP} = \frac{\sum_{i=1}^{12} M_i (\ddot{Z}_{im} + g) X_{im} - \sum_{i=1}^{12} M_i \ddot{X}_{im} Z_{im}}{\sum_{i=1}^{12} M_i (\ddot{Z}_{im} + g)} \quad (3.175)$$

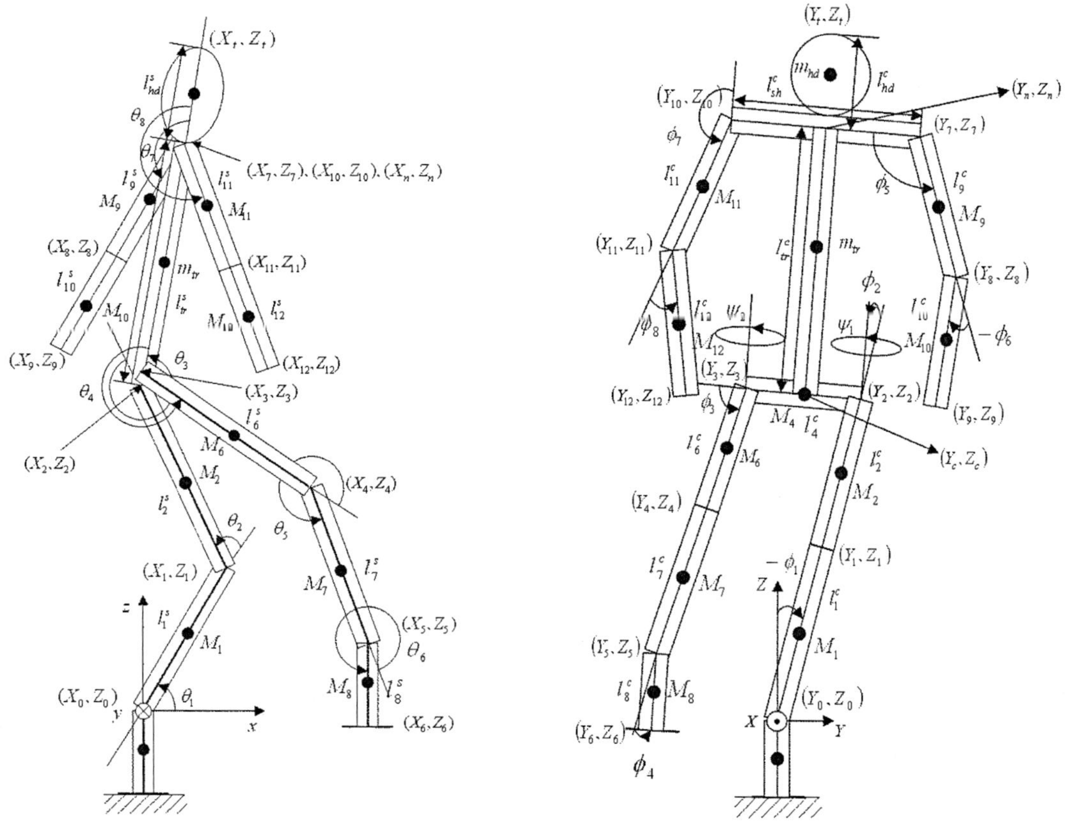

그림 3.11 왼발 지지 시 링크 무게 중심점이 표시된 휴머노이드 로봇의 투영법 모델

$$Y_{ZMP} = \frac{\sum_{i=1}^{12} M_i\left(\ddot{Z}_{im}+g\right)Y_{im} - \sum_{i=1}^{12} M_i \ddot{Y}_{im} Z_{im}}{\sum_{i=1}^{12} M_i\left(\ddot{Z}_{im}+g\right)} \tag{3.176}$$

<코드 3.3>은 func_robot_motion_pb.m 파일에서 식 (3.114)~(3.116)의 2차 미분식과 ZMP를 구하는 루틴을 나타낸다. 5장에서 보행과 모션 시뮬레이션을 수행할 때 ZMP를 이용해서 자세나 모션의 안정도를 측정하는 방법을 알아보고, Matlab으로 계산한 결과를 활용할 것이다.

```
function y = func_robot_motion_pb(link, mass, sf, sp, th, th_1d, th_2d, phi, phi_1d, phi_2d, psi, fig_no,
sim_type, flags)
        ⋮
% 코드 2.6과 같음
        ⋮
p1_2d = l1*[sign(cos(phi1))*A_cc([phi1 phi1_1d phi1_2d], [th1 th1_1d th1_2d]);
          -sign(sin(th1))*A_ss([phi1 phi1_1d phi1_2d], [th1 th1_1d th1_2d]);
          sign(cos(phi1))*A_cs([phi1 phi1_1d phi1_2d], [th1 th1_1d th1_2d])];
p2_2d = p1_2d + l2*[sign(cos(phi1))*A_cc([phi1 phi1_1d phi1_2d], [th12 th12_1d th12_2d]);
          -sign(sin(th12))*A_ss([phi1 phi1_1d phi1_2d], [th12, th12_1d, th12_2d]);
          sign(cos(phi1))*A_cs([phi1 phi1_1d phi1_2d], [th12, th12_1d, th12_2d])];
if strcmp(sf, 'LEFT_BASE' )
   p3_2d = p2_2d + l4*[sign(cos(phi12+pi/2))*A_cc([phi12+pi/2  phi12_1d  phi12_2d],  [th123
     th123_1d th123_2d]);   -A_s([phi12+pi/2  phi12_1d  phi12_2d]);
     sign(cos(phi12+pi/2))*A_cs([phi12+pi/2  phi12_1d  phi12_2d],  [th123 th123_1d th123_2d])];
   p4_2d = p3_2d + l6*[sign(cos(phi123+pi/2))*A_cc([phi123+pi/2 phi123_1d phi123_2d], [th1234,
     th1234_1d, th1234_2d]);  -sign(sin(th1234))*A_ss([phi123+pi/2 phi123_1d phi123_2d], [th1234,
     th1234_1d, th1234_2d]);  sign(cos(phi123+pi/2))*A_cs([phi123+pi/2 phi123_1d phi123_2d],
     [th1234, th1234_1d, th1234_2d])];
   p5_2d = p4_2d + l7*[sign(cos(phi123+pi/2))*A_cc([phi123+pi/2 phi123_1d phi123_2d], [th12345,
     th12345_1d, th12345_2d]);  -sign(sin(th12345))*A_ss([phi123+pi/2 phi123_1d phi123_2d],
     [th12345, th12345_1d, th12345_2d]);  sign(cos(phi123+pi/2))*A_cs([phi123+pi/2 phi123_1d
     phi123_2d], [th12345, th12345_1d, th12345_2d])];
   p6_2d = p5_2d + l8*[sign(cos(phi1234+pi/2))*A_cc([phi1234+pi/2 phi1234_1d phi1234_2d],
     [th123456, th123456_1d, th123456_2d]);  -sign(sin(th123456))*A_ss([phi1234+pi/2 phi1234_1d
     phi1234_2d], [th123456, th123456_1d, th123456_2d]);
     sign(cos(phi1234+pi/2))*A_cs([phi1234+pi/2 phi1234_1d phi1234_2d], [th123456, th123456_1d,
     th123456_2d])];
   elseif strcmp(sf, 'RIGHT_BASE' )
   p3_2d = p2_2d + l4*[sign(cos(phi12-pi/2))*A_cc([phi12-pi/2  phi12_1d  phi12_2d],  [th123 th123_1d
     th123_2d]);   -A_s([phi12-pi/2  phi12_1d  phi12_2d]);   sign(cos(phi12-pi/2))*A_cs([phi12-pi/2
     phi12_1d  phi12_2d],  [th123 th123_1d th123_2d])];
   p4_2d = p3_2d + l6*[sign(cos(phi123-pi/2))*A_cc([phi123-pi/2 phi123_1d phi123_2d], [th1234,
     th1234_1d, th1234_2d]); -sign(sin(th1234))*A_ss([phi123-pi/2 phi123_1d phi123_2d], [th1234,
     th1234_1d, th1234_2d]);  sign(cos(phi123-pi/2))*A_cs([phi123-pi/2 phi123_1d phi123_2d],
     [th1234, th1234_1d, th1234_2d])];
   p5_2d = p4_2d + l7*[sign(cos(phi123-pi/2))*A_cc([phi123-pi/2 phi123_1d phi123_2d], [th12345,
     th12345_1d, th12345_2d]); -sign(sin(th12345))*A_ss([phi123-pi/2 phi123_1d phi123_2d],
     [th12345, th12345_1d, th12345_2d]);  sign(cos(phi123-pi/2))*A_cs([phi123-pi/2 phi123_1d
     phi123_2d], [th12345, th12345_1d, th12345_2d])];
```

```
    p6_2d = p5_2d + l8*[sign(cos(phi1234-pi/2))*A_cc([phi1234-pi/2 phi1234_1d phi1234_2d],
      [th123456, th123456_1d, th123456_2d]);  -sign(sin(th123456))*A_ss([phi1234-pi/2 phi1234_1d
      phi1234_2d], [th123456, th123456_1d, th123456_2d]);  sign(cos(phi1234-pi/2))*A_cs([phi1234-
      pi/2 phi1234_1d phi1234_2d], [th123456, th123456_1d, th123456_2d])];
end
pc_2d = (p2_2d + p3_2d)/2;
pn_2d = pc_2d + l_tr*[sign(cos(phi12))*A_cc([phi12 phi12_1d phi12_2d], [th123 th123_1d th123_2d]);
                     -sign(sin(th123))*A_ss([phi12 phi12_1d phi12_2d], [th123 th123_1d th123_2d]);
                     sign(cos(phi12))*A_cc([phi12 phi12_1d phi12_2d], [th123 th123_1d th123_2d])];
pt_2d = pn_2d + l_hd*[sign(cos(phi12))*A_cc([phi12 phi12_1d phi12_2d], [th123 th123_1d th123_2d]);
                     -sign(sin(th123))*A_ss([phi12 phi12_1d phi12_2d], [th123 th123_1d th123_2d]);
                     sign(cos(phi12))*A_cs([phi12 phi12_1d phi12_2d], [th123 th123_1d th123_2d])];
p7_2d = pn_2d + l_sh/2*[0;   A_s([phi12+pi/2  phi12_1d  phi12_2d]);   A_s([phi12  phi12_1d
                     phi12_2d])];
p8_2d = p7_2d + l9*[sign(cos(phi125))*A_cc([phi125 phi125_1d phi125_2d], [th1237 th1237_1d
                     th1237_2d]);
                     -sign(sin(th1237))*A_ss([phi125+pi/2 phi125_1d phi125_2d], [th1237 th1237_1d
                     th1237_2d]);
                     sign(cos(phi125))*A_cs([phi125 phi125_1d phi125_2d], [th1237 th1237_1d
                     th1237_2d])];
p9_2d = p8_2d + l10*[sign(cos(phi1256))*A_cc([phi1256 phi1256_1d phi1256_2d], [th1237 th1237_1d
                     th1237_2d]);
                     -sign(sin(th1237))*A_ss([phi1256+pi/2  phi1256_1d  phi1256_2d], [th1237
                     th1237_1d th1237_2d]);
                     sign(cos(phi1256))*A_cs([phi1256 phi1256_1d phi1256_2d], [th1237 th1237_1d
                     th1237_2d])];
p10_2d = pn_2d + l_sh/2*[0;  -A_s([phi12+pi/2  phi12_1d  phi12_2d]);  -A_s([phi12  phi12_1d
                     phi12_2d])];
p11_2d = p10_2d + l11*[sign(cos(phi127))*A_cc([phi127, phi127_1d, phi127_2d], [th1238 th1238_1d
                     th1238_2d]);
                     -sign(sin(th1238))*A_ss([phi127  phi127_1d  phi127_2d], [th1238 th1238_1d
                     th1238_2d]);
                     sign(cos(phi127))*A_cs([phi127 phi127_1d phi127_2d], [th1238 th1238_1d
                     th1238_2d])];
p12_2d = p11_2d + l12*[sign(cos(phi1278))*A_cc([phi1278 phi1278_1d phi1278_2d], [th1238
                     th1238_1d th1238_2d]); -sign(sin(th1238))*A_ss([phi1278 phi1278_1d
                     phi1278_2d],  [th1238 th1238_1d th1238_2d]);  sign(cos(phi1278))*A_cs([phi1278
                     phi1278_1d phi1278_2d], [th1238 th1238_1d th1238_2d])];

% 링크 무게 중심점 좌표
```

```
c1 = (p0 + p1)/2;
c2 = (p1 + p2)/2;
c3 = (p2 + p3)/2;            % 상체(toruso)의 중심점
c4 = (p3 + p4)/2;
c5 = (p4 + p5)/2;
c6 = (p5 + p6)/2;
ctr = (pc + pn)/2;           % 상체 몸통 부분의 무게 중심점(팔과 머리 제외)
c8 = (p7 + p8)/2;
c9 = (p8 + p9)/2;
c11 = (p10 + p11)/2;
c12 = (p11 + p12)/2;
chd = (pn + pt)/2;           % 머리 부분의 무게 중심점(팔과 머리 제외)

% 링크의 무게 중심점의 가속도 좌표
c1_2d = (p1_2d)/2;
c2_2d = (p1_2d + p2_2d)/2;
c3_2d = (p2_2d + p3_2d)/2;
c4_2d = (p3_2d + p4_2d)/2;
c5_2d = (p4_2d + p5_2d)/2;
c6_2d = (p5_2d + p6_2d)/2;
ctr_2d = (pc_2d + pn_2d)/2;          % 상체 몸통 부분의 무게 중심점(팔과 머리 제외)
c8_2d = (p7_2d + p7_2d)/2;
c9_2d = (p8_2d + p9_2d)/2;
c11_2d = (p10_2d + p11_2d)/2;
c12_2d = (p11_2d + p12_2d)/2;
chd_2d = (pn_2d + pt_2d)/2;          % 머리 부분의 무게 중심점(팔과 머리 제외)

% zmp의 x좌표
zmp_x = m1*(c1_2d(3)+g)*c1(1) + m2*(c2_2d(3)+g)*c2(1) + m4*(c3_2d(3)+g)*c3(1) +
    m6*(c4_2d(3)+g)*c4(1) + m7*(c5_2d(3)+g)*c5(1) + m8*(c6_2d(3)+g)*c6(1);
zmp_x = zmp_x + m9*(c8_2d(3)+g)*c8(1) + m10*(c9_2d(3)+g)*c9(1) + m11*(c11_2d(3)+g)*c11(1) +
    m12*(c12_2d(3)+g)*c12(1) + m_tr*(ctr_2d(3)+g)*ctr(1) + m_hd*(chd_2d(3)+g)*chd(1);
zmp_x = zmp_x - m1*c1_2d(1)*c1(3) - m2*c2_2d(1)*c2(3) - m4*c3_2d(1)*c3(3) - m6*c4_2d(1)*c4(3) -
    m7*c5_2d(1)*c5(3) - m8*c6_2d(1)*c6(3);
zmp_x = zmp_x - m9*c8_2d(1)*c8(3) - m10*c9_2d(1)*c9(3) - m11*c11_2d(1)*c11(3) -
    m12*c12_2d(1)*c12(3) - m_tr*ctr_2d(1)*ctr(3) - m_hd*chd_2d(1)*chd(3);
zmp_x = zmp_x/(m1*(c1_2d(3)+g) + m2*(c2_2d(3)+g) + m4*(c3_2d(3)+g) + m6*(c4_2d(3)+g) +
    m7*(c5_2d(3)+g) + m8*(c6_2d(3)+g)  + m9*(c8_2d(3)+g) + m10*(c9_2d(3)+g) + m11*(c11_2d(3)+g) +
    m12*(c12_2d(3)+g) + m_tr*(ctr_2d(3)+g) + m_hd*(chd_2d(3)+g));
% zmp의 y좌표
```

```
zmp_y = m1*(c1_2d(3)+g)*c1(2) + m2*(c2_2d(3)+g)*c2(2) + m4*(c3_2d(3)+g)*c3(2) +
    m6*(c4_2d(3)+g)*c4(2) + m7*(c5_2d(3)+g)*c5(2) + m8*(c6_2d(3)+g)*c6(2);
zmp_y = zmp_y + m9*(c8_2d(3)+g)*c8(2) + m10*(c9_2d(3)+g)*c9(2) + m11*(c11_2d(3)+g)*c11(2) +
    m12*(c12_2d(3)+g)*c12(2) + m_tr*(ctr_2d(3)+g)*ctr(2) + m_hd*(chd_2d(3)+g)*chd(2);
zmp_y = zmp_y - m1*c1_2d(2)*c1(3) - m2*c2_2d(2)*c2(3) - m4*c3_2d(2)*c3(3) - m6*c4_2d(2)*c4(3) -
    m7*c5_2d(2)*c5(3) - m8*c6_2d(2)*c6(3);
zmp_y = zmp_y - m9*c8_2d(2)*c8(3) - m10*c9_2d(2)*c9(3) - m11*c11_2d(2)*c11(3) -
    m12*c12_2d(2)*c12(3) - m_tr*ctr_2d(2)*ctr(3) - m_hd*chd_2d(2)*chd(3);
zmp_y = zmp_y/(m1*(c1_2d(3)+g) + m2*(c2_2d(3)+g) + m4*(c3_2d(3)+g) + m6*(c4_2d(3)+g) +
    m7*(c5_2d(3)+g) + m8*(c6_2d(3)+g) + m9*(c8_2d(3)+g) + m10*(c9_2d(3)+g) + m11*(c11_2d(3)+g) +
    m12*(c12_2d(3)+g) + m_tr*(ctr_2d(3)+g) + m_hd*(chd_2d(3)+g));
```

〈코드 3.3〉 func_robot_motion_pb.m 파일의 ZMP 계산 코드

Chapter 04

바이올로이드

4.1 바이올로이드 키트

이 책에서는 휴머노이드 로봇 플랫폼으로 ㈜로보티즈에서 개발 및 판매하고 있는 바이올로이드를 선정했다. 로보티즈사에서는 바이올로이드 이외에도 올로, 다이나믹셀, DARwIn-OP 등을 개발 및 판매하고 있다. 로보티즈사의 홈페이지 주소는 http://www.robotis.com이며 로봇 키트에 대한 자세한 소개와 e-매뉴얼 등의 기술지원, 각종 교육 프로그램, 자료실, 뉴스와 공지에 관한 정보들을 얻을 수 있다.

바이올로이드 키트에는 초급 키트와 종합 키트, 프리미엄 키트가 있다. 초

그림 4.1 로보티즈사 홈페이지 화면

급 키트는 4자유도 로봇까지 제작 가능한 키트이며 처음 로봇을 접하는 학생이나 일반인에게 적합하다. 종합 키트는 18자유도 로봇까지 제작할 수 있는 키트로서 초급 키트의 내용을 포함하고 있으며 총 26가지 로봇의 예제가 제공된다.

그림 4.2는 프리미엄 키트의 외관을 나타내며, 다음과 같은 사양을 가진다.

- 우수한 보행 성능의 휴머노이드 로봇 예제(보행 중 스스로 자세 보정)
- 자이로 센서, 절대 거리 센서, 적외선 센서 등 다양한 센서 탑재
- 무선 리모컨 포함(적외선통신 기본 내장, Zigbee/Bluetooth 추가 가능)
- C와 유사하며 동작 학습이 가능한 프로그래밍 소프트웨어인 로보플러스(RoboPlus) 제공
- 특수 디자인된 반투명의 휴머노이드 전용 스킨 장착
- 디지털 패킷(packet)통신, Daisy Chain으로 간단한 배선 정리
- 만능 결합 구조로 다양한 형태의 로봇을 손쉽게 제작 가능

바이올로이드의 하드웨어와 소프트웨어에 대한 자세한 정보는 홈페이지 상단의 'SUPPORT(기술지원)' 버튼을 누르면 첫 번째 메뉴에 보이는 'e-매뉴얼' 속에 담겨 있다. 이 버튼을 누르면 그림 4.3과 같은 웹 페이지가 뜨며, 이 책이 작성된 2012년 7월 현재 e-매뉴얼의 버전은 v1.13.00이다.

그림 4.2 바이올로이드 프리미엄 키트

그림 4.3 e-매뉴얼 페이지(버전 v1.13.00)

바이올로이드 프리미엄 키트에 대한 상세한 내용을 알기 위해 왼쪽 메뉴 중 세 번째에 있는 '제품 설명서'를 선택하면 하위 메뉴 중 두 번째에 '바이올로이드' 버튼이 보이며, 하위 메뉴 중 '프리미엄' 버튼을 선택하여 읽어보면 된다. 자세한 내용은 e-매뉴얼을 읽어보면 알 수 있으므로 주요 내용만을 이 책에서 설명한다.

[프리미엄 키트-시작하기-부품리스트]를 선택하면 페이지 하단에 다음과 같은 항목들이 보인다.

- CM-530
- AX-12A
- 거리 센서

- 적외선 센서
- 자이로 센서
- USB2Dynamixel

먼저 바이올로이드 키트의 주 제어기인 CM-530에 대해 알아보자. 그림 4.4는 CM-530의 각부 명칭을 나타내며, 제어기와 PC의 시리얼 통신을 위해 PC의 USB 포트에 USB 케이블로 연결하기 위한 mini USB 연결잭, ZIG-110A / BT-110A(Zigbee / Bluetooth 통신을 이용하여 모듈끼리 시리얼 통신(UART)을 가능하게 해 주는 부품)나 적외선 수신기 등의 무선 통신용 모듈을 위해 사용되는 통신장치 연결 포트, 배터리 사용 시 연결하는 배터리 소켓, 전원 공급기(SMPS)의 전원 잭을 연결하는 소켓인 전원 잭, CM-530의 동작 모드를 변경하기 위한 버튼인 MODE 버튼, 선택된 모드를 실행하기 위한 START 버튼, 프로그램 동작 중 사용자의 명령을 입력하는 수단으로 사용되

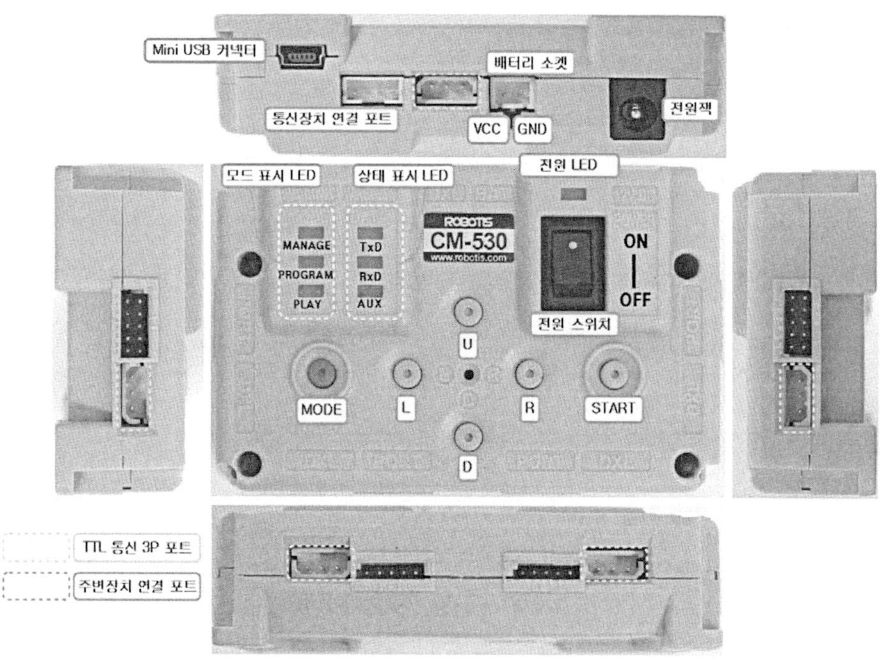

그림 4.4 CM-530 각부 명칭

는 U/L/D/R 방향 버튼, DMS(절대 거리 센서)나 접촉 센서 또는 적외선 센서 등의 주변장치를 연결하기 위한 주변장치 연결 포트가 있음을 볼 수 있다. CM-530의 현재 동작 모드를 나타내는 세 가지 모드 표시 LED가 알려주는 내용은 다음과 같다.

- MANAGE: 다이나믹셀 관리 모드가 실행 중임을 나타낸다. 로보플러스 매니저와 CM-530이 연결되었을 때 자동으로 실행되며, 로보플러스 매니저를 이용하여 CM-530이나 다이나믹셀의 동작을 설정하거나 테스트 중임을 알린다.
- PROGRAM: 모션 편집 모드가 실행 중임을 나타낸다. 로보플러스 매니저와 CM-530이 연결되었을 때 자동으로 실행되며, RoboPlus Motion을 이용하여 바이올로이드의 모션이 편집 중임을 알린다.
- PLAY: 태스크 코드 모드가 실행 중임을 나타낸다. RoboPlus Task를 이용하여 작성한 코드를 CM-530에 다운로드한 뒤에 사용하며, PLAY LED가 깜빡거릴때 사용자가 직접 START 버튼을 눌러서 실행시켜야 한다.

그리고 상태표시 LED는 CM-530의 현재 동작 상태를 나타내며 다음의 정보를 사용자에게 알린다.

- TxD: CM-530이 외부로 데이터를 송신하고 있다.
- RxD: CM-530이 외부로부터 데이터를 수신하고 있다.
- AUX: 사용자가 프로그램에서 태스크 코드를 이용하여 켜거나 끌 수 있도록 할당되어 있다.

바이올로이드에 전원을 연결시킨 모습은 그림 4.5와 같다.
전원을 연결시킨 이후에 바이올로이드를 동작시키는 순서는 다음과 같다.

- 전원 켜기: POWER 스위치를 OFF에서 ON으로 변경하면 전원이 켜진다.

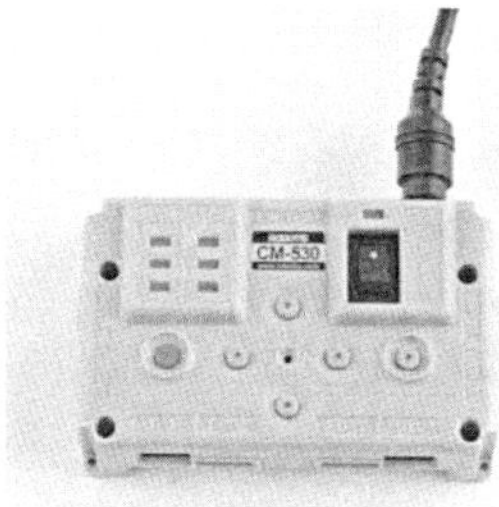

그림 4.5 바이올로이드의 전원부

- 시작: 로봇을 동작시키기 위해서는 MODE 버튼을 눌러서 PLAY LED가 깜박거리게 한 후 START 버튼을 눌러서 실행시킨다.
- 종료: 실행되고 있는 동작을 중단시키고 싶을 경우 MODE 버튼을 눌러서 다시 대기 모드 상태로 만들거나 전원 스위치로 전원을 OFF한다.

바이올로이드의 주 제어기인 CM-530의 주요 사양은 다음과 같다.

- 무게: 54g
- 프로세서: STM32F103RE(ARM 32-bit Cortex-M3)
- 동작 전압: 허용 범위는 6V~15V이며 권장 전압은 11.1V임(Li-PO 3cell)
- 소모 전류량: 대기 상태 시 50mA이며 외부 I/O 최대 전류는 0.3A, 전체 최대 전류는 10A(Fuse)
- 동작 온도: −5℃~70℃
- 내부 I/O장치: 5개의 버튼(Reset 1, Port 5)과 소리 감지를 위한 1개의 마이크, 1개의 전압 센서
- 외부 I/O장치: 올로와 호환이 가능한 5핀 I/O 포트 6개와 5개의 AX/MX Series 다이나믹셀 커넥터

CM-530 제어기는 임베디드 C를 이용해서 C언어로 제어할 수 있으며 코드에 관한 자세한 내용은 4.4절에서 설명될 것이다.

바이올로이드의 액추에이터 역할을 하는 다이나믹셀(AX-12A 모터)의 특

성과 사양에 대해 정리하면 다음과 같다.

- 무게: 53.5g
- 크기: 32mm50mm40mm
- 최소 제어각: 0.29°
- 기어비: 254 대 1
- 정지 토크(stall torque) : 1.5N.m (12V, 1.5A)
- 무부하 속도: 59rpm (12V)
- 동작 모드: 관절 모드 시 0°~300° 회전, 바퀴 모드 시 무한회전
- 동작 온도: −5℃~+70℃
- 사용 전압: 9~12V(권장 전압 11.1V)
- 명령 신호: 디지털 패킷
- 프로토콜 타입: Half duplex asynchronous serial communication (8bit, 1 stop, No Parity)
- 링크: TTL level multi drop(daisy chain 타입 커넥터)
- ID: 254 ID(0~253)
- 통신 속도: 7843bps~1 Mbps
- 피드백 신호: 위치, 온도, 부하, 입력 전압 등
- 소재: 엔지니어링 플라스틱
- 컴플라이언스(compliance): 모터의 제어의 유연성을 설정하는 것이며 그림 4.6은 위치 오차와 모터의 출력 관계를 나타낸다. 컴플라이언스 여유도와 기울기는 시계/반시계방향별로 존재한다. 컴플라이언스 여유도의 단위는 목표 위치와 같고 이 값이 클수록 유격이 많이 발생하고, 컴플라이언스 기울기는 <표 4.1>과 같이 총 7단계로 설정할 수 있다(높을수록 유연성이 높아짐).
- 목표 위치(goal position): 모터를 회전시키고자 하는 목표 각도 값으로서 0~1,023(0x3FF)까지 사용 가능하며 단위는 0.29°.

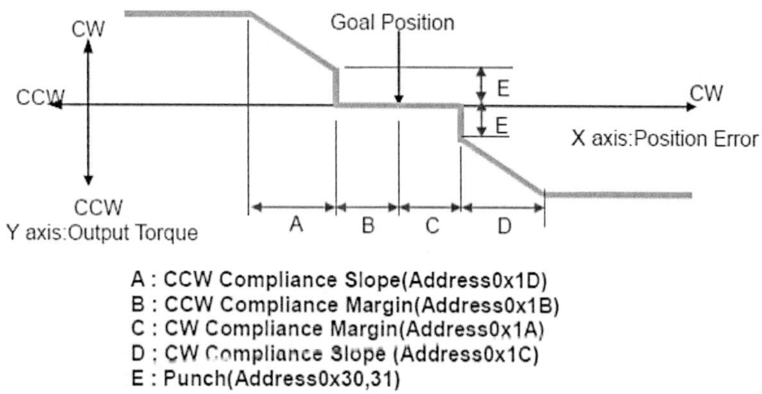

그림 4.6 위치 오차에 대한 컴플라이언스 여유도와 기울기 관계

〈표 4.1〉 컴플라이언스 기울기 관련 데이터 값

단계	데이터 값	데이터 대표 값
1	0 (0x00)~3 (0x03)	2 (0x02)
2	4 (0x04)~7 (0x07)	4 (0x04)
3	8 (0x08)~15 (0x0F)	8 (0x08)
4	16 (0x10)~31 (0x1F)	16 (0x10)
5	32 (0x20)~63 (0x3F)	32 (0x20)
6	64 (0x40)~127 (0x7F)	64 (0x40)
7	128 (0x80)~254 (0xFE)	128 (0x80)

- 회전 속도(moving speed): 목표 위치로 회전하는 속도. 0~1,023(0x3FF)까지 사용되며, 0으로 설정하면 속도 제어를 하지 않고 모터의 최대 rpm을 사용한다는 의미임. 단위는 약 0.111rpm이므로 1,023의 경우 약 114rpm임.
- 현재 위치(present position): 다이나믹셀의 현재 위치 값이며, 값의 범위는 0~1,023(0x3FF)이고 단위는 0.29°.

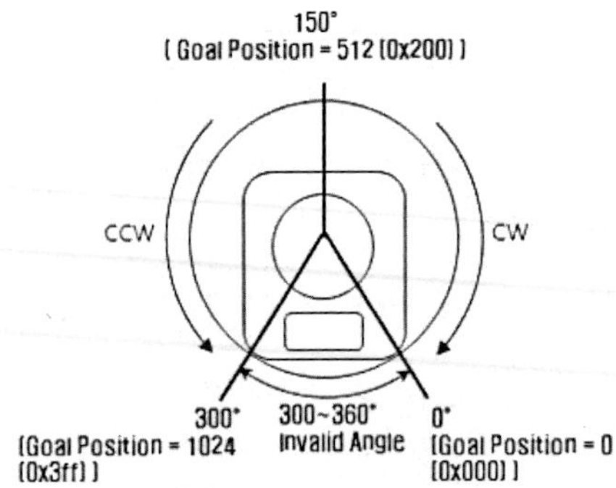

그림 4.7 AX-12+ 모터의 위치각 정의

- 현재 속도(present speed): 다이나믹셀의 현재 회전 속도이며, 속도값의 범위는 0~2,047(0x7FF). 0~1,023 범위의 값이면 CCW(반시계)방향으로 회전한다는 의미이며, 1,024~2,047 범위의 값이면 CW(시계)방향으로 회전한다는 의미이다. 관절 모드에서의 단위는 약 0.111rpm이며, 300으로 설정된 경우 CCW방향으로 약 33.3rpm으로 회전 중임을 나타낸다.
- 토크 제한(torque limit): 모터의 최대 출력 토크의 한계값으로서 0~1,023 (0x3FF)까지 사용 가능하며, 단위는 약 0.1%임. 예를 들어, 값이 512이면 최대 출력 대비 약 50%의 토크만 사용하겠다는 의미이다.
- 현재 하중(present load): 모터에 현재 가해지고 있는 하중. 이 값의 범위는 0~2,047이며, 단위는 약 0.1%. 0~1,023 범위의 값은 반시계방향으로 하중이 가해지고 있다는 의미이고, 1,024~2,047 범위의 값은 시계방향으로 하중이 가해지고 있다는 의미이다. 예를 들어, 값이 512이면 해당 모터에 현재 반시계방향으로 최대 출력 대비 약 50%로 하중이 감지된다는 것을 의미한다.

<표 4.2>는 다이나믹셀의 현재 상태와 구동에 관한 데이터로 구성되어 있는 제어 테이블을 나타낸다. 사용자는 명령 패킷을 통해 제어 테이블의 데이터를 변경하는 방식으로 다이나믹셀을 제어할 수 있다. RAM 영역의 데이

터는 전원이 인가될 때마다 초기값으로 설정되지만 EEPROM 영역의 데이터는 한 번 설정하면 전원이 꺼져도 그 값이 보존되는 특성이 있으므로 공장 출하값이 저장되어 있다. 다이나믹셀 데이터의 접근 방식에는 주로 센싱용으로 사용되는 읽기 전용(R) 방식과 구동을 위해 읽고 쓰기가 가능한(RW) 방식이 있다. 각 주소가 갖는 의미에 대한 자세한 설명은 e-매뉴얼을 참고하

〈표 4.2〉 다이나믹셀의 제어 테이블(바이트 단위)

영역	주소 (16진수)	명칭	의미	접근	초기값(16진수)
EPROM	0 (0x00)	Model Number(L)	모델 번호의 하위 바이트	R	12 (0x0C)
	1 (0x01)	Model Number(H)	모델 번호의 상위 바이트	R	0 (0x00)
	2 (0x02)	Version of Firmware	펌웨어 버전 정보	R	-
	3 (0x03)	ID	다이나믹셀 ID	RW	1 (0x01)
	4 (0x04)	Baud Rate	다이나믹셀 통신 속도	RW	1 (0x01)
	5 (0x05)	Return Delay Time	응답 지연 시간	RW	250 (0xFA)
	6 (0x06)	CW Angle Limit(L)	시계방향 한계	RW	0 (0x00)
	7 (0x07)	CW Angle Limit(H)	각도 값의 하위 바이트 시계방향 한계	RW	0 (0x00)
	8 (0x08)	CCW Angle Limit(L)	각도 값의 상위 바이트 반시계방향 한계	RW	255 (0xFF)
			각도 값의 하위 바이트		
	9 (0x09)	CCW Angle Limit(H)	반시계방향 한계 각도 값의 상위 바이트	RW	3 (0x03)
	11 (0x0B)	Highest Limit Temperature	내부 한계 온도	RW	70 (0x46)
	12 (0x0C)	Lowest Limit Voltage	최저 한계 전압	RW	60 (0x3C)
	13 (0x0D)	Highest Limit Voltage	최고 한계 전압	RW	140 (0xBE)
	14 (0x0E)	Max Torque(L)	토크 한계 값의 상위 바이트	RW	255 (0xFF)
	15 (0x0F)	Max Torque(H)	토크 한계 값의 하위 바이트	RW	3 (0x03)
	16 (0x10)	Status Return Level	응답 레벨	RW	2 (0x02)
	17 (0x11)	Alarm LED	알람용 LED 기능	RW	36 (0x24)
	18 (0x12)	Alarm Shutdown	알람용 셧다운 기능	RW	36 (0x24)

〈표 4.2〉 다이나믹셀의 제어 테이블(바이트 단위) (계속)

영역	주소 (16진수)	명칭	의미	접근	초기값(16진수)
RAM	24 (0x18)	Torque Enable	토크 On/Off	RW	0 (0x00)
	25 (0x19)	LED	LED On/Off	RW	0 (0x00)
	26 (0x1A)	CW Compliance Margin	시계방향 컴플라이언스 여유	RW	1 (0x01)
	27 (0x1B)	CCW Compliance Margin	반시계방향 컴플라이언스 여유	RW	1 (0x01)
	28 (0x1C)	CW Compliance Slope	시계방향 컴플라이언스 기울기	RW	32 (0x20)
	29 (0x1D)	CCW Compliance Slope	반시계방향 컴플라이언스 기울기	RW	32 (0x20)
	30 (0x1E)	Goal Position(L)	목표 위치 값의 하위 바이트	RW	-
	31 (0x1F)	Goal Position(H)	목표 위치 값의 상위 바이트	RW	-
	32 (0x20)	Moving Speed(L)	목표 속도 값의 하위 바이트	RW	-
	33 (0x21)	Moving Speed(H)	목표 속도 값의 상위 바이트	RW	-
	34 (0x22)	Torque Limit(L)	토크 한계 값의 하위 바이트	RW	ADD14
	35 (0x23)	Torque Limit(H)	토크 한계 값의 상위 바이트	RW	ADD15
	36 (0x24)	Present Position(L)	현재 위치 값의 하위 바이트	R	-
	37 (0x25)	Present Position(H)	현재 위치 값의 상위 바이트	R	-
	38 (0x26)	Present Speed(L)	현재 속도 값의 하위 바이트	R	-
	39 (0x27)	Present Speed(H)	현재 속도 값의 상위 바이트	R	-
	40 (0x28)	Present Load(L)	현재 하중 값의 하위 바이트	R	-
	41 (0x29)	Present Load(H)	현재 하중 값의 상위 바이트	R	-
	42 (0x2A)	Present Voltage	현재 전압	R	-
	43 (0x2B)	Present Temperature	현재 온도	R	-
	44 (0x2C)	Registered	명령의 등록 여부	R	0 (0x00)
	46 (0x2E)	Moving	움직임 유무	R	0 (0x00)
	47 (0x2F)	Lock	EEPROM 잠금	RW	0 (0x00)
	48 (0x30)	Punch(L)	펀치 값의 하위 바이트	RW	32 (0x20)
	49 (0x31)	Punch(H)	펀치 값의 상위 바이트	RW	0 (0x00)

기 바란다.

제어 테이블에서 명칭이 같지만 L(Low)과 H(High)가 뒤에 붙어서 주소가 구분되어 있는 것들이 있다. 이것은 16비트가 요구되는 데이터를 8비트씩 각 주소(low, High)에 나누어 표현한 것으로서 이 2개의 주소는 하나의 명령 패킷으로 동시에 쓰기가 되어야 한다.

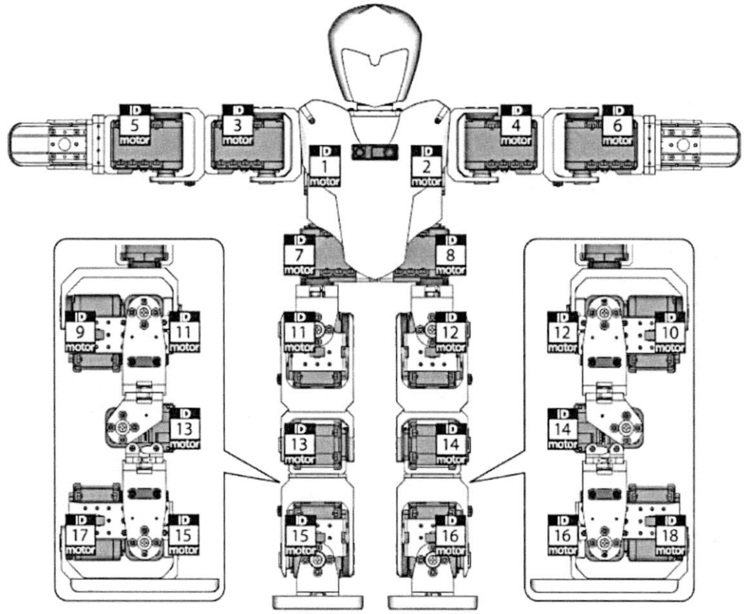

그림 4.8 바이올로이드 휴머노이드를 구성하는 AX-12A 모터의 위치별 ID

바이올로이드는 전신에 총 18개의 AX-12A 모터들이 관절에 장착되어 있으며, 각 관절 모터의 ID는 그림 4.8과 같이 할당되어 있다. 다음 절에서 배우겠지만 로보플러스 매니저를 사용하면 각 모터의 현재 설정 값들과 센서 값들을 한 눈에 볼 수 있다. 그림 4.9는 바이올로이드가 직립해 있을 때 오른쪽 다리의 무릎 관절에 위치한 ID-13 모터의 특성값을 보인 것이다. 현재 위치가 435임을 로보플러스 매니저를 통해 알 수 있다.

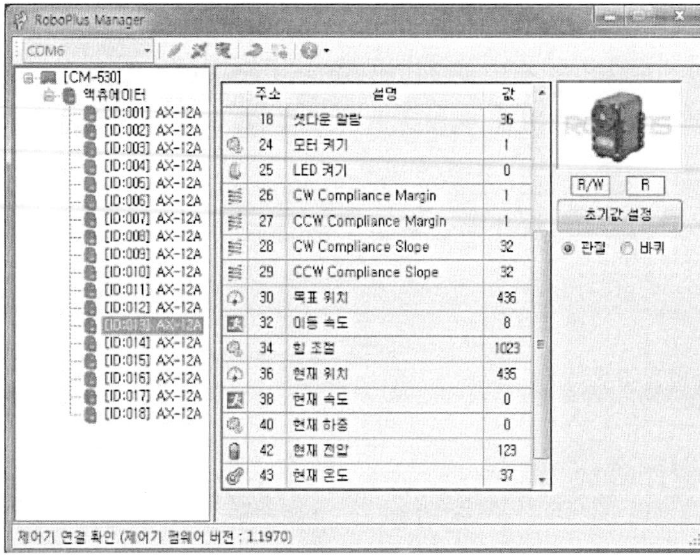

그림 4.9 오른쪽 다리의 무릎 관절인 ID-13 모터의 특성값

4.2 로보플러스

로보플러스는 모든 로보티즈 제품을 프로그래밍할 수 있는 통합 소프트웨어이며 로보티즈 홈페이지 자료실에서 다운로드할 수 있다. 먼저 회사 웹사이트의 [SUPPORT>다운로드] 페이지로 들어가서 RoboPlus의 최신 버전을 다운로드 받은 후 여러분의 컴퓨터에 설치해 보자. 2012년 8월 현재 다운로드 받은 버전은 '로보플러스 v1.0.28.0'이며 웹에서 다운로드받거나 http://office.ucloud.com의 My ucloud/게스트폴더의 code\robotis code 디렉터리의 RoboPlusWeb(v1.0.28.0).exe 파일을 실행시키면 다음 창이 뜬다.

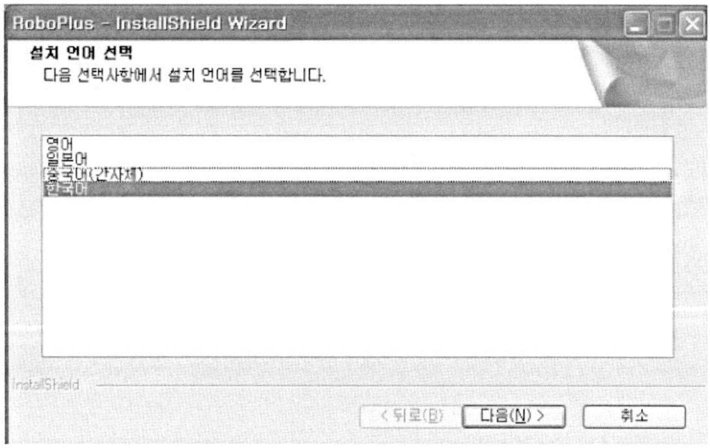

설치 언어로 '한국어'를 선택하면 아래와 같이 설치 마법사 창이 뜬다.

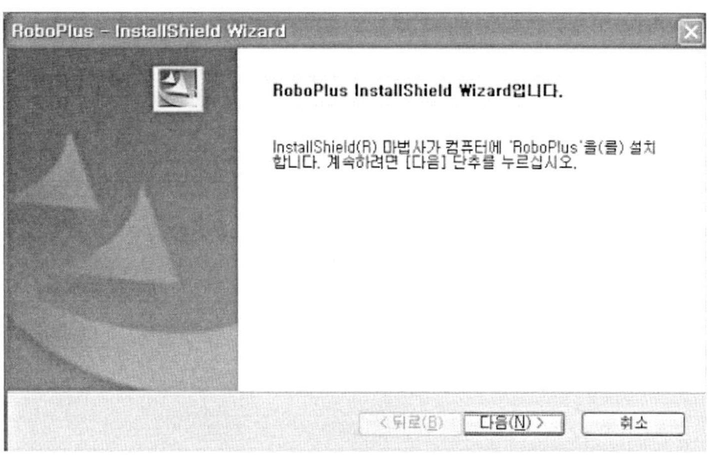

'다음' 버튼을 누르면 다음과 같이 사용권 계약에 관한 창이 뜨는데, 사용권 계약에 동의하고 '다음' 버튼을 누른다.

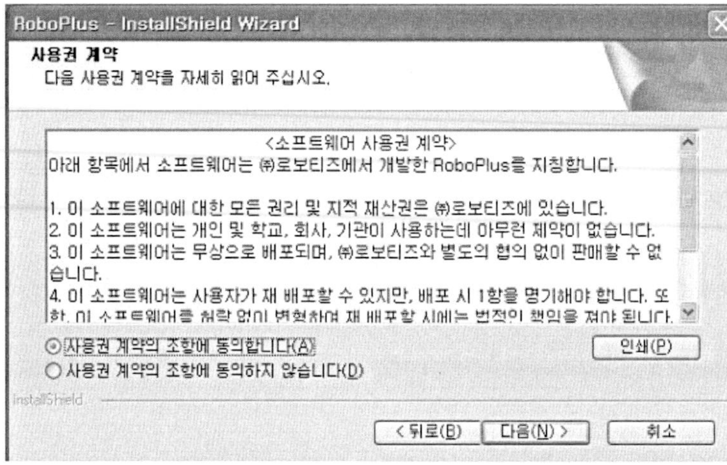

그 다음으로 RoboPlus의 프로그램들이 저장되는 디렉터리 위치를 묻는 창이 뜨는데 '다음' 버튼을 누름으로써 권장 설치 위치에 저장한다.

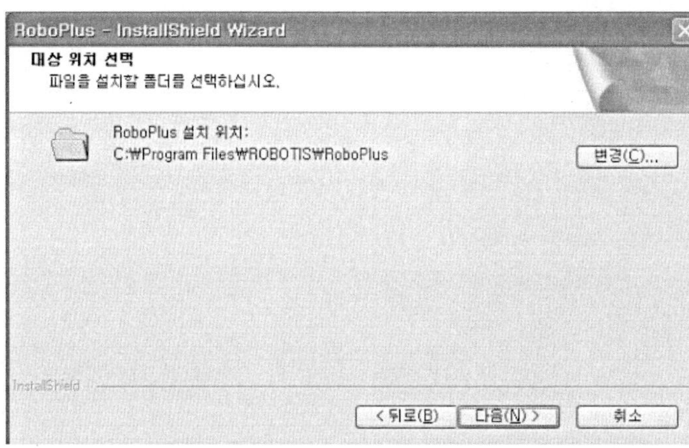

다음과 같이 설치를 시작하는 창이 뜨고 '설치' 를 누르면 설치작업이 완료된다.

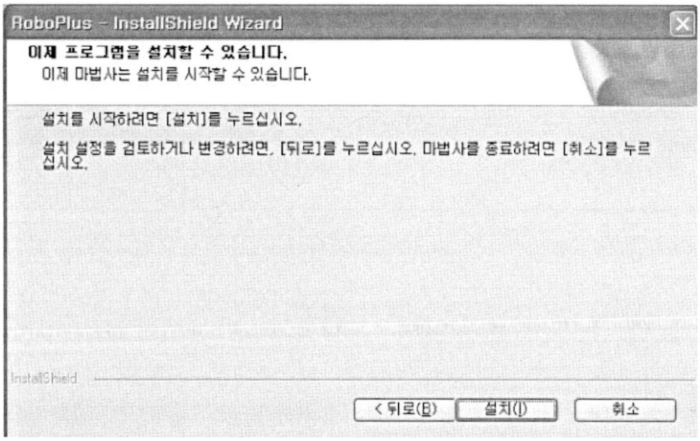

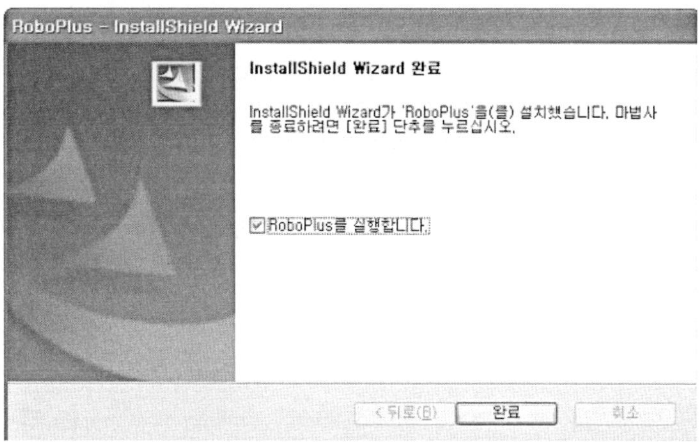

설치가 모두 완료되고 RoboPlus 실행이 체크된 채로 '완료' 버튼을 누르면 다음과 같이 RoboPlus 창이 뜨고, '올로/바이올로이드/전문가' 탭이 보인다. 이 책에서는 로봇의 동작 생성을 위해 각 모터 별로 프로그래밍하고 제어하기 때문에 'RoboPlus Terminal'과 'Dynamixel Wizard' 기능이 있는 '전문가' 탭을 눌러서 선택한다.

로보플러스는 다음과 같이 로보플러스 태스크, 매니저, 모션, 터미널로 구성되어 있다.

- 로보플러스 태스크(RoboPlus Task): 로봇을 작동시키는 프로그램을 만들고 다운로드할 수 있는 소프트웨어. 로보플러스에서는 어떤 일을 처리하기 위한 행동들의 집합을 태스크(Task)라고 하며, 로봇이 해야 할 태스크를 프로그래밍한 소스를 태스크 코드(Task Code)라고 한다. 로봇은 사용자가 작성한 태스크 코드에 따라 동작하게 되며, 이러한 태스크 코드를 쉽게 작성할 수 있도록 도와주는 것이 로보플러스 태스크 프로그램이다. 태스크 코드 파일은 PC에서 .tsk라는 확장자를 가지며 다음과 같이 다양한 명령어와 편집 기능을 갖추고 있다.
  - 명령어: 프로그램 시작, 프로그램 강제 종료, 구간 시작/끝, 주석이나 메모, 계산, 로드, 레이블/점프, 만약/아니면, 무조건 반복, 조건 반복, 횟수 반복, 반복 끝내기, 조건 대기, 함수 강제 종료, 함수 만들기/호출, 콜백함수

- 편집 기능: 여러 줄 선택, 줄 삽입, 줄 지우기, 줄 활성/비활성, 복사/잘라내기/붙여넣기, 이름 찾기.

다음은 태스크 프로그램의 한 예를 나타낸다. C언어를 프로그래밍할 수 있다면 직관적으로 쉽게 코딩할 수 있으므로 여러 가지 기능을 활용해서 자신만의 태스크 프로그램을 짜보자.

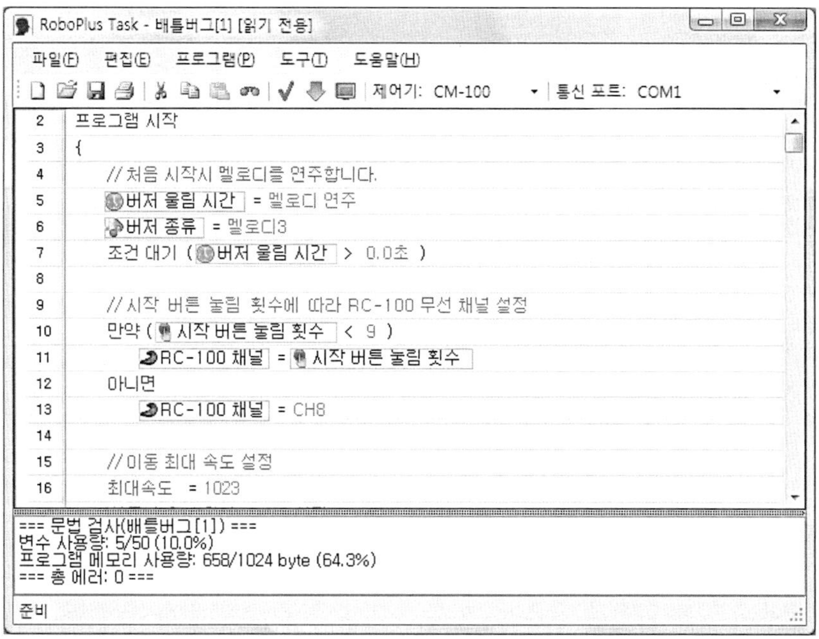

- 로보플러스 매니저(RoboPlus Manager): 로봇 구성장치를 설정하거나 관리할 수 있는 소프트웨어이며 이 프로그램의 주요 역할은 제어기 펌웨어 관리(업데이트 및 복구), 제어기 및 주변장치의 상태 점검(테스트), 제어기의 모드 설정(설정 기능)이다. 다음은 로보플러스 매니저 화면으로 CM-530의 상태를 점검한 예이다.

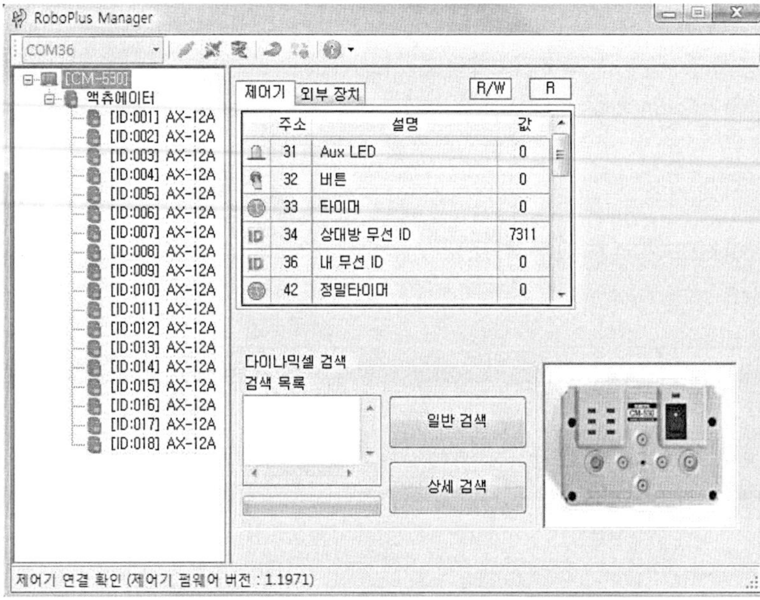

- 로보플러스 모션(RoboPlus Motion): 로봇의 모션을 만들거나 다운로드 할 수 있는 소프트웨어. 로보플러스에서 모션이란 로봇이 특정한 행동을 하기 위해 필요한 관절별 모터의 각도와 속도 데이터들의 집합을 의미한다. 바이올로이드가 어떤 동작을 하기 위해서는 모션 파일이 필요하며, 조립된 로봇에 맞는 모션 파일(확장자가 .mtn)을 다운로드해야 한다. 태스크 코드 파일이 프로그램이라면 모션 파일은 데이터에 해당되므로, 모션 생성 시 태스크 코드와 함께 모션 파일을 반드시 다운로드해야 한다. 다음은 모션 페이지의 예를 나타낸다.

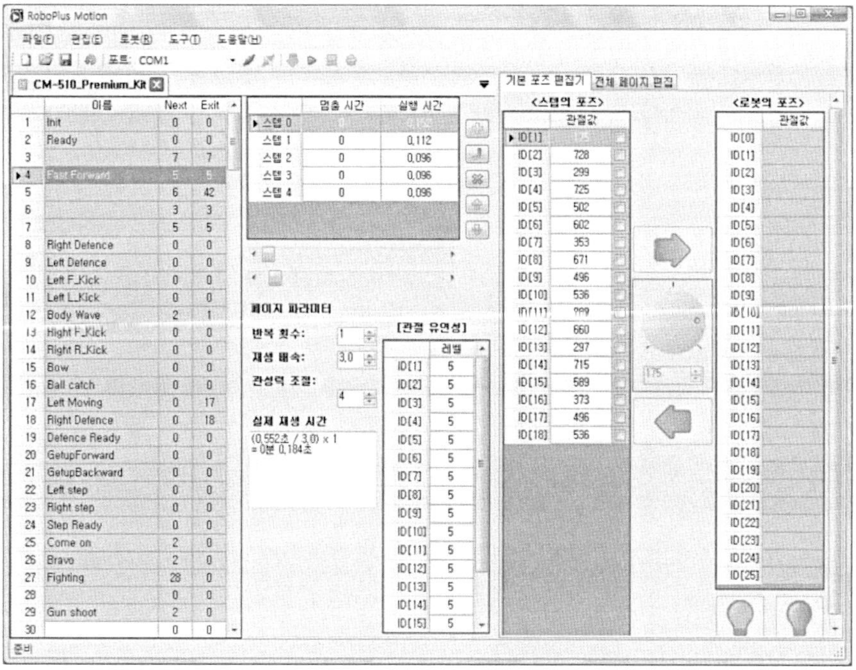

● 로보플러스 터미널(RoboPlus Terminal): 텍스트 기반 사용자 인터페이스로서 제어기를 관리할 수 있는 도구. 터미널 프로그램은 ASCII 코드를 기반으로 제어기와 통신을 하며, 사용자에게 제어기로부터 전송되는 여러 가지 정보를 출력한다. 다음은 로보플러스 터미널을 실행시켰을 때의 초기 화면을 나타낸다.

- 다이나믹셀 마법사(Dynamixel Wizard): PC에서 직접 다이나믹셀의 세부 기능을 보고 설정할 수 있는 프로그램. 주요 기능으로는 다이나믹셀의 펌웨어를 관리하고, 다이나믹셀의 상태를 점검하며, 사용에 필요한 모드 등을 설정할 수 있다. 다음은 마법사를 이용해서 다이나믹셀을 관리하는 화면이다.

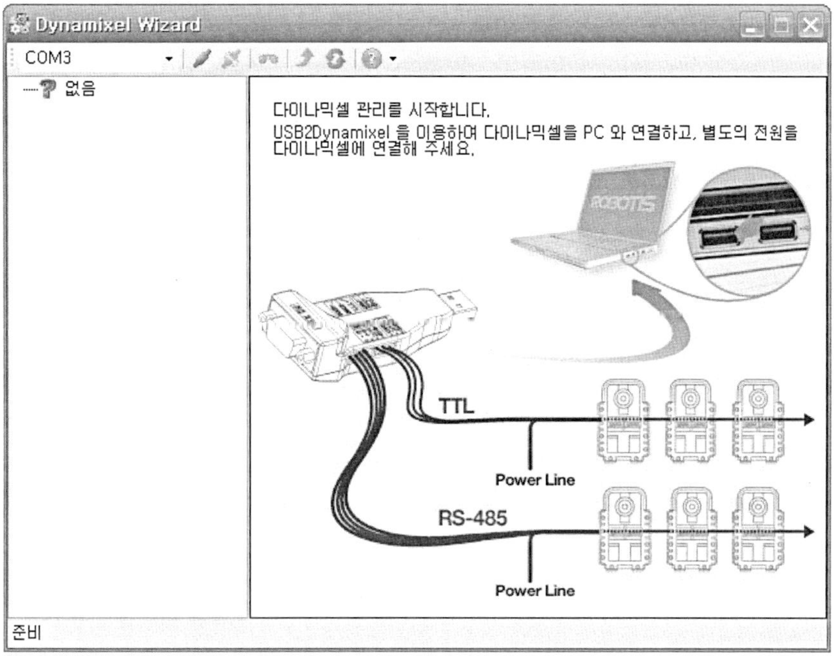

4.3 임베디드 C

임베디드 C는 모든 소스 코드가 C언어로 작성되어 있어서 사용자가 직접 제어기 펌웨어를 개발할 수 있는 프로그램 언어이며, 제어기 각 부분을 직접 제어하는 예제 프로그램들이 e-매뉴얼과 학습서에 제공되어 있다. 임베디드 C로 로봇을 제어할 때 주의할 점은 제어기의 펌웨어가 hex 파일로 교체되기 때문에 로보플러스를 사용할 수 없게 되므로, 다시 로보플러스를 사용하기 위해서는 로보플러스 매니저를 이용해서 펌웨어를 복구해야 한다. 이에 관한 내용은 이후에 설명된다.

임베디드 C를 사용하기 전에 e-매뉴얼의 [소프트웨어 도움말>임베디드

C>CM-530] 페이지에서 embedded_c(cm530_v1.00).zip 파일을 다운로드받거나, http://office.ucloud.com의 My ucloud/게스트폴더의 code>robotis code 디렉터리 아래에 있는 파일을 컴퓨터에 옮겨와서 압축을 해제하자. 그러면 01 LED, 02 BUTTON 등 11가지의 예제 디렉터리가 생성된 것을 볼 수 있는데 각 예제 디렉터리의 하위 디렉터리에는 다음과 같은 파일들이 있다.

- ..(루트 디렉터리): stm32f10x_conf.h, Makefile, stm32.ld 등
- ../stm32f10x_lib: 라이브러리 파일
- ../APP/inc: 라이브러리와 예제 완성에 필요한 헤더 파일
- ../APP/src: 라이브러리와 예제 완성에 필요한 소스 파일

CM-530 제어기 구동 프로그램을 임베디드 C로 코딩하기 위해서는 아래 순서로 소프트웨어를 설치해야 한다.

- JRE 설치
- WinARM설치
- Eclipse 설치

JRE(Java Runtime Environment)는 자바(Java) 언어의 플랫폼 중 자바 표준 에디션용 프로그램을 데스크톱 컴퓨터에서 실행하기 위해 최소한의 환경을 설정해 주는 것이다. 자바는 범용 프로그래밍 언어로서 1991년 Sun MicroSystems사에서 개발했으며 객체지향(object-oriented)적인 특성과 운영체제 및 하드웨어 플랫폼에 독립적인 특성을 가진다. 자바에 대한 자세한 설명은 시중에 판매되고 있는 전문서적을 참고하기 바란다.

자신의 컴퓨터에 JRE가 설치되어 있는지 확인하려면, 실행 창에서 "java"를 입력하였을 때 다음과 같은 정보가 출력이 되는지 보면 된다.

```
Microsoft Windows [Version 6.1.7601]
Copyright (c) 2009 Microsoft Corporation. All rights reserved.

C:₩Users₩Jason>java
Usage: java [-options] class [args...]
           (to execute a class)
   or  java [-options] -jar jarfile [args...]
           (to execute a jar file)

where options include:
    -client       to select the "client" VM
    -server       to select the "server" VM
    -hotspot      is a synonym for the "client" VM  [deprecated]
                  The default VM is client.
```


만약 JRE가 설치되어 있지 않다면 다음 사이트를 방문해서 JRE를 다운받도록 하자.

http://www.oracle.com/technetwork/java/javase/downloads/index.html

주소를 클릭하면 다음 페이지와 같은 Java SE 다운로드 페이지로 연결된다. 우리는 로봇 제어용 임베디드 C 프로그램 개발 및 컴파일을 Eclipse로 할 것이므로, JRE download 버튼을 그림과 같이 클릭하자. 그러면 Java SE Run-time Environment 7u1 페이지가 나타나고, 그림과 같이 Oracle사의 라이선스에 동의하는 버튼을 클릭한다. JRE는 세가지 OS(Linux, Solaris, Windows)에 대해 제공이 되는데, 저자의 컴퓨터는 Windows7 32-비트 운영체제가 설치되어 있으므로 Windows x86 Offline 버전인 jre-7u1-windows-i586.exe를 다운로드했다. 만약 사용자의 컴퓨터에 Windows7 64-비트 운영체제가 설치되어 있다면 jre-7u1-windows-x64.exe를 다운로드해서 실행시키면 된다.

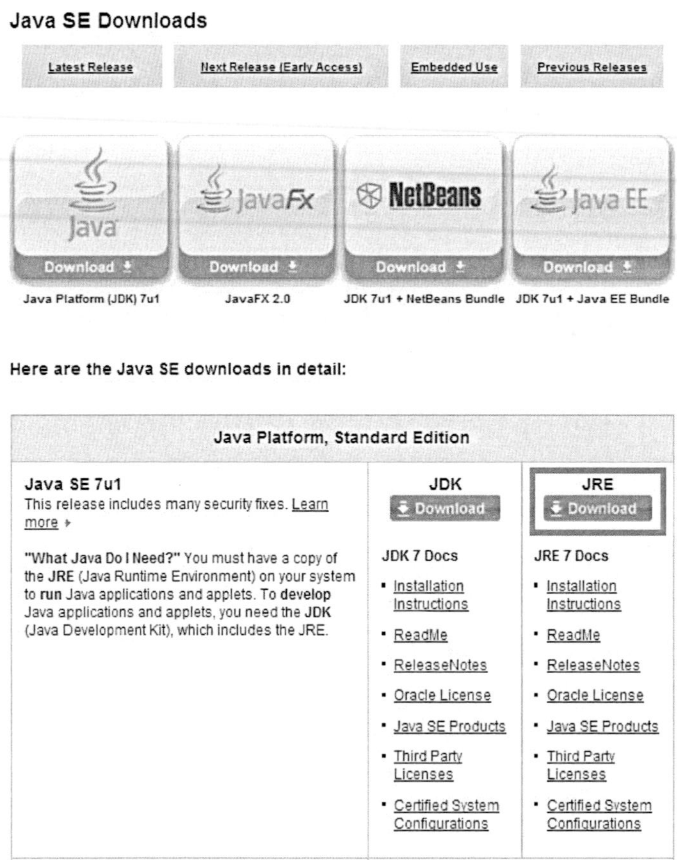

Java SE Downloads

Latest Release | Next Release (Early Access) | Embedded Use | Previous Releases

Java Platform (JDK) 7u1 | JavaFX 2.0 | JDK 7u1 + NetBeans Bundle | JDK 7u1 + Java EE Bundle

Here are the Java SE downloads in detail:

Java Platform, Standard Edition		
Java SE 7u1 This release includes many security fixes. Learn more **"What Java Do I Need?"** You must have a copy of the **JRE** (Java Runtime Environment) on your system to **run** Java applications and applets. To **develop** Java applications and applets, you need the **JDK** (Java Development Kit), which includes the JRE.	**JDK** Download JDK 7 Docs • Installation Instructions • ReadMe • ReleaseNotes • Oracle License • Java SE Products • Third Party Licenses • Certified System Configurations	**JRE** Download JRE 7 Docs • Installation Instructions • ReadMe • ReleaseNotes • Oracle License • Java SE Products • Third Party Licenses • Certified System Configurations

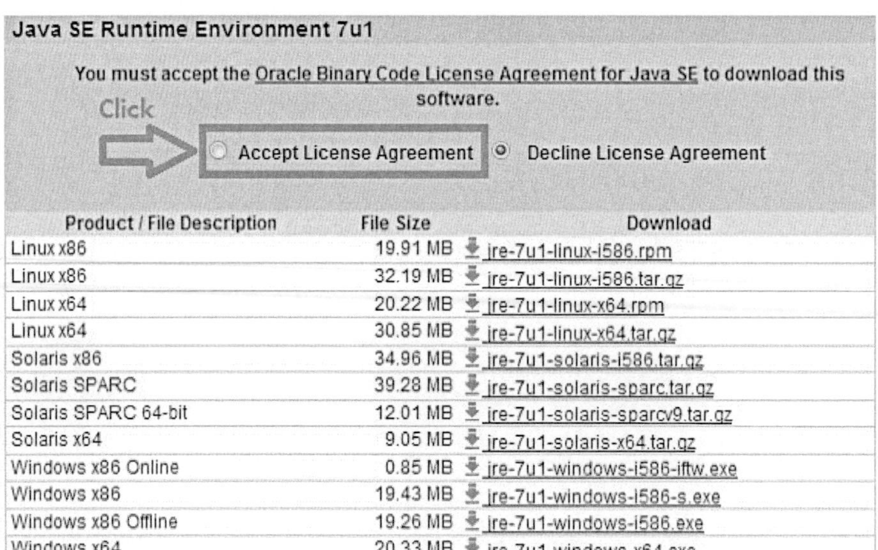

Java SE Runtime Environment 7u1

You must accept the Oracle Binary Code License Agreement for Java SE to download this software.

Accept License Agreement　Decline License Agreement

Product / File Description	File Size	Download
Linux x86	19.91 MB	jre-7u1-linux-i586.rpm
Linux x86	32.19 MB	jre-7u1-linux-i586.tar.gz
Linux x64	20.22 MB	jre-7u1-linux-x64.rpm
Linux x64	30.85 MB	jre-7u1-linux-x64.tar.gz
Solaris x86	34.96 MB	jre-7u1-solaris-i586.tar.gz
Solaris SPARC	39.28 MB	jre-7u1-solaris-sparc.tar.gz
Solaris SPARC 64-bit	12.01 MB	jre-7u1-solaris-sparcv9.tar.gz
Solaris x64	9.05 MB	jre-7u1-solaris-x64.tar.gz
Windows x86 Online	0.85 MB	jre-7u1-windows-i586-iftw.exe
Windows x86	19.43 MB	jre-7u1-windows-i586-s.exe
Windows x86 Offline	19.26 MB	jre-7u1-windows-i586.exe
Windows x64	20.33 MB	jre-7u1-windows-x64.exe

다운로드한 실행 파일을 더블 클릭하면 다음의 창이 뜨고 '설치' 버튼을 누르면 JRE가 컴퓨터에 설치 완료된다.

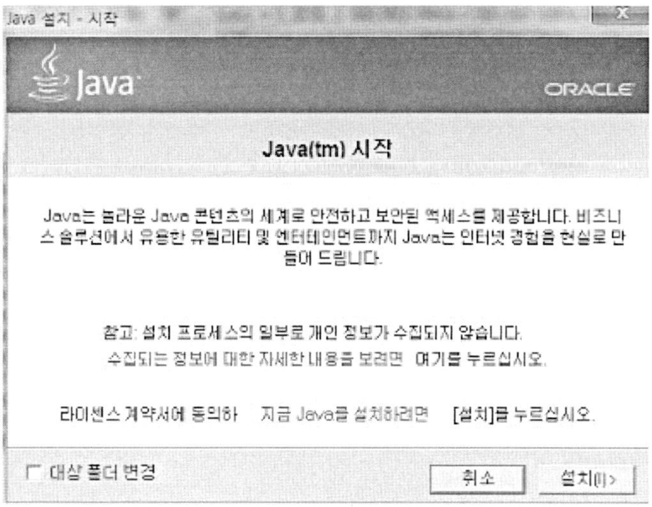

WinARM은 ARM 계열의 제어기나 프로세서용 소프트웨어를 Window OS에서 개발하기 위한 GNU(Free Software Foundation에서 개발하여 무료로 배포하고 있는 유닉스 운영체계 호환 컴퓨터 프로그램의 총칭)와 기타 툴들의 집합체이다. ARM은 영국의 Advanced RISC Machines Ltd.에서 개발한 범용 32비트 RISC(reduced instruction set computer) 프로세서이며, 간단한 명령어를 사용하고 전력소모가 적어 다양한 임베디드 시스템에 적용되고 있다. WinARM은 아래의 링크에서 직접 다운로드받을 수 있다.

http://www.siwawi.arubi.uni-kl.de/avr_projects/arm_projects/win-armtests/WinARM_20080331_testing.zip

이 파일을 다음과 같이 C:\WinARM 디렉터리에 압축을 푼다.

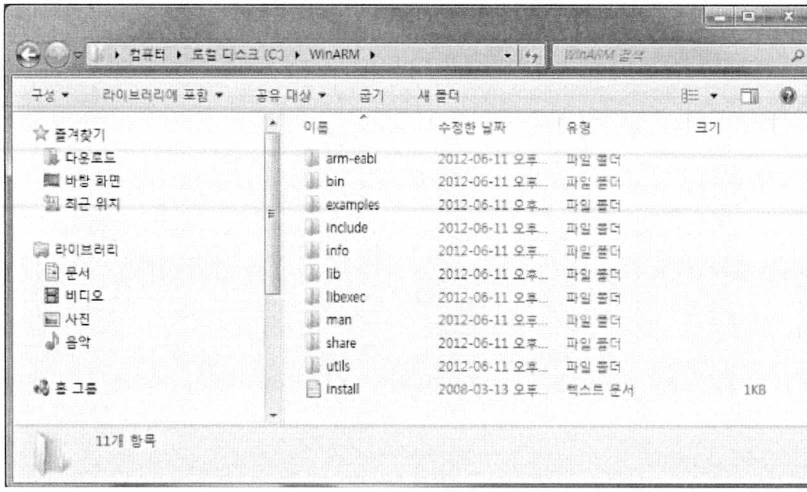

WinARM이 제대로 동작하려면, 환경변수를 등록해야 한다. Windows7의 경우 [제어판>시스템 및 보안>시스템>고급 시스템 설정] 메뉴를 선택하면 다음의 시스템 속성 탭이 뜬다. 여기에서 '환경변수' 버튼을 누른다.

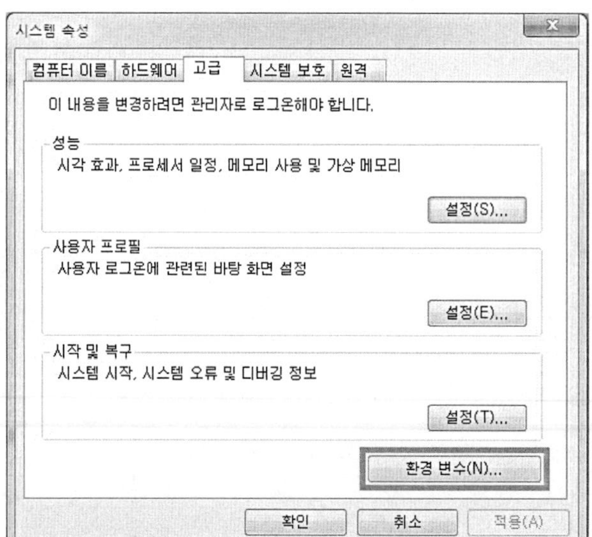

환경변수 중 '사용자변수(U)' 메뉴 중 path 변수를 선택해서 다음과 같이 변수값에 ';C:\WinARM\bin;C:\WinARM\utils\bin' 경로를 추가한 후 확인

버튼을 누른다.

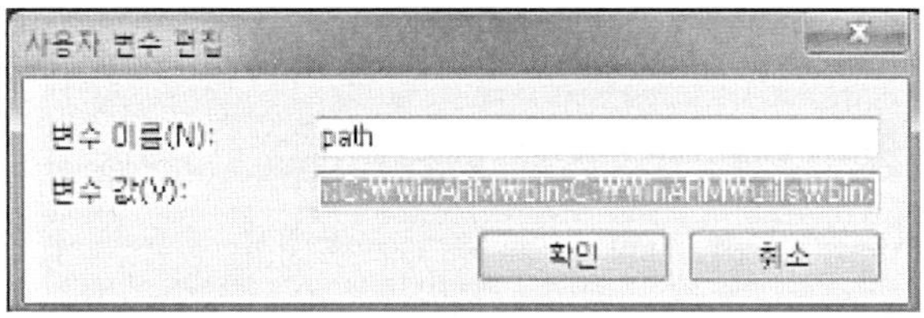

만약 시스템의 환경 설정 등의 문제나 컴파일러간의 문제로 인해 임베디드 C 코드가 제대로 실행되지 않는다면 '시스템변수(S)' 메뉴 중 path변수 편집 창을 열어 같은 WinARM 실행파일 경로를 다음과 같이 추가해 준다.

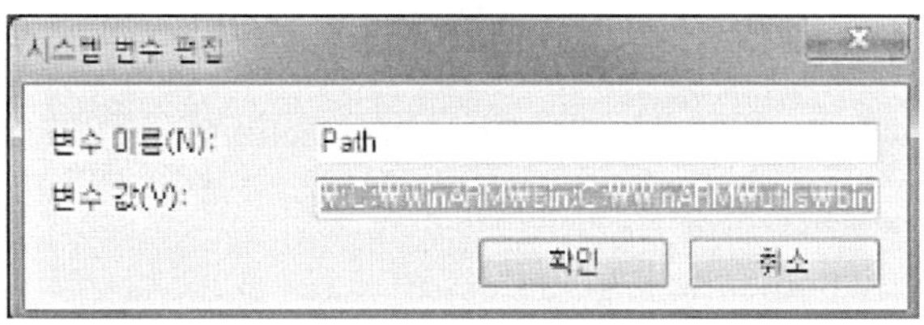

WinARM이 제대로 설치되었는지 확인하려면, 실행 창에서 arm-eabi-gcc -v를 입력했을 때 아래와 같은 정보가 출력되는지 보면 된다.

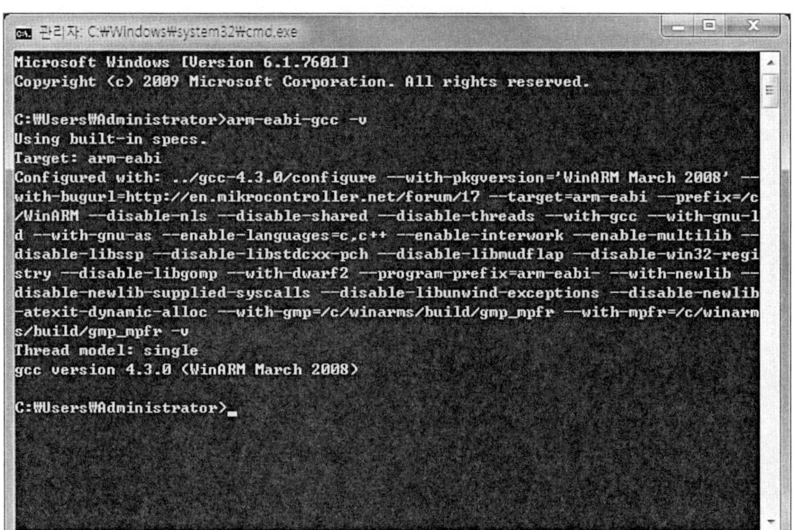

Eclipse는 Java를 포함한 다양한 프로그래밍 언어와 플랫폼을 지원하는 다목적 통합 개발 환경(IDE)으로서 1999년부터 IBM에 의해 개발이 시작되었고, 2004년부터 Borland, Red Hat, HP, Oracle 등의 회사들이 컨소시엄을 구성하여 비영리 재단화되었다. Eclipse는 오픈 소스로 전환되어 누구나 무료로 사용할 수 있으며, 다운로드받을 수 있는 사이트 주소는 http://www. eclipse.org/downloads/이다. 다운로드 페이지에서 그림과 같이 Eclipse IDE for C/C++ Developers를 클릭한다.

연결된 페이지에서 Helios Packages를 선택하면 오른쪽에 패키지 종류가 나오는데, 우리는 임베디드 C를 사용하므로 그림과 같이 C/C++ Developers를 더블 클릭한다.

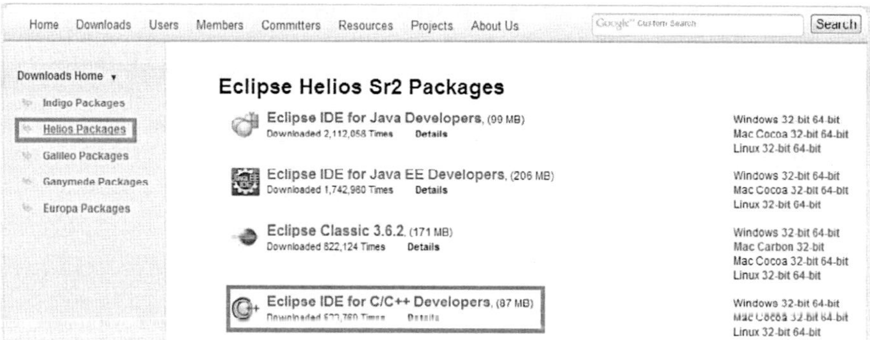

연결된 페이지의 오른쪽 상단에 Downloaded Links 부분이 있는데 해당 항목 중 자신이 사용하는 컴퓨터 OS의 종류에 맞게 선택한다. 저자의 경우 32비트 Windows7 OS를 사용하므로 'Windows 32-bit' 를 선택하여 Eclipse IDE를 다운로드했으며 파일명은 eclipse-cpp-helios-SR2-win32.zip이다.

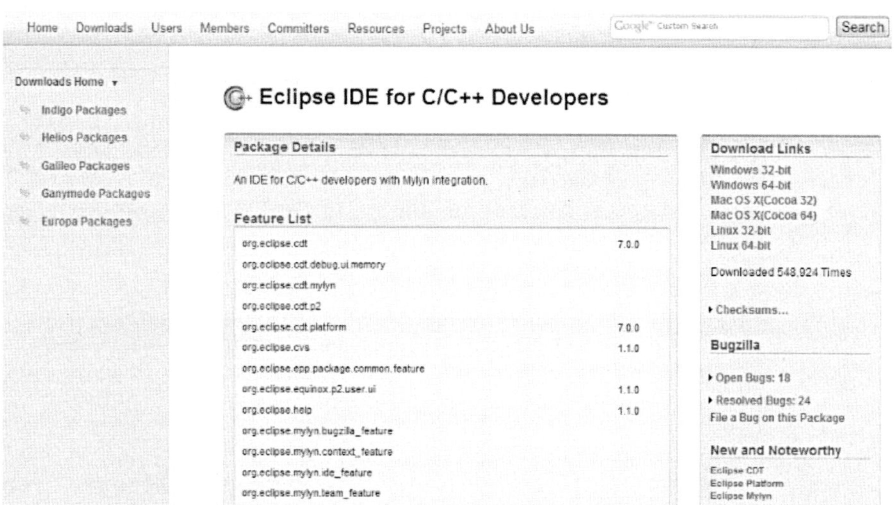

다운로드받은 파일을 C:\Program files 디렉터리 다음에 압축을 풀자. 그러면 다음과 같이 eclipse 디렉터리가 생성되고, 생성된 파일 중 eclipse.exe 파일을 더블 클릭하면 설치가 시작된다.

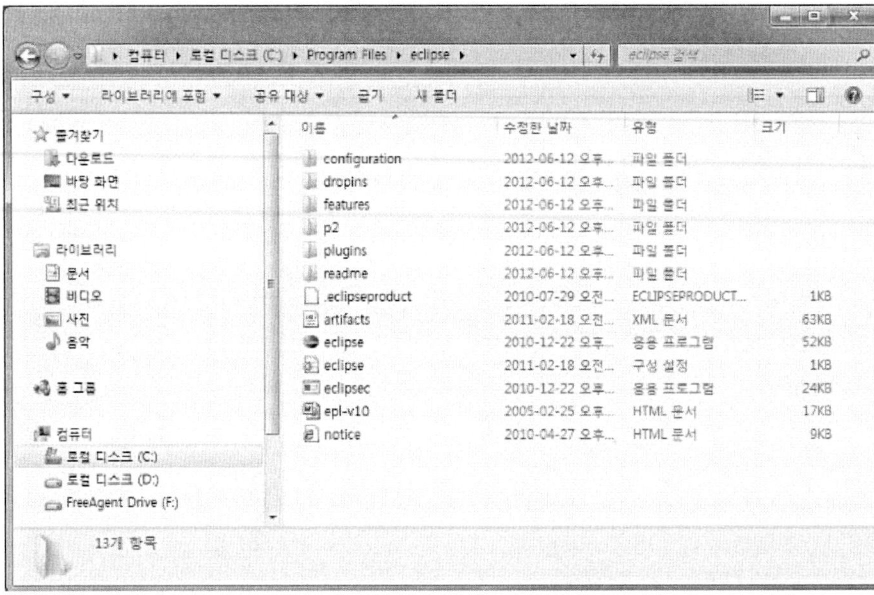

Eclipse를 실행하기 전에 다음과 같이 작업 공간을 지정하라는 창이 뜨는데, 작업 공간은 개발한 프로젝트를 저장하는 디렉터리를 나타낸다. 로보티즈에서 배포한 embedded_c(cm530_v1.02).zip 파일을 C 드라이브의 루트 디렉터리에 압축을 풀고 난 후 Browse 기능을 이용해서 이 디렉터리를 아래와 같이 작업 공간으로 지정하자.

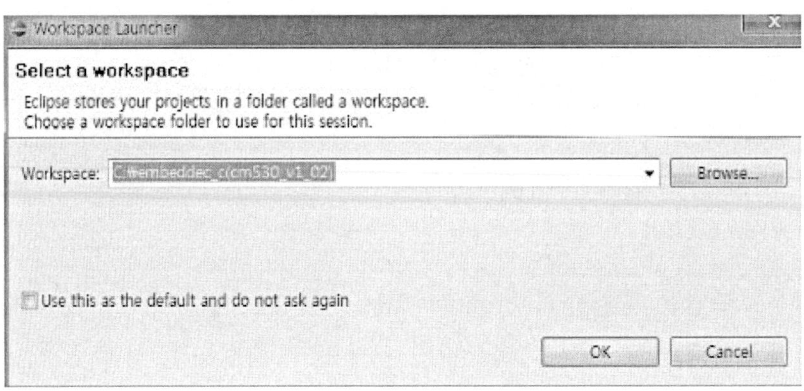

OK 버튼을 누르면 다음과 같이 이클립스의 소개 창이 나타난다. Eclipse의 overview, 신규 사항, 샘플, 튜토리얼, 개발 환경(Workbench) 버튼이 있다.

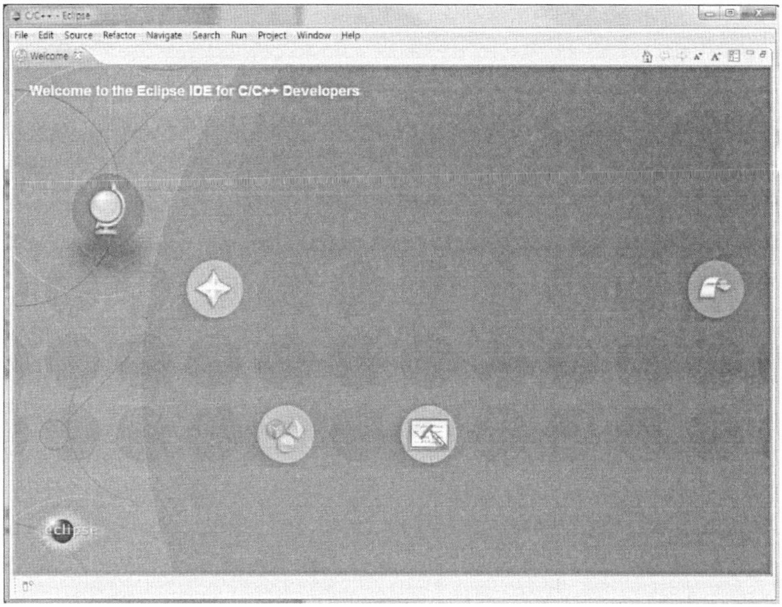

가장 오른쪽에 있는 구부러진 화살표 모양(Workbench)을 클릭하면 아래와 같이 개발 환경으로 들어간다.

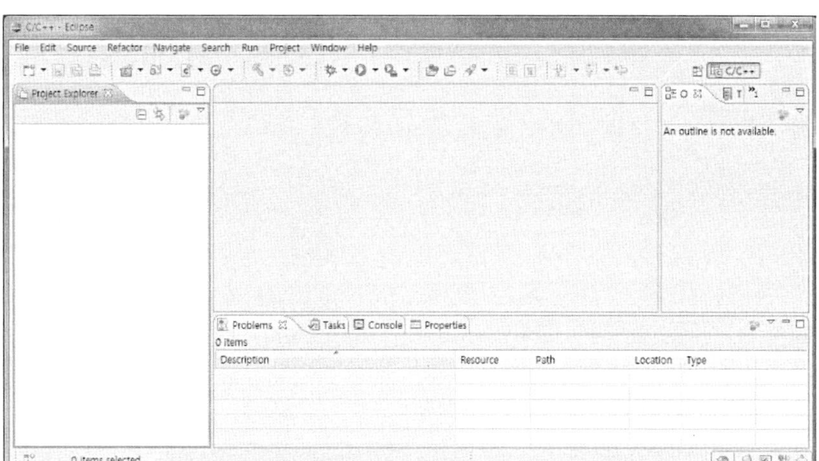

Eclipse IDE가 성공적으로 설치되었는지 확인하기 위해 Eclipse를 실행시키고 다음과 같이 [File>New>Makefile Project with Existing Code]를 선택하자.

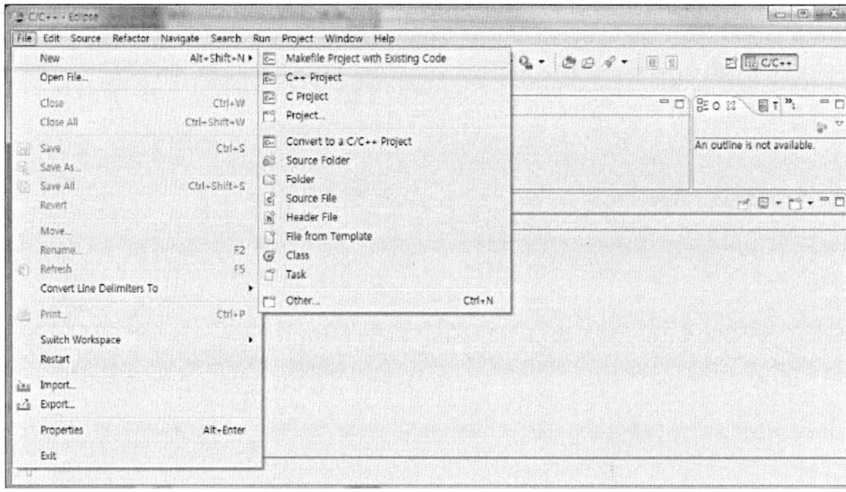

Import Existing Code 창에서 Existing Code Location 칸 오른쪽의 Browse 버튼을 눌러서 아래와 같이 예제 파일이 들어있는 디렉터리를 선택한다. 제어기의 LED를 순차적으로 켜고 끄는 예제가 들어있는 '01 LED' 디렉터리를 선택하자.

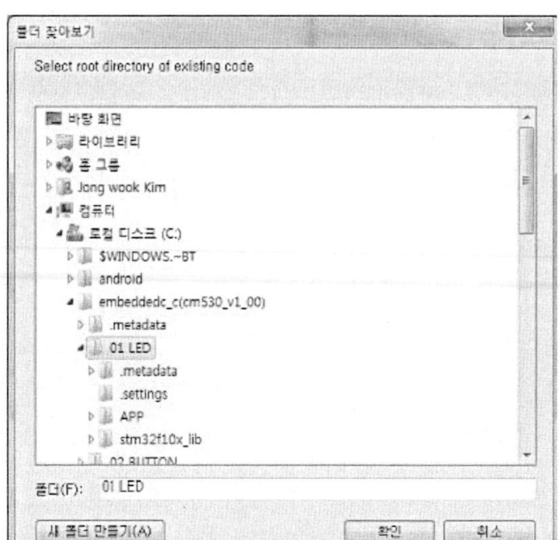

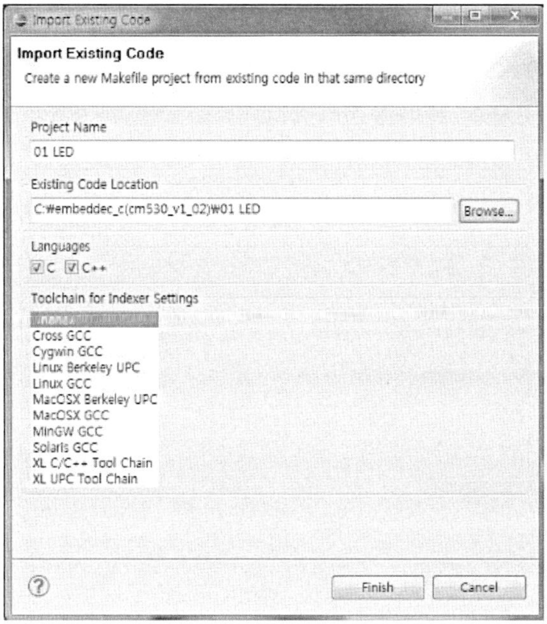

Import Existing Code 창에서 Finish 버튼을 누르면 프로젝트가 생성되고, [Project>Clean]과 [Project>Build Project]를 순서대로 한 번씩 실행한다.

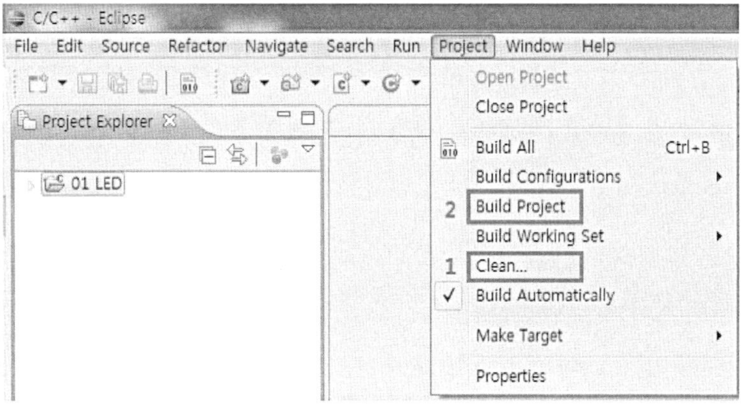

실행 후에 하단의 Console 창에서 다음과 같은 메시지가 출력되면 LED 프로젝트가 성공적으로 Build되어 제어기 실행 파일인 CM530.hex 파일이

생성된 것이다. 만약 오류 메시지가 출력되면 JRE나 WinARM이 제대로 설치되어 있는지, 환경변수 설정을 정확하게 했는지, 파일을 복사하며 프로젝트가 들어있는 최상위 디렉터리의 이름을 임의로 바꿨는지 등을 확인해 보도록 하자.

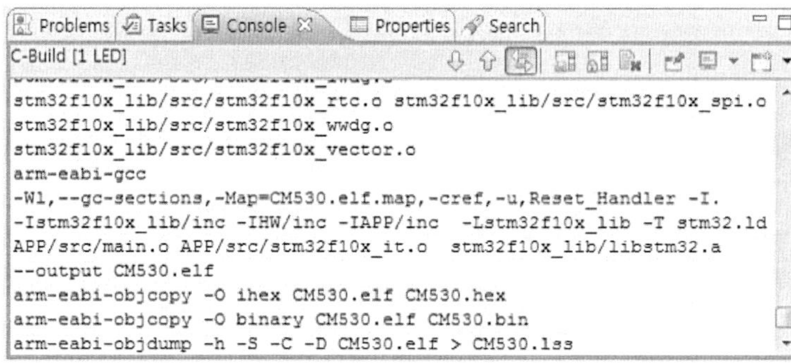

PC에 새롭게 생성된 이 펌웨어 파일(CM530.hex)을 부트로더를 이용해서 CM-530 제어기에 이식시켜 보자. 부트로더란 로봇 제어기의 전원을 켰을 때, 플래시 메모리(ROM) 영역에서 시작되는 시스템 소프트웨어로서 하드웨어를 초기화시켜 주고, 펌웨어 파일을 메모리(RAM)에 적재시켜서 사용자 명령 처리를 준비하는 역할을 한다. 부트로더는 직렬 통신, 인터럽트, 타이머, 메모리, 각종 입출력장치 등을 점검하여 실행 가능 상태로 만들어 주므로 부트로더에 오류가 발생하면 제어기를 사용할 수 없게 된다. 펌웨어를 설치하기 위한 준비 작업은 다음과 같다.

- 설치할 제어기 펌웨어(hex 파일)를 준비한다.
- PC와 제어기를 연결한다.
- 로보플러스 터미널을 실행하여 통신 포트를 설정한다. 통신 포트는 접속이 끊어진 상태에서 다음과 같이 [Setup>Connect]를 실행하면 포트 선택창을 볼 수 있으며, 제어기가 연결된 시리얼 포트 및 통신 속도를 선택하고 OK를 누르면 된다. 제어기의 기본 연결 속도는 57,600bps로 선택하고, 현재 PC의 연결 포트는 COM6로 설정되어 있다.

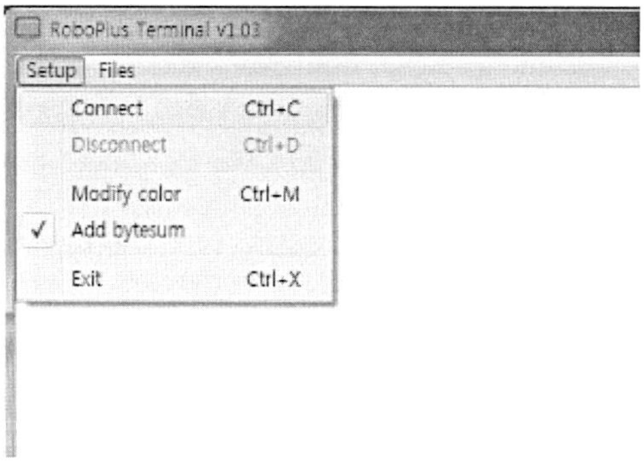

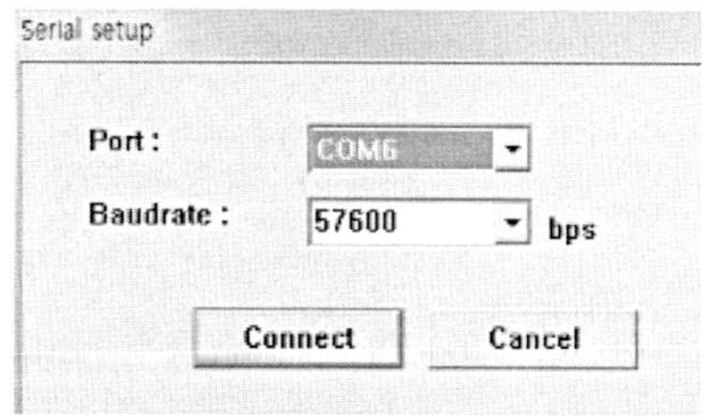

● 제어기 부트로더를 실행한다. 부트로더는 키보드의 '#' (Shift+숫자 3) 키를 누르고 있는 상태에서 제어기를 켜거나 리셋 스위치를 눌러주면 진입할 수 있으며, 작업이 성공하면 다음과 같은 화면이 나타난다.

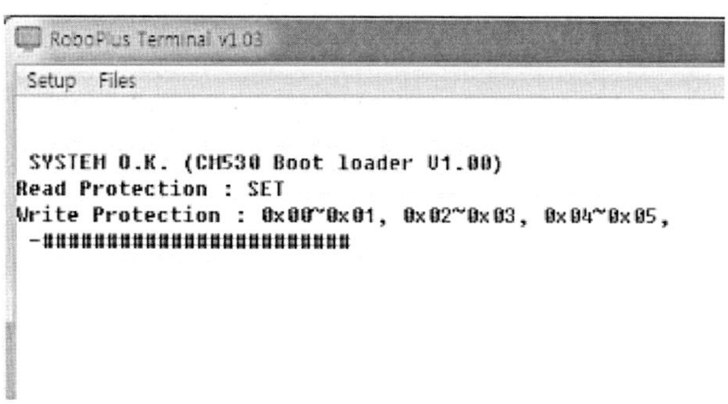

참고로 사용자 작업을 완료 후 부트로더를 나갈 때는, GO명령으로 원하는 주소로 점프하거나, 제어기를 리셋하여 부트로더에서 나갈 수 있다.

부트로더 준비 작업이 완료되면 다음과 같은 절차로 펌웨어를 CM-530제어기에 포팅할 수 있다.

1) 부트로더에서 L명령(혹은 Load)을 입력한다.

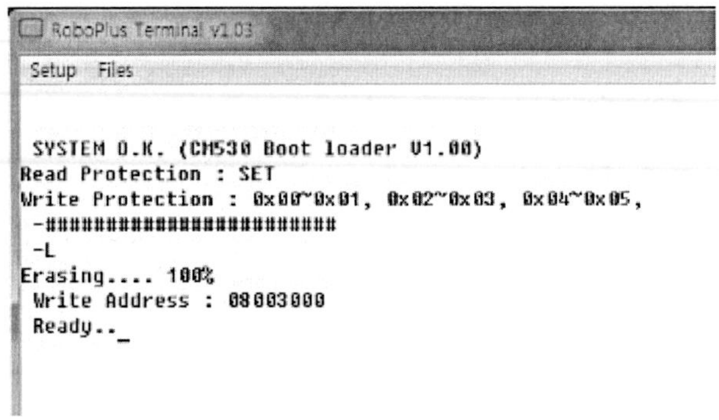

2) 로보플러스 터미널의 Files메뉴에서 Transmit file을 선택하고, 준비된 펌웨어(hex 파일)를 선택한다.

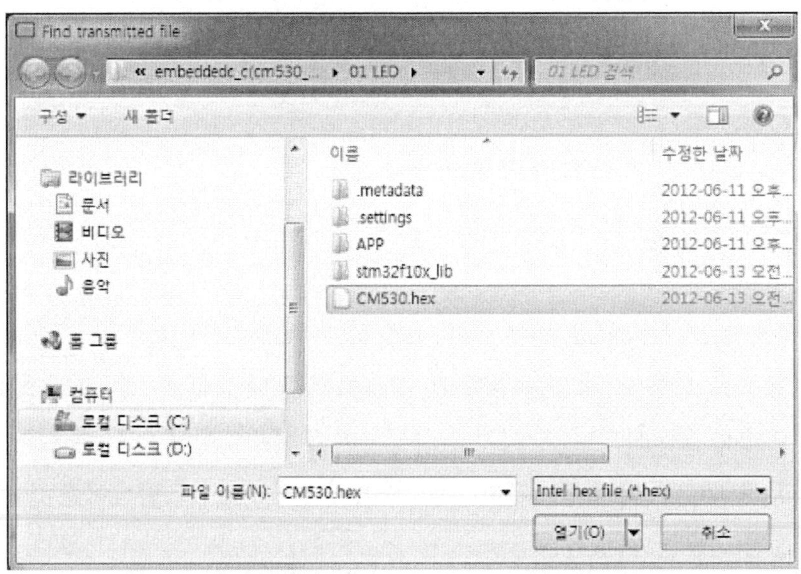

3) 파일이 전송될 때 도중에 제어기의 전원이 꺼지거나, 케이블이 빠지지 않도록 주의해야 한다. 파일 전송이 완료되면, 아래와 같이 go 명령을 사용하여 프로그램을 실행할 수 있다. g [Address]와 같이 g 명령 뒤에

실행 주소(16진수)를 입력하면 그 위치부터 프로그램을 실행한다.

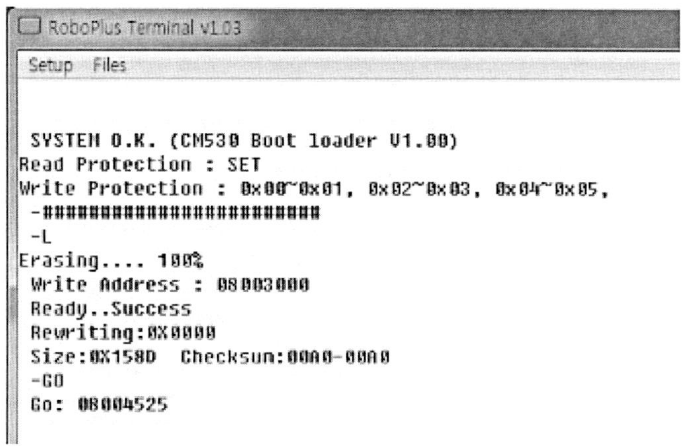

부트로더를 사용할 때 터미널에서 APP/SYS 명령을 이용하면 프로그램 시작 위치를 설정할 수 있다. 프로그램 시작 위치가 설정되면, 제어기의 전원을 켜거나 리셋할 때, 설정된 프로그램 시작 위치에서 프로그램이 실행된다.

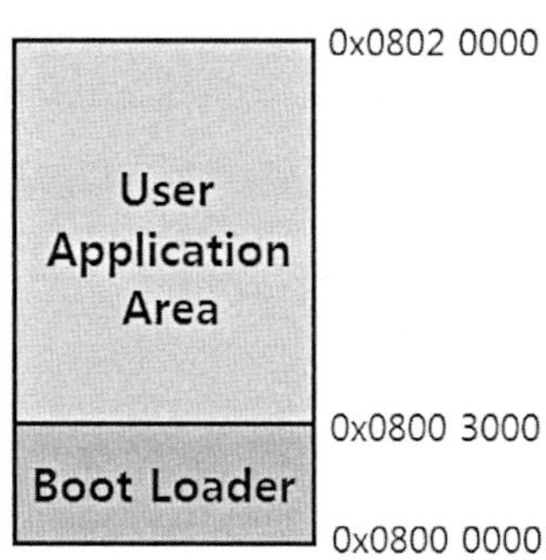

- 부트로더로 진입한 후 명령 창에 APP 명령을 입력하면, 다음 번 리셋 후 유저 애플리케이션 영역부터 실행된다. 기본 제공 펌웨어나 사용자 프로그램 등 대부분의 프로그램들은 특별한 이유가 없으면 기본적으로 0번지부터 시작된다.
- 부트로더로 진입한 후 명령 창에 SYS 명령을 입력하면, 다음번 리셋

후 '#' 키를 누르지 않아도 부트로더가 실행된다.

임베디드 C를 사용해서 사용자가 작성한 펌웨어를 CM-530 제어기에 포팅하면 로보플러스를 사용할 수 없게 된다. 다시 로보플러스를 사용하기 위해서는 로보플러스 매니저로 펌웨어를 복구해야 하는데 로보플러스 터미널에서 [Setup>Disconnect]를 선택하여 CM-530 제어기와의 연결을 끊고 난 후 로보플러스 매니저를 활성화시켜서 아래 그림의 조이스틱 표시 옆의 버튼을 누르면 된다.

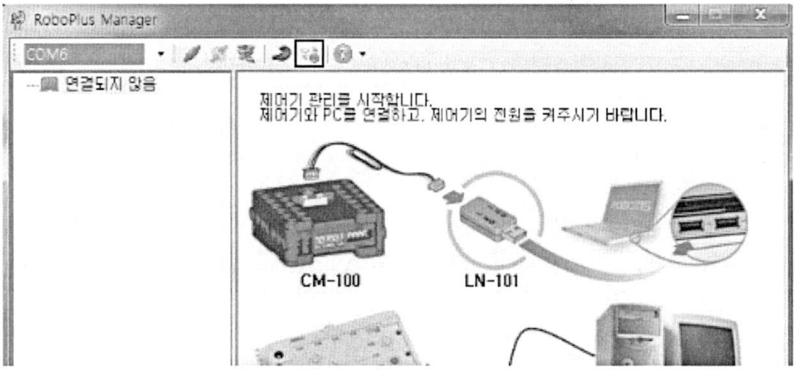

아래의 단계를 거쳐 제어기의 펌웨어를 다운로드함으로써 로보플러스를 사용할 수 있다.

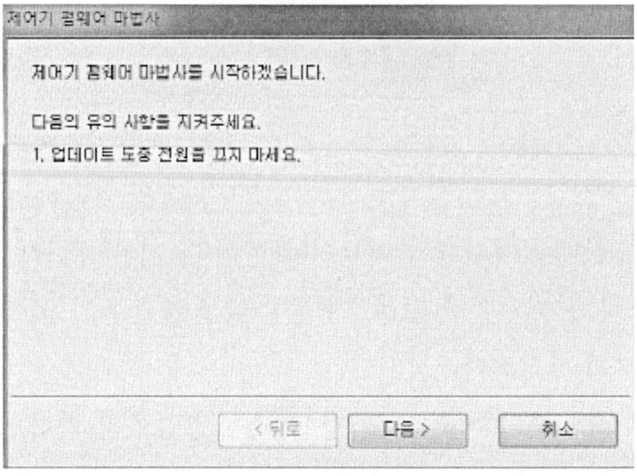

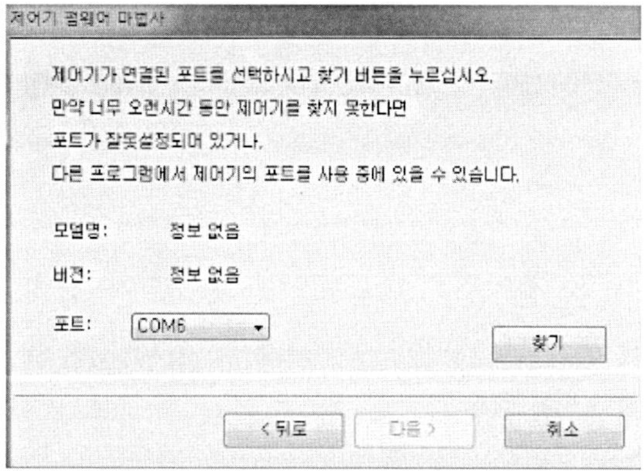

'찾기' 버튼을 누르면 제어기를 껐다가 켜라는 명령이 나오고 그렇게 하면 아래와 같이 펌웨어 마법사가 나타나서 CM-530 제어기의 초기 펌웨어를 성공적으로 설치한다.

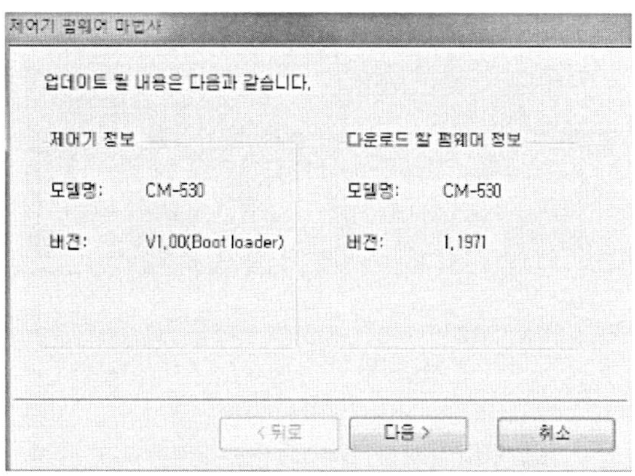

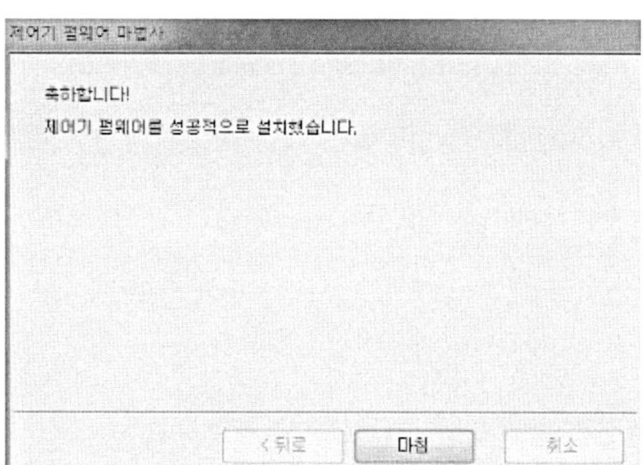

4.4 바이올로이드 모션 생성

4.4.1 하드웨어 포트 맵

그림 4.10은 CM-530 제어기의 하드웨어 주요 핀의 이름과 기능을 표현해 놓은 하드웨어 포트 맵을 나타내고 표 4.3에 각 핀의 기능을 설명했다. 임베디드 C를 이용해서 로봇 동작을 구현할 때 포트나 내부 기능은 WinARM에서 제공하는 매크로함수와 다이나믹셀 SDK(Software Development Kit)를 이용해서 접근하여 제어할 수 있다.

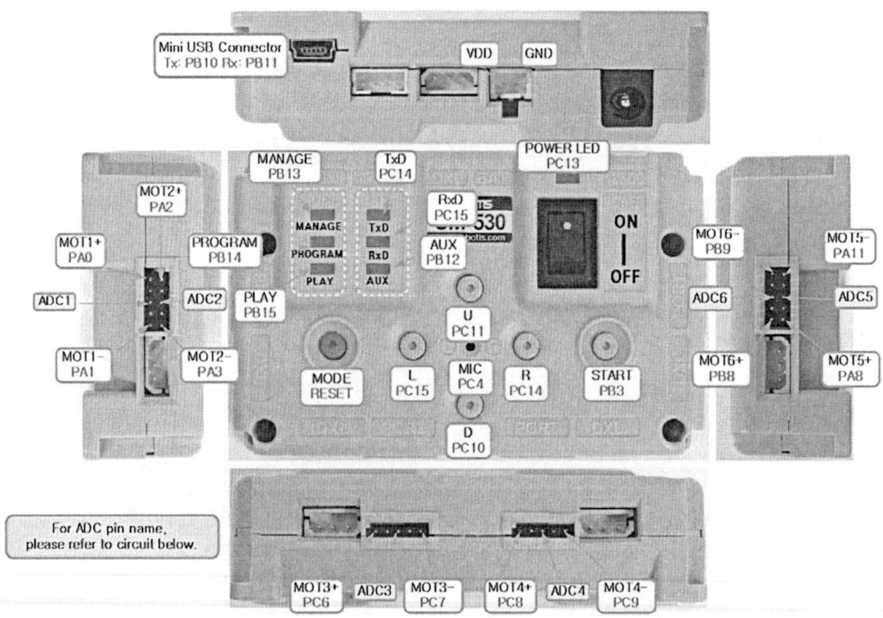

그림 4.10 CM-530 제어기의 하드웨어 포트 맵

〈표 4.3〉 CM-530 제어기의 핀 이름과 기능

핀 번호	핀 이름	NET NAME	기능 설명
1	Vbat	VCC_33L	3.3V 전원 공급
2	PC13	LED0	LED POWER
3	PC14	LED_TX	LED TX
4	PC15	LED_RX	LED RX
5	OSC_IN	XTAL1	크리스털 INPUT
6	OSC_OUT	XTAL2	크리스탈 OUTPUT
7	NRST	RESET	RESET
8	PC0	SIG_ADC0	ADC0 INPUT
9	PC1	ADC_SELECT0	ANALOG MUX SELECT0
10	PC2	ADC_SELECT1	ANALOG MUX SELECT1
11	PC3	VDD_VOLT	입력 전압 ADC
12	VSSA	VSSA	ADC 기준 전압 3.3V
13	VDDA	VDDA	ADC 기준 전압 0V
14	PA0	SIG_MOT1+	1번 외부 포트 OUPUT
15	PA1	SIG_MOT1-	1번 외부 포트 OUPUT
16	PA2	SIG_MOT2+	2번 외부 포트 OUPUT
17	PA3	SIG_MOT2-	2번 외부 포트 OUPUT
18	VSS4	GND	0V 기준 전압
19	VDD4	VCC_33L	3.3V 기준 전압
20	PA4	NC	RESERVED
21	PA5	SIG_ADC1	ADC1 INPUT
22	PA6	SIG_BUZZER	버저 OUTPUT
23	PA7	NC	RESERVED
24	PC4	SIG_MIC	마이크 신호 INPUT
25	PC5	NC	RESERVED
26	PB0	NC	RESERVED
27	PB1	NC	RESERVED

〈표 4.3〉 CM-530 제어기의 핀 이름과 기능

핀 번호	핀 이름	NET NAME	기능 설명
28	PB2	BOOT1	RESERVED
29	PB10	PC_TXD	PC로 전송
30	PB11	PC_RXD	PC에서 수신
31	VSS1	GND	0V 기준 전압
32	VDD1	VCC_33L	3.3V 기준 전압
33	PB12	LED3	LED AUX
34	PB13	LED4	LED MANAGE
35	PB14	LED5	LED PROGRAM
36	PB15	LED6	LED PLAY
37	PC6	SIG_MOT3+	3번 외부 포트 OUPUT
38	PC7	SIG_MOT3-	3번 외부 포트 OUPUT
39	PC8	SIG_MOT4+	4번 외부 포트 OUPUT
40	PC9	SIG_MOT4-	4번 외부 포트 OUPUT
41	PA8	SIG_MOT5+	5번 외부 포트 OUPUT
42	PA9	NC	RESERVED
43	PA10	NC	RESERVED
44	PA11	SIG_MOT5-	5번 외부 포트 OUPUT
45	PA12	ZIGBEE_RESET	Zigbee 모듈 ENABLE
46	PA13	USB_SLEEP	USB 연결여부
47	VSS2	GND	0V 기준 전압
48	VDD2	VCC_33L	3.3V 기준 전압
49	PA14	SW_RT	R 버튼
50	PA15	SW_LF	L 버튼
51	PC10	SW_DN	D 버튼
52	PC11	SW_UP	U 버튼
53	PC12	ZIGBEE_TXD	Zigbee로 전송
54	PD2	ZIGBEE_RXD	Zigbee로부터 수신

〈표 4.3〉 CM-530 제어기의 핀 이름과 기능

핀 번호	핀 이름	NET NAME	기능 설명
55	PB3	SW_START	START 버튼
56	PB4	ENABLE_TX	다이나믹셀로 전송 ENABLE
57	PB5	ENABLE_RX	다이나믹셀로부터 수신 ENABLE
58	PB6	DXL_TXD	다이나믹셀로 전송
59	PB7	DXL_RXD	다이나믹셀로부터 수신
60	BOOT0	BOOT0	RESERVED
61	PB8	SIG_MOT6+	6번 외부 포트 OUPUT
62	PB9	SIG_MOT6-	6번 외부 포트 OUPUT
63	VSS3	GND	0V 기준 전압
64	VDD3	VCC_33L	3.3V 기준 전압

CM-530 제어기의 외부 포트 핀은 그림 4.12에서 볼 수 있듯이 다음과 같이 구성되어 있다.

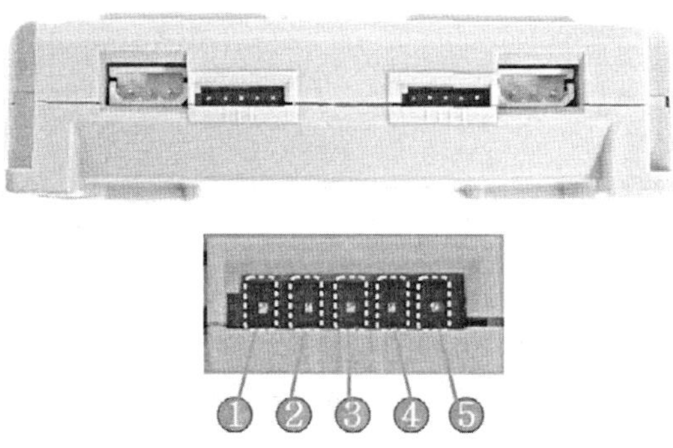

1. OUT1: 3.3V 출력 가능(최대 허용 전류 0.3A)
2. VCC: DC 전압(5V)
3. ADC: 사용자가 제작한 센서의 아날로그 신호를 읽을 수 있음
4. GND: 접지
5. OUT2: 3.3V 출력 가능(최대 허용 전류 0.3A)

그림 4.12 CM-530 제어기의 외부 포트 핀

- 5개의 핀 중, 3번 ADC 핀은 마이크로 컨트롤러의 PORTF1에서 PORTF6 사이에 대응되어 있다. 예를 들어, 외부 포트 3에 대응되는 ADC핀은 마이크로 컨트롤러의 PORTF3과 연결되어 있다.
- 5개의 핀 중, 1번 OUT핀은 마이크로 컨트롤러의 PORTA2에서 PORTA7 사이에 대응되어 있다. 예를 들어, 외부 포트 1에 대응되는 OUT 핀은 마이크로 컨트롤러의 PORTA4와 연결되어 있다.

4.4.2 바이올로이드 실행 예제

이번 절에서는 임베디드 C로 CM-530 제어기와 다이나믹셀 모터를 제어하는 예제를 살펴보고 바이올로이드를 연결해서 실행시켜 보도록 하자. 예제 코드가 담긴 파일들은 http://office.ucloud.com의 My ucloud/게스트폴더의 code\robotis code\embeddedc_c(cm530_v1 _02) zip 파일에 압축되어 있고, Eclipse에서 개발하기 위해 작업 공간으로 지정한 C:\embeddedc_c (cm530_v1_02) 디렉터리에 압축을 미리 풀어둬야 한다.

<코드 4.1>은 제어기 버튼의 입력받을 수 있는 [02 BUTTON>APP>src>main.c] 코드를 나타낸다. 이 예제는 제어기의 마이크로 컨트롤러의 I/O포트를 통해 제어기와 연결된 장치의 전기적 신호를 읽을 수 있으며, 제어기에 장착되어 있는 스위치의 눌림 상태를 확인할 수 있다. 즉, U 버튼을 누르면 MANAGE LED가, D 버튼을 누르면 AUX LED가, L 버튼을 누르면 PROGRAM LED가, R 버튼을 누르면 PLAY LED에 불이 들어온다.

프로그램의 초기화 작업으로서 Coretex-M3 프로세서의 시스템 클록을 설정하는 RCC_Configuration(), NVIC(Nested Vector Interrupt Contoller)를 설정하는 NVIC_Configuration(), GPIO(다용도 입출력 포트)를 설정하는 GPIO_Configuration() 함수를 호출한다. 코드에서 GPIO_ResetBits (GPIO_TypeDef* GPIOx, u16 GPIO_Pin)함수는 GPIOx 포트의 GPIO_Pin의 값을 0으로 리셋하는 함수로서 GPIO_ResetBits(PORT_LED_POWER, PIN_LED_

POWER)함수는 POWER LED 포트(PORT C)의 핀(PC13)을 0으로 써줌으로써 프로그램 실행 내내 불이 켜지게 한다. 참고로 CM-530 제어기의 LED는 active low 타입이어서 해당 핀에 0을 쓰면 켜지고 1을 쓰면 꺼진다.

GPIO_ReadInputDataBit (GPIO_TypeDef* GPIOx, u16 GPIO_Pin) 함수는 GPIOx 포트의 지정한 GIOP_Pin으로부터 값을 읽어오는 역할을 한다. while 문 안의 첫 번째 분기문에서 GPIO_ReadInputDataBit(PORT_SW_UP, PIN_SW_UP) 함수는 PORT_SW_UP 포트의 PIN_SW_UP핀(U 버튼)의 값을 읽어와서 U 버튼이 눌려졌으면 0(RESET)을 읽어온다. 이 경우 GPIO_ResetBits 함수를 호출해서 MANAGE LED를 켠다. 같은 원리로 D버튼과 L 버튼, R 버튼을 누르면 해당 LED만 켜지며, START 버튼을 누르면 모든 LED가 켜지게 코드가 작성되어 있다. 만약 어떤 버튼도 눌러지지 않았다면 GPIO_SetBits 함수를 호출해서 POWER LED를 제외한 모든 LED가 꺼지게 설정되어 있음도 눈여겨보자.

```
int main(void){
        RCC_Configuration( );  // 시스템 클록 설정
        NVIC_Configuration( ); // NVIC 설정
        GPIO_Configuration( ); // GPIO 포트 설정
        GPIO_ResetBits(PORT_LED_POWER, PIN_LED_POWER);
        while(1){
                if( GPIO_ReadInputDataBit(PORT_SW_UP, PIN_SW_UP) != SET )
                        GPIO_ResetBits(PORT_LED_MANAGE, PIN_LED_MANAGE);
                else if( GPIO_ReadInputDataBit(PORT_SW_DOWN, PIN_SW_DOWN) != SET )
                        GPIO_ResetBits(PORT_LED_AUX, PIN_LED_AUX);
                else if( GPIO_ReadInputDataBit(PORT_SW_LEFT, PIN_SW_LEFT) != SET )
                        GPIO_ResetBits(PORT_LED_PROGRAM, PIN_LED_PROGRAM);
                else if( GPIO_ReadInputDataBit(PORT_SW_RIGHT, PIN_SW_RIGHT) != SET )
                        GPIO_ResetBits(PORT_LED_PLAY, PIN_LED_PLAY);
                else if( GPIO_ReadInputDataBit(PORT_SW_START, PIN_SW_START) != SET )
                {    // 모든 LED 켬
                        GPIO_ResetBits(PORT_LED_MANAGE, PIN_LED_MANAGE);
                        GPIO_ResetBits(PORT_LED_PROGRAM, PIN_LED_PROGRAM);
```

```
                GPIO_ResetBits(PORT_LED_PLAY, PIN_LED_PLAY);
                GPIO_ResetBits(PORT_LED_TX, PIN_LED_TX);
                GPIO_ResetBits(PORT_LED_RX, PIN_LED_RX);
                GPIO_ResetBits(PORT_LED_AUX, PIN_LED_AUX);
            }
            else  // 모든 LED 끔
            {
                GPIO_SetBits(PORT_LED_MANAGE, PIN_LED_MANAGE);
                GPIO_SetBits(PORT_LED_PROGRAM, PIN_LED_PROGRAM);
                GPIO_SetBits(PORT_LED_PLAY, PIN_LED_PLAY);
                GPIO_SetBits(PORT_LED_TX, PIN_LED_TX);
                GPIO_SetBits(PORT_LED_RX, PIN_LED_RX);
                GPIO_SetBits(PORT_LED_AUX, PIN_LED_AUX);
            };
        }
        return 0;
}
```

〈코드 4.1〉 BUTTON 코드의 main함수

다음은 다이나믹셀에 데이터 읽기/쓰기를 구현한 [09 DXL READ_WRITE>APP>src>main.c] 코드에 대해 살펴보자. 이족 보행 및 각종 모션 생성을 적용하는데 기본적으로 사용하는 함수들이 나오며 5장에서 설명할 모션 코드에도 적용된다.

```
#define  P_GOAL_POSITION_L      30
#define  P_MOVING               46
#define  USART_PC               2
#define  word                   u16
#define  byte                   u8

u32    Baudrate_PC = 57600;
word   GoalPos[2] = {0, 1023};
word   Position;
word   wPresentPos;
```

```
byte    INDEX = 0;
byte    id = 1;          // DXL id
byte    bMoving, CommStatus;

int main(void)
{
        RCC_Configuration( );  // 시스템 클록 설정
        NVIC_Configuration( );  // NVIC 설정
        GPIO_Configuration( );  // GPIO 포트 설정
        SysTick_Configuration( );
        Timer_Configuration( );
        dxl_initialize( 0, 1 );  // DXL 초기화
        USART_Configuration(USART_PC, Baudrate_PC);  // USART 설정

        while(1){
                bMoving = dxl_read_byte( id, P_MOVING );
                CommStatus = dxl_get_result( );
                if( CommStatus == COMM_RXSUCCESS ){
                        if( bMoving == 0 ){ // 움직이지 않고 있으면 목표 위치변화
                                if( INDEX == 0 )    INDEX = 1;
                                else                INDEX = 0;
                                // 다이나믹셀에 목표 위치 쓰기
                                dxl_write_word( id, P_GOAL_POSITION_L, GoalPos[INDEX] );
                        }
                        PrintErrorCode( );
                        // 현재 위치 읽어옴
                        wPresentPos = dxl_read_word( id, P_PRESENT_POSITION_L );
                        TxDWord16(GoalPos[INDEX]);
                        TxDString("   ");
                        TxDWord16(wPresentPos);
                        TxDByte_PC( '\r' );
                        TxDByte_PC( '\n' );
                }
                else
                        PrintCommStatus(CommStatus);
        }
        return 0;
}
```

〈코드 4.2〉 DXL READ_WRITE 코드의 main함수

main 코드에서 dxl로 시작하는 함수는 다이나믹셀 SDK의 API 레퍼런스(e-매뉴얼의 [소프트웨어 도움말>Dynamixel SDK>API Reference])를 참조하기 바란다.

먼저 dxl_initialize는 제어기의 통신장치를 초기화 하여 준비 상태로 만든다.

```
int dxl_initialize(
        int devIndex, // 현재 연결된 통신장치의 번호
        int baudnum // 새로 설정할 Baud rate 번호(다이나믹셀과 동일)
);
```

dxl_read_byte 함수는 다이나믹셀에서 1바이트의 정보를 읽을 수 있으며, 통신 결과 값은 dxl_get_result함수로 확인할 수 있다. 코드에서 dxl_read_byte (id, P_MOVING) 함수는 제어 테이블의 46번지(P_MOVING)에 있는 다이나믹셀 동작 유무에 관한 정보를 읽어와서 그 값을 bMoving에 저장한다.

```
int dxl_read_byte(
  int id,             // 정보를 읽을 다이나믹셀 ID
  int address         // 정보의 주소 값
);
```

dxl_get_result 함수는 패킷 송수신 결과를 알려주며, 반환되는 값의 의미를 <표 4.4>에 정리했다.

dxl_write_word는 다이나믹셀에 2바이트의 정보를 쓸 수 있으며 통신 결과는 dxl_get_result로 확인할 수 있다. 다이나믹셀에 1바이트의 정보를 쓰려면 dxl_write_byte 함수를 사용하면 된다(인수는 같음). dynamixel.h에 254로 정의되어 있는 BORADCAST_ID를 사용하면 모든 다이나믹셀에 동시에 정보를 쓸 수 있다.

〈표 4.4〉 dxl_get_result 함수의 반환 값과 의미

반환 값(CommStatus)	의 미
COMM_TXSUCCESS	명령 패킷 전송 성공
COMM_RXSUCCESS	상태 패킷 수신 성공
COMM_TXFAIL	오류로 인해 명령 패킷 전송 실패
COMM_RXFAIL	오류로 인해 상태 패킷 수신 실패
COMM_TXERROR	명령 패킷에 문제가 있음
COMM_RXWAITING	상태 패킷이 아직 도착하지 않음
COMM_RXTIMEOUT	해당 다이나믹셀이 응답하지 않음
COMM_RXCORRUPT	상태 패킷에 문제가 있음

```
void dxl_write_word(
  int id,              // 정보를 쓸 다이나믹셀 ID
  int address,         // 정보의 제어 테이블 주소 값
  int value            // 다이나믹셀에 쓸 정보의 값
);
```

dxl_read_word는 다이나믹셀에서 2바이트의 정보를 읽을 수 있으며, 통신 결과 값은 dxl_get_result로 확인할 수 있다.

```
int dxl_read_word(
  int id,            // 정보를 읽을 다이나믹셀 ID
  int address        // 정보의 주소 값
);
```

코드를 Build해서 hex 파일을 만든 후 부트로더에 올려서 실행하면, 다이나믹셀 ID가 1인 오른쪽 어깨(그림 4.8 참조) 관절 모터가 최대 각도인 0° 도에서 300° 까지 반복적으로 회전함을 확인할 수 있다. 다음은 로보플러스 터미널에서 목표 각도와 현재 각도를 연속적으로 출력하고 있는 것을 보인다.

그 다음으로 볼 예제는 여러 개의 다이나믹셀을 동기화하여 제어할 수 있는 [10 DXL SYNC WRITE>APP>src>main.c] 코드이다.

```
#define  P_GOAL_POSITION_L        30
#define  P_GOAL_SPEED_L           32
#define  USART_PC                 2
#define  NUM_ACTUATOR             3 // 회전시킬 모터의 개수
#define  CONTROL_PERIOD           (1000) // msec (큰 값일수록 느림)
#define  MAX_POSITION             1023
#define  word                     u16
#define  byte                     u8

u32    Baudrate_PC = 57600;
word   AmpPos = 512;          // 다이나믹셀의 목표 위치
word   wPresentPos;
word   GoalPos = 0;
byte   i;
byte   id[NUM_ACTUATOR];
byte   CommStatus;
```

```
int main(void)
{
        RCC_Configuration( );  // 시스템 클록 설정
        NVIC_Configuration( ); // NVIC 설정
        GPIO_Configuration( ); // GPIO 포트 설정
        SysTick_Configuration( );
        Timer_Configuration( );
        dxl_initialize( 0, 1 );  // DXL 초기화
        USART_Configuration(USART_PC, Baudrate_PC); // USART 설정

        for( i=0; i<NUM_ACTUATOR; i++ ){
                id[i] = i+1;
        }
        dxl_write_word( BROADCAST_ID, P_GOAL_SPEED_L, 0 );     // 목표 속도 설정(최대 RPM 사용)
        dxl_write_word( BROADCAST_ID, P_GOAL_POSITION_L, AmpPos );  // 목표 위치 설정
        mDelay(1000);
        while(1){
                // syncwrite 패킷 만들기
                dxl_set_txpacket_id(BROADCAST_ID);
                dxl_set_txpacket_instruction(INST_SYNC_WRITE);
                dxl_set_txpacket_parameter(0, P_GOAL_POSITION_L);
                dxl_set_txpacket_parameter(1, 2);

                for( i=0; i<NUM_ACTUATOR; i++ ){
                        dxl_set_txpacket_parameter(2+3*i, id[i]);
                        dxl_set_txpacket_parameter(2+3*i+1, dxl_get_lowbyte(GoalPos));
                        dxl_set_txpacket_parameter(2+3*i+2, dxl_get_highbyte(GoalPos));

                        TxDByte_PC( '\r' );
                        TxDByte_PC( '\n' );
                        TxDWord16(GoalPos);
                }
                dxl_set_txpacket_length((2+1)*NUM_ACTUATOR+4);
                dxl_txrx_packet( );

                CommStatus = dxl_get_result( );
                if( CommStatus == COMM_RXSUCCESS )
                        PrintErrorCode( );
                else
                        PrintCommStatus(CommStatus);
```

```
                GoalPos += 100;    // 목표 위치가 100(29°)씩 증가
                if( GoalPos 〉 MAX_POSITION )
                        GoalPos -= MAX_POSITION;
                mDelay(CONTROL_PERIOD);
        }
        return 0;
}
```

〈코드 4.3〉 DXL SYNC WRITE 코드의 main함수

<코드 4.3>에서 dxl_set_txpacket_id는 명령 패킷에 이 패킷을 전송받을 다이나믹셀의 ID를 입력한다. BORADCAST_ID(254)를 사용하면 모든 다이나믹셀에 명령 패킷을 전달한다.

```
void dxl_set_txpacket_id(
    int id // 명령 패킷을 전달할 다이나믹셀의 ID
);
```

dxl_set_txpacket_instruction은 명령 패킷에 명령 코드를 입력한다.

```
void dxl_set_txpacket_instruction(
    int instruction // 명령 코드
);
```

이 함수의 인수인 instruction은 명령 코드로서 다음 중 하나의 값을 가질 수 있다.

〈표 4.5〉 dxl_set_txpacket_instruction 함수의 명령 코드와 의미

값	명령 코드	내 용
1	INST_PING	수행 내용 없음. 제어기가 Status Packet을 받고자 할 경우 사용
2	INST_READ	다이나믹셀의 데이터를 읽는 명령
3	INST_WRITE	다이나믹셀의 데이터를 쓰는 명령
4	INST_REG WRITE	INST WRITE와 내용은 유사하나 대기 상태로 있다가 ACTION 명령이 도착해야 수행됨
5	INST_ACTION	INST_REG_WRITE 로 등록된 동작을 시작하라는 명령
6	INST_RESET	다이나믹셀의 상태를 공장 출하 상태로 복귀시키는 명령
131	INST_SYNC_WRITE	한 번에 여러 개의 다이나믹셀을 동시에 제어하고자 할때 사용되는 명령

dxl_set_txpacket_parameter는 명령 패킷에 파라미터를 입력한다.

```
void dxl_set_txpacket_parameter(
    int index,      // 파라미터 번호로서 0 ~ MAXNUM_TXPARAM-1 범위를 가짐.
    int value       // 파라미터 값으로서 0~255 범위를 가짐
);
```

dxl_set_txpacket_length는 명령 패킷의 길이를 설정한다.

```
void dxl_set_txpacket_length(
    int length // 명령 패킷의 길이
);
```

dxl_txrx_packet은 dxl_tx_packet(패킷 전송)과 dxl_rx_packet(패킷 수신)을 일괄 처리하며, 이 함수 호출 뒤에는 항상 dxl_get_result를 호출하여 통신

결과를 확인해야 한다.

```
void dxl_txrx_packet( );
```

dxl_get_lowbyte는 워드형 데이터로부터 하위의 바이트를 추출한다.

```
int dxl_get_lowbyte(
  int word // 하위 바이트를 추출할 워드형 데이터
);
```

dxl_get_highbyte는 워드형 데이터로부터 상위의 바이트를 추출한다.

```
int dxl_get_highbyte(
  int word // 상위 바이트를 추출할 워드형 데이터
);
```

<코드 4.3>은 ID가 1(오른쪽 어깨 관절 모터), 2(왼쪽 어깨 관절 모터), 3(오른쪽 위팔 관절 모터)인 세 다이나믹셀을 1000msec(CONTROL_PERIOD)마다 100(29°)씩 회전시키는 명령 코드를 패킷으로 구성해서 전체 다이나믹셀에 전송하는 것을 수행한다. 명령 패킷은 다음과 같이 총 11비트로 구성되어 있다.

〈표 4.6〉 Sync_Write.c 코드에서 만든 명령 패킷 구성

10	9	8	…	5	4	3	2	1	0
GoalPos 상위 바이트	GoalPos 하위 바이트	다이나믹셀 ID: 3	…	다이나믹셀 ID: 2	GoalPos 상위 바이트	GoalPos 하위 바이트	다이나믹셀 ID: 1	2	P_GOAL_ POSITION_L

코드를 실행하면 오른쪽 어깨 관절에 있는 두 모터가 동시에 회전하기

때문에 오른팔이 아래에서 위로 올라가면서 회전하는 동작을 보이는 반면, 왼팔은 쭉 편 채로 회전만 함을 볼 수 있다. 코드에서 최대 속도로 회전하게 설정했고 팔의 동작도 크기 때문에 손가락이 다치지 않도록 주의해야 한다.

마지막 예제로서 리모트 컨트롤러인 RC-100A를 이용하여 CM-530을 원격으로 제어하는 코드인 ZigBee_RC100.c 코드를 실행해 보자. 이를 위해 아래와 같이 CM-530에 ZIG-110A 모듈이 장착되어 있어야 한다.

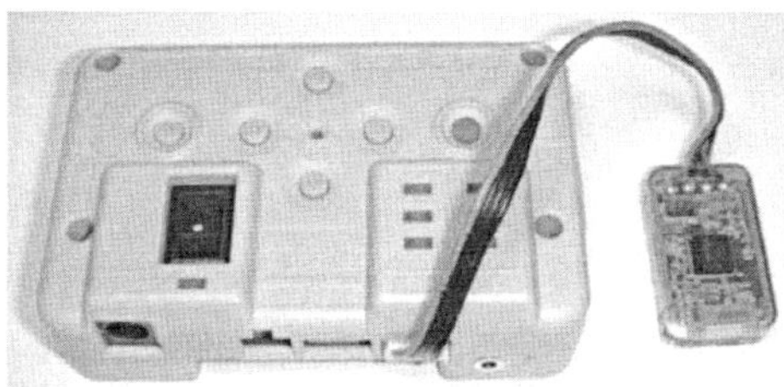

ZIG-110A 모듈이 로보티즈에 장착되어 있다면 RoboPlus Manager 창을 열면 아래와 같이 제어기의 34번과 36번 주소에 있는 무선 ID에 값이 설정되어 있는 것을 볼 수 있다.

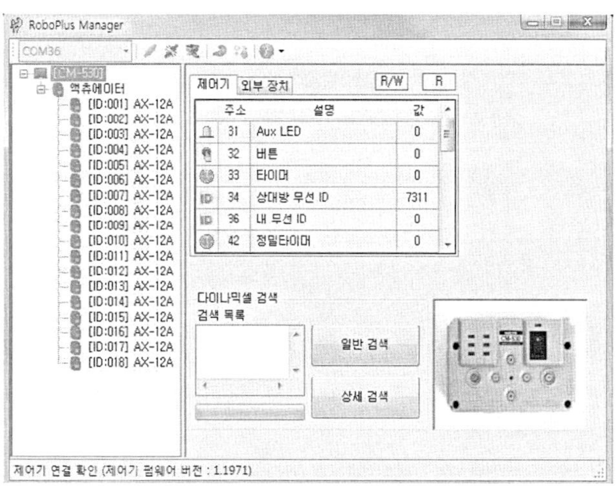

CM-530 제어기에서는 ZigBee통신과 시리얼통신이 서로 충돌하므로 터미널을 통해 hex 파일을 CM-530 제어기에 포팅한 후에는 시리얼 케이블을

빼줘야 한다. ZigBee통신이 성공적으로 수행되었다면 코드 실행 시 1번 버튼을 누르면 MANAGE LED가, 2번 버튼을 누르면 PROGRAM LED가, 3번 버튼을 누르면 PLAY LED가 켜질 것이다.

```
#define  RC100_BTN_1    (16)
#define  RC100_BTN_2    (32)
#define  RC100_BTN_3    (64)

int main(void)
{
        RCC_Configuration( );  // 시스템 클록 설정
        NVIC_Configuration( ); // NVIC 설정
        GPIO_Configuration( ); // GPIO 포트 설정
        SysTick_Configuration( );
        zgb_initialize( 0 );    // ZigBee 초기화
        USART_Configuration(USART_PC, Baudrate_PC); // USART 설정
        GPIO_ResetBits(PORT_LED_POWER, PIN_LED_POWER);
        while(1){
                if(zgb_rx_check( ) == 1)
                {
                        RcvData = zgb_rx_data();
                        TxDWord16(RcvData);
                        TxDByte_PC( '\r' );
                        TxDByte_PC( '\n' );
                        if(RcvData & RC100_BTN_1)
                                GPIO_ResetBits(PORT_LED_MANAGE, PIN_LED_MANAGE);
                        else
                                GPIO_SetBits(PORT_LED_MANAGE, PIN_LED_MANAGE);

                        if(RcvData & RC100_BTN_2)
                                GPIO_ResetBits(PORT_LED_PROGRAM, PIN_LED_PROGRAM);
                        else
                                GPIO_SetBits(PORT_LED_PROGRAM, PIN_LED_PROGRAM);

                        if(RcvData & RC100_BTN_3)
                                GPIO_ResetBits(PORT_LED_PLAY, PIN_LED_PLAY);
                        else
                                GPIO_SetBits(PORT_LED_PLAY, PIN_LED_PLAY);
```

```
                }
        }
        return 0;
}
```

〈코드 4.4〉 RC100 ZIGBEE 코드의 main함수

코드에서 zgb_rx_check은 제어기의 통신장치에 데이터가 도착했는지 확인하는 함수이며 수신된 데이터가 있으면 1을, 없으면 0을 돌려준다. zgb_rx_data는 제어기의 통신장치로부터 데이터를 수신받는 함수이며 이 함수가 돌려주는 값은 리모트 컨트롤러인 RC-100A에서 눌러진 버튼에 관한 값인데 다음과 같이 미리 선언되어 있다.

〈표 4.7〉 zgb_rx_data함수의 리턴 값

값	명칭	내용
1	RC100_BTN_U	U 버튼을 누른 키 값
2	RC100_BTN_D	D 버튼을 누른 키 값
4	RC100_BTN_L	L 버튼을 누른 키 값
8	RC100_BTN_R	R 버튼을 누른 키 값
16	RC100_BTN_1	1번 버튼을 누른 키 값
32	RC100_BTN_2	2번 버튼을 누른 키 값
64	RC100_BTN_3	3번 버튼을 누른 키 값
128	RC100_BTN_4	4번 버튼을 누른 키 값
256	RC100_BTN_5	5번 버튼을 누른 키 값
512	RC100_BTN_6	6번 버튼을 누른 키 값

앞의 예제들을 활용해서 바이올로이드가 걷고, 보행 방향을 틀고, 앞차기하는 모션들을 임베디드 C를 이용해서 구현한 코드는 5.6절에 소개될 것이다.

Chapter 05

휴머노이드 로봇 모션 생성

5.1 휴머노이드 로봇의 관절각도 관계식
5.2 최적화 알고리즘을 이용한 모터궤적 생성
5.3 이족 보행
5.4 제자리에서 방향 틀기
5.5 앞차기
5.6 임베디드 C를 이용한 바이올로이드 이족 보행 구현

5.1 휴머노이드 로봇의 관절각도 관계식

2장에서 DH법을 이용해서 휴머노이드 로봇의 모든 링크 좌표계의 위치와 방향을 계산했고, 투영법을 이용해서 로봇 관절의 절대 좌표를 계산했다. 3장에서는 두 방법을 이용해서 각 관절 모터가 생성해야 할 토크와 로봇 전신에 대한 ZMP를 계산하는 방법을 다뤘다. 이번 장에서는 보행에 대한 기초 지식과 제자리에서 방향 틀기, 앞차기 등의 모션을 시뮬레이션으로 생성하기 위해 최적화 알고리즘과 다항함수를 이용한 모터 회전궤적 파라미터화(parameterization) 등을 이론적으로 다루고 임베디드 C를 써서 바이올로이드를 제어하는 것을 코드와 함께 실행해 보기로 한다.

먼저 휴머노이드 로봇의 다양한 모션을 생성하고 제어하기 위해서는 각 관절 모터에 매 샘플링 시간마다 적절한 각도 값을 명령 값으로 전달해야 한다. 그런데 DH법이나 투영법에서는 지지하는 다리의 발목에 위치한 기준 좌표계에 따라 같은 관절 모터에 부여되는 관절변수가 달라지는 문제점이 있다. 즉, 그림 2.13과 2.15를 보면 왼발 지지 시에는 왼쪽 족관절과 슬관절, 고관절 부위에 관절변수 θ_1~θ_3, ϕ_1~ϕ_3, ψ_1가 할당되었는데 오른발 지지 시에는 오른쪽 다리 관절에 이 변수들이 할당되었음을 볼 수 있다. 투영법도 그림 2.27과 2.28을 비교해 보면 같은 문제가 발생함을 알 수 있다. 이러한 상대적 관절변수를 사용하면 최적화 알고리즘으로 각 관절 모터의 최적궤적 생성 시 코딩에 혼선이 올 뿐만 아니라 탐색 관절각도의 상한값과 하한값을 정하는 데에도 어려움이 있다. 그러므로 이번 장에서는 지금까지 사용한 상대 관절변수와는 달리 각 모터에 고유하게 할당되는 절대 관절변수를 새롭게 정의하고 전자를 관절 기하각, 후자를 관절 모터각이라고 명명한다.

관절 기하각은 2장에서 설명한 것처럼 시상면에는 θ_1~θ_8, 관상면에는 ϕ_1~ϕ_8, 횡평면에는 ψ_1~ψ_2가 있어서 전체 18개이다. 이에 상응하는 관절 모터각 변수는 관절의 위치와 회전 방향을 고려하여 각도를 정의했으며 다음의

첨자 규칙을 써서 명명한다.

- 위첨자: 로봇 몸체의 왼쪽부위에 위치한 모터에는 l, 오른쪽에 위치한 모터에는 r을 붙임
- 아래첨자: 족관절에는 an(ankle joint), 슬관절에는 kn(knee joint), 고관절에는 hp(hip joint), 견관절에는 sh(shoulder joint), 주관절에는 el (elbow joint), 수관절에는 wr(wrist joint)를 붙임(바이올로이드는 수관절이 없음).

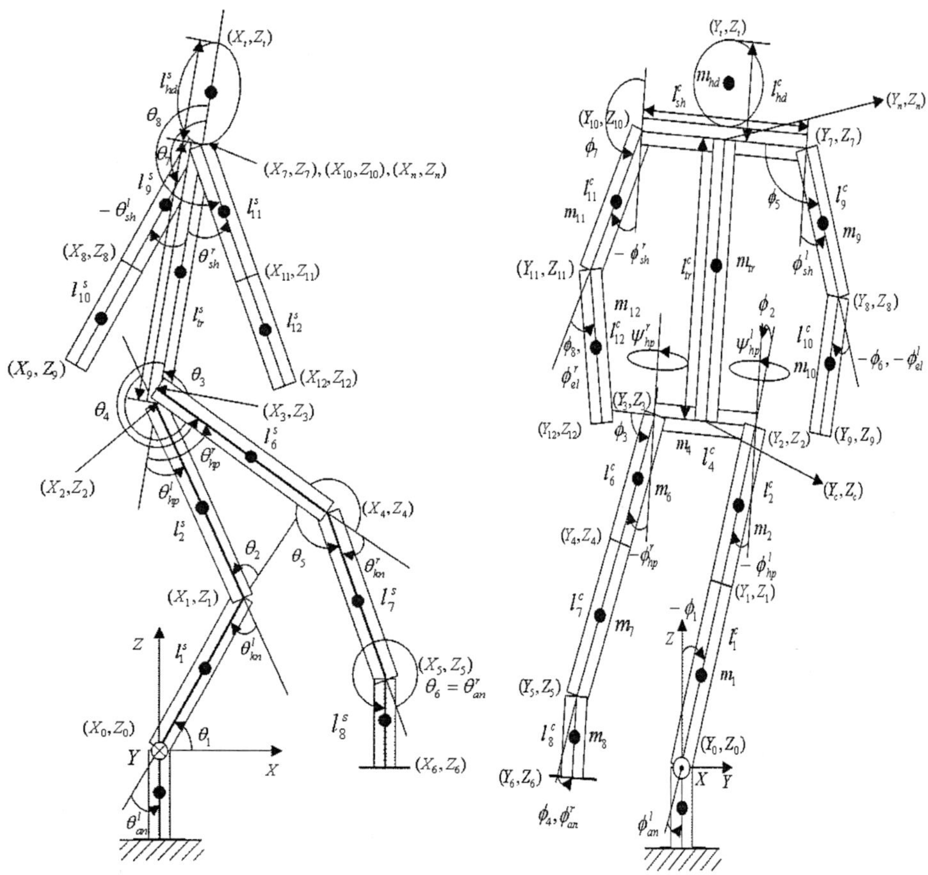

(a) 시상면 모델 (b) 관상면 모델

그림 5.1 왼쪽 다리로 지지하고 있는 휴머노이드 로봇의 3차원 전신 모델

관절 모터각은 직립자세일 때를 0° 로 설정하고 회전축에 대해 오른손 법칙을 적용하여 정의했다. 그림 5.1은 휴머노이드 로봇의 3차원 모델을 투영법을 써서 시상면과 관상면에서 각각 모델링한 것을 보이며, 관절 기하각과 관절 모터각을 함께 나타냈다. 그림 5.1(a)는 시상면에서 모델링된 휴머노이드 로봇의 링크-각도 모델을 나타나며, 하체에는 6개의 관절 모터각 변수(θ^l_{an}, θ^l_{kn}, θ^l_{hp}, θ^r_{an}, θ^r_{kn}, θ^r_{hp})와 상체에는 2개의 관절 모터각 변수(θ^l_{sh}, θ^r_{sh})가 표시되어 있다. 그림 5.1(b)는 관상면에서 모델링 된 휴머노이드 로봇의 링크-각도 모델을 나타내며, 하체에 4개의 관상면 관절 모터각 변수(ϕ^l_{an}, ϕ^l_{hp}, ϕ^r_{an}, ϕ^r_{hp})와 2개의 횡평면 관절 모터각 변수(ψ^l_{hp}, ψ^r_{an}), 그리고 상체에 4개의 관절 모터각 변수(ϕ^l_{sh}, ϕ^l_{el}, ϕ^r_{sh}, ϕ^r_{el})가 표시되어 있다. 평면에 대한 정의는 그림 2.12를 참고하기 바란다.

관절 모터각 들을 시상면과 관상면, 횡평면 별 벡터로 표현하면 다음과 같다.

$$\mathbf{\Theta} = \left[\theta^l_{an}\ \theta^l_{kn}\ \theta^l_{hp}\ \theta^l_{sh}\ \theta^r_{an}\ \theta^r_{kn}\ \theta^r_{hp}\ \theta^r_{sh}\right] \tag{5.1}$$

$$\mathbf{\Phi} = \left[\phi^l_{an}\ \phi^l_{hp}\ \phi^l_{sh}\ \phi^l_{el}\ \phi^r_{an}\ \phi^r_{hp}\ \phi^r_{sh}\ \phi^r_{el}\right] \tag{5.2}$$

$$\Psi = \left[\psi^l_{hp}\ \psi^r_{hp}\right] \tag{5.3}$$

관절 기하각과 관절 모터각과의 관계식은 지지하는 다리에 따라 달라지므로, 하체에 대해서만 생각하면 된다. 먼저 왼발로 지지하고 있을 때 시상면의 하체 관절 모터각과 관절 기하각의 관계식은 다음과 같다.

$$\theta^l_{an} = \frac{\pi}{2} - \theta_1, \theta^l_{kn} = \theta_2, \theta^l_{hp} = -\theta_3, \theta^r_{hp} = \theta_4 - \pi, \theta^r_{kn} = -\theta_5, \theta^r_{an} = \theta_6 \tag{5.4}$$

이 식을 시상면 관절 기하각에 대해서 다시 쓰면 다음과 같다.

$$\theta_1 = \frac{\pi}{2} - \theta^l_{an}, \theta_2 = \theta^l_{kn}, \theta_3 = -\theta^l_{hp}, \theta_4 = \theta^r_{hp} + \pi, \theta_5 = -\theta^r_{kn}, \theta_6 = \theta^r_{an} \tag{5.5}$$

반대로 로봇이 오른발로 전신을 지지하고 있을 때 시상면에서의 하체 관절 모터각과 관절 기하각의 관계식은 다음과 같다.

$$\theta_{an}^{r} = \frac{\pi}{2} - \theta_1, \theta_{kn}^{r} = \theta_2, \theta_{hp}^{r} = -\theta_3, \theta_{hp}^{l} = \theta_4 - \pi, \theta_{kn}^{l} = -\theta_5, \theta_{an}^{l} = \theta_6 \quad (5.6)$$

이 식을 관절 기하각에 대해서 다시 쓰면 다음과 같다.

$$\theta_1 = \frac{\pi}{2} - \theta_{an}^{r}, \theta_2 = \theta_{kn}^{r}, \theta_3 = -\theta_{hp}^{r}, \theta_4 = \theta_{hp}^{l} + \pi, \theta_5 = -\theta_{kn}^{l}, \theta_6 = \theta_{an}^{l} \quad (5.7)$$

상체에 있는 링크 좌표계들은 지지하는 다리와는 관계가 없으므로 시상면에서의 관절 모터각과 관절 기하각의 관계식은 다음과 같이 공통적으로 정해진다.

$$\theta_{sh}^{l} = \theta_7 - \pi, \theta_{sh}^{r} = \theta_8 - \pi \quad (5.8)$$

이 식을 관절 기하각에 대해서 다시 쓰면 다음과 같다.

$$\theta_7 = \theta_{ua}^{l} + \pi, \theta_8 = \theta_{ua}^{r} + \pi \quad (5.9)$$

그 다음으로 관상면 상에서 관절 모터각과 관절 기하각의 관계를 살펴보기로 하자. 시상면의 경우와 마찬가지로, 지지하는 다리가 왼발인 경우 관상면의 하체 관절 모터각과 관절 기하각의 관계식은 다음과 같다.

$$\phi_{an}^{l} = -\phi_1, \phi_{hp}^{l} = -\phi_2, \phi_{hp}^{r} = \phi_3 - \frac{\pi}{2}, \phi_{an}^{r} = \phi_4 \quad (5.10)$$

이 식을 관상면의 관절 기하각에 대해서 다시 풀면 다음과 같다.

$$\phi_1 = -\phi_{an}^{l}, \phi_2 = -\phi_{hp}^{l}, \phi_3 = \phi_{hp}^{r} + \frac{\pi}{2}, \phi_4 = \phi_{an}^{r} \quad (5.11)$$

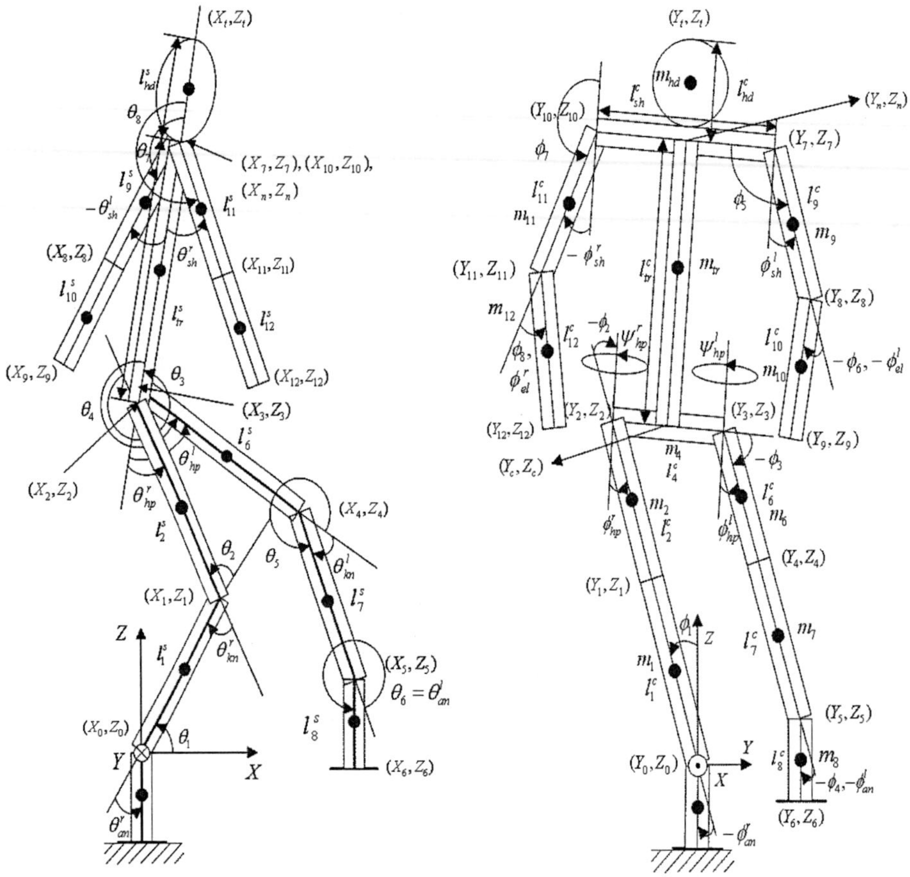

(a) 시상면 모델 (b) 관상면 모델

그림 5.2 오른쪽 다리로 지지하고 있는 휴머노이드 로봇의 3차원 전신 모델

반대의 경우로서 그림 5.2에서처럼 지지하는 다리가 오른발인 경우 하체의 관절 모터각과 관절 기하각 사이의 관계식은 다음과 같다.

$$\phi^r_{an} = -\phi_1, \phi^r_{hp} = -\phi_2, \phi^l_{hp} = \phi_3 + \frac{\pi}{2}, \phi^l_{an} = \phi_4 \tag{5.12}$$

이 식을 관상면의 관절 기하각에 대해서 다시 풀면 다음과 같다.

$$\phi_1 = -\phi^r_{an}, \phi_2 = -\phi^r_{hp}, \phi_3 = \phi^l_{hp} - \frac{\pi}{2}, \phi_4 = \phi^l_{an} \tag{5.13}$$

상체의 관상면 관절 모터각과 관절 기하각의 관계식은 지지하는 다리와 관계없이 다음과 같이 일정하다.

$$\phi_{sh}^{l} = \phi_5 - \frac{\pi}{2}, \phi_{el}^{l} = \phi_6, \phi_{sh}^{r} = \phi_7 - \pi, \phi_{el}^{r} = \phi_8 \tag{5.14}$$

이 식을 관절 기하각에 대해서 다시 쓰면 다음과 같다.

$$\phi_5 = \phi_{sh}^{l} + \frac{\pi}{2}, \phi_6 = \phi_{el}^{l}, \phi_7 = \phi_{sh}^{r} + \pi, \phi_8 = \phi_{el}^{r} \tag{5.15}$$

그림 5.1과 5.2에서 ψ_{hp}^{l}과 ψ_{hp}^{r}은 횡평면 상에서 왼쪽과 오른쪽의 고관절 회전 각도를 나타내며 보행 시 방향 회전에 사용된다. 왼쪽 다리로 지지하는 경우 관절 모터각과 관절 기하각의 관계식은 다음과 같다.

$$\psi_{hp}^{l} = -\psi_1, \quad \psi_{hp}^{r} = \psi_2 \tag{5.16}$$

이 식은 지지하는 다리가 오른쪽 다리인 경우 다음과 같이 부호가 바뀌게 된다.

$$\psi_{hp}^{l} = \psi_2, \quad \psi_{hp}^{r} = -\psi_1 \tag{5.17}$$

다음 페이지의 motor2dh.m 코드는 관절 모터각을 관절 기하각으로 변환시켜주는 함수이며 다음과 같이 5개의 인자를 받아서 관절 기하각 벡터 angle을 돌려준다. 이 장의 모든 Matlab 코드는 http://office.ucloud.com의 My ucloud/게스트폴더의 code\matlab code 디렉터리에 있다.

angle = motor2dh(mth, mphi, mpsi, arg_deriv, arg_angle, arg_step)

mth와 mphi, mpsi는 각 평면의 관절 모터각 벡터를 나타내며, arg_deriv는 입력으로 받은 관절 모터각들이 미분 값인지('deriv') 아니면 각도 값인지 ('non')를 알려준다. 어떤 관절 모터에 인가되는 토크나 에너지 계산 시 관절 기하각의 각속도나 각가속도를 계산해야 하는데, 식 (5.4)~(5.15)를 보면 등식의 양변을 미분하면 상수는 0이 되어 따로 더해 줄 필요가 없음을 알 수 있다. 이렇게 코드의 효율성을 높이기 위해 arg_deriv를 사용했다. arg_angle은 입력되는 관절 모터 변수 단위가 각도(degree) 인지 라디안인지를 알려주며, 각도 단위라면 수식 계산 전에 라디안 값으로 변환시키는 루틴을 삽입했다. arg_step은 지지하는 발이 왼발이냐 오른발이냐를 의미하며 string 타입으로 'LEFT_BASE' (왼발 지지)와 'RIGHT_BASE' (오른발 지지) 두 가지가 있다.

```
function angle = motor2dh(mth, mphi, mpsi, arg_deriv, arg_angle, arg_step)

if strcmp(arg_angle,' deg' )==1
   mth = deg2rad(mth);
   mphi = deg2rad(mphi);
   mpsi = deg2rad(mpsi);
end

if strcmp(arg_deriv,' deriv' )==1        cnst = 0;
elseif strcmp(arg_deriv,' non' )==1    cnst = pi;
else  error( 'Is the angle derivative?' );
end

if strcmp(arg_step,  'LEFT_BASE' )
   th1 = cnst/2 - mth(1);    th2 = mth(2);    th3 = -mth(3);
   th4 = cnst + mth(4);     th5 = -mth(5);    th6 = mth(6);

   phi1 = -mphi(1);    phi2 = -mphi(2);
   phi3 = mphi(3) + cnst/2;    phi4 = mphi(4);

   psi1 = -mpsi(1);    psi2 = mpsi(2);
elseif strcmp(arg_step,  'RIGHT_BASE' )
   th1 = cnst/2 - mth(6);    th2 = mth(5);    th3 = -mth(4);
   th4 = cnst + mth(3);    th5 = -mth(2);    th6 = mth(1);

   phi1 = -mphi(4);    phi2 = -mphi(3);
   phi3 = mphi(2) - cnst/2;    phi4 = mphi(1);
```

```
    psi1 = -mpsi(2);    psi2 = mpsi(1);
  end

  th7 = mth(7)+pi;    th8 = mth(8)+pi;
  phi5 = mphi(5) + cnst/2;  phi6 = mphi(6);  phi7 = mphi(7) + cnst;  phi8 = mphi(8);

  angle = [th1 th2 th3 th4 th5 th6 th7 th8 phi1 phi2 phi3 phi4 phi5 phi6 phi7 phi8 psi1 psi2]' ;
```

〈코드 5.1〉 motor2dh.m 코드

4장에서 배웠듯이 바이올로이드의 모션 생성을 위해서는 각 관절을 구동시키는 다이나믹셀 AX-12A 모터에게 적절한 각도 명령 값을 제어기에서 보내줘야 한다. 모든 AX-12A 모터의 현재 위치각은 그림 4.7과 같이 정의되어 있으며, 바이올로이드를 구성하는 다이나믹셀의 장착 방향과 ID는 그림 4.8과 같이 정해져 있다. 그러므로 PC나 모바일장치에서 최적화한 각 관절 모터의 궤적은 AX-12A 모터의 각도 명령 값으로 변환되어야 한다.

관절 모터각은 두 팔을 아래로 내린 직립 상태를 0°로 정의했고 그림 5.1에서와 같이 양의 회전 방향이 정의되어 있다. 관절 모터별로 초기각도가 다르게 정의되므로 그림 5.3에서와 같이 RoboPlus Motion 프로그램을 열고 상단메뉴에서 '포트' 옆에 있는 '로봇연결' 버튼을 눌러서 실행시키자. 오른쪽에 위치한 편집 화면의 탭에서 가운데 있는 '포즈 유틸리티'를 선택하면 그림 5.3과 같은 화면이 보인다. 상단 오른쪽의 '초기자세' 버튼을 클릭하면 '기본 포즈 편집기'에서 '스텝의 포즈'에 각 관절 모터의 목표 위치 값이 나온다.

그림 5.4는 RoboPlus Motion 창에서 '기본 포즈 편집기' 버튼을 누르면 실행되는 창으로 '스텝의 포즈'와 '로봇의 포즈' 사이에 오른쪽 화살표와 조그 다이얼, 왼쪽 화살표가 순서대로 배치되어 있는 것을 볼 수 있다. 여기에서 오른쪽 화살표를 클릭하면 PC로부터 CM-530 제어기로 '스텝의 포즈'에 해당하는 관절 위치 값들이 전송되고 로봇이 초기자세를 즉시 취함을 볼 수 있다. 반대로 오른쪽 화살표를 누르면 CM-530 제어기에 저장되어 있던 '로봇

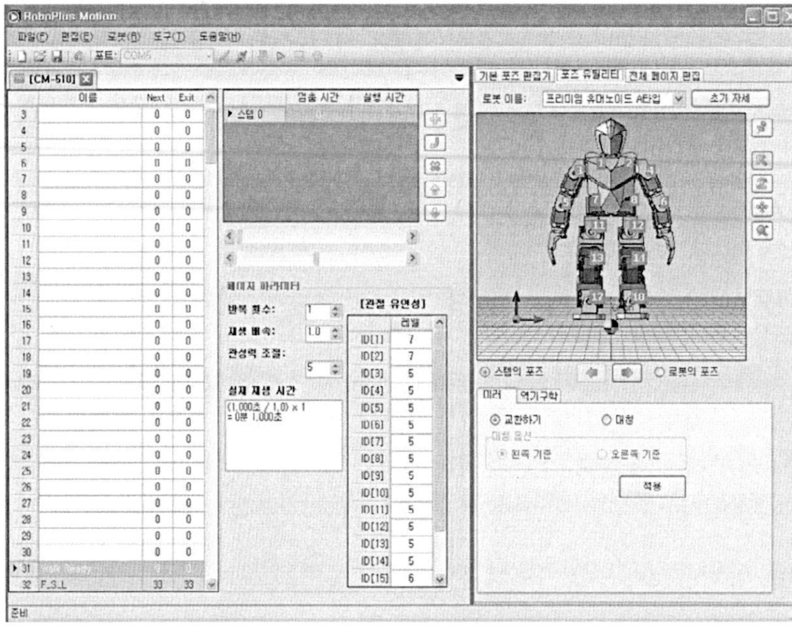

그림 5.3 RoboPlus Motion 창

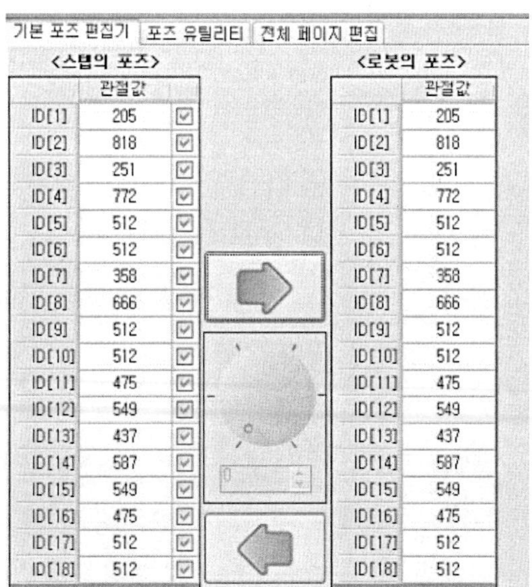

그림 5.4 기본 포즈 편집기 창

의 포즈' 관절 값들이 PC상의 관절 값인 '스텝의 포즈'로 그대로 복사된다.

가운데 있는 조그 다이얼은 선택한 모터의 목표각도를 RoboPlus Motion 프로그램에서 수동으로 조작할 때 사용되는 것이며, 이 다이얼을 왼쪽이나 오른쪽으로 마우스를 누른 채 돌림으로써 각 모터의 회전 방향과 기준위치를 변화시킬 수 있다.

표 5.1과 표 5.2에 시상면과 관상면의 8개 관절각도에 대한 ID와 초기 위치, 그리고 방향 일치도를 각각 나열하여 비교했다. 표에서 방향 일치도가 양의 방향이라는 것은 조그 다이얼을 반시계방향으로 돌림으로써 모터의 현재 위치 값을 증가시킬 때 그림 5.1에 정의 된 관절 모터각도 함께 증가함을 의미하고, 음의 방향이라는 것은 모터의 현재 위치를 증가시킬 때 관절 모터각이 감소함을 의미한다. 표 5.2에서 왼쪽 견관절(ϕ^l_{sh})과 오른쪽 견관절(ϕ^r_{sh})의 초기 위치 값을 주의해서 볼 필요가 있는데, RoboPlus Motion을 통해 확인한 값은 각각 772와 251이다. 그러나 이 자세는 그림 5.1의 각도 정의에 따르면 각각 14°와 −14°에 해당되므로 0°의 값으로 보정해야 한다. 그래서 방향 일치도와 각도 해상도를 이용해서 보정한 값이 각각 820과 203이다. <표 5.3>에서는 횡평면의 2개 관절각도에 대한 ID와 초기 위치, 그리고 방향 일치도를 나열했다.

〈표 5.1〉 시상면 관절 모터각의 ID와 초기 위치, 방향 일치도

관절 모터각	ID	초기 위치	방향 일치도
θ^l_{an}	16	475	음
θ^l_{kn}	14	587	양
θ^l_{hp}	12	549	양
θ^l_{sh}	2	818	음
θ^r_{an}	15	549	양
θ^r_{kn}	13	437	음
θ^r_{hp}	11	475	음
θ^r_{sh}	1	205	양

〈표 5.2〉 관상면 관절 모터각의 ID와 초기 위치, 방향 일치도(별표는 0° 로 보정한 값)

관절 모터각	ID	초기 위치	방향 일치도
ϕ^l_{an}	18	512	음
ϕ^l_{hp}	10	512	양
ϕ^l_{sh}	4	820*	음
ϕ^l_{el}	6	512	음
ϕ^r_{an}	17	512	음
ϕ^r_{hp}	9	512	양
ϕ^r_{sh}	3	203*	음
ϕ^r_{el}	5	512	음

〈표 5.3〉 횡평면 관절 모터각의 ID와 초기 위치, 방향 일치도

관절 모터각	ID	초기 위치	방향 일치도
ψ^l_{hp}	8	666	음
ψ^r_{hp}	7	358	음

4장에서 보았듯이 AX-12A 모터는 300° 를 10비트로 표현하기 때문에 이진수를 1 증가시킬 때의 각도 해상도는 0.293°(=300/1024)이다. 위의 표로부터 관절 모터각을 AX-12A 모터의 현재 위치 값으로 변환하는 공식은 다음과 같다.

$$\begin{aligned} \text{AX-12A 모터의 현재 위치} &= \text{초기 위치} + \text{round}(\text{관절 모터각}/0.293) : \text{양의 방향} \\ &= \text{초기 위치} - \text{round}(\text{관절 모터각}/0.293) : \text{음의 방향} \end{aligned} \tag{5.18}$$

식에서 round는 Matlab 함수로서 실수를 반올림하여 정수화하며, 관절 모터각의 단위는 각도가 아니라 라디안임을 주의해야 한다. <코드 5.2>와 <코드 5.3>은 <표 5.1~5.3>과 식 (5.18)을 이용해서 관절 모터각을 AX-12A 모터의

위치로 부호화시키는 코드를 나타낸다. <코드 5.2>의 motor2ax12 함수는 평면별 관절 모터각을 인수로 받은 후 관절 모터각과 모터 ID의 관계에 따라 ax_encode 함수를 이용해서 다이나믹셀의 부호화된 각도 값으로 변환하는 역할을 한다.

또한 4.4절에서 보았듯이 dxl_write_byte 또는 dxl_write_word 명령어를 이용해서 바이올로이드 모션을 생성하기 위해서는 다이나믹셀의 목표 위치와 목표 각속도를 함께 할당해야 한다. 4.1절에서 회전 속도의 단위는 0.111rpm이라고 했으므로 이진수 값이 1 증가할 때 다음의 관계식에 의해 다이나믹셀은 1초당 0.666° 회전한다.

$$1\,\text{res. of Moving Speed} = 0.111\,\text{rpm} = \begin{cases} 0.111 \times \dfrac{360^\circ}{60\,\text{sec}} = 0.666\,\text{deg/sec} \\ 0.111 \times \dfrac{2\pi}{60\,\text{sec}} = 0.0116\,\text{rad/sec} \end{cases} \tag{5.19}$$

예를 들어 샘플링 시간이 T_s이고, k번째 샘플링 시점에서 어떤 관절 모터의 각도가 $\theta(k)$, 직전 $k-1$번째 샘플링 시점의 관절 모터의 각도 값이 $\theta(k-1)$이라고 하면 dxl_write_word 에 쓸 목표 각속도의 부호화된 값은 식 (5.20)으로 계산할 수 있다.

```
function enc_ang = motor2ax12(mth, mphi, mpsi, arg_angle)

% 관절 모터각 벡터의 정의
% mth=[sag_an_l sag_kn_l sag_hp_l sag_hp_r sag_kn_r sag_an_r sag_sh_l sag_sh_r]
% mphi=[cor_an_l cor_hp_l cor_hp_r cor_an_r cor_sh_l cor_el_l cor_sh_r cor_el_r]
% mpsi=[tran_hp_l tran_hp_r]

% 각도 단위로 입력된 경우 라디안으로 변환
if strcmp(arg_angle,' deg' )==1
   mth = deg2rad(mth);
   mphi = deg2rad(mphi);
   mpsi = deg2rad(mpsi);
end
```

```
enc_ang=[ ];
for id =1:18
    if id == 1, ea = ax_encode(id, mth(8));        % sag_sh_r
    elseif id == 2, ea = ax_encode(id, mth(7));     % sag_sh_l
    elseif id == 3, ea = ax_encode(id, mphi(7));    % cor_sh_r
    elseif id == 4, ea = ax_encode(id, mphi(5));    % cor_sh_l
    elseif id == 5, ea = ax_encode(id, mphi(8));    % cor_el_r
    elseif id == 6, ea = ax_encode(id, mphi(6));    % cor_el_l
    elseif id == 7, ea = ax_encode(id, mpsi(2));    % tran_hp_r
    elseif id == 8, ea = ax_encode(id, mpsi(1));    % tran_hp_l
    elseif id == 9, ea = ax_encode(id, mphi(3));    % cor_hp_r
    elseif id == 10, ea = ax_encode(id, mphi(2));   % cor_hp_l
    elseif id == 11, ea = ax_encode(id, mth(4));    % sag_hp_r
    elseif id == 12, ea = ax_encode(id, mth(3));    % sag_hp_l
    elseif id == 13, ea = ax_encode(id, mth(5));    % sag_kn_r
    elseif id == 14, ea = ax_encode(id, mth(2));    % sag_kn_l
    elseif id == 15, ea = ax_encode(id, mth(6));    % sag_an_r
    elseif id == 16, ea = ax_encode(id, mth(1));    % sag_an_l
    elseif id == 17, ea = ax_encode(id, mphi(4));   % cor_an_r
    elseif id == 18, ea = ax_encode(id, mphi(1));   % cor_an_l
    else  error( 'Wrong ID' )
    end
    enc_ang(id) = ea;
end
```

〈코드 5.2〉 motor2ax12.m 코드

```
function y = ax_encode(ID, ang)

% d: 방향 일치도 -> 1:양의 방향, -1:음의 방향, ax0: 바이올로이드 키트의 초기각
if ID == 1,  d=1;  ax0=205;          % sag_sh_r
elseif ID == 2,  d=-1;  ax0=818;    % sag_sh_l
elseif ID == 3,  d=-1;  ax0=203;    % cor_sh_r
elseif ID == 4,  d=-1;  ax0=820;    % cor_sh_l
elseif ID == 5,  d=-1;  ax0=512;    % cor_el_r
elseif ID == 6,  d=-1;  ax0=512;    % cor_el_l
elseif ID == 7,  d=-1;  ax0=358;    % tran_hp_r
elseif ID == 8,  d=-1;  ax0=666;    % tran_hp_l
```

```
elseif ID == 9,  d= 1;  ax0=512;   % cor_hp_r
elseif ID == 10, d= 1;  ax0=512;   % cor_hp_l
elseif ID == 11, d=-1;  ax0=475;   % sag_hp_r
elseif ID == 12, d= 1;  ax0=549;   % sag_hp_l
elseif ID == 13, d=-1;  ax0=437;   % sag_kn_r
elseif ID == 14, d= 1;  ax0=587;   % sag_kn_l
elseif ID == 15, d= 1;  ax0=549;   % sag_an_r
elseif ID == 16, d=-1;  ax0=475;   % sag_an_l
elseif ID == 17, d=-1;  ax0=512;   % cor_an_r
elseif ID == 18, d=-1;  ax0=512;   % cor_an_l
else  disp( 'Wrong ID' )
end
y = ax0 + d*round(ang/deg2rad(0.293));
end
```

〈코드 5.3〉 ax_encode.m 코드

$$\omega_k = \begin{cases} \text{round}\left(\dfrac{|\theta(k)-\theta(k-1)|}{T_s}\right)\text{deg/sec} = \text{round}\left(\dfrac{|\theta(k)-\theta(k-1)|}{T_s}\dfrac{1}{0.666}\right)\text{res.} \\ \text{round}\left(\dfrac{|\theta(k)-\theta(k-1)|}{T_s}\right)\text{rad/sec} = \text{round}\left(\dfrac{|\theta(k)-\theta(k-1)|}{T_s}\dfrac{1}{0.0116}\right)\text{res.} \end{cases} \tag{5.20}$$

이 식에서 식 (5.19)의 각속도 부호화 관계의 역을 이용했다. 이 식들은 CM-530 제어기에서 다이나믹셀로 각도와 속도 값 패킷을 전송할 때 사용된다.

5.2 최적화 알고리즘을 이용한 모터궤적 생성

5.2.1 최적화 알고리즘

휴머노이드 로봇을 이용해서 특정 모션을 생성하기 위해서는 로봇의 주제어기가 단위 시간별로 모든 관절 모터에 각도 명령 값을 전송해야 하는데, 18개에 이르는 관절 모터의 각도 값을 사용자가 일일이 수동으로 정해주는 방법에는 한계가 있다. 그러므로 컴퓨터 시뮬레이션을 통해 원하는 로봇 모션을 만들기 위해서는 각 관절 모터의 각도궤적을 자동으로 계산 해 주는 최적화 알고리즘을 사용해야 한다.

최적화 알고리즘은 최소화해야 할 비용함수(cost function)의 미분 정보 사용 여부에 따라 간접법(indirect method)과 직접법(direct method)으로 구분되는데, 로봇 모션 생성에 적용되는 비용함수를 미분하는 것은 대단히 복잡하거나 아예 불가능하므로 직접법을 사용해야 한다. 이 책에서는 다양한 이공학 분야에서 널리 사용되고 있는 PSO(particle swarm optimization)를 최적화 알고리즘으로 사용한다.

PSO는 1995년 Kennedy와 Eberhart에 의해 제안된 전역최적화 기법으로서, 조류나 어류 등의 무리가 서로의 정보를 공유하면서 먹이를 찾아가는 과정을 흉내낸 자연모방형(nature-inspired) 알고리즘이다[12]. PSO는 조류나 어류의 무리가 먹이를 찾아가는 과정에서 무리 내의 각 개체가 가지고 있는 최적해 정보와 무리 전체가 가지고 있는 최적해 정보를 기초로 하여 각 개체가 행동한다는 개념을 최적화 과정에 도입하였다. PSO는 한 개체가 아니라 여러 개체가 무리를 지어 탐색을 한다는 점에서 유전 알고리즘(Genetic Algorithm, GA)[13]과 비슷하나, 교배(crossover)나 돌연변이(mutation) 등을 하지 않아 알고리즘이 간단하고 계산 시간이 짧으며 대량의 메모리가 필요 없는 장점이 있다. 또한 연속형과 이산형 문제 양쪽에 모두 적용 가능하다[12].

PSO에서 각 개체(파티클)들은 탐색 시작 후 자신들이 발견한 해 중 가장 좋은 해의 위치벡터인 $\mathbf{p}_{best}$와 그 비용함수 $J(\mathbf{p}_{best})$를 메모리에 저장한다. 그리고 집단 전체에서 발견한 해 중에서 가장 좋은 해의 위치벡터인 $\mathbf{g}_{best}$와 비용함수 $J(\mathbf{g}_{best})$를 개체 간에 공유한다. 전체 집단 중 k번째 개체는 이러한 $\mathbf{p}^{k}_{best}$와 $\mathbf{g}_{best}$의 정보를 이용해서 식 (5.21)과 (5.22)에 의해 다음 반복(iteration) 차수에서의 속도벡터 $\mathbf{v}_{k}^{next}$와 위치벡터 $\mathbf{s}_{k}^{next}$를 계산한다[14].

$$\mathbf{v}_k^{next} = w\mathbf{v}_k^{now} + c_1 r_1 (\mathbf{p}_{best}^k - \mathbf{s}_k^{now}) + c_2 r_2 (\mathbf{g}_{best} - \mathbf{s}_k^{now}), \tag{5.21}$$

$$\mathbf{s}_k^{next} = \mathbf{s}_k^{now} + \mathbf{v}_k^{next}, \quad k = 1, 2, \cdots, N. \tag{5.22}$$

식에서 $\mathbf{v}_k^{next}$와 $\mathbf{s}_k^{next}$는 k번째 개체의 현재 속도벡터와 위치벡터를 각각 나타낸다. 식에서 보듯이 다음 차수에서의 위치벡터는 현재의 위치벡터에 현재의 속도벡터를 더하면 얻을 수 있다. 또한 식에서 w는 속도의 관성 가중치(inertial weight)를, c_1과 c_2는 학습요인(learning factor)의 가중치 계수를 나타내며, r_1과 r_2는 0과 1 사이에서 발생시킨 균일분포(uniformly-distributed) 랜덤값을 나타낸다.

그림 5.5는 2차원 탐색 평면에서 PSO의 k번째 개체가 현재의 위치인 $\mathbf{s}_k^{now}$에서 다음 위치인 $\mathbf{s}_k^{next}$로 이동하는 원리를 나타낸 그림이다. k번째 개체는 지금까지 그 개체의 경험에 의해 얻은 최적해인 $\mathbf{p}_{best}^k$의 정보를 가지고 있고, 집단에서 발견한 전역해(global minimum)인 $\mathbf{g}_{best}$의 정보 또한 공유하고 있다. k번째 개체가 현재 탐색점 $\mathbf{s}_k^{now}$로부터 탐색점 갱신을 하기 위해서는 새로운 속도 $\mathbf{v}_k^{next}$를 구해야 한다. 이때 PSO에서는 현재 속도벡터 $\mathbf{v}_k^{now}$의 관성을 유지

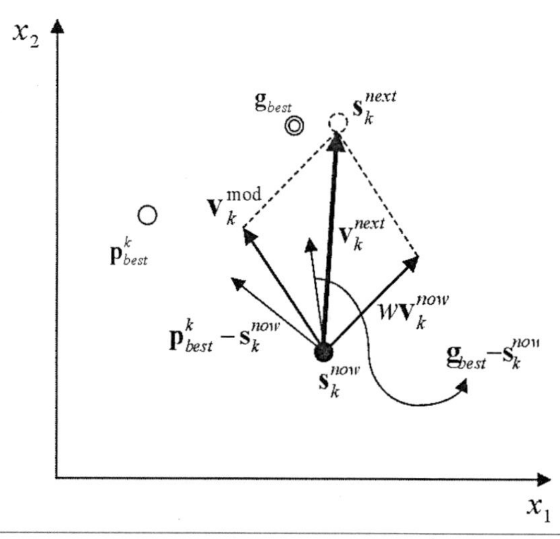

그림 5.5 2차원 탐색 평면에서 PSO의 k번째 개체의 위치와 속도변화 과정

하면서($w\mathbf{v}_k^{now}$) 개체 최적해를 향한 방향($\mathbf{p}_{best}^k - \mathbf{s}_k^{now}$)과 전역 최적해를 향한 방향($\mathbf{g}_{best} - \mathbf{s}_k^{now}$)을 함께 고려한다. 그림에서 $\mathbf{v}_k^{mod}$는 이렇게 개체 최적해와 전역 최적해를 향한 방향의 합을 나타내며 수식으로는 다음과 같다.

$$\mathbf{v}_k^{\text{mod}} = c_1 r_1 \left(\mathbf{p}_{best}^k - \mathbf{s}_k^{now}\right) + c_2 r_2 \left(\mathbf{g}_{best} - \mathbf{s}_k^{now}\right) \tag{5.23}$$

이 식을 쓰면 식 (5.21)은 $\mathbf{v}_k^{mod}$를 써서 다음과 같이 표현된다.

$$\mathbf{v}_k^{next} = w\mathbf{v}_k^{now} + \mathbf{v}_k^{\text{mod}} \tag{5.24}$$

이제 $\mathbf{v}_k^{next}$를 계산하면 식 (5.22)를 이용해서 개체의 다음 위치벡터 $\mathbf{s}_k^{next}$를 구할 수 있고, 이러한 반복은 최대 반복 횟수만큼 시행된다.

PSO 알고리듬은 다음의 연산 과정을 거친다[14].

1) 전체 개체에 대해 초기 위치벡터 $\mathbf{s}$와 속도벡터 $\mathbf{v}$를 난수를 이용해 설정한다. 이때 초기의 위치벡터 $\mathbf{s}$를 $\mathbf{p}_{best}$로 한다.
2) 1)에서 비용함수가 최소(최대화 문제의 경우 최대)인 $\mathbf{p}_{best}$를 전체 집단의 전역 최적 벡터 $\mathbf{g}_{best}$로 한다.
3) 개체의 속도벡터 $\mathbf{v}$를 식 (5.21)을 사용해서 갱신하고, 위치벡터 $\mathbf{s}$를 식 (5.22)를 사용해서 갱신한다.
4) 개체별로 현재의 위치에서 목적함수 값 $J(\mathbf{s})$가 $J(\mathbf{p}_{best})$보다 개선된 목적함수 값을 가지면 $\mathbf{s}$를 $\mathbf{p}_{best}$로 대체한다.
5) 전체 개체에 대해서 $J(\mathbf{p}_{best})$가 $J(\mathbf{g}_{best})$보다 개선된 목적함수 값을 가지면 $\mathbf{p}_{best}$를 $\mathbf{g}_{best}$로 대체한다.
6) 만족할 만한 비용함수를 가진 해를 얻거나 충분히 많은 세대를 거치게 될 때까지 3)부터 루프를 반복 수행한다.

PSO로 전역해를 탐색하는 과정을 보이기 위해 2차원 벤치마크 함수로 많이 사용되는 Branin 함수를 대상으로 최적화를 수행해 보자. Branin 함수는 다음과 같이 정의되어 있다.

$$f(x)=\left(x_2-\frac{5.1}{4\pi^2}x_1^2+\frac{5}{\pi}x_1-6\right)^2+10\left(1-\frac{1}{8\pi}\right)\cos x_1+10,\quad -5\le x_1\le 10,\ 0\le x_2\le 15 \tag{5.25}$$

Branin 함수는 3개의 전역해를 가지고 있으며, 전역해의 위치는 $\mathbf{x}^*=(-3.142, 12.275)$, $(3.142, 2.275)$, $(9.425, 2.425)$이며 전역해의 함수 값은 0.397887358이다. 어떤 최적화 함수의 성능을 비교하는 일반적인 방법은 그 함수의 알려진 전역해의 함수 값에 10^{-6} 이내의 함수 값 오차로 접근할 때까지 그 함수를 계산한 횟수를 측정하여 다른 알고리즘으로 얻은 횟수 값들과 비교하는 것이다.

PSO를 이용해서 Branin 함수 최적화를 수행하는 코드는 code\matlab code 디렉터리의 pso.m 파일과 testBR.m 파일에 작성되어 있으며 코드 5.4에 보였다. 식 (5.23)과 (5.24)에서 w는 0.8, c_1과 c_2는 같도록 2로 설정하였다. 이것은 식 (5.21)의 제 2항과 제 3항의 계수가 0에서 1까지의 난수와 가중치 계수의 곱으로 되어있기 때문에 그 평균이 1이 되도록 하기 위한 것이다[14]. 그리고 개체 수 N은 30으로 설정하였으며, 이러한 PSO 파라미터들은 [15]를 참고하였다.

그림 5.6과 5.7은 PSO를 이용해서 Branin 함수의 전역해를 탐색하는 과정을 나타낸다. 그림 5.6에서 볼 수 있듯이 초기 탐색(iter=1) 시에는 30개의 개체들이 탐색 영역에 무작위로 분산되어 있지만 탐색이 중기(iter=24)에서 후기(iter=100)로 진행될수록 대부분의 개체들이 전역해로 수렴함을 볼 수 있다. 그림 5.7은 PSO가 탐색을 반복하면서 95회의 반복 후에 전역해를 성공적으로 찾아냈음을 보인다. 다음 절부터 로봇의 자세나 보행, 움직임 등의 다양한 최적화 수행 시 비용함수 정의만 수정하면 된다.

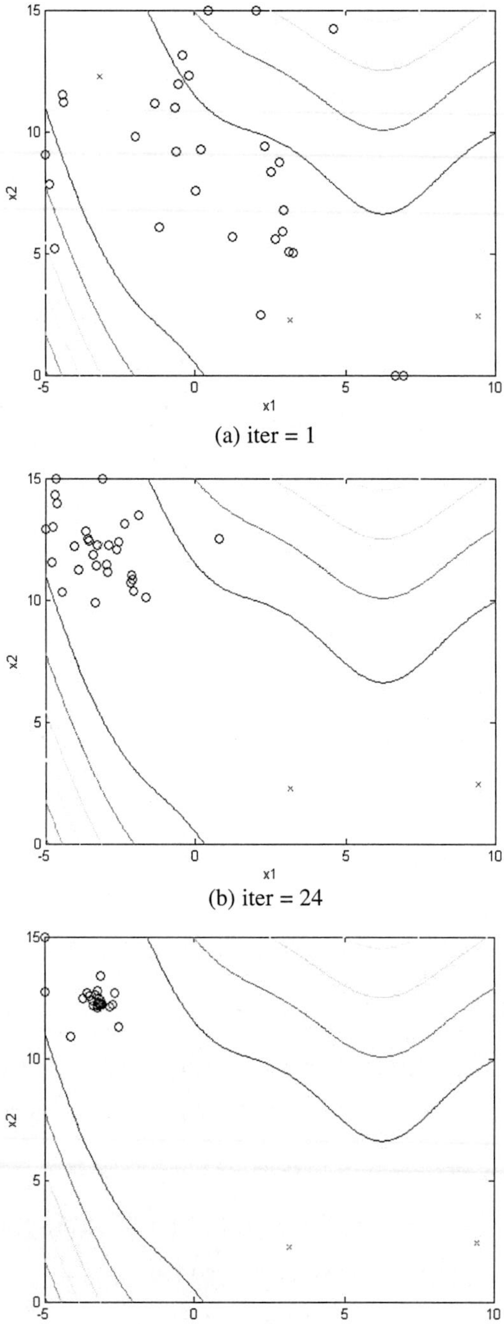

(a) iter = 1

(b) iter = 24

(c) iter = 100

그림 5.6 PSO 탐색 시 개체들의 분포 추이(iter: 반복 횟수)

```
%변수지정
dimPar = 2;                          % 변수 개수
upBnd = [10 15]' ;                   % 변수 상한값
lowBnd = [-5 0]' ;                   % 변수 하한값
globMinCost = 0.397887358;           % Branin 함수의 전역해

n_part = 30;                         % 개체 개수
v_max = 5*ones(1, dimPar)' ;         % 속도 상한값
v_min = -5*ones(1, dimPar)' ;        % 속도 하한값

w = 0.8;                             % 속도의 관성 가중치
c1 = 2;  c2 = 2;                     % 학습요인의 가중치

% 초기값
for i=1:n_part
    x_pos(i,:) = ((upBnd-lowBnd).*rand(dimPar,1) + lowBnd)' ;
    vel(i,:) = ((v_max-v_min).*rand(dimPar,1) + v_min)' ;
end
cost = 1e10*ones(n_part);   % 초기 비용함수

% 개체 최적해의 위치와 함수 값
pos_pbest = x_pos;
cost_pbest = cost;

% 전역 최적해의 위치와 함수 값
pos_gbest = [ ];
cost_gbest = 1e10;

iter = 1 % 반복 횟수
while iter == 1 | err 〉 1e-6  %
   for pt= 1: n_part
      % 비용함수 계산
      cost(pt) = testBR(x_pos(pt, :));
      % 현재 개체를 pbest에 비교
      if cost(pt) 〈 cost_pbest(pt)
         pos_pbest(pt, :) = x_pos(pt, : );
         cost_pbest(pt) = cost(pt) ;
      end
      % 현재 개체를 gbest에 비교
      if cost(pt) 〈 cost_gbest
```

```
            pos_gbest = x_pos(pt, :);
            cost_gbest = cost(pt) ;
        end
        % 새롭게 이동할 방향으로의 속도 계산
        vel_mod = c1*rand*(pos_pbest(pt,:) - x_pos(pt, :)) + c2*rand*(pos_gbest -x_pos(pt, :));
        vel(pt, :) = w*vel(pt, :) + vel_mod ;
        % 속도의 최대값과 최소값을 제한
        vel(pt, :) = min(v_max' , vel(pt, :));
        vel(pt, :) = max(v_min' , vel(pt, :));
        % 다음 회차의 개체 위치 계산
        x_pos(pt, :) = x_pos(pt, :) + vel(pt, :);
        % 위치벡터의 제한
        x_pos(pt, :) = min(upBnd' , x_pos(pt, :));
        x_pos(pt, :) = max(lowBnd' , x_pos(pt, :));
        % 개체의 위치 표시
        figure(1)
        plot(x_pos(pt, 1), x_pos(pt,2),  'ko' );
        hold on;
    end
    err=cost_gbest-globMinCost;
    sprintf( 'iter = %d, pos_gbest = [%.2f %.2f], cost_gbest=%.4e, error= %.4e' ,iter, ...
        pos_gbest(1), pos_gbest(2), cost_gbest, err)   % 커맨드 창에 개체 값 출력
    gcost(iter) = cost_gbest;
    iter=iter+1;  % 반복 횟수
    figure(1)
    contour(fx1, fx2, f );
    plot(-3.142, 12.275,  'bx' , 3.142, 2.275,  'bx' , 9.425, 2.425,  'bx' );
    xlabel( 'x1' );
    ylabel( 'x2' );
%  pause
    hold off;
end
iters = 1:iter-1;

figure(2)
plot(iters, gcost);
xlabel( 'iteration' );
ylabel( 'cost' );
grid
title( 'PSO알고리즘 최적화 값' )
```

```
% Branin 함수 정의
function y=testBR(x)
x1=x(1);   x2=x(2);
y=(x2-5.1/(4*pi·2)*x1·2 +5/pi*x1-6)·2+10*(1-1/(8*pi))*cos(x1)+10;
```

〈코드 5.4〉 pso.m 코드와 testBR.m 코드

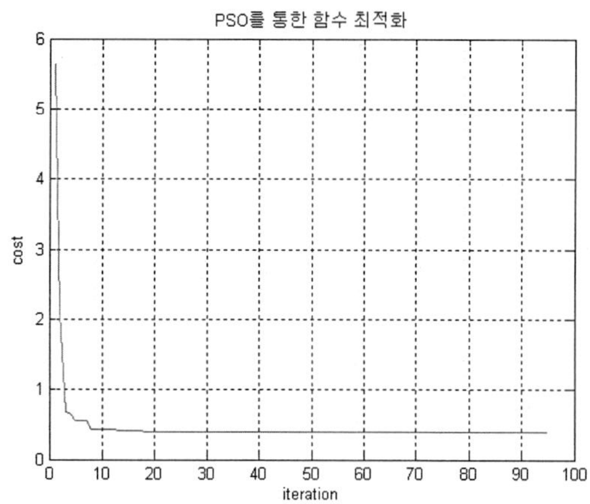

그림 5.7 PSO를 이용한 Branin 함수 값의 전역해 탐색 추이

5.2.2 관절 모터의 회전각도 궤적 생성

로봇이 작업 공간(work space)에서 움직일 때 장애물이 존재할 경우 이를 피하면서도 최단 시간에 목적지까지 도착할 수 있는 안전한 경로를 생성해야 한다. 이를 경로계획(path planning)이라고 하는데 다양한 조합 최적화 알고리즘(combinatorial optimization problem)을 이용해서 컴퓨터로 계산할 수 있다. 휴머노이드 로봇의 경우 보행 시 몸체의 방향과 위치를 결정하는 것은 주로 하체 관절들이므로, 경로계획 시 하체 관절의 각도 값들이 주된 역할을 한다. 그러나 가능한 모든 경로에 대해 전역해를 구하고자 하는 최적화 알고리즘은 복잡도가 로봇의 내부 자유도의 지수 배로 증가하기 때문에 휴머노

이드 로봇에 적용하기에는 무리가 있다. 그 대신 앞 절에서 본 PSO와 같은 직접법을 사용하면 비교적 짧은 시간 안에 만족할 만한 최적 경로를 구할 수 있다.

로봇의 최적 이동 경로가 계산되면 로봇은 그 경로를 따라가기 위해 연관된 관절들의 각도궤적들을 계산해야 하며, 이는 보행을 위한 기준 값으로 사용된다. 즉, 로봇이 주어진 경로를 움직일 때 특정 관절의 속도와 가속도는 어떠해야 하는 가에 대한 정보를 미리 알고 있어야 한다는 것이다. 이렇게 로봇이 경로를 원활히 따라갈 수 있도록 관절의 전체궤적을 사전에 계획하는 것을 궤적계획(trajectory planning)이라고 한다.

일반적으로 휴머노이드 로봇이 어떤 동작을 구현하기 위해서는 시작부터 종료 시점까지의 모든 관절 모터각도 궤적들이 배열 형태로 주어져야 한다. 그러나 18개의 휴머노이드 로봇 관절 모터들에 대해 매 샘플링 시점의 각도 값들을 임베디드 C 코드에 미리 입력해 놓고 로봇 동작 시 불러오는 방식은 메모리 사용량이 클 뿐만 아니라 샘플링 시간이나 보행 주기가 바뀌면 재변환시켜야 하므로 상당히 비효율적이다. 만약 관절의 각도궤적을 몇 개의 파라미터만을 가진 다항함수 형태로 표현할 수 있다면, 샘플링 시간과 메모리 용량에 상관없이 효율적으로 전체궤적 데이터를 저장해 둘 수 있다.

각도궤적을 생성하는 다항함수 $q(t)$는 시간 $t \in [t_0, t_f]$를 변수로 사용하며, 시작과 종료 조건인 $q(t_0)=q_0$와 $q(t_f)=q_f$를 만족시켜야 한다. 이렇게 시간변수와 계수(coefficient)들의 수식으로 표현된 각도궤적을 미분하면 궤적의 각속도(angular velocity)와 각가속도(angular acceleration) 값을 계산할 수 있는데, 이는 관절에서 생성하는 힘과 토크 계산에 필요하다. 그리고 로봇의 각 관절 모터는 최소의 전력소모를 위해 최대한 부드럽게 회전해야 하므로 직선을 이어 붙인 모양보다는 3차 이상의 다항식으로 표현하는 것이 좋다.

다항함수의 한 예로서 관절의 각도궤적을 3차 다항함수(cubic polynomial)로 표현하면 다음과 같다.

$$q(t) = a_0 + a_1 t + a_2 t^2 + a_3 t^3 \tag{5.26}$$

식에서 $a_i, i=0, \cdots, 3$는 계수들이고, 이 식을 미분하면 다음과 같은 관절 각속도궤적을 얻을 수 있다.

$$\dot{q}(t) = a_1 + 2a_2 t + 3a_3 t^2 \tag{5.27}$$

만약 시작 시간과 종료 시간의 관절각도와 각속도 값들이 다음과 같이 주어졌다고 하자.

$$q(t_0) = q_0,\ q(t_f) = q_f,\ \dot{q}(t_0) = v_0,\ \dot{q}(t_f) = v_f \tag{5.28}$$

이 조건을 만족시키는 식 (5.26)의 4개의 계수들($a_0, \cdots, a_3$)을 계산하는 것이 궤적계획에 해당되며, 다음과 같은 4원 1차 연립 방정식을 풀어야 한다.

$$\begin{aligned} q_0 &= a_0 + a_1 t_0 + a_2 t_0^2 + a_3 t_0^3 \\ v_0 &= a_1 + 2a_2 t_0 + 3a_3 t_0^2 \\ q_f &= a_0 + a_1 t_f + a_2 t_f^2 + a_3 t_f^3 \\ v_f &= a_1 + 2a_2 t_f + 3a_3 t_f^2 \end{aligned} \tag{5.29}$$

이 관계식들로부터 계수들을 구하기 위해 행렬로 표현하고 계수 해를 구하면 다음과 같다.

$$\begin{bmatrix} a_0 \\ a_1 \\ a_2 \\ a_3 \end{bmatrix} = \begin{bmatrix} 1 & t_0 & t_0^2 & t_0^3 \\ 0 & 1 & 2t_0 & 3t_0^2 \\ 1 & t_f & t_f^2 & t_f^3 \\ 0 & 1 & 2t_f & 3t_f^2 \end{bmatrix}^{-1} \begin{bmatrix} q_0 \\ v_0 \\ q_f \\ v_f \end{bmatrix} \tag{5.30}$$

식에서 정방행렬의 역행렬이 항상 존재하므로 유일한 해가 존재한다[3.1]. 그러므로 로봇의 어떤 관절궤적을 3차 다항식으로 표현할 경우 이처럼 4개의 각도와 각속도 조건(q_0, v_0, q_f)을 정해 주면 식 (5.30)에 의해 다항식 계수들이 결정되고, 식 (5.26)으로부터 전체궤적을 계산할 수 있다. 그러나 로봇의 주 제어 시스템에서 4차 이상 행렬의 역행렬 연산을 처리하기에는 부담이 되므로 이 책에서는 이 방법을 사용하지 않기로 한다.

관절의 회전각 궤적을 3차 다항식으로 표현하면 미지수인 계수들이 4개이므로 식 (5.28)에서처럼 시작과 종료 시점의 각도와 각속도 조건밖에 줄 수 없다. 만약 각가속도의 경계 조건을 추가로 부여하는 경우 총 6개의 조건을 만족시켜야 하므로 다음과 같이 6개의 계수가 있는 5차 다항함수(quintic polynomial)으로 궤적을 표현해야 한다.

$$q(t) = a_0 + a_1 t + a_2 t^2 + a_3 t^3 + a_4 t^4 + a_5 t^5 \tag{5.31}$$

식에서 6개의 계수 $a_i, i=0, \cdots, 5$를 구하기 위해서는 식 (5.30)과 같은 역행렬 변환이 필요하다. 휴머노이드 로봇의 보행 및 간단한 동작을 구현하는 데 있어서 각가속도 조건은 고려하지 않아도 되므로 이 책에서 5차 이상의 다항식은 사용하지 않기로 한다.

지금까지는 궤적의 시작 시간과 종료 시간에 주어진 조건만을 만족시키는 궤적을 찾는 방법에 대해 살펴 보았다. 그러나 궤적 중간의 특정 시점에서 각도나 각속도 조건을 만족시켜야 하는 경우가 발생하는데, 이 중간 시점을 경유점(via point)이라고 하고 경유점에서의 조건을 모두 만족시키는 궤적을 구하는 방법에 대해 알아보자. 예를 들어 어떤 궤적이 t_0, t_1, t_2 시간에 3개의 경유점(각도 값) q_0, q_1, q_2를 지나고, 다음과 같은 시작과 종료 조건을 만족시킨다고 하자.

$$q(t_0) = q_0, q(t_1) = q_1, q(t_2) = q_2, \dot{q}(t_0) = v_0, \dot{q}(t_2) = v_2 \tag{5.32}$$

이 경우 5개의 조건이 주어졌으므로 하나의 다항식으로 이들을 모두 만족시키기 위해서는 아래와 같이 4차 다항식으로 각도궤적을 표현해야 한다.

$$q(t) = a_0 + a_1 t + a_2 t^2 + a_3 t^3 + a_4 t^4 \tag{5.33}$$

궤적의 각속도를 계산하기 위해 이 식을 미분하면 다음과 같다.

$$\dot{q}(t) = a_1 + 2a_2 t + 3a_3 t^2 + 4a_4 t^3 \tag{5.34}$$

식 (5.32)에 주어진 조건을 모두 만족시키는 5개의 계수들을 구하려면 다음과 같은 5원 1차 연립 방정식을 풀어야 한다.

$$\begin{aligned} q_0 &= a_0 + a_1 t_0 + a_2 t_0^2 + a_3 t_0^3 + a_4 t_0^4 \\ q_1 &= a_0 + a_1 t_1 + a_2 t_1^2 + a_3 t_1^3 + a_4 t_1^4 \\ q_2 &= a_0 + a_1 t_2 + a_2 t_2^2 + a_3 t_2^3 + a_4 t_2^4 \\ v_0 &= a_1 + 2a_2 t_0 + 3a_3 t_0^2 + 4a_3 t_0^3 \\ v_2 &= a_1 + 2a_2 t_2 + 3a_3 t_2^2 + 4a_3 t_2^3 \end{aligned} \tag{5.35}$$

이 식들로부터 5개의 계수들을 구하기 위해 식들을 행렬식으로 표현하고 해를 구하면 다음과 같다.

$$\begin{bmatrix} a_0 \\ a_1 \\ a_2 \\ a_3 \\ a_4 \end{bmatrix} = \begin{bmatrix} 1 & t_0 & t_0^2 & t_0^3 & t_0^4 \\ 1 & t_1 & t_1^2 & t_1^3 & t_1^4 \\ 1 & t_2 & t_2^2 & t_2^3 & t_2^4 \\ 0 & 1 & 2t_0 & 3t_0^2 & 4t_0^3 \\ 0 & 1 & 2t_2 & 3t_2^2 & 4t_2^3 \end{bmatrix}^{-1} \begin{bmatrix} q_0 \\ q_1 \\ q_2 \\ v_0 \\ v_1 \end{bmatrix} \tag{5.36}$$

앞의 경우와 마찬가지로 5차 정방 행렬의 역행렬을 구하는 루틴을 CM-530 제어기의 ARM 프로세서에서 실시간으로 처리하기에는 무리가 있다. 이에 대한 현실적 대안으로 혼합다항식(blending polynomial)을 관절궤적으로 사용하는 것을 고려해 보자.

혼합다항식은 전체궤적에 다수의 경유점을 설정한 후 경유점과 경유점 사이를 세그먼트(segment)로 분할하여 각 세그먼트에 대한 궤적 파라미터들을 구하고, 이렇게 얻어진 세그먼트별 다항식을 구간별로 수식화하는 다항식 표현법이다. 그리고 인접한 두 세그먼트의 경유점에서의 각도와 각속도 값이 같다는 연속 조건을 이용하면 경유점의 각도와 각속도 조건의 수를 줄일 수 있다.

혼합다항식의 장점은 고차다항식으로 표현할 수 밖에 없는 복잡한 모양의 궤적이라도 저차다항식으로 표현되는 궤적들을 이어 붙임으로써 효율적으로 표현할 수 있다는 데 있다. 예를 들어, 아래와 같이 i번째 세그먼트의 시작 시간 t_0^i와 종료 시간 t_f^i에 대해 각도와 각속도 값이 다음과 같이 주어졌다고 하자.

$$q(t_0^i) = q_0^i, \quad q(t_f^i) = q_f^i, \quad \dot{q}(t_0^i) = v_0^i, \quad \dot{q}(t_f^i) = v_f^i \tag{5.37}$$

이 조건을 만족시키는 3차 다항식을 구하면 다음과 같다.

$$q(t) = a_0 + a_1(t - t_0^i) + a_2(t - t_0^i)^2 + a_3(t - t_0^i)^3, \quad t_0^i \le t \le t_f^i \tag{5.38}$$

식에서 4개의 계수들은 각도/각속도 조건에 대해 다음과 같은 관계식을 가진다.

$$\begin{gathered} a_0 = q_0^i, \quad a_1 = v_0^i, \\ a_2 = \frac{3(q_f^i - q_0^i) - (2v_0^i + v_f^i)(t_f^i - t_0^i)}{(t_f^i - t_0^i)^2}, \quad a_3 = \frac{2(q_0^i - q_f^i) + (v_0^i + v_f^i)(t_f^i - t_0^i)}{(t_f^i - t_0^i)^3}. \end{gathered} \tag{5.39}$$

이제 두 세그먼트를 갖는 혼합다항식은 식 (5.37)을 참고하면 이론적으로 다음과 같이 8개의 각도와 각속도 조건이 필요하다.

$$\begin{gathered} q(t_0^1) = q_0^1, \quad q(t_f^1) = q_f^1, \quad \dot{q}(t_0^1) = v_0^1, \quad \dot{q}(t_f^1) = v_f^1 \\ q(t_0^2) = q_0^2, \quad q(t_f^2) = q_f^2, \quad \dot{q}(t_0^2) = v_0^2, \quad \dot{q}(t_f^2) = v_f^2 \end{gathered} \tag{5.40}$$

그러나, 두 세그먼트 간의 경계점(t_f^1, t_0^2)에서는 궤적의 함수 값과 미분 값이 연속이어야 하므로 다음과 같이 실질적으로 6개의 각도와 각속도 조건이 필요하다.

$$\begin{gathered} q(t_0^1) = q_0^1, q(t_f^1) = q(t_0^2) = q_f^1, q(t_f^2) = q_f^2, \\ \dot{q}(t_0^1) = v_0^1, \dot{q}(t_f^1) = \dot{q}(t_0^2) = v_f^1, \dot{q}(t_f^2) = v_f^2 \end{gathered} \tag{5.41}$$

이를 m개의 세그먼트를 갖는 혼합다항식으로 확장하면, 전체궤적은 총 $m+1$개의 경유점들을 가지며 각 경유점은 2개의 각도와 각속도 조건을 가지므로 다음과 같이 총 $2(m+1)$개의 조건들이 필요하다.

$$\begin{aligned} q(t_0^1) = q_0^1, q(t_f^1) = q_f^1, \cdots, q(t_f^m) = q_f^m \\ \dot{q}(t_0^1) = v_0^1, \dot{q}(t_f^1) = v_f^1, \cdots, \dot{q}(t_f^m) = v_f^m \end{aligned} \tag{5.42}$$

그림 5.8은 이해를 돕기 위해 2개의 세그먼트를 이어 붙여서 하나의 부드러운 혼합다항식 궤적을 만들어 낸 예를 보인다. 이 궤적의 전체 시간은 4초이며, 2초 간격으로 세그먼트가 할당되었으므로 총 3개의 경유점이 존재한다. 각 경유점에서의 파라미터들은 식 (5.41)에 대해 다음과 같이 설정되었다.

$$\begin{aligned} t_0^1 = 0, t_f^1 = t_0^2 = 2, t_f^2 = 4, \\ q_0^1 = 10°, q_f^1 = q_0^2 = 70°, q_f^2 = 50°,\ v_0^1 = 0, v_f^1 = v_0^2 = 10, v_f^2 = 0 \end{aligned} \tag{5.43}$$

이를 구현하기 위한 Matlab 코드는 다음과 같다.

```
>> ti=0; tm=2; tf=4; thi=10; thm=70; thf=50; vi=0; vm=10; vf=0; st=0.1;
>> two_seg_blend_poly(ti, tm, tf, thi, thm, thf, vi, vm, vf, st);
```

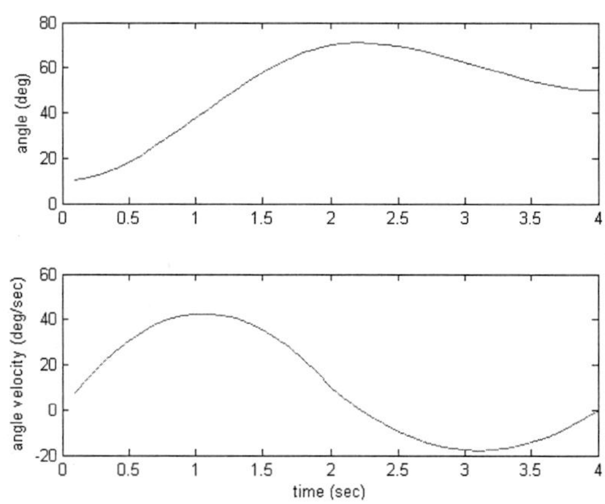

그림 5.8 2개의 세그먼트를 갖는 혼합다항식의 각도와 각속도궤적

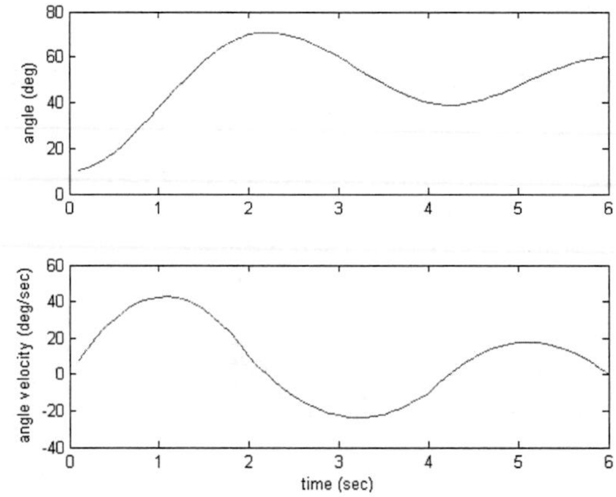

그림 5.9 3개의 세그먼트를 갖는 혼합다항식의 각도와 각속도궤적

그림 5.9는 3개의 세그먼트들을 2초와 4초에 이어 붙여서 하나의 부드러운 혼합다항식 궤적을 만들어 낸 예를 보인다. 4개의 경유점에서의 조건들은 다음과 같이 설정했다.

$$\begin{gathered} t_0^1 = 0, t_f^1 = t_0^2 = 2, t_f^2 = t_0^3 = 4, t_f^3 = 6, \\ q_0^1 = 10°, q_f^1 = q_0^2 = 70°, q_f^2 = q_0^3 = 40°, q_f^3 = 60° \\ v_0^1 = 0, v_f^1 = v_0^2 = 10, v_f^2 = v_0^3 = -10, v_f^3 = 0 \end{gathered} \tag{5.44}$$

이를 구현하기 위한 Matlab 코드는 다음과 같다.

```
>> ti=0; tm1=2; tm2=4; tf=6; thi=10; thm1=70; thm2=40; thf=60;
vi=0; vm1=10; vm2=-10; vf=0; st=0.1;
>> three_seg_blend_poly(ti, tm1, tm2, tf, thi, thm1, thm2, thf, vi, vm1, vm2, vf, st);
```

휴머노이드 로봇의 관절궤적을 몇 개의 세그먼트로 구현할 것인지를 정할 때 그 관절의 궤적 형상에게 요구되는 특성이나 관상면 족관절처럼 0° 에서 시작해서 일정 각도를 유지 후 다시 0° 로 돌아와야 하는 특성이 있는지를 고려해야 한다. 혼합다항식의 가장 큰 장점은 식 (5.30)이나 (5.36)에서처럼 역

행렬을 구할 필요가 없다는 점이며, 이는 실시간으로 로봇의 모션을 생성하고 제어하기에 적합한 궤적계획법임을 의미한다.

5.2.3 관절궤적의 최적화 변수

앞에서 최적화 알고리듬인 PSO에 대해서 배웠고, 관절궤적의 표현식으로서 혼합다항식이 적합함을 보았다. 이번 절에서는 PSO를 이용해서 휴머노이드 로봇의 관절궤적을 최적화 할 때 필요한 변수의 명명법을 제안하는데, 변수들이 직관적으로 이해하기 쉬운 이름을 가질 때 프로그램 코딩 시 편리하기 때문이다. 최적화 변수는 혼합다항식의 경유점에서의 시간, 각도, 각속도 조건들이며 이름은 다음의 규칙을 따른다.

〈투영 평면명〉〈관절명〉〈좌/우측 위치명〉〈경유점 위치명〉〈경유점 변수명〉

투영 평면명에는 관절이 어느 평면상에서 회전하느냐에 따라, SAG(sagittal), COR(coronal), TRAN(transverse)이 있다. 관절명에는 AN(ankle), KN(knee), HP(hip), SH(shoulder), EL(elbow)이 있으며, 좌/우측 위치명은 관절이 로봇 몸체의 왼쪽에 있냐 오른쪽에 있냐에 따라 L(left)과 R(right)이 있다. 경유점 위치명은 경유점의 위치가 궤적의 시작점인지 중간점인지, 최종점인지에 따라 INIT(initial), MID(middle), FIN(final)이 부여된다. 경유점 변수명은 최적화 변수가 각도 값이면 ANG(angle), 각속도 값이면 VEL(velocity), 시간 값이면 TIME의 세 종류가 있다.

먼저 하체에 장착되어 있는 시상면 관절 모터의 각도궤적 최적화 변수들을 <표 5.1>과 같이 명명했다. 시상면에 위치한 관절들의 궤적은 초기각도와 최종각도가 같지 않으므로 그림 5.8과 같이 2개의 세그먼트를 잇는 혼합다항식으로 표현했다. 표에서 주의할 점은 로봇의 특정 모션을 생성하기 위한 관절 모터들의 각도 값은 시작/중간/최종각도 모두를 최적변수로 설정해서 최적해를 찾아야 하지만, 각속도와 시간은 시작값과 최종값을 사용자가 정해줄 수 있으므로 중간값 만을 최적변수로 잡아도 된다는 것이다. 이렇게 하면 탐색해야 할 파라미터의 수가 감소하므로 최적화의 효율성을 증가시켜 준다.

〈표 5.1〉 2개의 세그먼트를 갖는 시상면 하체 관절궤적의 최적화 변수

변수명	정의
SAG_AN_L_INIT_ANG(VEL)	왼쪽 족관절 시상면 모터의 초기각도(각속도)
SAG_KN_L_INIT_ANG(VEL)	왼쪽 슬관절 시상면 모터의 초기각도(각속도)
SAG_HP_L_INIT_ANG(VEL)	왼쪽 고관절 시상면 모터의 초기각도(각속도)
SAG_AN_R_INIT_ANG(VEL)	오른쪽 족관절 시상면 모터의 초기각도(각속도)
SAG_KN_R_INIT_ANG(VEL)	오른쪽 슬관절 시상면 모터의 초기각도(각속도)
SAG_HP_R_INIT_ANG(VEL)	오른쪽 고관절 시상면 모터의 초기각도(각속도)
SAG_AN_L_MID_ANG(VEL)	왼쪽 족관절 시상면 모터의 중간각도(각속도)
SAG_KN_L_MID_ANG(VEL)	왼쪽 슬관절 시상면 모터의 중간각도(각속도)
SAG_HP_L_MID_ANG(VEL)	왼쪽 고관절 시상면 모터의 중간각도(각속도)
SAG_AN_R_MID_ANG(VEL)	오른쪽 족관절 시상면 모터의 중간각도(각속도)
SAG_KN_R_MID_ANG(VEL)	오른쪽 슬관절 시상면 모터의 중간각도(각속도)
SAG_HP_R_MID_ANG(VEL)	오른쪽 고관절 시상면 모터의 중간각도(각속도)
SAG_AN_L_FIN_ANG(VEL)	왼쪽 족관절 시상면 모터의 최종각도(각속도)
SAG_KN_L_FIN_ANG(VEL)	왼쪽 슬관절 시상면 모터의 최종각도(각속도)
SAG_HP_L_FIN_ANG(VEL)	왼쪽 고관절 시상면 모터의 최종각도(각속도)
SAG_AN_R_FIN_ANG(VEL)	오른쪽 족관절 시상면 모터의 최종각도(각속도)
SAG_KN_R_FIN_ANG(VEL)	오른쪽 슬관절 시상면 모터의 최종각도(각속도)
SAG_HP_R_FIN_ANG(VEL)	오른쪽 고관절 시상면 모터의 최종각도(각속도)
SAG_AN_L_MID_TIME	왼쪽 족관절 시상면 모터의 중간 시간
SAG_KN_L_MID_TIME	왼쪽 슬관절 시상면 모터의 중간 시간
SAG_HP_L_MID_TIME	왼쪽 고관절 시상면 모터의 중간 시간
SAG_AN_R_MID_TIME	오른쪽 족관절 시상면 모터의 중간 시간
SAG_KN_R_MID_TIME	오른쪽 슬관절 시상면 모터의 중간 시간
SAG_HP_R_MID_TIME	오른쪽 고관절 시상면 모터의 중간 시간

로봇의 하체에 장착된 관상면 관절 모터들은 보행의 시작 시 관상면 상에서 직립 상태이다가 종료 시 다시 직립한 상태가 되므로 초기각도와 최종각도는 모두 0° 여야 한다. 아울러 한쪽 발을 든 상태에서 중심을 잡기 위해서는 로봇 상체를 반대편 쪽으로 이동시킨 후 일정 시간 동안 유지해 주어야 한다. 이렇게 하기 위해서 관상면 관절 모터의 궤적은 3개의 세그먼트를 갖는 고원(plateau)같은 형상을 가져야 한다. 그러므로 로봇의 하체에 있는 관상면 관절 모터각도의 궤적 관련 최적화 변수들을 <표 5.2>와 같이 명명했다.

〈표 5.2〉 3개의 세그먼트를 갖는 관상면 하체 관절궤적의 최적화 변수

변수명	정의
COR_AN_L_INIT_ANG(VEL)	왼쪽 족관절 관상면 모터의 초기각도(각속도)
COR_HP_L_INIT_ANG(VEL)	왼쪽 고관절 관상면 모터의 초기각도(각속도)
COR_AN_R_INIT_ANG(VEL)	오른쪽 족관절 관상면 모터의 초기각도(각속도)
COR_HP_R_INIT_ANG(VEL)	오른쪽 고관절 관상면 모터의 초기각도(각속도)
COR_AN_L_MID_ANG1(VEL1)	왼쪽 족관절 관상면 모터의 첫 번째 중간각도(각속도)
COR_AN_L_MID_ANG2(VEL2)	왼쪽 족관절 관상면 모터의 두 번째 중간각도(각속도)
COR_HP_L_MID_ANG1(VEL1)	왼쪽 고관절 관상면 모터의 첫 번째 중간각도(각속도)
COR_HP_L_MID_ANG2(VEL2)	왼쪽 고관절 관상면 모터의 두 번째 중간각도(각속도)
COR_AN_R_MID_ANG1(VEL1)	오른쪽 족관절 관상면 모터의 첫 번째 중간각도(각속도)
COR_AN_R_MID_ANG2(VEL2)	오른쪽 족관절 관상면 모터의 두 번째 중간각도(각속도)
COR_HP_R_MID_ANG1(VEL1)	오른쪽 고관절 관상면 모터의 첫 번째 중간각도(각속도)
COR_HP_R_MID_ANG2(VEL2)	오른쪽 고관절 관상면 모터의 두 번째 중간각도(각속도)
COR_AN_L_FIN_ANG(VEL)	왼쪽 족관절 관상면 모터의 최종각도(각속도)
COR_HP_L_FIN_ANG(VEL)	왼쪽 고관절 관상면 모터의 최종각도(각속도)
COR_AN_R_FIN_ANG(VEL)	오른쪽 족관절 관상면 모터의 최종각도(각속도)
COR_HP_R_FIN_ANG(VEL)	오른쪽 고관절 관상면 모터의 최종각도(각속도)
COR_AN_L_MID_TIME1	왼쪽 족관절 관상면 모터의 첫 번째 중간 시간
COR_AN_L_MID_TIME2	왼쪽 족관절 관상면 모터의 두 번째 중간 시간
COR_HP_L_MID_TIME1	왼쪽 고관절 관상면 모터의 첫 번째 중간 시간
COR_HP_L_MID_TIME2	왼쪽 고관절 관상면 모터의 두 번째 중간 시간
COR_AN_R_MID_TIME1	오른쪽 족관절 관상면 모터의 첫 번째 중간 시간

〈표 5.2〉 3개의 세그먼트를 갖는 관상면 하체 관절궤적의 최적화 변수 (계속)

변수명	정의
COR_AN_R_MID_TIME2	오른쪽 족관절 관상면 모터의 두 번째 중간 시간
COR_HP_R_MID_TIME1	오른쪽 고관절 관상면 모터의 첫 번째 중간 시간
COR_HP_R_MID_TIME2	오른쪽 고관절 관상면 모터의 두 번째 중간 시간

로봇의 고관절에 위치한 횡평면 관절들은 보행의 방향을 전환시키는 역할을 하며, 초기각도는 0°로, 최종각도는 목표 회전각도로 설정해야 한다. 로봇이 전진이나 후진만 하는 경우 초기각도와 최종각도는 0°로 정하면 된다. 횡평면 관절 모터각도의 궤적 관련 최적화 변수들을 다음과 같이 명명했다.

〈표 5.3〉 횡평면 하체 관절궤적의 최적화 변수

변수명	정의
TRAN_HP_L_INIT_ANG(VEL) TRAN_HP_R_INIT_ANG(VEL)	왼쪽 고관절 횡평면 모터의 초기각도(각속도) 오른쪽 고관절 횡평면 모터의 초기각도(각속도)
TRAN_HP_L_MID_ANG(VEL) TRAN_HP_R_MID_ANG(VEL)	왼쪽 고관절 횡평면 모터의 중간각도(각속도) 오른쪽 고관절 횡평면 모터의 중간각도(각속도)
TRAN_HP_L_FIN_ANG(VEL) TRAN_HP_R_FIN_ANG(VEL)	왼쪽 고관절 횡평면 모터의 최종각도(각속도) 오른쪽 고관절 횡평면 모터의 최종각도(각속도)
TRAN_HP_L_MID_TIME TRAN_HP_R_MID_TIME	왼쪽 고관절 횡평면 모터의 중간 시간 오른쪽 고관절 횡평면 모터의 중간 시간

이제 상체에 위치한 시상면 관절 모터각도의 궤적관련 최적화 변수들에 대해서 알아보자. 바이올로이드는 인체의 구조와는 달리 팔꿈치를 앞뒤로 회전시키지 못하고 좌우로만 회전시킬 수 있다. 그래서 어깨에만 시상면 관절 모터가 장착되어 있으며 변수명은 <표 5.4>와 같다.

〈표 5.4〉 시상면 상체 관절궤적의 최적화 변수

변수명	정의
SAG_SH_L_INIT_ANG(VEL)	왼쪽 견관절 시상면 모터의 초기각도(각속도)
SAG_SH_R_INIT_ANG(VEL)	오른쪽 견관절 시상면 모터의 초기각도(각속도)
SAG_SH_L_MID_ANG(VEL)	왼쪽 견관절 시상면 모터의 중간각도(각속도)
SAG_SH_R_MID_ANG(VEL)	오른쪽 견관절 시상면 모터의 중간각도(각속도)
SAG_SH_L_FIN_ANG(VEL)	왼쪽 견관절 시상면 모터의 최종각도(각속도)
SAG_SH_R_FIN_ANG(VEL)	오른쪽 견관절 시상면 모터의 최종각도(각속도)
SAG_SH_L_MID_TIME	왼쪽 견관절 시상면 모터의 중간 시간
SAG_SH_R_MID_TIME	오른쪽 견관절 시상면 모터의 중간 시간

상체에 장착되어 있는 관상면 관절 모터는 바이올로이드의 경우 어깨와 팔꿈치 부위에 장착되어 있고 각각의 최적화 변수들은 다음과 같이 정의된다.

〈표 5.5〉 관상면 상체 관절궤적의 최적화 변수

변수명	정의
COR_SH_L_INIT_ANG(VEL)	왼쪽 견관절 관상면 모터의 초기각도(각속도)
COR_EL_L_INIT_ANG(VEL)	왼쪽 주관절 관상면 모터의 초기각도(각속도)
COR_SH_R_INIT_ANG(VEL)	오른쪽 견관절 관상면 모터의 초기각도(각속도)
COR_EL_R_INIT_ANG(VEL)	오른쪽 주관절 관상면 모터의 초기각도(각속도)
COR_SH_L_MID_ANG(VEL)	왼쪽 견관절 관상면 모터의 중간각도(각속도)
COR_EL_L_MID_ANG(VEL)	왼쪽 주관절 관상면 모터의 중간각도(각속도)
COR_SH_R_MID_ANG(VEL)	오른쪽 견관절 관상면 모터의 중간각도(각속도)
COR_EL_R_MID_ANG(VEL)	오른쪽 주관절 관상면 모터의 중간각도(각속도)
COR_SH_L_FIN_ANG(VEL)	왼쪽 견관절 관상면 모터의 최종각도(각속도)
COR_EL_L_FIN_ANG(VEL)	왼쪽 주관절 관상면 모터의 최종각도(각속도)
COR_SH_R_FIN_ANG(VEL)	오른쪽 견관절 관상면 모터의 최종각도(각속도)
COR_EL_R_FIN_ANG(VEL)	오른쪽 주관절 관상면 모터의 최종각도(각속도)
COR_SH_L_MID_TIME	왼쪽 견관절 관상면 모터의 중간 시간
COR_EL_L_MID_TIME	왼쪽 주관절 관상면 모터의 중간 시간
COR_SH_R_MID_TIME	오른쪽 견관절 관상면 모터의 중간 시간
COR_EL_R_MID_TIME	오른쪽 주관절 관상면 모터의 중간 시간

이처럼 로봇의 임의 동작을 위해서는 총 110개 이상의 관절궤적 변수들이 최적화되어야 한다. 이는 최신의 고성능 데스크톱 컴퓨터로 최적화한다고 해도 수 초안에 구하기 어려운 개수이다. 그러나, 생성하고자 하는 로봇의 자세와 관절의 대칭성 등 여러 조건들을 적용하면 최적화 변수의 수를 크게 줄일 수 있다.

5.3 이족 보행

이번 절에서는 휴머노이드 로봇 모션의 기본적인 동작인 이족 보행을 위해 PSO를 이용해서 전체 관절 모터의 최적 각도궤적을 구하는 방법에 대해 알아 보자.

이족 보행에는 지지하는 다리의 숫자에 따라 일족 지지 상태(Single Support Phase, SSP)와 이족 지지 상태(Double Support Phase, DSP)가 있다. 일족 지지 상태란 한쪽 다리만 착지한 상태로 온 몸을 지지하는 것을 의미하며, 이족 지지 상태란 두 발 모두가 지면에 닿아 있는 상태를 의미한다. 이족 지지 상태는 직립 상태에서는 매우 안정된 자세인 반면, 일족 지지 상태는 특정한 조건이 아니면 로봇이 쓰러지게 되어 상대적으로 불안정한 자세이다. 만약 지지하는 발바닥 내에 현 자세의 영모멘트점이 위치한다면 일족 지지 상태라 하더라도 로봇은 균형을 유지한다. 이족 지지 상태의 경우 영모멘트점이 접지한 두 발바닥 사이에 위치하게 되지만 두 발이 모두 접지해 있으므로 서 있는 자세를 유지할 수 있다. 일반적으로 이족 보행은 발을 바꾸면서 주기적으로 행해지며, 한 주기의 시작과 끝은 이족 지지 상태가 되고 전진이나 후진 보행 중에는 일족 지지 상태가 된다.

이족 보행은 보행 시점에 따라 다음과 같은 세가지 유형이 있다.

1) 초기 보행: 직립 상태에서 시작해서 보행 준비자세로 끝나는 보행

2) 주기 보행: 보행 준비자세에서 시작해서 발을 바꾼 보행 준비자세로 끝나는 보행
3) 최종 보행: 보행 준비자세에서 시작해서 직립 상태로 끝나는 보행

그림 5.10은 세 가지 보행 유형을 개념적으로 나타낸 것으로, S_0와 S는 보폭(step)과 한걸음의 폭(stride)을 각각 나타낸다(그림 5.11 참조). 먼저 직립 상태란 보행을 시작하기 전과 보행이 끝난 후 팔과 다리를 모두 편 채로 몸 전체가 지면에서 수직으로 서 있는 자세를 말하며, 바이올로이드의 경우 초기자세의 관절 모터각은 다음과 같이 설정되어 있다.

$$\theta^l_{an}=0, \theta^l_{kn}=0, \theta^l_{hp}=0, \theta^l_{sh}=0, \theta^r_{an}=0, \theta^r_{kn}=0, \theta^r_{hp}=0, \theta^r_{sh}=0 \tag{5.45}$$

$$\phi^l_{an}=0, \phi^l_{hp}=0, \phi^l_{sh}=14°, \phi^l_{el}=0, \phi^r_{an}=0, \phi^r_{hp}=0, \phi^r_{sh}=-14°, \phi^r_{el}=0 \tag{5.46}$$

이에 대한 다이나믹셀의 부호화된 초기 위치는 표 5.1~5.3에 정리했다. 이로부터 직립 상태의 시상면과 관상면 관절 기하각을 식 (5.5), (5.9), (5.11), (5.15)로부터 계산하면 다음과 같이 계산된다.

$$\theta_1=\frac{\pi}{2}, \theta_2=0, \theta_3=0, \theta_4=\pi, \theta_5=0, \theta_6=0, \theta_7=\pi, \theta_8=\pi \tag{5.47}$$

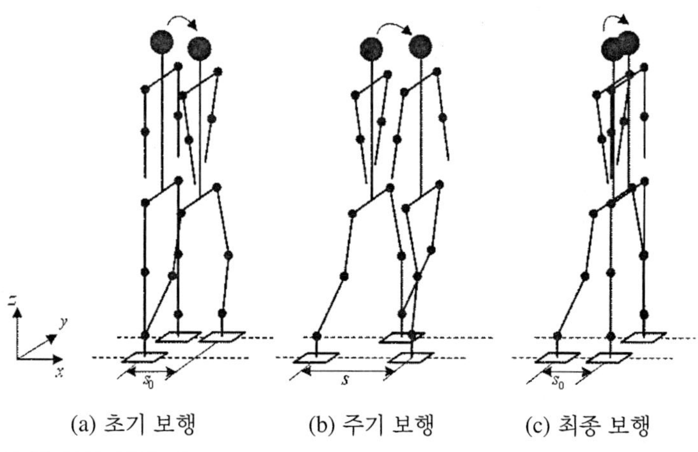

그림 5.10 세 가지 유형의 보행

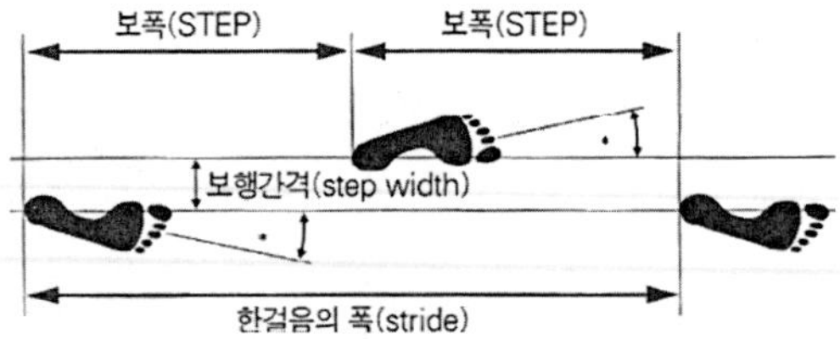

그림 5.11 인간의 보행 시 보폭과 한걸음의 폭에 대한 정의

$$\phi_1 = 0, \phi_2 = 0, \phi_3 = \frac{\pi}{2}, \phi_4 = 0, \phi_5 = 1.815, \phi_6 = 0, \phi_7 = 2.897, \phi_8 = 0. \qquad (5.48)$$

참고로 직립 상태는 왼발과 오른발이 동시에 지지하는 상태이므로 관절 기하각들은 지지하는 발에 상관없이 같다. 그림 5.12는 DH법으로 직립 상태를 시뮬레이션한 모습을 나타내며, 실행 파일은 http://office.ucloud.com의 My ucloud/게스트폴더의 code>matlab code 디렉터리의 sim_stand.m 파일이다.

코드에서 모델링에 사용된 방법에 따라 DH법일 경우 func_robot_motion_dh.m, PB법일 경우 func_robot_motion_pb.m 파일을 불러와서 각 관절의 3차원 좌표를 계산했다.

보행 준비자세란 그림 5.10에서 보듯이 주기 보행의 시작과 마침에 해당

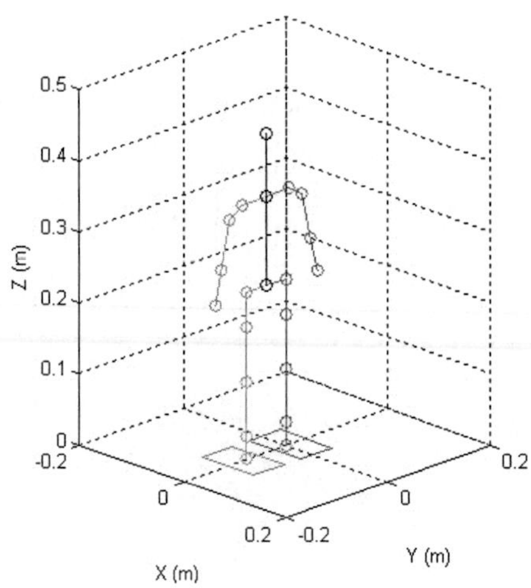

그림 5.12 DH법으로 표현한 휴머노이드 로봇의 직립자세

되는 직립자세이며 주어진 보폭을 만족시켜야 한다. 보행 준비자세는 주어진 작업이 이족 보행이냐, 물건 옮기기이냐, 계단 오르기냐 등에 따라 달라지며 이족 보행이라 하더라도 보폭에 따라 달라진다.

```
clear all;
close all;

sf = 'LEFT_BASE' ;            % 지지하는 발이 왼쪽 발임
md = 'DH' ;  %' PB' ;         % 기구학 방법: DH: Denavit-Hartenberg, PB: 투영법
sim_type = 'pose_sim' ;       % 자세 시뮬레이션
sp = [0, 0, 0];               % 지지하는 발의 중심점 위치

spec = robot_spec_bioloid_prem(md);  %바이올로이드 로봇의 규격명세를 불러 옴
link = spec(1:20);
mass = spec(21:42);
flags = zeros(1,5);           % 모션 생성 시 보여주는 그림에 관한 플래그

th = [pi/2 0 0 pi 0 0 pi pi];         % 시상면 관절 기하각
phi = [0 0 pi/2 0 1.815 0 2.897 0];   % 관상면 관절 기하각
psi = [0 0];                          % 횡평면 관절 기하각
gamma = 0;                            % 절대 좌표계와 기준 좌표계 사이각

th_1d = zeros(1,8);
th_2d = zeros(1,8);
phi_1d = zeros(1,8);
phi_2d = zeros(1,8);
psi_1d = zeros(1,2);
psi_2d = zeros(1,2);

fig_no = 1;

if strcmp(md, 'DH' )==1
   func_robot_motion_dh(link, mass, sf, sp, gamma, th, th_1d, th_2d, phi, phi_1d, phi_2d, psi,
      psi_1d, psi_2d, fig_no, sim_type, flags);
elseif strcmp(md, 'PB' )==1
   func_robot_motion_pb(link, mass, sf, sp, th, th_1d, th_2d, phi, phi_1d, phi_2d, psi, fig_no,
      sim_type, flags);
end
```

〈코드 5.5〉 sim_stand.m 코드

5.3.1 보행 준비자세 최적화

보행 준비자세는 이족 지지 상태에서 앞쪽(지지 다리)의 발 중심점과 뒤쪽(자유 다리)의 발 중심점 사이의 간격인 보폭 S_0를 정확히 유지해야 하며 움직이고자 하는 다리의 발이 지면에 착지해 있어야 한다는 조건을 모두 만족해야 하므로, 비용함수를 다음과 같이 정하고 PSO를 이용해서 이를 최소화하는 궤적변수를 찾아야 한다.

$$J(\mathbf{\Theta}, \mathbf{\Phi}) = |X_c - (X_0 - 0.5S_0)| + |X_6 - (X_0 - S_0)| + 2|Z_6| \tag{5.49}$$

식에서 X_c, X_6, Z_6는 절대 좌표계 상에서 로봇의 골반 중심점의 X좌표, 뒤쪽에 위치한 발 중심점의 X 좌표와 Z 좌표를 각각 의미하며, X_0는 앞쪽에 위치한 발 중심점의 X 좌표를 나타낸다. 이렇게 설정한 이유는 보행 준비자세로부터 주기 보행을 시작하면 앞쪽에 위치한 발로 지지한 상태에서 뒤쪽에 있는 발을 들어 올리므로 기준 좌표계는 앞쪽 발이 되기 때문이다. 그리고 $|Z_6|$항 앞에 가중치 계수 2가 곱해진 것은 오른발이 지면에 닿아 있어야 하는 조건이 상대적으로 중요하기 때문이다.

식 (5.49)에서 $|X_c-(X_0-0.5S_0)|$항은 골반 중심점이 보폭의 중간 정도에 위치하도록 설정한 항이다. 즉, 하체의 6개 시상면 관절각도를 PSO로 최적화하여 골반 중심점의 X 좌표 X_c가 $0.5S_0$에 가까워지면 $|X_c-(X_0-0.5S_0)|$항은 0에 가까워지면서 최소값이 된다. 만약 상체가 약간 뒤쪽에 위치한 다소 점잖은 형태의 걸음걸이를 원한다면 $|X_c-(X_0-0.6S_0)|$으로 수정하면 되고, 반대로 상체가 가운데보다 약간 앞으로 나아간 자세를 원할 경우 $|X_c-(X_0-0.4S_0)|$와 같이 설정하면 된다. 그리고 보행 중 보폭이 변할 때마다 PSO로 최적화하기보다는 모든 가능한 보폭에 대해 미리 표준 테이블을 만들어 둔 후 필요할 때마다 참조하는 형태로 하는 것이 효율적이다.

보행 준비자세를 PSO로 최적화하는 일례로, $S_0=0.05$m(5cm)에 대해 최적의 시상면 관절 모터각을 탐색하는 과정을 살펴보자. 비용함수 식 (5.49)는 골반 중심점과 뒤쪽 발 중심점의 좌표가 목표값에 대해 가지는 오차만을 계산하므로 신체의 다른 부위에 대한 세부적인 자세를 반영할 수 없다. 그러므로 보행 준비자세에 대해 몇 가지 조건들을 다음과 같이 추가적으로 부여하면서 비용함수를 최소화시킨다면 최소의 최적변수만으로도 원하는 자세를 취할 수 있다.

- 조건 1. 상체는 시상면과 관상면에서 항상 90°를 유지해야 한다. 시상면에서 상체가 90°를 이루는 조건을 수식으로 표현하면 다음과 같다.

$$\theta_1 + \theta_2 + \theta_3 = \frac{\pi}{2} \tag{5.50}$$

  이 식을 식 (5.5)를 이용해서 관절 모터각의 관계식으로 변환하면 다음과 같다.

$$\theta_{hp}^l = -\theta_{an}^l + \theta_{kn}^l \tag{5.51}$$

- 조건 2. 보행 준비자세는 관상면에서 보았을 때 직립자세에 해당되므로, 관상면 관절각도들은 식 (5.46)을 이용해서 다음과 같다.

$$\phi_{an}^l = 0, \phi_{hp}^l = 0, \phi_{sh}^l = 14°, \phi_{el}^l = 0, \phi_{an}^r = 0, \phi_{hp}^r = 0, \phi_{sh}^r = -14°, \phi_{el}^r = 0 \tag{5.52}$$

- 조건 3. 움직이고자 하는 발(뒤쪽 발)이 지면에 완전히 접지해 있게 하기 위해서는 발목 링크가 시상면에서 −90°를 유지해야 한다. 이 조건을 수식으로 표현하면 다음과 같다.

$$\theta_1 + \theta_2 + \theta_3 + \theta_4 + \theta_5 + \theta_6 = -\frac{\pi}{2} \tag{5.53}$$

이 조건에 대해 식 (5.50)의 조건을 이용하고, 식 (5.5)를 적용하면 오른쪽 족관절 시상면 모터의 각도는 다음과 같은 관계를 가진다.

$$\theta_{an}^r = -\theta_{hp}^r + \theta_{kn}^r \tag{5.54}$$

위의 세 가지 조건을 모두 적용하면, PSO로 최적화해야 할 변수는 6개의 하체 관절 중 조건 1을 만족시키는 θ^l_{hp}과 조건 3을 만족시키는 θ^r_{an}을 제외한 다음 4개의 파라미터가 된다.

$$\mathbf{\Theta} = \left[\theta^l_{an}\ \theta^l_{kn}\ \theta^r_{hp}\ \theta^r_{kn}\right] \tag{5.55}$$

보행 준비자세 최적화를 수행하는 코드는 http://office.ucloud.com의 My ucloud/게스트폴더의 code/matlab code/pso_posture_opt.m 파일(코드 5.6)에 작성되어 있으며, cost를 계산하는 루틴은 func_posture_cost.m 파일(코드 5.7)에 작성되어 있다.

```
dimPar = 4;                      % 변수 개수
upBnd =  [45 30 45 30]' ;   % 변수 상한값
lowBnd = [-45 5 -45 5]' ;   % 변수 하한값
globMinCost = 0;  % 원하는 자세를 정확히 만족시켰을 때의 비용함수 값

n_part = 30;                            % PSO 개체 개수
v_max = 0.2*(upBnd-lowBnd);  % 속도 상한값: 전체 영역의 20% 내에서 움직이도록 설정
v_min = -v_max;                       % 속도 하한값
max_iter = 200;                       % 최대 반복수행 횟수

w = 0.8;              % 속도의 관성 가중치
c1 = 2;  c2 = 2;     % 학습요인의 가중치

% 초기값
for i=1:n_part
   x_pos(i,:) = ((upBnd-lowBnd).*rand(dimPar,1) + lowBnd)' ;
   vel(i,:) = ((v_max-v_min).*rand(dimPar,1) + v_min)' ;
end
cost = 1e10*ones(n_part);

% 객체 최적해의 위치와 함수 값
pos_pbest = x_pos;
cost_pbest= cost;
% 전역 최적해의 위치와 함수 값
```

```
pos_gbest = [ ];
cost_gbest = 1e10;

%%%%%%%%%%%%%%%%%%% 로봇 종류 %%%%%%%%%%%%%%%%%%%%%%%%
sf = 'LEFT_BASE' ;          % 지지하는 발이 왼쪽 발임
md = 'DH' ;                 % 기구학 방법: DH: Denavit-Hartenberg, PB: Projection-Based
sim_type = 'pose_sim' ;
sp = [0, 0, 0];             % 지지하는 발의 중심점 위치
step = 0.05;                % step 길이

spec = robot_spec_bioloid_prem(md);  %바이올로이드 로봇의 규격명세를 불러 옴
link = spec(1:20);
mass = spec(21:42);
flags = zeros(1,5);        % 모션 생성 시 보여주는 그림에 관한 플래그
%%%%%%%%%%%%%%%%%%% PSO %%%%%%%%%%%%%%%%%%%%%%%%
iter = 1;    % 반복 횟수
while iter== 1 | iter <= max_iter
   for pt= 1: n_part
      cost(pt) = func_posture_cost(link, mass, md, sf, sp, step, x_pos(pt, :),-1,sim_type, flags);
      % 현재 객체를 pbest에 비교
      if cost(pt) < cost_pbest(pt)
         pos_pbest(pt, :) = x_pos(pt, : ) ;
         cost_pbest(pt) = cost(pt) ;
      end
      % 현재 객체를 gbest에 비교
      if cost(pt) < cost_gbest
         pos_gbest = x_pos(pt, :);
         cost_gbest = cost(pt) ;
      end
      % 새롭게 이동할 방향으로의 속도 계산
      vel_mod = c1*rand*(pos_pbest(pt,:) - x_pos(pt, :)) + c2*rand*(pos_gbest -x_pos(pt, :));
      vel(pt, :) = w*vel(pt, :) + vel_mod ;
      % 속도값의 제한
      vel(pt, :) = min(v_max' , vel(pt, :));
      vel(pt, :) = max(v_min' , vel(pt, :));
      % 다음 회차의 객체 위치 계산
      x_pos(pt, :) = x_pos(pt, :) + vel(pt, :);
      % 위치벡터의 제한
      x_pos(pt, :) = min(upBnd' , x_pos(pt, :));
      x_pos(pt, :) = max(lowBnd' , x_pos(pt, :));
```

```
   end
err=cost_gbest-globMinCost;
gcost(iter) = cost_gbest;
   iter=iter+1;
end

sprintf( 'optimal joint angles: th_an_l=%.2f, th_kn_l=%.2f, th_hp_l=%.2f, th_hp_r=%.2f,
th_kn_r=%.2f, th_an_r=%.2f' ,      pos_gbest(1), pos_gbest(2), -pos_gbest(1)+pos_gbest(2),
pos_gbest(3), pos_gbest(4), -pos_gbest(3)+pos_gbest(4))

% 최적화된 자세 확인
func_posture_cost(link, mass, md, sf, sp, step, pos_gbest,2,sim_type);
```

〈코드 5.6〉 pso_posture_opt.m 코드

```
function cost=func_posture_cost(link, mass, md, sf, sp, step, x, fig_no, sim_type, flags)

S0 = step;          % 주기 보행자세에서 보폭
% par = [SAG_AN_L_INIT_ANG, SAG_KN_L_INIT_ANG, SAG_HP_R_INIT_ANG,
%         SAG_KN_R_INIT_ANG]
mth = [x(1) x(2) -x(1)+x(2) x(3) x(4) -x(3)+x(4) -20 20];  % 시상면 상체 90도 조건, 발목링크 -90도 조건
mphi = [0 0 0 0 14 0 -14 0];   % 관상면 직립자세 조건
mpsi = [0 0];
ang = motor2dh(mth, mphi, mpsi, 'non' , 'deg' , sf);

th = ang(1:8);
phi = ang(9:16);
psi = zeros(1,2);

th_1d = zeros(1,8);
th_2d = zeros(1,8);
phi_1d = zeros(1,8);
phi_2d = zeros(1,8);
psi_1d = zeros(1,2);
psi_2d = zeros(1,2);

if strcmp(md, 'DH' )==1
```

```
    res = func_robot_motion_dh(link, mass, sf, sp, 0, th, th_1d, th_2d, phi, phi_1d, phi_2d, psi,
            psi_1d, psi_2d, fig_no, sim_type, flags);
elseif strcmp(md, 'PB' )==1
    res = func_robot_motion_pb(link, mass, sf, sp, th, th_1d, th_2d, phi, phi_1d, phi_2d, psi, fig_no,
            sim_type, flags);
end

xc = res(7);  x6 = res(1);  z6 = res(3);
cost = abs(xc - (sp(1)-0.5*S0)) + abs(x6 - (sp(1)-S0)) + 2*abs(z6);

if fig_no ~= -1
    sprintf( 'xc = %.4f, x6 = %.4f, z6 = %.4f' , xc, x6, z6)
end
```

〈코드 5.7〉 func_posture_cost.m 코드

<코드 5.6>에서 보듯이 PSO 개체의 개수를 30, 최대 반복 횟수를 200회로 설정하고 PSO를 실행한 결과 다음과 같은 최적 관절각을 얻었다.

$$\theta_{an}^{l} = -3.90°, \theta_{kn}^{l} = 11.21°, \theta_{hp}^{l} = 15.11°, \theta_{sh}^{l} = -20.0°, \tag{5.56}$$

$$\theta_{an}^{r} = 14.88°, \theta_{kn}^{r} = 10.74°, \ \theta_{hp}^{r} = -4.15°, \theta_{sh}^{r} = 20.0° \tag{5.57}$$

위의 시상면 관절 모터각 중 양팔의 각도 값(θ_{sh}^{l}, θ_{sh}^{r})은 자연스러운 자세를 위해 왼팔에 대해 $-20°$, 오른팔에 대해 $20°$ 의 값을 지정했다. 그림 5.13은 PSO가 비용함수 식 (5.49)를 최소화하는 과정을 보이며, 그림 5.14와 그림 5.15는 식 (5.56)과 (5.57)의 최적 관절각도 값들을 이용해서 DH법과 투영법으로 시뮬레이션 한 보행 준비자세를 각각 나타낸다. 시뮬레이션은 같은 디렉터리의 sim_pose.m 코드에 다음과 같이 각도 값만 입력하면 된다. sim_pose.m 코드는 코드 5.5의 sim_stand.m 코드에 motor2dh 함수(코드 5.1)와 motor2ax12 함수(코드 5.2)를 삽입함으로써 임의의 관절 모터각 벡터를 명령 값으로 주어도 관절 기하각으로 변환하여 로봇의 자세를 생성한다.

```
                    ⋮
mth = [-3.90 11.21 15.11 -4.15 10.74 14.88 -20.0 20.0];
mphi = [0 0 0 0 14 0 -14 0];
mpsi = [0 0];
fig_no = 1;

ang = motor2dh(mth, mphi, mpsi, 'non' , 'deg' , sf);
ax = motor2ax12(mth, mphi, mpsi, 'deg' );
                    ⋮
```

〈코드 5.8〉 sim_pose.m 코드

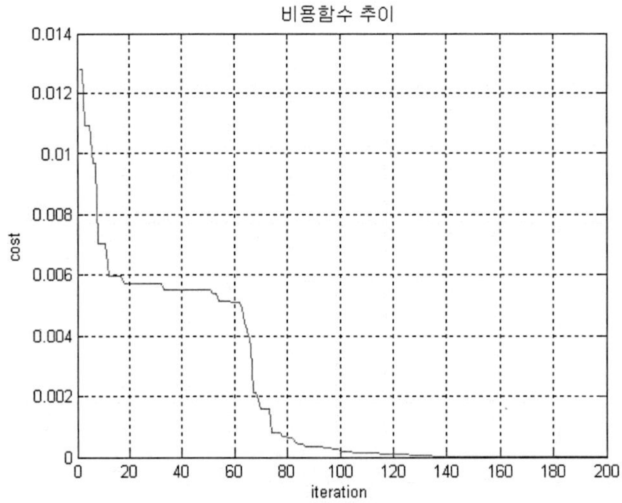

그림 5.13 PSO로 최적화 수행 시 비용함수 최소화 추이

만약 보행 준비자세의 조건을 바꾸고 싶다면 식 (5.49)에서 $|X_c-(X_0-0.5S_0)|$항의 $0.5S_0$값을 바꿔주면 된다. 그림 5.16(a)는 이 값을 $0.3S_0$로 바꿔서 최적화함으로써 로봇의 중심점이 앞으로 20% 나아간 자세를 나타내며, 그림 5.16(b)는 이 값을 $0.7S_0$로 바꿔서 최적화함으로써 로봇의 중심점이 20% 뒤에 위치한 자세를 나타낸다.

그림 5.17은 비용함수 식에서 중심점의 위치는 $0.5S_0$로 그대로 두고 보폭

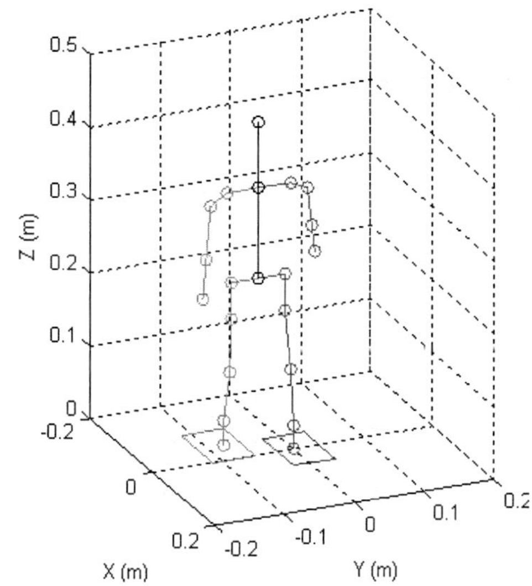

그림 5.14 보폭이 5cm인 휴머노이드 로봇의 보행 준비자세 (3차원에서 DH법으로 수행)

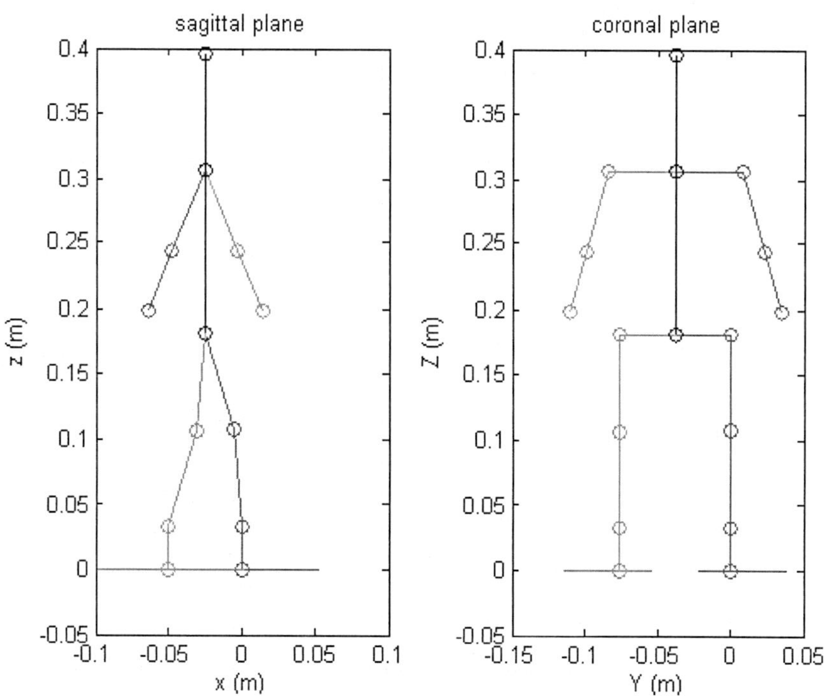

그림 5.15 보폭이 5cm인 휴머노이드 로봇의 보행 준비자세
(PB법을 사용해서 시상면과 관상면으로 투영한 모습)

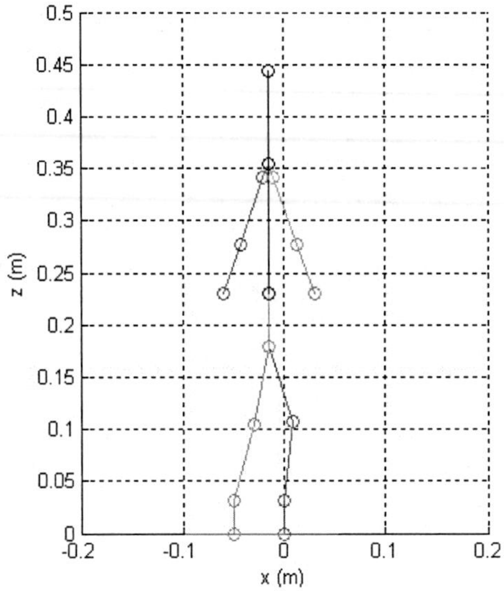

(a) 중심이 20% 앞쪽에 있는 보행 준비자세

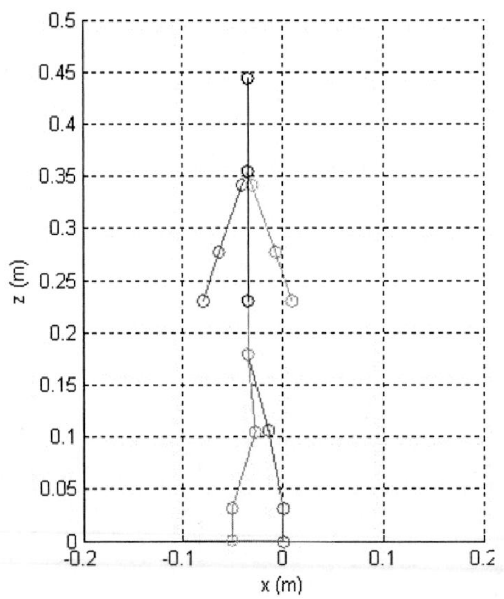

(b) 중심이 20% 뒤쪽에 있는 보행 준비자세

그림 5.16 보폭이 5cm인 휴머노이드 로봇의 다양한 보행 준비자세

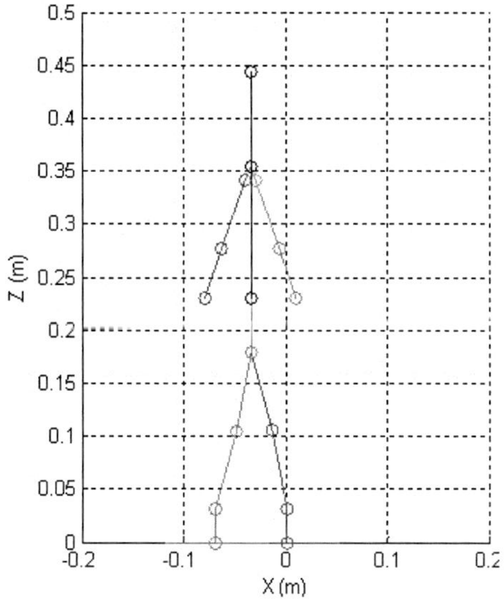

(a) 보폭이 7cm이고 중심이 두 발 사이에 있는 보행 준비자세

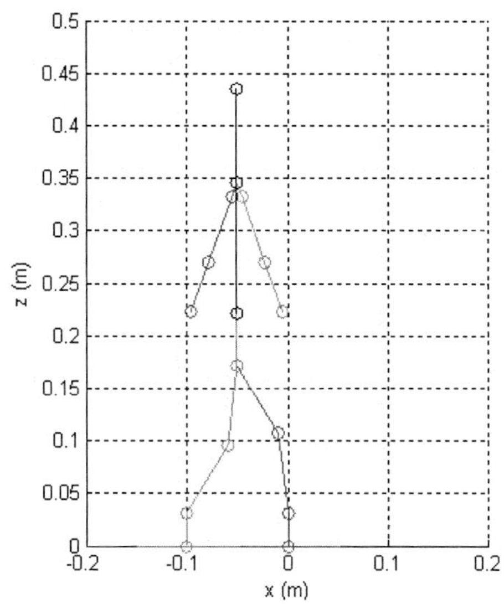

(b) 보폭이 10cm이고 중심이 두 발 사이에 있는 보행 준비자세

그림 5.17 다양한 보폭을 갖는 휴머노이드 로봇의 보행 준비자세

S_0를 변경시켜서 최적화한 자세를 나타낸다. 그림 5.17(a)는 pso_posture_opt.m 코드에서 S_0를 0.07m로, 그림 5.17(b)는 S_0를 0.1m로 설정했을 때 몸체의 중심점이 두 발 사이에 오도록 PSO로 최적화한 자세를 각각 나타낸다. 위의 결과를 통해 사용자가 원하는 보폭과 중심점 위치에 대한 관절 모터각을 최적화 알고리즘으로 손쉽게 계산할 수 있음을 확인할 수 있다.

보폭이 5cm, 7cm, 10cm인 경우에 대해 하체의 시상면 관절각을 정리하면 <표 5.6>과 같고, 다이나믹셀의 목표위치로 부호화한 값은 <표 5.7>에 나타냈다.

〈표 5.6〉 왼발 지지 시 보폭변화에 따른 최적 시상면 관절각(단위: degree)

보폭	θ^l_{an}	θ^l_{kn}	θ^l_{hp}	θ^r_{an}	θ^r_{kn}	θ^r_{hp}
5cm	−3.90	11.21	15.11	14.88	10.74	−4.15
7cm	−10.83	5.00	15.83	15.83	5.00	−10.83
10cm	−9.97	19.01	28.98	28.97	18.98	−10.00

〈표 5.7〉 보폭변화에 따른 다이나믹셀 목표위치

보폭	1	2	3	4	5	6	7	8	9	10	11	12	13	14	15	16	17	18
5cm	273	886	251	772	512	512	358	666	512	512	489	601	400	625	600	488	512	512
7cm	273	886	251	772	512	512	358	666	512	512	512	603	420	604	603	512	512	512
10cm	273	886	251	772	512	512	358	666	512	512	509	648	372	652	648	509	512	512

5.3.2 이족 보행을 위한 관절각도궤적 최적화

이제 PSO를 이용해서 보행 준비자세로부터 마침 자세까지의 전체 관절 모터 회전각도 궤적을 생성하는 과정을 알아보도록 하자. 보행 준비자세의 경우 각 관절에 하나씩의 각도 값만을 정해주면 되지만, 보행하는 동안의 전체 관절궤적을 구하기 위해서는 궤적의 형상 전체를 결정하는 파라미터들을 모두 최적화해야 한다. 이 절에서는 5.2.2절에서 소개한 혼합다항식을 이용해서 각 관절의 각도궤적 형상을 최적화하는 법을 다룬다.

이족 보행을 위해서는 관절의 회전 특성에 따라 크게 2개의 세그먼트와 3개의 세그먼트를 갖는 혼합다항식 각도궤적으로 분류할 수 있다. 즉 시상면의 8개 관절(θ^l_{an}, θ^l_{kn}, θ^l_{hp}, θ^l_{sh}, θ^r_{an}, θ^r_{kn}, θ^r_{hp}, θ^r_{sh})과 관상면의 상체 4개 관절(ϕ^l_{sh}, ϕ^l_{el}, ϕ^r_{sh}, ϕ^r_{el})은 2개의 세그먼트로 관절의 회전각도 궤적을 표현해도 되지만, 관상면의 하체 4개 관절(ϕ^l_{an}, ϕ^l_{hp}, ϕ^r_{an}, ϕ^r_{hp})은 0° 에서 시작해서 다시 0°로 복귀해야 하는 특성 때문에 3개의 세그먼트로 궤적을 만들어야 한다.

2-세그먼트 혼합다항식 궤적을 만들기 위해서는 식 (5.43)에 나타낸 것처럼 아래와 같이 9개의 파라미터가 있어야 한다.

$$\theta^l_{an}, \theta^l_{kn}, \theta^l_{hp}, \theta^l_{sh}, \theta^r_{an}, \theta^r_{kn}, \theta^r_{hp}, \theta^r_{sh} \tag{5.58}$$

이 중에서 시간 파라미터인 t^1_0, t^1_f, t^2_f는 보행 주기를 이등분하여 0, $T/2$, T로 설정하면 되며, 각도 파라미터인 q^1_0, q^1_f, q^2_f 중에서 초기각도 q^1_0와 최종각도 q^2_f는 앞에서 설명한 보행 준비자세에서 얻은 값들을 사용한다. 마지막으로 각속도 파라미터인 v^1_0, v^1_f, v^2_f 중에서 관절의 초기각속도 v^1_0와 최종각속도 v^2_f는 최소의 토크 생성과 부드러운 착지를 위해 모두 0으로 설정한다. 결과적으로 2-세그먼트 혼합다항식 생성을 위해 PSO가 한 관절의 각도궤적에 대해 결정해야 하는 파라미터는 식 (5.58)에서 중간각도 q^1_f, 중간각속도 v^1_f 밖에 남지 않게 된다. 그리고 이 값들을 앞으로 편의상 q^1_m, v^1_m이라고 하자.

3-세그먼트 혼합다항식의 경우 식 (5.44)에 나타냈듯이 총 12개의 파라미터가 다음과 같이 필요하다.

$$t^1_0, t^1_f, t^2_f, t^3_f, q^1_0, q^1_f, q^2_f, q^3_f, v^1_0, v^1_f, v^2_f, v^3_f \tag{5.59}$$

시간 파라미터 t^1_0, t^1_f, t^2_f, t^3_f 중 초기 시간과 최종 시간은 0과 T로 설정하면 되지만, 균형유지를 위해 상체를 왼쪽이나 오른쪽으로 완전히 이동시키는 데 소요되는 시간 t^1_f과 다시 원래 자세로 복귀하기 시작하는 시간 t^2_f는 정확히 알 수 없으므로 최적화 변수로 설정한다. 그리고 각도 파라미터인 q_0^1, q_f^1, q_f^2, q_f^3 중에서 초기각도 q_0^1와 최종각도 q_f^3는 보행 준비자세에서 보았듯이 0° 로 설정하면 된다. 또한 이족 보행 시 관상면의 하체 관절들(ϕ_{an}^l, ϕ_{hp}^l, ϕ_{an}^r, ϕ_{hp}^r)은 시상면 관절들을 이용해서 다리를 앞으로 뻗는 동안 넘어지지 않기 위해 일정한 각도를 유지해야 하므로 $q_f^1=q_f^2=q_m$의 조건을 만족시켜야 한다. q_m은 ZMP 안정도를 만족시키는 최소의 각도 값이어야 하므로 PSO를 이용해서 최적 값을 찾아야 한다.

각속도 파라미터인 v_0^1, v_f^1, v_f^2, v_f^3 중에서 초기각속도 v_0^1와 최종각속도 v_f^3는 2-세그먼트 혼합다항식의 경우와 마찬가지로 각각 0으로 설정한다. 그리고 관절이 회전하다가 일정각도를 유지하기 시작하는 시점 t_f^1과 반대 시점 t_f^2에서의 부드러운 각도변화를 위해 두 중간각속도(v_f^1, v_f^2)도 모두 0으로 설정한다. 결국 3-세그먼트 혼합다항식 생성을 위해 최적화해야 할 각 관절별 파라미터는 식 (5.59)에서 중간시각 t_f^1, t_f^2과 중간각도 q_f^1이 된다. 편의상 3-세그먼트 혼합다항식의 중간시각을 t_{m1}, t_{m2}라 하고, 중간각도를 q_m이라고 하자.

위의 내용을 정리하면, 주어진 보폭에 대한 보행 준비자세의 모든 관절각을 알고 있다는 가정하에 PSO로 최적화해야 하는 관절 회전각 궤적 파라미터는 2-세그먼트 혼합다항식의 경우 중간각도인 q_m과 중간각속도인 v_m이며, 3-세그먼트 혼합다항식의 경우 중간시각인 t_{m1}, t_{m2}와 중간각도인 q_m이다. 만약 전체 18개의 관절에 대해 독립적으로 파라미터들을 최적화한다면, 14개의 관절은 2-세그먼트 혼합다항식으로 표현 가능하므로 총 28개의 최적변수를 필요로 하고 나머지 4개의 관절은 3-세그먼트 혼합다항식을 사용해야 하므로 총 12개의 최적변수를 필요로 한다. 결국 총 40개에 이르는 궤적 파라미터들을 PSO로 최적화해야 하는데, 최적화 시간이 많이 걸릴 뿐 아니라 얻어진 해들의 정확도도 떨어지는 문제를 일으킨다. 그러므로, 인간이 보행하는 동안의 자세 특성을 이용하여 다음과 같은 조건을 부여함으로써 불필요한 최적변수들을 제거해야 한다.

- **조건 1.** 보행 시 안정도를 유지하고 자연스러운 자세를 만들기 위해

상체가 시상면과 관상면에서 항상 90°가 유지되도록 한다. 먼저 시상면에서 상체를 90° 유지하는 조건을 수식으로 표현하면 다음과 같다.

$$\theta_1(t)+\theta_2(t)+\theta_3(t)=\frac{\pi}{2}, \quad 0 \le t \le T \tag{5.60}$$

이 식을 식 (5.5)를 이용해서 왼발 지지 시 관절 모터각에 대한 관계식으로 변환하면 다음과 같다.

$$\theta_{hp}^{l}(t)=-\theta_{an}^{l}(t)+\theta_{kn}^{l}(t), \quad 0 \le t \le T \tag{5.61}$$

오른발로 지지하고 있을 때는 식 (5.7)을 이용하면 다음과 같이 위첨자만 r로 바꾸면 된다.

$$\theta_{hp}^{r}(t)=-\theta_{an}^{r}(t)+\theta_{kn}^{r}(t), \quad 0 \le t \le T \tag{5.62}$$

식에서 T는 보행 주기로서 보행에 소요되는 시간을 나타낸다. 이 식과 식 (5.51)과의 차이점은 시간변수 t가 추가된 것으로, 이는 보행 시 위 조건이 항상 유지되어야 함을 나타낸다.

그 다음으로 관상면에서의 상체 조건을 수식으로 표현하면 다음과 같다.

$$\phi_1(t)+\phi_2(t)=0, \quad 0 \le t \le T \tag{5.63}$$

이 식을 식 (5.11)에 의해 왼발 지지 시 관절 모터각의 관계식으로 변환하면 다음과 같다.

$$\phi_{hp}^{l}(t)=-\phi_{an}^{l}(t), \quad 0 \le t \le T \tag{5.64}$$

오른발 지지 시에는 식 (5.13)에 의해 다음과 같이 위첨자만 바꾸면 된다.

$$\phi_{hp}^{r}(t)=-\phi_{an}^{r}(t), \quad 0 \le t \le T \tag{5.65}$$

그러므로 왼발 지지 시 θ^l_{hp}과 ϕ^l_{hp}, 오른발 지지 시 θ^r_{hp}과 ϕ^r_{hp}의 관절궤적은 PSO를 이용해서 최적화할 필요가 없어진다.

- **조건 2.** 보다 자연스러운 보행자세를 만들기 위해 보행 시 들어 올린 다리가 지지하는 다리와 평행을 유지하는 조건을 추가하자. 그림 5.1(b)를 참고하면 왼발 지지 시 다음과 같이 관절 모터각 조건을 주면 이를 구현할 수 있음을 알 수 있다.

$$\phi^r_{hp}(t) = -\phi^l_{an}(t), \quad 0 \le t \le T \tag{5.66}$$

오른발 지지 시에는 그림 5.2(b)를 참고하여 다음의 각도 조건이 성립되어야 함을 알 수 있다.

$$\phi^l_{hp}(t) = -\phi^r_{an}(t), \quad 0 \le t \le T \tag{5.67}$$

- **조건 3.** 보행 시 들어 올린 발은 항상 지면보다 높아야 로봇의 발이 바닥에 걸려 쓰러지는 일이 없어진다. 그런데 발의 각도가 지면과 평행하지 않으면 움직이는 발의 앞부분이나 뒷부분이 바닥에 부딪칠 확률이 높아지므로 들어 올린 발의 바닥면이 시상면과 관상면 모두에서 지면과 항상 평행하도록 유지시키는 조건을 추가한다. 이를 시상면 상의 관절에 대한 수식으로 표현하면 다음과 같다.

$$\theta_1(t)+\theta_2(t)+\theta_3(t)+\theta_4(t)+\theta_5(t)+\theta_6(t) = -\frac{\pi}{2}, \quad 0 \le t \le T \tag{5.68}$$

이 식을 식 (5.60)의 상체 조건과 식 (5.5)의 왼발 지지 시 관계식을 이용하여 변환하면 다음과 같은 관계식을 얻는다.

$$\theta^r_{an}(t) = -\theta^r_{hp}(t) + \theta^r_{kn}(t), \quad 0 \le t \le T \tag{5.69}$$

오른발 지지 시에는 식 (5.7)을 이용해서 다음과 같은 관계식을 얻는다.

$$\theta_{an}^{l}(t) = -\theta_{hp}^{l}(t) + \theta_{kn}^{l}(t), \quad 0 \le t \le T \tag{5.70}$$

그 다음으로 관상면에서 왼발 지지 시 발바닥이 지면에 평행하게 하는 조건을 그림 5.1을 참고해서 수식으로 표현하면 다음과 같다.

$$\phi_1(t) + \phi_2(t) + \frac{\pi}{2} + \phi_3(t) + \phi_4(t) = \pi, \quad 0 \le t \le T \tag{5.71}$$

식 (5.11), (5.64), (5.66)을 이용해서 들어 올린 발의 족관절 모터각으로 변환하면 다음과 같다.

$$\phi_{an}^{r}(t) = -\phi_{hp}^{r}(t) = \phi_{an}^{l}(t), \quad 0 \le t \le T \tag{5.72}$$

오른발 지지 시 관상면에서 발바닥이 지면에 평행하게 하는 조건은 그림 5.2(b)를 참고해서 수식으로 표현하면 다음과 같다.

$$\phi_1(t) + \phi_2(t) - \frac{\pi}{2} + \phi_3(t) + \phi_4(t) = \pi, \quad 0 \le t \le T \tag{5.73}$$

식 (5.13), (5.65), (5.67)을 이용하면 들어 올린 발의 족관절 모터각은 다음과 같은 관계식을 가진다.

$$\phi_{an}^{l}(t) = -\phi_{hp}^{l}(t) = \phi_{an}^{r}(t), \quad 0 \le t \le T \tag{5.74}$$

결과적으로 이 조건을 사용하면 왼발 지지 시 θ_{an}^{r}과 ϕ_{an}^{r}, 오른발 지지 시 θ_{an}^{l}과 ϕ_{an}^{l}의 궤적은 최적화할 필요가 없다.

- **조건 4.** 보행 시 최소의 전력 사용을 위해 양팔은 시상면 견관절들만 앞뒤로 회전시키고 관상면의 견관절과 수관절의 각도는 직립자세의 초기 각도를 유지한다. 이를 모터각도 조건으로 표현하면 다음과 같다.

$$\phi_{sh}^{l}(t) = 14°, \phi_{el}^{l}(t) = 0, \phi_{sh}^{r}(t) = -14°, \phi_{el}^{r}(t) = 0, \quad 0 \le t \le T \tag{5.75}$$

위의 조건들을 종합하면, PSO로 최적화해야 할 궤적 관련 파라미터는 왼발 지지 시 다음과 같이 총 15개가 된다. 오른발 지지 시에는 각 변수에서 L을 R로, R을 L로 바꿔주기만 하면 된다.

〈표 5.8〉 왼발 지지 시 이족 보행을 위한 전체 관절궤적 최적화 변수

순번	변수명	정의
1	SAG_AN_L_MID_ANG	왼쪽 족관절 시상면 모터의 중간각도
2	SAG_KN_L_MID_ANG	왼쪽 슬관절 시상면 모터의 중간각도
3	SAG_HP_R_MID_ANG	오른쪽 고관절 시상면 모터의 중간각도
4	SAG_KN_R_MID_ANG	오른쪽 슬관절 시상면 모터의 중간각도
5	SAG_AN_L_MID_VEL	왼쪽 족관절 시상면 모터의 중간각속도
6	SAG_KN_L_MID_VEL	왼쪽 슬관절 시상면 모터의 중간각속도
7	SAG_HP_R_MID_VEL	오른쪽 고관절 시상면 모터의 중간각속도
8	SAG_KN_R_MID_VEL	오른쪽 슬관절 시상면 모터의 중간각속도
9	COR_AN_L_MID_TIME1	왼쪽 족관절 관상면 모터의 첫 번째 중간시간
10	COR_AN_L_MID_TIME2	왼쪽 족관절 관상면 모터의 두 번째 중간시간
11	COR_AN_L_MID_ANG1	왼쪽 족관절 관상면 모터의 중간각도
12	SAG_SH_L_MID_ANG	왼쪽 견관절 시상면 모터의 중간각도
13	SAG_SH_R_MID_ANG	오른쪽 견관절 시상면 모터의 중간각도
14	SAG_SH_L_MID_VEL	왼쪽 견관절 시상면 모터의 중간각속도
15	SAG_SH_R_MID_VEL	오른쪽 견관절 시상면 모터의 중간각속도

이제 code\matlab code\pso_walk_opt.m 코드를 이용해서 최적의 관절 모터각 궤적을 구하는 과정을 알아보도록 하자. 먼저 각 최적화 변수의 탐색 영역의 최소값과 최대값을 정해야 하는데, 탐색 범위가 너무 넓지 않으면서도 충분한 영역을 포함해야 하므로 다음과 같이 정했다. 직관적인 탐색범위 설정을 위해 관절 모터의 단위는 각도(degree)임을 주의하자.

```
%%%%%%%%%%%%%%%%%%%% 로봇 종류 %%%%%%%%%%%%%%%%%%%%
sf = 'LEFT_BASE' ;      % 지지하는 발이 왼쪽 발임
md = 'DH' ; % PB' ;     % 기구학 방법: DH: Denavit-Hartenberg, PB: Projection-Based
sim_type = 'opt_pso' ;  % PSO로 최적화

% 보행 조건
sp = [0, 0, 0];              % 지지하는 발의 중심점 위치
st = 0.1;                    % 샘플링 타임
T = 3;                       % 부행 주기
sl = 0.07;                   % 보폭(step length)
hf = 0.02;                   % 최고 발 높이
walk_con = [st T sl hf];     % 보행 조건

spec = robot_spec_bioloid_prem(md); % 바이올로이드 로봇의 규격명세를 불러 옴
link = spec(1:20);
mass = spec(21:42);
flags = zeros(1,5);

dimPar = 15;    % 파라미터 개수
if strcmp(sf, 'LEFT_BASE' )==1
  upBnd = [30 45 45 45 1 1 1 1 T/2 T*5/6 30 10 10 1 1]' ; % 변수 상한값
  lowBnd = [-30 0 -20 10 -1 -1 -1 -1 T/8 T/2  10 -10 -10 -1 -1]' ; % 변수 하한값
  % 보행 준비자세
  if sl==0.05
    init_ang = [-3.90 11.21 15.11 -4.15 10.74 14.88 -20.0 20.0 0 0 0 0 14.0 0 -14.0 0 0 0];
    fin_ang = [14.88 10.74 -4.15 15.11 11.21 -3.90 20.0 -20.0 0 0 0 0 14.0 0 -14.0 0 0 0];
  elseif sl==0.07
    init_ang = [-10.83 5.00 15.83 -10.83 5.00 15.83 -20.0 20.0 0 0 0 0 14.0 0 -14.0 0 0 0];
    fin_ang = [15.83 5.00 -10.83 15.83 5.00 -10.83 20.0 -20.0 0 0 0 0 14.0 0 -14.0 0 0 0];
  end
elseif strcmp(sf, 'RIGHT_BASE' )==1
  upBnd = [30 45 45 45 1 1 1 1 T/2 T*5/6 -10 10 10 1 1]' ; % 변수 상한값
  lowBnd = [-30 0 -20 10 -1 -1 -1 -1 T/8 T/2  -30 -10 -10 -1 -1]' ; % 변수 하한값
  % 보행 준비자세
  if sl==0.05
    init_ang = [14.88 10.74 -4.15 15.11 11.21 -3.90 20.0 -20.0 0 0 0 0 14.0 0 -14.0 0 0 0];
    fin_ang = [-3.90 11.21 15.11 -4.15 10.74 14.88 -20.0 20.0 0 0 0 0 14.0 0 -14.0 0 0 0];
  elseif sl==0.07
    init_ang = [15.83 5.00 -10.83 15.83 5.00 -10.83 20.0 -20.0 0 0 0 0 14.0 0 -14.0 0 0 0];
```

```
        fin_ang = [-10.83 5.00 15.83 -10.83 5.00 15.83 -20.0 20.0 0 0 0 0 14.0 0 -14.0 0 0 0];
    end
end
n_part = 20;                    % 개체수
v_max = 0.2*(upBnd-lowBnd);  % 속도 상한값
v_min = -v_max;                 % 속도 하한값
max_iter = 100;
w = 0.8;  % 속도의 관성 가중치
c1 = 2;  c2 = 2;
% 초기값
for i=1:n_part
    x_pos(i,:) = ((upBnd-lowBnd).*rand(dimPar,1) + lowBnd)' ;
    vel(i,:) = ((v_max-v_min).*rand(dimPar,1) + v_min)' ;
end
cost = 1e10*ones(n_part);

% 객체 최적해의 위치와 함수 값
pos_pbest = x_pos;
cost_pbest= cost;
% 전역 최적해의 위치와 함수 값
pos_gbest = [ ];
cost_gbest = 1e10;
%%%%%%%%%%%%%%%%%% PSO %%%%%%%%%%%%%%%%%%%%%%%%%%
iter = 1; % 반복 횟수
while iter== 1 | iter <= max_iter
    for pt= 1: n_part
        res = func_walk_cost(link, mass, md, sf, sp, walk_con, x_pos(pt, :), deg2rad(init_ang),
            deg2rad(fin_ang), -1, sim_type, 0, flags);
        cost(pt) = res(1);
        % 현재 객체를 pbest에 비교
        if cost(pt) < cost_pbest(pt)
            pos_pbest(pt, :) = x_pos(pt , : ) ;
            cost_pbest(pt) = cost(pt) ;
        end
        % 현재 객체를 gbest에 비교
        if cost(pt) < cost_gbest
            pos_gbest = x_pos(pt, :);
            cost_gbest = cost(pt) ;
```

```
        end
        % 새롭게 이동할 방향으로의 속도 계산
        vel_mod = c1*rand*(pos_pbest(pt,:) - x_pos(pt, :)) + c2*rand*(pos_gbest -x_pos(pt, :));
        vel(pt, :) = w*vel(pt, :) + vel_mod ;
% 속도값의 제한
        vel(pt, :) = min(v_max' , vel(pt, :));
        vel(pt, :) = max(v_min' , vel(pt, :));
% 다음 회차의 객체 위치 계산
        x_pos(pt, :) = x_pos(pt, :) + vel(pt, :);
        % 위치벡터의 제한
        x_pos(pt, :) = min(upBnd' , x_pos(pt, :));
        x_pos(pt, :) = max(lowBnd' , x_pos(pt, :));
    end

    sprintf( 'iter = %d, cost_gbest=%.4e, pos_gbest = [%.2f %.2f %.2f %.2f %.2f %.2f %.2f %.2f
      %.2f %.2f %.2f %.2f %.2f %.2f %.2f]' , iter, cost_gbest, pos_gbest(1), pos_gbest(2),
      pos_gbest(3), pos_gbest(4), pos_gbest(5), pos_gbest(6), pos_gbest(7), pos_gbest(8),
      pos_gbest(9), pos_gbest(10), pos_gbest(11), pos_gbest(12), pos_gbest(13), pos_gbest(14),
      pos_gbest(15))
    gcost(iter) = cost_gbest;
    iter=iter+1; % 반복 횟수
end

iters = 1:iter-1;
figure(1)
semilogy(iters, gcost);
title( '비용함수 추이' )
xlabel( 'iteration' );
ylabel( 'cost' );
grid

pause
func_walk_cost(link, mass, md, sf, sp, walk_con, pos_gbest,  deg2rad(init_ang), deg2rad(fin_ang), 1,
sim_type, 0, flags);
```

〈코드 5.9〉 pso_walk_opt.m 코드

보폭이 7cm인 보행 준비자세의 관절 모터 초기각도(init_ang)와 최종각도(fin_ang)는 <표 5.6>의 값을 적용했다. 보행 준비자세의 대칭성 때문에 최종각도는 왼쪽에 위치한 관절각도를 오른쪽의 관절각도 값으로 서로 바꾸면 된다. <코드 5.7>의 func_posture_cost.m 코드와 비교했을 때 파라미터 개수가 15개이고, 각 변수의 상한값과 하한값이 다르게 설정되었으며 비용함수를 계산하는 함수가 func_walk_cost라는 사실 외에는 큰 차이점이 없다.

보행 동작 시뮬레이션 시 요구 사항 만족 여부를 체크하는 func_walk_cost.m 파일에 대해 부분별로 코드를 살펴보도록 하자. 이 함수는 보행 조건(샘플링 타임, 보행 주기, 보폭)과 최적화 변수, 초기/최종 관절각도를 인수로 받는다. 그리고 관절회전각 궤적 생성을 위해 지지하는 다리에 따라서 최적화 변수를 해당 궤적 파라미터로 변환한다. 주의할 점은 관절 모터각의 단위를 각도(degree)로 설정했으므로 이를 라디안 단위로 변환해 주어야 한다는 것이다. 이렇게 하는 이유는 로봇의 순간자세를 계산하는 func_robot_motion_dh 함수와 func_robot_motion_pb 함수는 모두 라디안 단위의 관절변수를 사용하기 때문이다.

```
function y = func_walk_cost(link, mass, md, sf, sp, walk_con, x, init_ang, fin_ang, fig_no, sim_type, vel, flags)

l_ft_for=link(17); l_ft_back=link(18); l_ft_inner=link(19); l_ft_outer=link(20);
gamma = 0;              % 직진 보행
st = walk_con(1);       % 샘플링 타임
T = walk_con(2);        % 보행 주기
sl = walk_con(3);       % step length
hf = walk_con(4);       % 최대 발 높이
ns = floor(T/st);       % 샘플 개수

flag_motion = flags(1);      % 0: 연속 모션, 1: 키 입력 모션
flag_angle_show = flags(2);  % 0: 관절각 보여주지 않음, 1: 관절각 보여줌

% 최적화 변수
```

```
if strcmp(sf, 'LEFT_BASE' )==1
   SAG_AN_L_MID_ANG = deg2rad(x(1)); SAG_KN_L_MID_ANG = deg2rad(x(2));
   SAG_HP_R_MID_ANG = deg2rad(x(3)); SAG_KN_R_MID_ANG = deg2rad(x(4));
   SAG_AN_L_MID_VEL = x(5); SAG_KN_L_MID_VEL = x(6); SAG_HP_R_MID_VEL = x(7);
   SAG_KN_R_MID_VEL = x(8); COR_AN_L_MID_TIME1 = x(9); COR_AN_L_MID_TIME2 = x(10);
   COR_AN_L_MID_ANG1 = deg2rad(x(11));
elseif strcmp(sf, 'RIGHT_BASE' )==1
   SAG_AN_R_MID_ANG = deg2rad(x(1)); SAG_KN_R_MID_ANG = deg2rad(x(2));
   SAG_HP_L_MID_ANG = deg2rad(x(3)); SAG_KN_L_MID_ANG = deg2rad(x(4));
   SAG_AN_R_MID_VEL = x(5); SAG_KN_R_MID_VEL = x(6); SAG_HP_L_MID_VEL = x(7);
   SAG_KN_L_MID_VEL = x(8); COR_AN_R_MID_TIME1 = x(9); COR_AN_R_MID_TIME2 = x(10);
   COR_AN_R_MID_ANG1 = deg2rad(x(11));
end
SAG_SH_L_MID_ANG = deg2rad(x(12)); SAG_SH_R_MID_ANG = deg2rad(x(13));
SAG_SH_L_MID_VEL = x(14); SAG_SH_R_MID_VEL = x(15);
```

주기 보행에 필요한 관절 초기각도와 최종각도, 궤적 중간 시간, 상체의 관상면 궤적 중간각도 조건들을 코드에서 아래와 같이 부여한다.

```
% 궤적 초기각도
SAG_AN_L_INIT_ANG = init_ang(1); SAG_KN_L_INIT_ANG = init_ang(2);
SAG_HP_L_INIT_ANG = init_ang(3); SAG_HP_R_INIT_ANG = init_ang(4);
SAG_KN_R_INIT_ANG = init_ang(5); SAG_AN_R_INIT_ANG = init_ang(6);
SAG_SH_L_INIT_ANG = init_ang(7); SAG_SH_R_INIT_ANG = init_ang(8);
COR_AN_L_INIT_ANG = init_ang(9); COR_HP_L_INIT_ANG = init_ang(10);
COR_HP_R_INIT_ANG = init_ang(11); COR_AN_R_INIT_ANG = init_ang(12);
COR_SH_L_INIT_ANG = init_ang(13); COR_EL_L_INIT_ANG = init_ang(14);
COR_SH_R_INIT_ANG = init_ang(15); COR_EL_R_INIT_ANG = init_ang(16);
TRAN_HP_L_INIT_ANG = init_ang(17); TRAN_HP_R_INIT_ANG = init_ang(18);

% 궤적 최종각도
SAG_AN_L_FIN_ANG = fin_ang(1); SAG_KN_L_FIN_ANG = fin_ang(2);
SAG_HP_L_FIN_ANG = fin_ang(3); SAG_HP_R_FIN_ANG = fin_ang(4);
SAG_KN_R_FIN_ANG = fin_ang(5); SAG_AN_R_FIN_ANG = fin_ang(6);
SAG_SH_L_FIN_ANG = fin_ang(7); SAG_SH_R_FIN_ANG = fin_ang(8);
```

```
COR_AN_L_FIN_ANG = fin_ang(9);  COR_HP_L_FIN_ANG = fin_ang(10);
COR_HP_R_FIN_ANG = fin_ang(11);  COR_AN_R_FIN_ANG = fin_ang(12);
COR_SH_L_FIN_ANG = fin_ang(13);  COR_EL_L_FIN_ANG = fin_ang(14);
COR_SH_R_FIN_ANG = fin_ang(15);  COR_EL_R_FIN_ANG = fin_ang(16);
TRAN_HP_L_FIN_ANG = fin_ang(17);  TRAN_HP_R_FIN_ANG = fin_ang(18);

% 궤적 중간시간
SAG_AN_L_MID_TIME = T/2; SAG_KN_L_MID_TIME = T/2; SAG_HP_L_MID_TIME = T/2;
SAG_AN_R_MID_TIME = T/2; SAG_KN_R_MID_TIME = T/2; SAG_HP_R_MID_TIME = T/2;
SAG_SH_L_MID_TIME = T/2; SAG_SH_R_MID_TIME = T/2;
COR_SH_L_MID_TIME = T/2; COR_SH_R_MID_TIME = T/2;
COR_EL_L_MID_TIME = T/2; COR_EL_R_MID_TIME = T/2;

% 상체의 관상면 궤적 중간각도
COR_SH_L_MID_ANG = COR_SH_L_INIT_ANG;  COR_SH_R_MID_ANG = COR_SH_R_INIT_ANG;
COR_EL_L_MID_ANG = 0;  COR_EL_R_MID_ANG = 0;
COR_SH_L_MID_VEL = 0;  COR_SH_R_MID_VEL = 0;
COR_EL_L_MID_VEL = 0;  COR_EL_R_MID_VEL = 0;
```

인수로 입력받은 최적화 변수를 이용해서 2-세그먼트 혼합다항식(blend_poly_2seg)과 3-세그먼트 혼합다항식(blend_poly_3seg)으로 표현되는 관절각 궤적을 만들고, 매 시점에서 각도, 각속도(_1d(i)), 각가속도(_2d(i)) 값들을 호출한다. 직진 보행 시 횡평면 관절은 0°로 둔다.

```
cost_height = 0;
cost_theta = 0;
cost_zmp = 0;
max_tip_ht = 0;   % 들어 올린 발의 최대 높이

for i=1:ns
   t = i*st;
   t_i(i) = t;
   % 순시 관절 모터각 배열
   if strcmp(sf, 'LEFT_BASE' )==1
```

```
    [sag_an_l(i), sag_an_l_1d(i), sag_an_l_2d(i)] = blend_poly_2seg(i, 0, SAG_AN_L_MID_TIME, …, 0);
    [sag_hp_r(i), sag_hp_r_1d(i), sag_hp_r_2d(i)] = blend_poly_2seg(i, 0, SAG_HP_R_MID_TIME, …, 0);
    [cor_an_l(i), cor_an_l_1d(i), cor_an_l_2d(i)] = blend_poly_3seg(i, 0, COR_AN_L_MID_TIME1, …, 0);
elseif strcmp(sf, 'RIGHT_BASE')==1
    [sag_an_r(i), sag_an_r_1d(i), sag_an_r_2d(i)] = blend_poly_2seg(i, 0, SAG_AN_R_MID_TIME, …, 0);
    [sag_hp_l(i), sag_hp_l_1d(i), sag_hp_l_2d(i)] = blend_poly_2seg(i, 0, SAG_HP_L_MID_TIME, …, 0);
    [cor_an_r(i), cor_an_r_1d(i), cor_an_r_2d(i)] = blend_poly_3seg(i, 0, COR_AN_R_MID_TIME1, …, 0);
end
[sag_kn_l(i), sag_kn_l_1d(i), sag_kn_l_2d(i)] = blend_poly_2seg(i, 0, SAG_KN_L_MID_TIME, …, 0);
[sag_kn_r(i), sag_kn_r_1d(i), sag_kn_r_2d(i)] = blend_poly_2seg(i, 0, SAG_KN_R_MID_TIME, …, 0);
[sag_sh_l(i), sag_sh_l_1d(i), sag_sh_l_2d(i)] = blend_poly_2seg(i, 0, SAG_SH_L_MID_TIME, …, 0);
[sag_sh_r(i), sag_sh_r_1d(i), sag_sh_r_2d(i)] = blend_poly_2seg(i, 0, SAG_SH_R_MID_TIME, …, 0);

[cor_sh_l(i), cor_sh_l_1d(i), cor_sh_l_2d(i)] = blend_poly_2seg(i, 0, COR_SH_L_MID_TIME, …, 0);
[cor_sh_r(i), cor_sh_r_1d(i), cor_sh_r_2d(i)] = blend_poly_2seg(i, 0, COR_SH_R_MID_TIME, …, 0);
[cor_el_l(i), cor_el_l_1d(i), cor_el_l_2d(i)] = blend_poly_2seg(i, 0, COR_EL_L_MID_TIME, …, 0);
[cor_el_r(i), cor_el_r_1d(i), cor_el_r_2d(i)] = blend_poly_2seg(i, 0, COR_EL_R_MID_TIME, …, 0);

tran_hp_l(i) = 0; tran_hp_l_1d(i) = 0; tran_hp_l_2d(i) = 0;
tran_hp_r(i) = 0; tran_hp_r_1d(i) = 0; tran_hp_r_2d(i) = 0;
```

최적화해야 할 관절궤적 이외의 관절궤적은 앞에서 제시한 네 가지 자세 조건을 만족시키도록 아래 코드와 같이 수식으로 표현한다. 그리고 i번째 샘플링 시점에서의 순간 자세 계산을 위해 시상면, 관상면, 횡평면 관절 모터각 벡터인 mth, mphi, mpsi를 구성한 후 motor2dh 함수를 이용해서 관절 기하각으로 변환한다.

```
if strcmp(sf, 'LEFT_BASE')==1
    % 시상면에서 상체 90° 조건 및 자유 다리 지면에서 90° 조건
    sag_hp_l(i) = -sag_an_l(i) + sag_kn_l(i);   sag_an_r(i) = -sag_hp_r(i) + sag_kn_r(i);
    sag_hp_l_1d(i) = -sag_an_l_1d(i) + sag_kn_l_1d(i);  sag_an_r_1d(i) = -sag_hp_r_1d(i) + sag_kn_r_1d(i);
    sag_hp_l_2d(i) = -sag_an_l_2d(i) + sag_kn_l_2d(i);  sag_an_r_2d(i) = -sag_hp_r_2d(i) + sag_kn_r_2d(i);
    % 관상면에서 상체 90° 조건
```

```
    cor_hp_l(i) = -cor_an_l(i);    cor_hp_l_1d(i) = -cor_an_l_1d(i);    cor_hp_l_2d(i) = -cor_an_l_2d(i);
    cor_hp_r(i) = -cor_an_l(i);    cor_hp_r_1d(i) = -cor_an_l_1d(i);    cor_hp_r_2d(i) = -cor_an_l_2d(i);
    cor_an_r(i) = cor_an_l(i);     cor_an_r_1d(i) = cor_an_l_1d(i);     cor_an_r_2d(i) = cor_an_l_2d(i);
elseif strcmp(sf, 'RIGHT_BASE' )==1
    % 시상면에서 상체 90° 조건 및 들어 올린 발이 지면에서 90° 조건
    sag_hp_r(i) = -sag_an_r(i) + sag_kn_r(i);   sag_an_l(i) = -sag_hp_l(i) + sag_kn_l(i);
    sag_hp_r_1d(i) = -sag_an_r_1d(i) + sag_kn_r_1d(i); sag_an_l_1d(i) = -sag_hp_l_1d(i) + sag_kn_l_1d(i);
    sag_hp_r_2d(i) = -sag_an_r_2d(i) + sag_kn_r_2d(i); sag_an_l_2d(i) = -sag_hp_l_2d(i) + sag_kn_l_2d(i);
    % 관상면에서 상체 90° 조건
    cor_hp_r(i) = -cor_an_r(i);    cor_hp_r_1d(i) = -cor_an_r_1d(i);    cor_hp_r_2d(i) = -cor_an_r_2d(i);
    cor_hp_l(i) = -cor_an_r(i);    cor_hp_l_1d(i) = -cor_an_r_1d(i);    cor_hp_l_2d(i) = -cor_an_r_2d(i);
    cor_an_l(i) = cor_an_r(i);     cor_an_l_1d(i) = cor_an_r_1d(i);     cor_an_l_2d(i) = cor_an_r_2d(i);
end
mth = [sag_an_l(i) … sag_sh_r(i)]' ;
mth_1d = [sag_an_l_1d(i) … sag_sh_r_1d(i)]' ;
mth_2d = [sag_an_l_2d(i) … sag_sh_r_2d(i)]' ;
mphi = [cor_an_l(i) … cor_el_r(i)];
mphi_1d = [cor_an_l_1d(i) … cor_el_r_1d(i)];
mphi_2d = [cor_an_l_2d(i) … cor_el_r_2d(i)];
mpsi = [tran_hp_l(i)   tran_hp_r(i)];
mpsi_1d = [tran_hp_l_1d(i)   tran_hp_r_1d(i)];
mpsi_2d = [tran_hp_l_2d(i)   tran_hp_r_2d(i)];

% 관절 모터각을 관절 기하각으로 변환
ang = motor2dh(mth, mphi, mpsi, 'non' ,' rad' , sf);
ang_1d = motor2dh(mth_1d, mphi_1d, mpsi_1d, 'deriv' ,' rad' ,sf);
ang_2d = motor2dh(mth_2d, mphi_2d, mpsi_2d, 'deriv' ,' rad' ,sf);
```

이렇게 변환한 관절 기하각으로부터 투영법이나 DH법으로 휴머노이드 로봇의 자세를 계산한 후 네 가지 벌칙함수(penalty function)를 계산한다.

```
% 첫 번째 벌칙함수: 보행 중 관절각도가 허용 각도 이상 넘어가는지 조사
if( (sag_kn_l(i) > pi/2.) || (sag_kn_l(i) < 0) )        cost_theta = cost_theta + 1.0;   end
if( (sag_kn_r(i) > pi/2.) || (sag_kn_r(i) < 0) )        cost_theta = cost_theta + 1.0;   end
```

```
    % 두 번째 벌칙함수: 자유 다리의 발바닥 저점이 지면보다 높이 유지되는지 조사
    if (t > .2*T) && ( t < .8*T)
      if tip_z_min < 0
        cost_height = cost_height + 1;
      end
    end
    max_tip_ht = max(max_tip_ht, tip_z_min);   % 보행 중 발의 최대 높이 저장
    low_x_zmp = sp(1) - l_ft_back;  up_x_zmp = sp(1) + l_ft_for;   % 지지하는 발의 뒤쪽과 앞쪽의 x 좌표
    % 지지하는 발의 안쪽과 바깥쪽의 y 좌표
    if strcmp(sf,  'LEFT_BASE' ) == 1
        low_y_zmp = sp(2) - l_ft_inner; up_y_zmp = sp(2) + l_ft_outer;
    elseif strcmp(sf,  'RIGHT_BASE' ) == 1
        low_y_zmp = sp(2) - l_ft_outer; up_y_zmp = sp(2) + l_ft_inner;
    end

    % 세 번째 벌칙함수: ZMP가 지지하는 발바닥에 있는지 조사
    if zmp_x < 0.8*low_x_zmp    cost_zmp = cost_zmp + abs((zmp_x - low_x_zmp)/low_x_zmp);
    elseif zmp_x > 0.8*up_x_zmp     cost_zmp = cost_zmp + abs((zmp_x - up_x_zmp)/up_x_zmp);
    end
    if zmp_y < low_y_zmp        cost_zmp = cost_zmp + abs((zmp_y - low_y_zmp)/low_y_zmp);
    elseif  zmp_y > up_y_zmp   cost_zmp = cost_zmp + abs((zmp_y - up_y_zmp)/up_y_zmp);
    end
      ⋮

  end
  % 네 번째 벌칙함수: 들어 올린 발의 최대 높이가 주어진 hf와 얼마나 가까운지 조사
  cost_max_height = abs(max_tip_ht-hf);
  % 전체 비용함수 계산
  w_limit_angle = 100; w_safety = 100; w_zmp = 1; w_height = 10;
  cost = w_limit_angle*cost_theta + w_safety*cost_height + w_zmp*cost_zmp + w_height*cost_max_height;
```

첫 번째 벌칙함수는 슬관절의 회전각도가 매 시점에서 허용 범위를 이탈하는 지 조사해서 이런 경우가 발생하면 cost_theta 값을 1씩 증가시킨다. 이러한 조건은 관절 모터의 고장을 방지하고, 혐오감을 줄 수 있는 비정상적 모션 생성을 방지하므로 100이라는 큰 가중치(w_limit_angle)를 곱해서 전체 비용함수에 더해진다. 두 번째 벌칙함수는 보행하는 동안 들어 올린 발바닥이 항상

지면보다 높이 유지되는 지 여부를 확인하는 함수로서, 자유 다리의 발바닥 최저점 높이가 음의 값이 되면(지면 아래로 내려가면) cost_height를 1씩 증가시키도록 설정했다. 이 조건을 위반하면 원하지 않는 시점에 발이 지면에 닿아서 로봇이 쓰러지기 쉬우므로 마찬가지로 가중치(w_safety)를 100으로 설정해 준다. 보행 초기와 후기에는 시뮬레이션 상의 작은 오차가 있을 수 있으므로 보행 주기의 20%와 80% 사이에서만 조사하게 했다.

세 번째 벌칙함수는 매 시점의 자세에 대해 ZMP가 지지하는 발바닥면 밖에 있다면 가장 가까운 경계면과의 정규화된(normalized) 거리를 계산해서 비용함수에 추가한다. 일반적으로 보행은 안정한 이족 지지 상태에서 불안정한 일족 지지 상태로 번갈아가며 수행되는데, 이족 지지 상태에서 ZMP는 양발의 중심점 사이에 위치하다가 한쪽 다리를 들어 올리면 지지하는 발 쪽으로 오게 된다. 그러므로 ZMP가 항상 지지하는 발 안에 있어야만 0이 되도록 설계한 cost_zmp 값은 실제로는 0보다 큰 값이 될 수 밖에 없다. 이러한 이유로 두 벌칙함수보다는 작은 가중치(w_zmp)를 세 번째 벌칙함수에 곱해준다. 코드에서 low_x_zmp와 up_x_zmp에 0.8을 곱한 이유는 x축에서 발바닥 뒷쪽과 앞쪽의 80% 이내로 ZMP가 들어오도록 벌칙함수를 설계함으로써 앞뒤로 흔들림이 덜한 보행자세를 만들기 위함이다.

네 번째 벌칙함수는 보행 중 들어 올린 발의 높이가 목표값 hf와 얼마나 차이가 나는지를 계산한다. 이러한 조건이 고려되지 않으면 발이 충분히 들어 올려지지 않고 바닥 위를 거의 쓸다시피 하면서 보행하는 패턴도 최적의 결과로 도출된다. 실제로 바이올로이드에 적용해보면 지지하는 다리의 고관절 모터의 토크가 충분하지 않아 들어 올린 다리가 밑으로 처지는 현상이 발생하는데 이를 고려해서 발을 충분히 들어 올릴 수 있도록 관절궤적을 생성해야 한다. 이 벌칙함수의 가중치(w_height)는 적당한 값인 10으로 설정했다. 이렇게 벌칙함수를 많이 만들수록 보다 정교한 보행 패턴을 만들 수 있지만, 가중치를 잘 정해주지 않으면 최적화의 효과가 감소될 수 있으므로 주의해야 한다.

pso_walk_opt.m 코드로써 왼발 지지 시 보폭이 7cm, 보행 주기가 3초인 휴머노이드 로봇 이족 보행의 관절궤적 파라미터 최적해를 20개의 개체 크기로 100번 반복하여 다음과 같이 구했다.

[SAG_AN_L_MID_ANG, SAG_KN_L_MID_ANG, SAG_HP_R_MID_ANG, SAG_KN_R_MID_ANG, SAG_AN_L_MID_VEL, SAG_KN_L_MID_VEL, SAG_HP_R_MID_VEL, SAG_KN_R_MID_VEL, COR_AN_L_MID_TIME1, COR_AN_L_MID_TIME2, COR_AN_L_MID_ANG1, SAG_SH_L_MID_ANG, SAG_SH_R_MID_ANG, SAG_SH_L_MID_VEL, SAG_SH_R_MID_VEL] =

[14.93 37.69 -1.93 45.00 -0.52 -0.77 0.19 0.74 0.38 2.48 13.38 1.45 10.00 -1.00 1.00]

그림 5.18은 PSO가 탐색을 반복하면서 비용함수가 감소하는 모습을 표현한 것이다. 그림 5.19와 5.20은 PSO를 이용해서 얻은 최적값들을 이용해서 sim_walk.m (코드 5.10) 파일로 시뮬레이션한 결과를 보인다. 그림 5.19에서 볼 수 있듯이 휴머노이드 로봇은 목표대로 정확히 7cm의 보폭을 가지며, 그림 5.21에 보인 것처럼 ZMP 들이 직사각형으로 표현된 지지 발바닥 내에 최대한 오랫동안 머무름으로써 안정적인 보행이 가능하다.

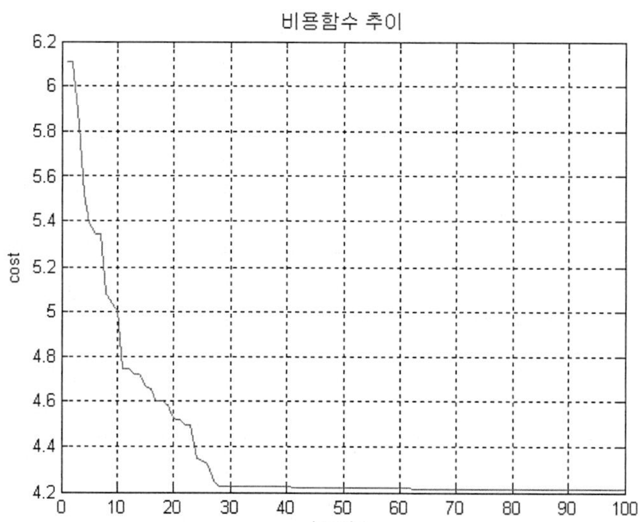

그림 5.18 이족 보행을 위한 비용함수 최소화 추이

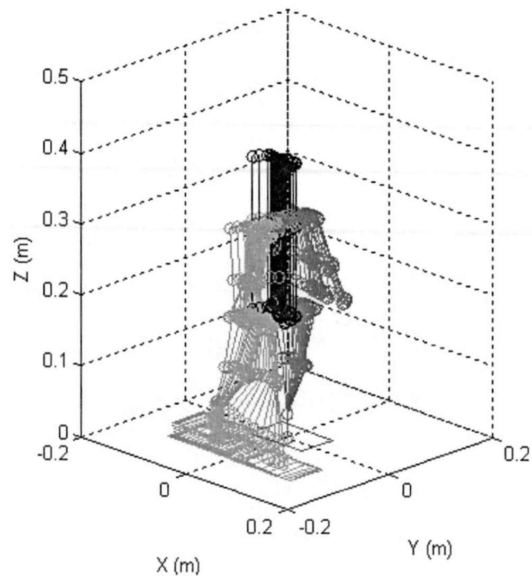

그림 5.19 투영법을 이용한 주기 3초, 보폭이 7cm인 최적 이족 보행의 3차원 시뮬레이션

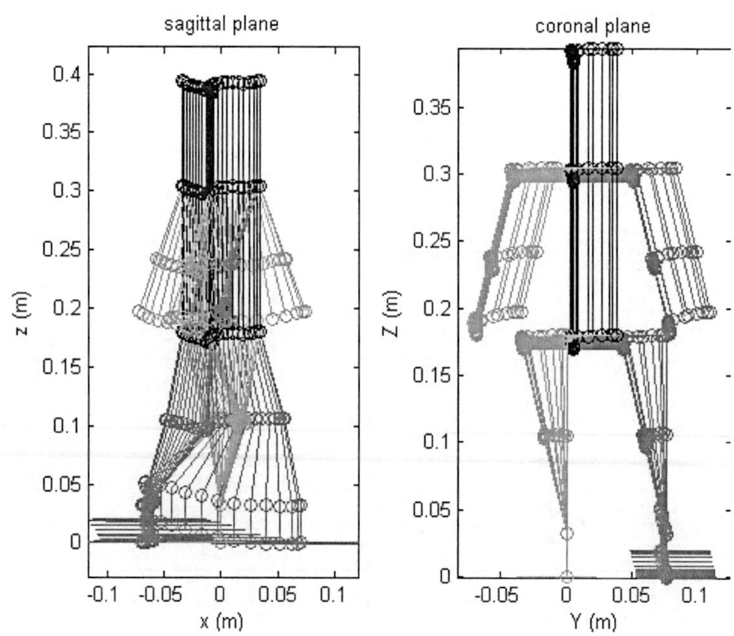

그림 5.20 주기 3초, 보폭이 7cm인 최적 이족 보행의 2차원 투영면 시뮬레이션

```
md = 'PB' ;                  % 기구학 방법: DH: Denavit-Hartenberg, PB: Projection-Based
sim_type = 'walk_sim' ;  % 최적변수로 보행궤적 분석

spec = robot_spec_bioloid_prem(md);  %바이올로이드 로봇의 규격명세를 불러 옴
link = spec(1:20);
mass = spec(21:42);

% 보행 조건
st = 0.1;              % 샘플링 타임
T = 3;                 % 보행 주기 시간
sl = 0.07;             % 보폭(step length)
hf = 0.02;             % 최고 발 높이
ns = floor(T/st);      % 샘플 수
walk_con = [st T sl hf];

flag_motion = 0;          % 0: 연속 모션, 1: 키 입력 모션
flag_angle_show = 0;  % 0: 관절각 보여주지 않음, 1: 관절각 보여줌
flag_show_zmp = 1;    % 0: ZMP 보여주지 않음, 1: ZMP 보여줌
flag_show_2d = 0;       % 0: 2D 평면 모델 보여주지 않음, 1: 2D 평면 모델 보여줌(PB법의 경우)
flags = [flag_motion flag_angle_show flag_show_zmp flag_show_2d];

sf_lb = 'LEFT_BASE' ;      % 지지하는 발이 왼쪽 발임
sf_rb = 'RIGHT_BASE' ;   % 지지하는 발이 오른쪽 발임
sp = [0, 0, 0];                 % 지지하는 발의 초기 중심점 위치

arg_pos = 0;  fig_no = 1;

x_lb_period_walk= [14.93 37.69 -1.93 45.00 -0.52 -0.77 0.19 0.74 0.38 2.48 13.38 1.45 10.00 -1.00
1.00];
x_rb_period_walk= [14.93 37.69 -1.93 45.00 -0.52 -0.77 0.19 0.74 0.38 2.48 -13.38 -1.45 -10.00 1.00 -
1.00];
init_ang_lb_period_walk = deg2rad([-10.83 5.00 15.83 -10.83 5.00 15.83 -20.0 20.0 0 0 0 0 14.0 0 -14.0
0 0 0]);
init_ang_rb_period_walk = deg2rad([15.83 5.00 -10.83 15.83 5.00 -10.83 20.0 -20.0 0 0 0 0 14.0 0 -14.0
0 0 0]);

func_walk_cost(link, mass, md, sf_lb, sp, walk_con, x_lb_period_walk, init_ang_lb_period_walk,
init_ang_rb_period_walk, 1, sim_type, vel, flags);
```

〈코드 5.10〉 sim_walk.m 코드

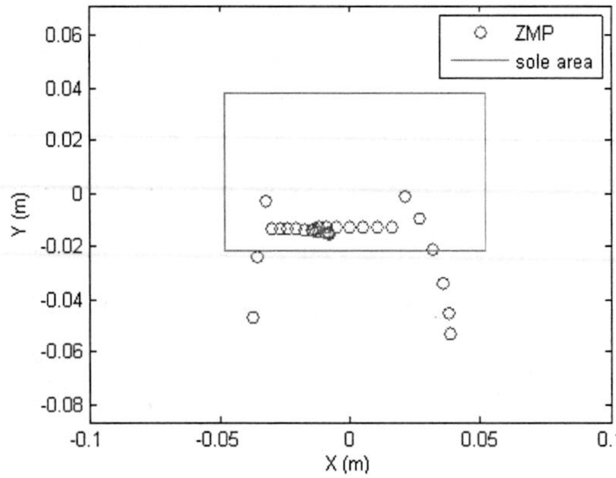

그림 5.21 보행 동안의 ZMP 변화

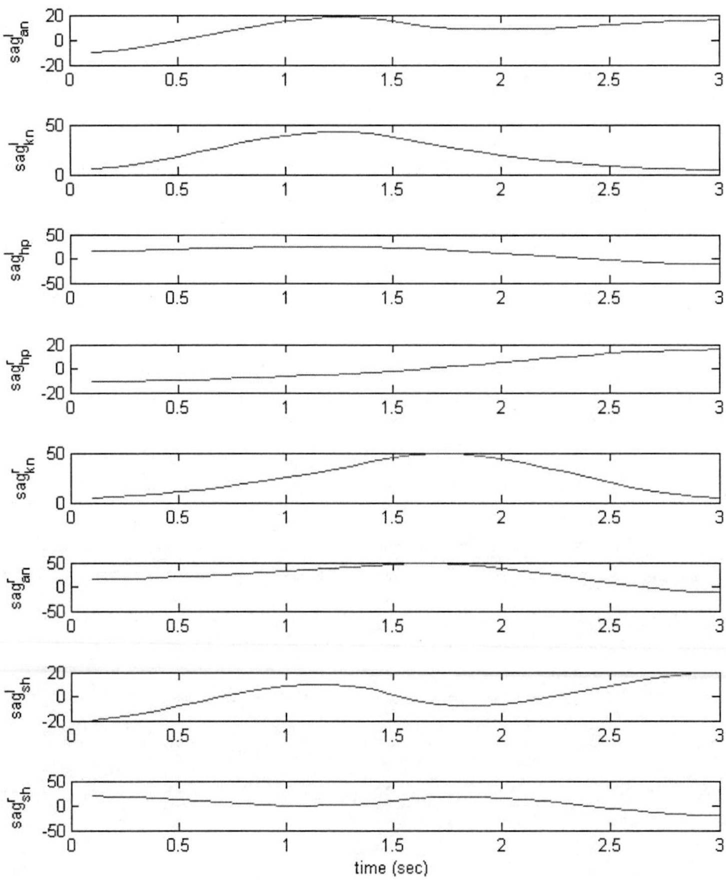

그림 5.22 이족 보행 동안 시상면 관절들의 궤적

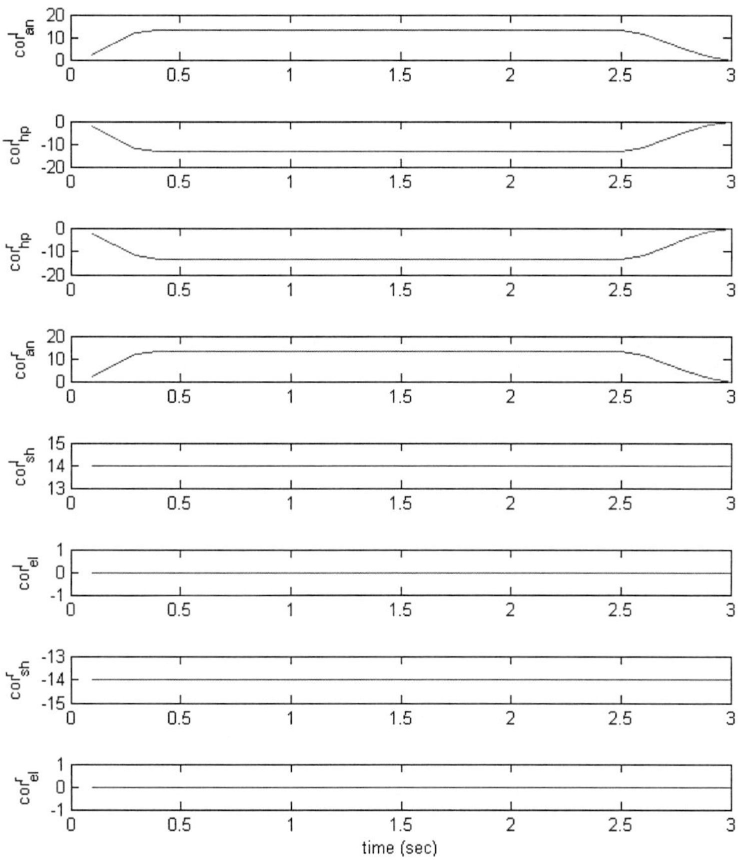

그림 5.23 최적의 이족 보행 동안 관상면 관절들의 궤적

그림 5.22와 5.23은 PSO가 최적화한 전체 관절의 궤적들을 보인다. 혼합다항식을 사용하였기에 전체적으로 부드러운 곡선으로 표현되었으며 모든 시상면 관절들은 2-세그먼트 혼합다항식으로, 모든 관상면 하체 관절들은 3-세그먼트 혼합다항식으로 표현되었다.

5.4 제자리에서 방향 틀기

사람과 마찬가지로 휴머노이드 로봇도 전방에 장애물이나 목표물이 있을 경우 보행 중 전진 방향을 변경시켜야 한다. 이를 위해 고관절을 회전시켜야 하며 그림 5.1의 3차원 전신 모델에서 횡평면 관절 모터각인 ψ^l_{hp}과 ψ^r_{hp}이 그 역할을 한다. 이해를 돕기 위해 제자리에서 직립한 상태로 방향을 전환하는 것에 대해 알아보도록 하자.

직립한 상태에서 전진하고자 하는 방향을 회전하기 위해서는 한쪽의 횡평면 관절에서 2번의 회전이 연속적으로 일어나야 한다. 즉, 왼발 지지 상태에서 오른쪽으로 회전하기 위해서는 오른발을 들고 왼쪽 다리의 횡평면 관절(ψ^l_{hp})을 반시계방향(양의 방향)으로 돌림으로써 몸 전체의 방향을 오른쪽으로 틀면서 오른발을 착지 후, 양쪽 발을 평행하게 두기 위해 이번에는 왼쪽 다리를 들어 올려서 ψ^l_{hp}을 시계방향(음의 방향)으로 다시 회전시켜야 한다. 반대로 오른발 지지 상태에서 왼쪽으로 회전하기 위해서는 오른쪽 다리의 횡평면 관절(ψ^r_{hp})을 시계방향(음의 방향)으로 회전 후 다시 반시계방향(양의 방향)으로 회전시켜야 한다. 그림 5.24와 5.25는 왼발로 지지한 상태에서 오른쪽으로 회전하는 원리를 개념적으로 보인 것이다. 그림 5.24는 오른쪽으로 방향 틀기의 전반부를 나타내는 것으로서 다음의 세부 동작으로 구성되어 있다.

- 직립 상태에서 오른발을 들어 올리기 전에 자세 안정을 위해 ZMP를 왼발로 이동시킨다. 이를 위해 관상면 왼쪽 족관절(ϕ^l_{hp})을 양의 방향으로 회전시키고, 하체의 다른 관상면 각도는 상체 90° 조건을 만족시킨다(그림 5.24(b)).
- 방향을 틀 때 오른발이 걸리지 않도록 적당한 높이로 들어 올린다. 이를 위해 오른쪽 다리의 시상면 관절각도를 조절한다(그림 5.24(c)).
- 전신을 지지하고 있는 왼쪽 다리의 횡평면 고관절(ψ^l_{hp})을 반시계방

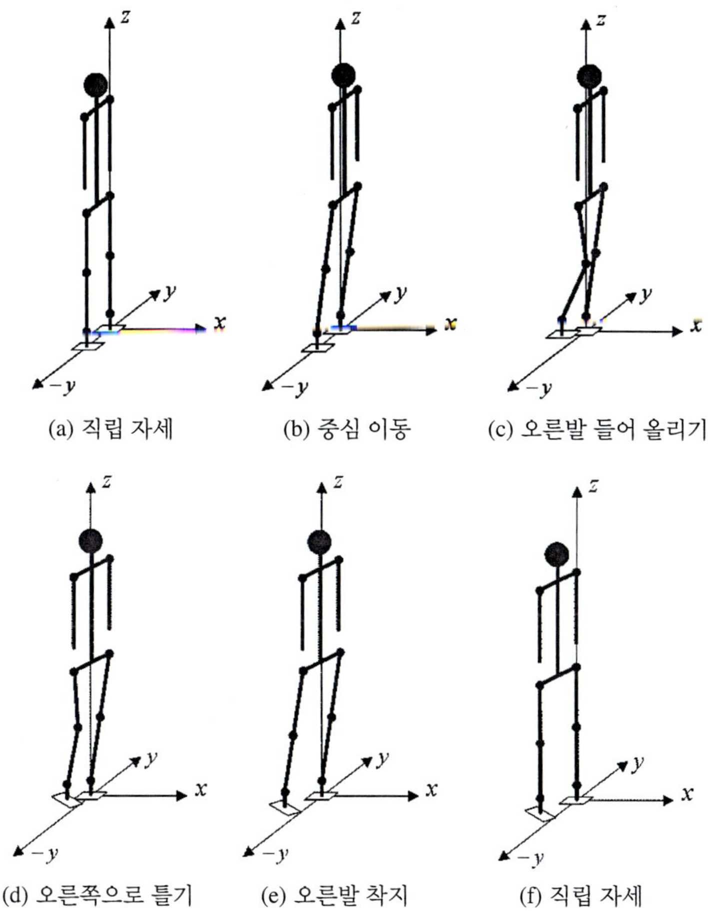

그림 5.24 왼발 지지 상태에서 오른쪽으로 방향 틀기의 전반부 개념도

향(양의 방향)으로 회전시켜서 몸의 방향을 오른쪽으로 튼다(그림 5.24(d)).

- 오른쪽 발을 착지하기 위해 들어 올린 다리의 시상면 관절각을 0°로 만든다(그림 5.24(e)).
- 관상면 하체 관절각이 다시 0°가 되게 함으로써 방향 틀기의 전반부를 완료한다. 이때 로봇은 직립 상태이지만 두 발의 방향이 어긋난 상태가 된다(그림 5.24(f)).

오른쪽으로 방향 틀기의 후반부는 이족 지지 상태에서 오른발 지지로 전환한 후 왼쪽 다리를 들어 올려서 ψ^l_{hp}을 시계방향으로 회전시킨 후 착지하는 과정으로 구성되어 있다. 이 과정의 결과로서 두 발이 평행하게 정렬이 되며, 그림 5.25에서 보인 것처럼 다음과 같은 세부단계를 가진다.

- 오른발 지지 상태에서 왼발을 들어 올리기 위해 ZMP를 오른발로 이동시킨다. 이를 위해 관상면 오른쪽 족관절을 음의 방향으로 회전시키고, 상체 조건을 만족시키도록 다른 하체 관절각을 조정한다(그림 5.25(a)).
- 비틀어진 왼쪽 다리의 방향을 틀어서 오른쪽 다리와 정렬시키기 위해 왼발을 적당한 높이로 들어 올린다. 이를 위해 왼쪽 다리의 시상면 관절각도들을 목표값으로 회전시킨다(그림 5.25(b)).
- 충분히 들어 올려진 왼쪽 다리의 방향을 틀기 위해 왼쪽 횡평면 고관절을 시계방향으로 회전시킨다(그림 5.25(c)).
- 들어 올려진 왼쪽 다리를 착지하고 직립자세를 만들기 위해 왼쪽 다리의 시상면과 관상면 관절각을 다시 0°로 만든다. 이로써 로봇은 제자리에서 오른쪽으로 방향을 트는 것을 완료한다(그림 5.25(d)).

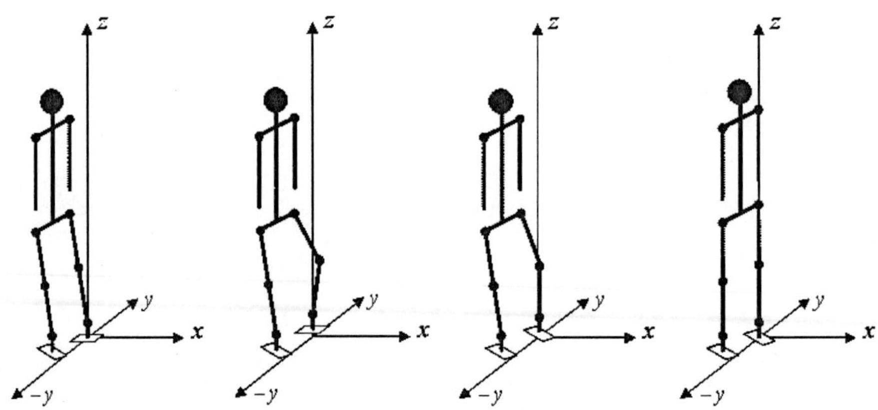

(a) 중심 이동 (b) 왼발 들어 올리기 (c) 왼발 틀기 (d) 직립 자세

그림 5.25 오른발 지지 상태에서 오른쪽으로 방향 틀기의 후반부 개념도

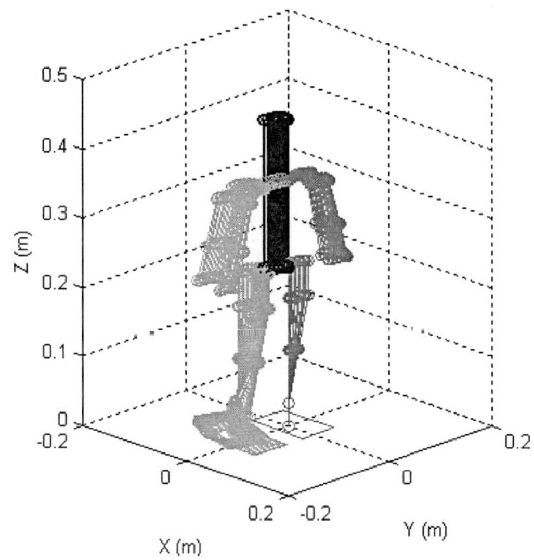

그림 5.26 왼발 지지 상태에서 오른쪽으로 방향 틀기의 전반부 시뮬레이션

그림 5.26은 sim_rotate.m 파일을 이용해서 오른쪽으로 20° 방향을 트는 것의 전반부를 시뮬레이션한 것을 보인다. 오른발을 최대 높이로 들어 올렸을 때의 시상면 각도와 이를 지지하기 위한 관상면 각도는 코드에서 다음과 같이 설정했다.

```
% 발을 들어 올려주기 위한 시상면 각도
SAG_KN_R_MID_ANG = deg2rad(42.5);   SAG_HP_R_MID_ANG = deg2rad(21.2);
% 발을 들어 올리는 동안 지지 다리의 관상면 각도
COR_AN_L_MID_ANG1 = deg2rad(15);
% 왼쪽 방향으로 20° 틀기 위한 고관절각도
TRAN_HP_R_MID_ANG = deg2rad(-20);
```

그림 5.27~5.29는 오른쪽으로 방향 틀기 전반부의 시상면, 관상면, 횡평면의 관절각도궤적을 나타낸다. gen_linear 함수를 이용해서 직선을 이어 붙인 형태를 갖는 각도궤적을 만들었으며, 1초 간격으로 그림 5.26의 각 움직임을

수행하게 했다. 선형 움직임은 가속도가 0이므로 ZMP 값에 미미한 영향을 미치며, 시뮬레이션 확인 결과 지지하는 발바닥 내에 위치했다.

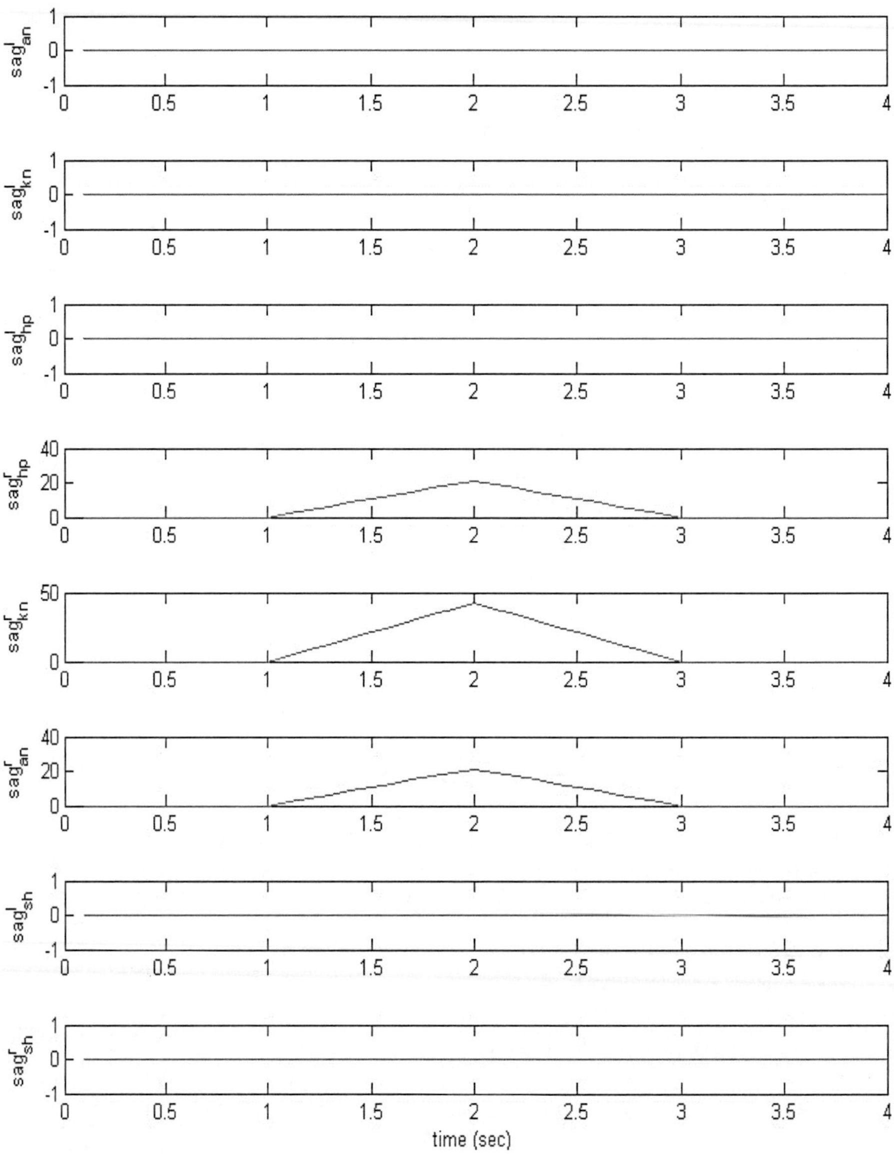

그림 5.27 오른쪽으로 방향 틀기 전반부의 시상면 각도궤적

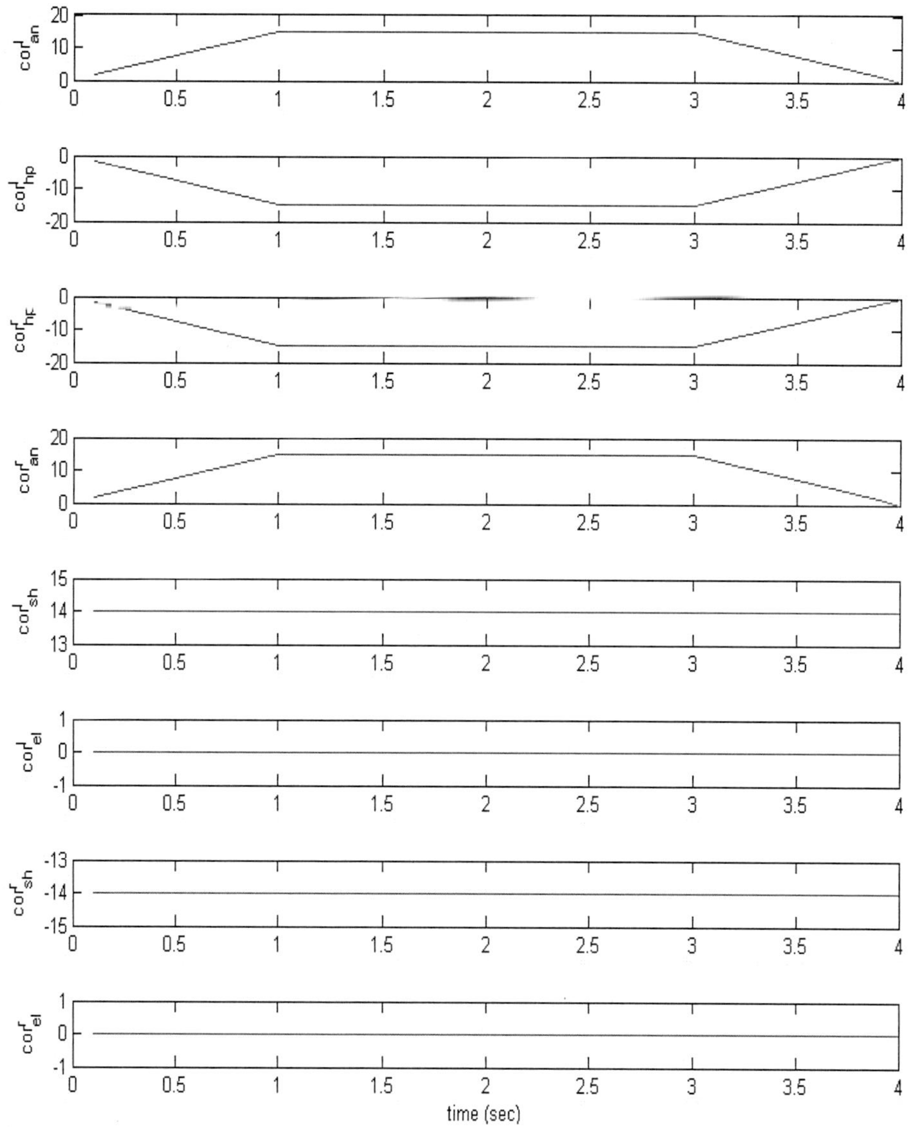

그림 5.28 오른쪽으로 방향 틀기 전반부의 관상면 각도궤적

그림 5.30~5.33은 오른쪽 방향 틀기의 후반부를 시뮬레이션한 것과 이를 위한 시상면, 관상면, 횡평면의 관절궤적을 보인다.

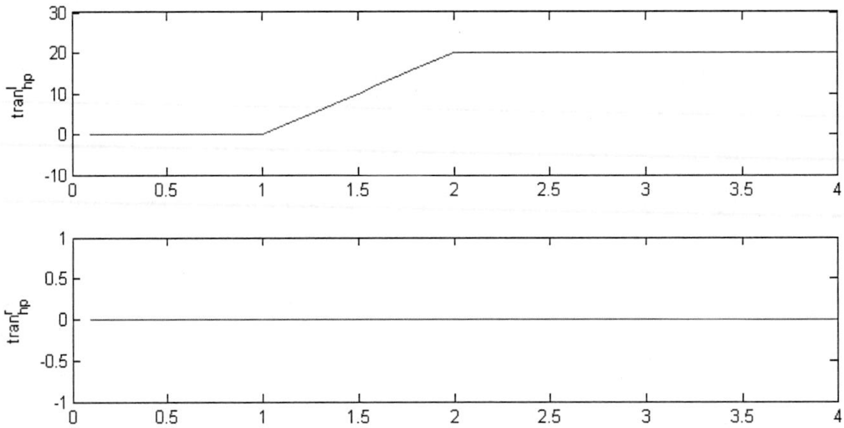

그림 5.29 오른쪽으로 방향 틀기 전반부의 횡평면 각도궤적

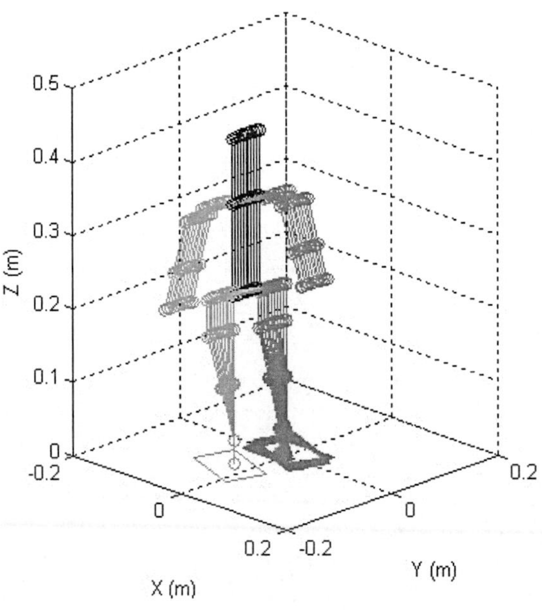

그림 5.30 왼발 지지 상태에서 오른쪽으로 방향 틀기의 후반부 시뮬레이션

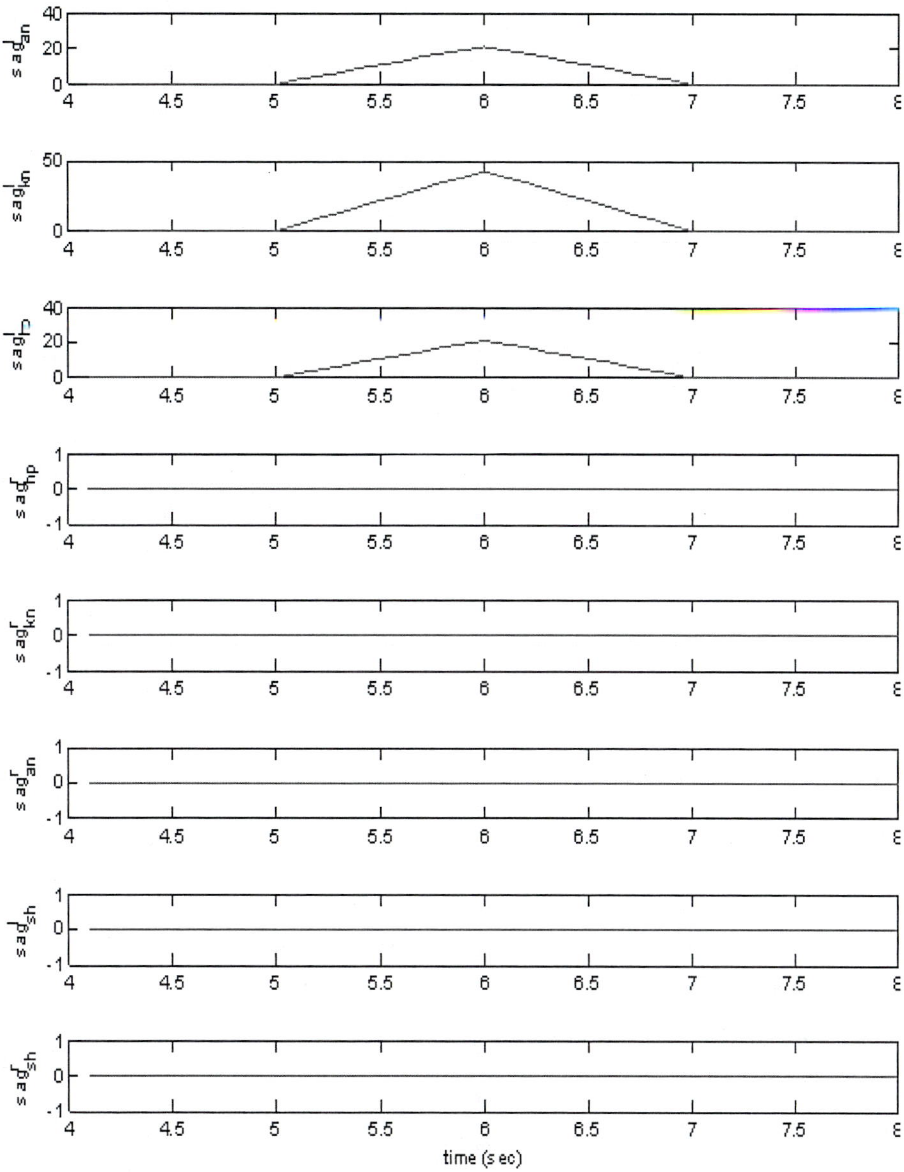

그림 5.31 오른쪽으로 방향 틀기 후반부의 시상면 각도궤적

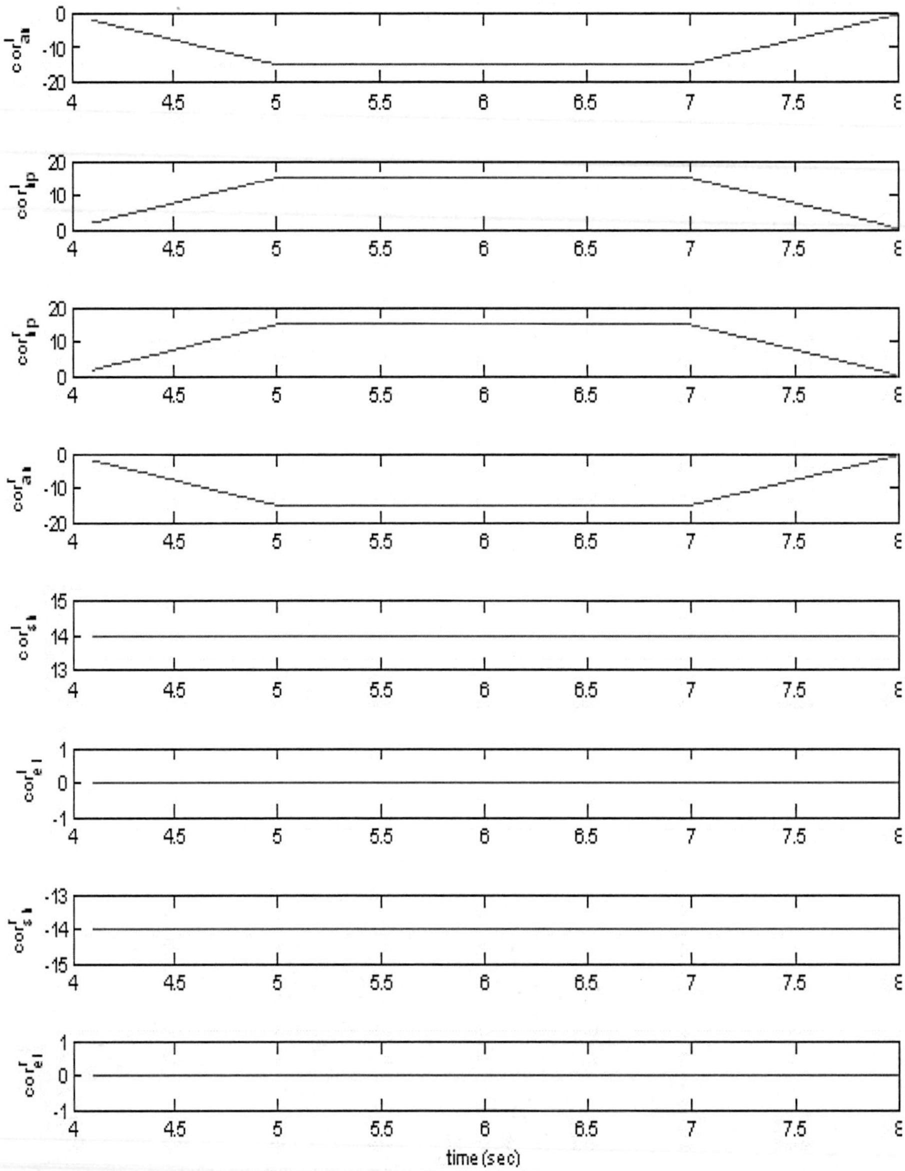

그림 5.32 오른쪽으로 방향 틀기 후반부의 관상면 각도궤적

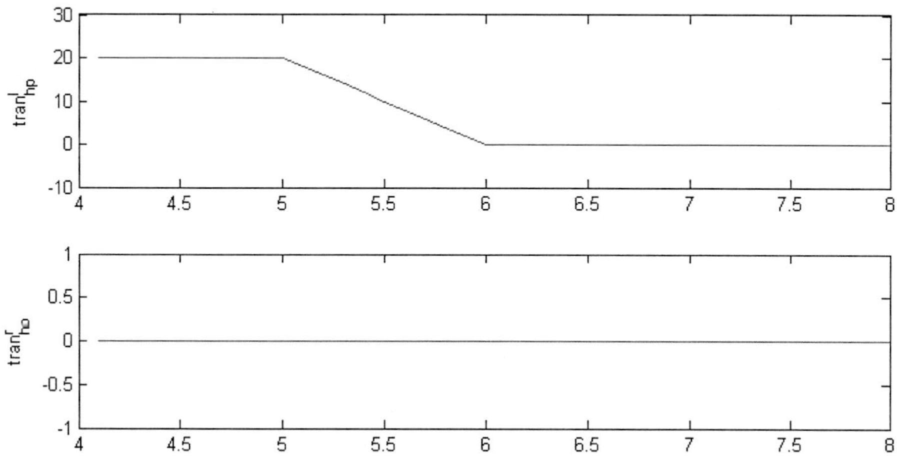

그림 5.33 오른쪽으로 방향 틀기 후반부의 횡평면 각도궤적

그림에서 보듯이 방향 틀기 후반부에는 지지하는 다리가 왼발에서 오른발로 바뀌므로 시상면에서는 움직이는 관절이 위치한 다리가 바뀌고, 관상면에서는 회전방향이 달라지며, 횡평면에서는 왼쪽 고관절의 각도가 20° 에서 0° 로 돌아왔음을 확인할 수 있다.

같은 방법으로 제자리에서 직립한 상태에서 왼쪽으로 방향을 틀고 다시 직립하는 것을 시뮬레이션해 보자. 왼발을 최대 높이로 들어 올렸을 때의 시상면 각도와 이를 지지하기 위한 관상면 각도는 코드에서 다음과 같이 설정했다. 왼쪽으로 방향을 틀기 위해서는 오른쪽 고관절의 각도가 −20° 로 설정되어야 함을 주의하자.

```
% 발을 들어 올려주기 위한 시상면 각도
SAG_KN_L_MID_ANG = deg2rad(42.5);   SAG_HP_L_MID_ANG = deg2rad(21.2);
% 발을 들어 올리는 동안 지지 다리의 관상면 각도
COR_AN_R_MID_ANG1 = deg2rad(-15);
% 오른쪽 방향으로 20° 틀기 위한 고관절각도
TRAN_HP_L_MID_ANG = deg2rad(20);
```

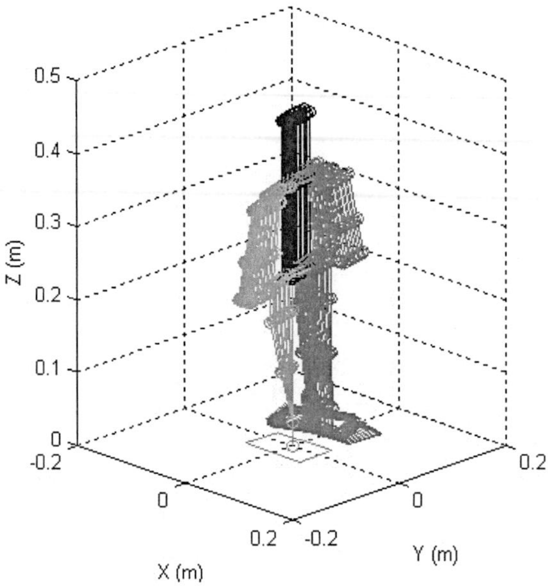

그림 5.34 오른발 지지 상태에서 왼쪽으로 방향 틀기의 전반부 시뮬레이션

그림 5.34는 왼쪽으로 20° 방향을 트는 것의 전반부를 시뮬레이션한 것을 보이고, 그림 5.35~5.37은 이때의 시상면, 관상면, 횡평면의 각도궤적을 보인다. 그림 5.38은 왼쪽으로 20° 방향을 트는 것의 후반부를 시뮬레이션한 것을 보이고, 그림 5.39~5.41은 이를 위한 시상면, 관상면, 횡평면의 각도궤적을 보인다.

<코드 5.11>은 오른쪽/왼쪽 방향 틀기를 시뮬레이션하는 Matlab 코드에서 sim_walk 코드와 다른 부분을 발췌한 코드이다. 오른쪽으로 방향 틀기를 시뮬레이션하고자 하면 turn_dir = 'RIGHT' 로 설정하면 되고 왼쪽으로 방향 틀기를 원할 경우 turn_dir = 'LEFT' 로 설정하면 된다.

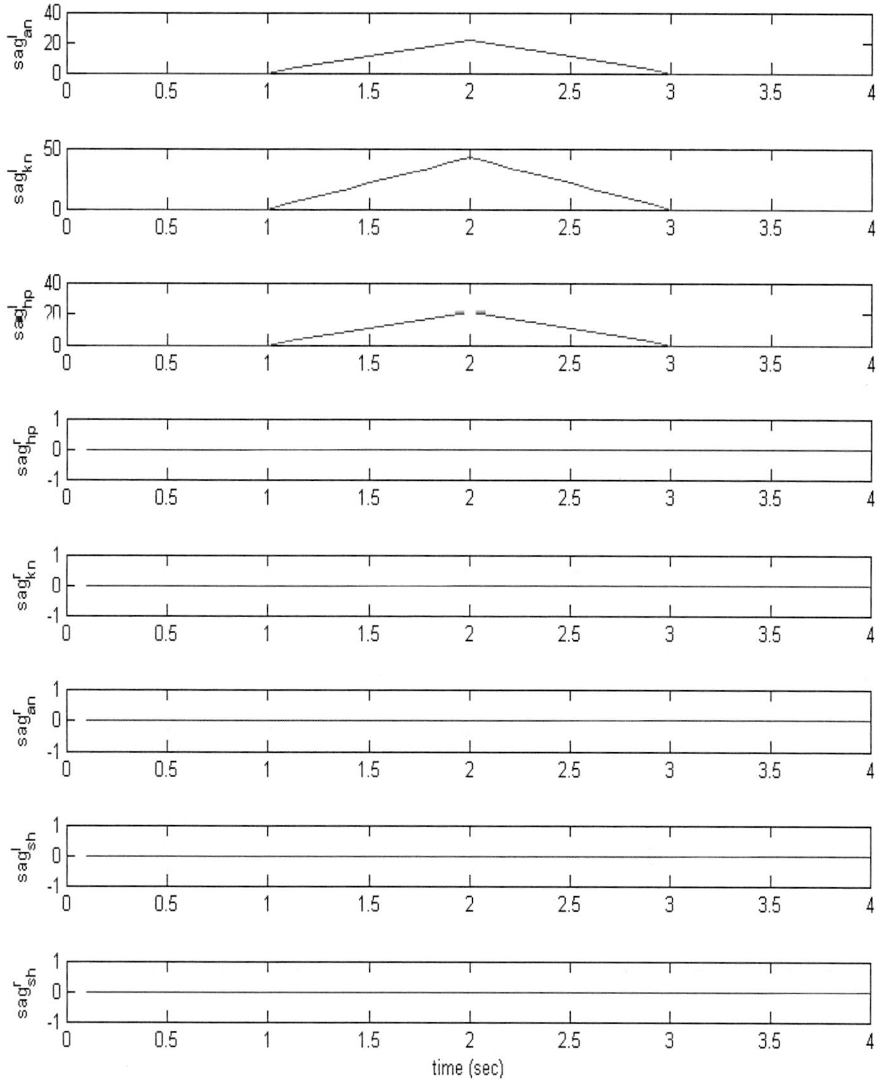

그림 5.35 왼쪽으로 방향 틀기 전반부의 시상면 각도궤적

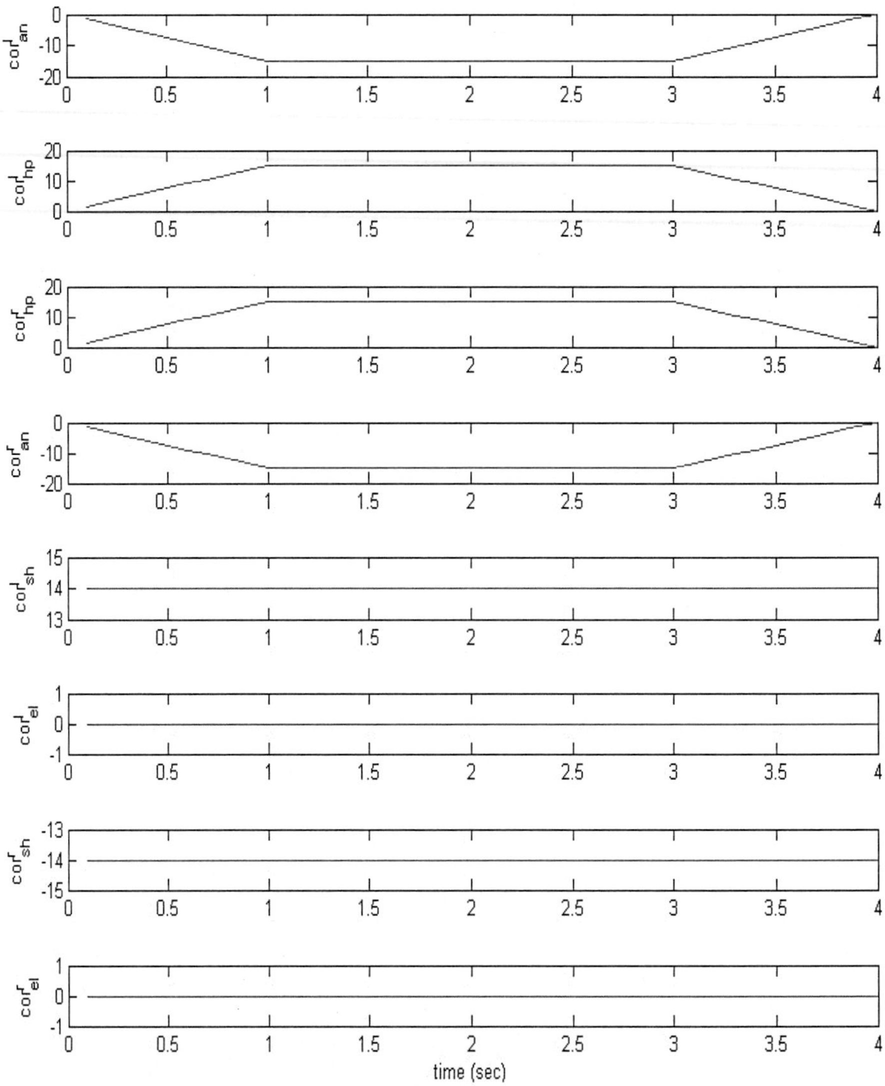

그림 5.36 왼쪽으로 방향 틀기 전반부의 관상면 각도궤적

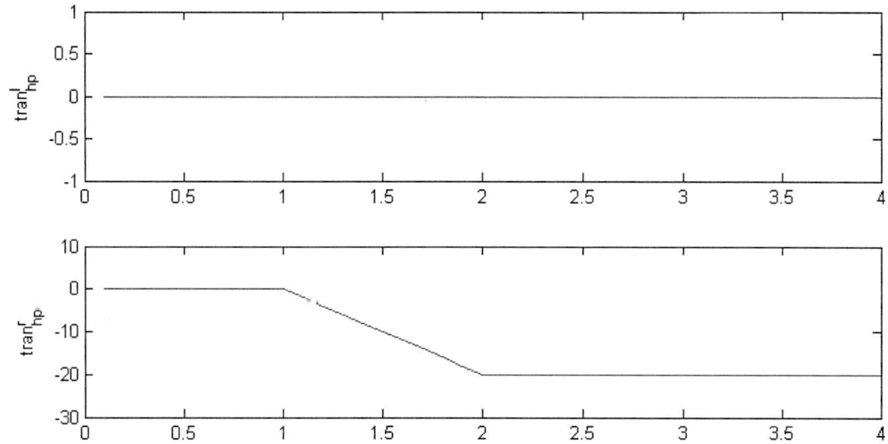

그림 5.37 왼쪽으로 방향 틀기 전반부의 횡평면 각도궤적

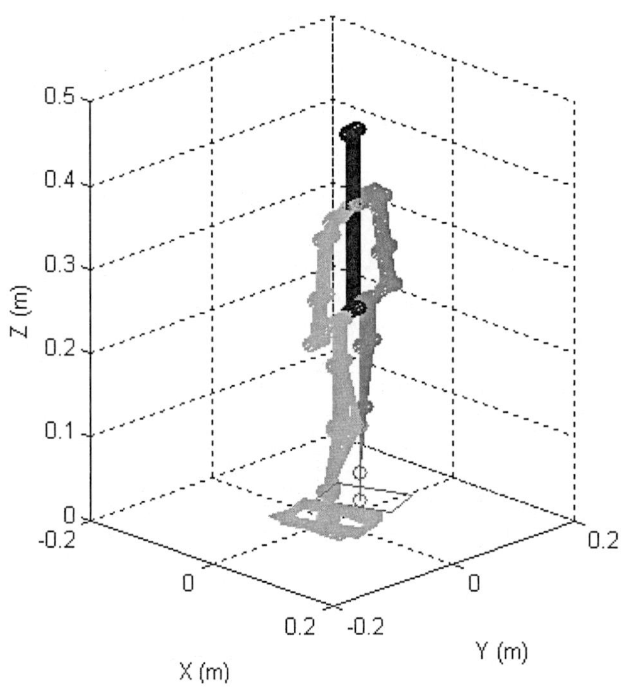

그림 5.38 오른발 지지 상태에서 오른쪽으로 방향 틀기의 후반부 시뮬레이션

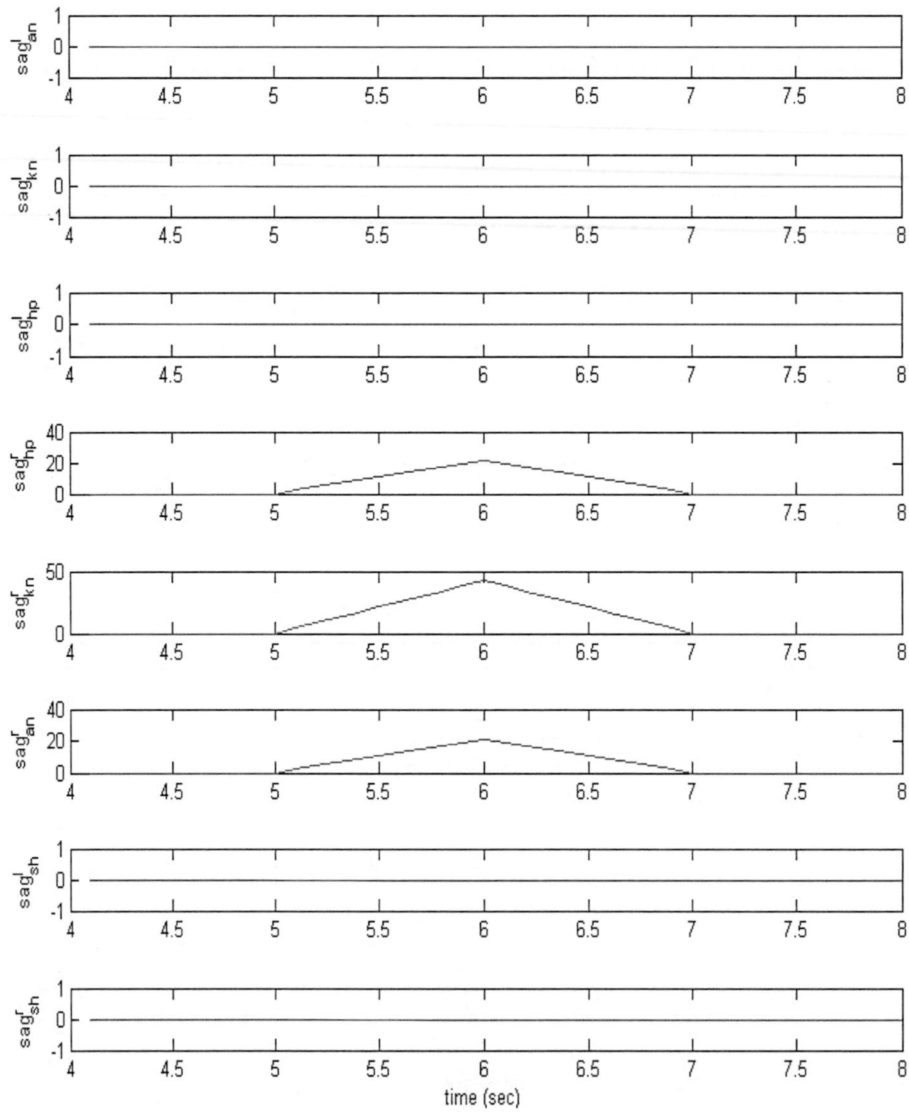

그림 5.39 오른쪽으로 방향 틀기 후반부의 시상면 각도궤적

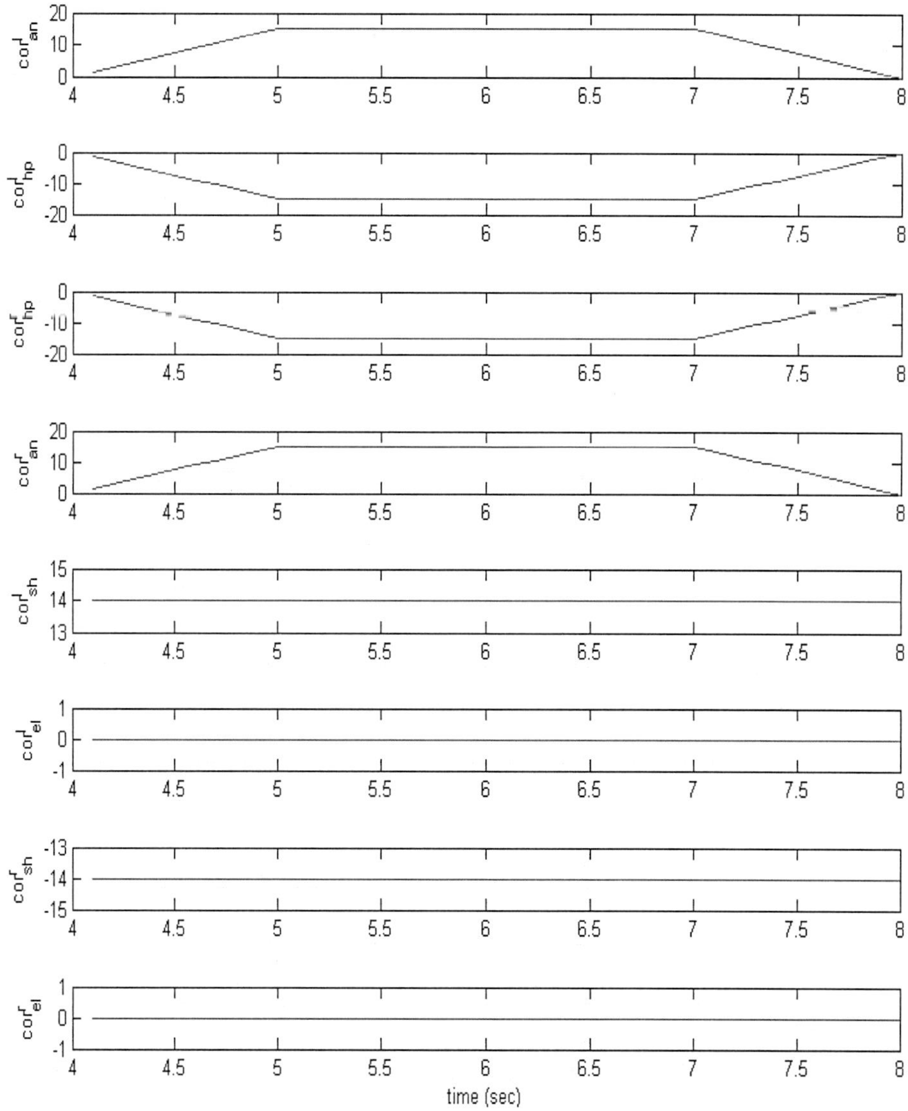

그림 5.40 오른쪽으로 방향 틀기 후반부의 관상면 각도궤적

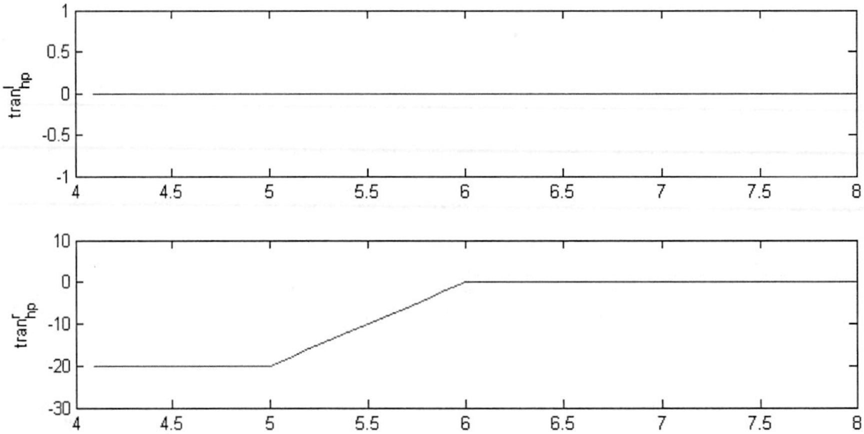

그림 5.41 오른쪽으로 방향 틀기 후반부의 횡평면 각도궤적

```
md = 'DH' ;
sim_type = 'pose_sim' ;
turn_dir = 'LEFT' ; % 'RIGHT' ;

%%% 오른쪽 방향 틀기
% 발을 들어 올려주기 위한 시상면 각도
SAG_KN_R_MID_ANG = deg2rad(42.5);   SAG_HP_R_MID_ANG = deg2rad(21.2);
% 오른쪽 방향으로 20° 틀기 위한 고관절각도
TRAN_HP_L_MID_ANG = deg2rad(20);
%%% 왼쪽으로 방향 틀기
% 발을 들어 올려주기 위한 시상면 각도
SAG_KN_L_MID_ANG = deg2rad(42.5);   SAG_HP_L_MID_ANG = deg2rad(21.2);
% 왼쪽 방향으로 20° 틀기 위한 고관절각도
TRAN_HP_R_MID_ANG = deg2rad(-20);
% 발을 들어 올리는 동안의 관상면 각도
COR_AN_L_MID_ANG1 = deg2rad(15);    COR_AN_R_MID_ANG1 = deg2rad(-15);
% 직립자세의 팔 각도
COR_SH_L_INIT_ANG = deg2rad(14);    COR_SH_R_INIT_ANG = deg2rad(-14);
for j=1:2   % 1: 회전 전반부, 2: 회전 후반부
  if j==1  % 회전 전반부
    gamma = 0;   % 기준 좌표계에서 본 자유 다리의 상대적 고관절 회전각
    if strcmp(turn_dir, 'RIGHT' )
```

```
        sf = 'LEFT_BASE' ;      % 지지하는 발이 왼쪽 발임
    elseif strcmp(turn_dir, 'LEFT' )
        sf = 'RIGHT_BASE' ;     % 지지하는 발이 왼쪽 발임
    end
    sp = [0, 0, 0];         % 지지하는 발의 초기 중심점 위치
    times1 = [0 1 2 3 4];
  else   % 회전 후반부
    if strcmp(turn_dir, 'RIGHT' )
        gamma = -TRAN_HP_L_MID_ANG;
        sf = 'RIGHT_BASE' ;     % 지지하는 발이 왼쪽 발임
    elseif strcmp(turn_dir, 'LEFT' )
        gamma = -TRAN_HP_R_MID_ANG;
        sf = 'LEFT_BASE' ;     % 지지하는 발이 왼쪽 발임
    end
    sp = res(1:3);         % 지지하는 발의 후반부 초기 중심점 위치
    times1 = [4 5 6 7 8];
  end
  Ti = min(times1);         % 시작 시간
  Tf = max(times1);         % 최종 시간
  ns = floor((Tf-Ti)/st);   % 샘플 수
for i=1:ns
    t = i*st+Ti;
    t_i(i) = t;
    if strcmp(sf, 'LEFT_BASE' )==1
        [sag_an_l(i), sag_an_l_1d(i), sag_an_l_2d(i)] = gen_linear(times1, zeros(1,length(times1)), t);
        [sag_kn_l(i), sag_kn_l_1d(i), sag_kn_l_2d(i)] = gen_linear(times1, zeros(1,length(times1)), t);
        [sag_hp_r(i), sag_hp_r_1d(i), sag_hp_r_2d(i)] = gen_linear(times1, [0 0 SAG_HP_R_MID_ANG 0
                0], t);
        [sag_kn_r(i), sag_kn_r_1d(i), sag_kn_r_2d(i)] = gen_linear(times1, [0 0 SAG_KN_R_MID_ANG 0 0], t);
        [cor_an_l(i), cor_an_l_1d(i), cor_an_l_2d(i)] = gen_linear(times1, [0 COR_AN_L_MID_ANG1
                COR_AN_L_MID_ANG1 COR_AN_L_MID_ANG1 0], t);
    elseif strcmp(sf, 'RIGHT_BASE' )==1
        [sag_an_r(i), sag_an_r_1d(i), sag_an_r_2d(i)] = gen_linear(times1, zeros(1,length(times1)), t);
        [sag_kn_r(i), sag_kn_r_1d(i), sag_kn_r_2d(i)] = gen_linear(times1, zeros(1,length(times1)), t);
        [sag_hp_l(i), sag_hp_l_1d(i), sag_hp_l_2d(i)] = gen_linear(times1, [0 0 SAG_HP_L_MID_ANG
                0 0], t);
        [sag_kn_l(i), sag_kn_l_1d(i), sag_kn_l_2d(i)] = gen_linear(times1, [0 0 SAG_KN_L_MID_ANG
                0 0], t);
        [cor_an_r(i), cor_an_r_1d(i), cor_an_r_2d(i)] = gen_linear(times1, [0 COR_AN_R_MID_ANG1
                COR_AN_R_MID_ANG1 COR_AN_R_MID_ANG1 0], t);
```

```
end
[sag_sh_l(i), sag_sh_l_1d(i), sag_sh_l_2d(i)] = gen_linear(times1, zeros(1,length(times1)), t);
[sag_sh_r(i), sag_sh_r_1d(i), sag_sh_r_2d(i)] = gen_linear(times1, zeros(1,length(times1)), t);
[cor_sh_l(i), cor_sh_l_1d(i), cor_sh_l_2d(i)] = gen_linear(times1, COR_SH_L_INIT_ANG*ones(1,
        length(times1)), t);
[cor_sh_r(i), cor_sh_r_1d(i), cor_sh_r_2d(i)] = gen_linear(times1, COR_SH_R_INIT_ANG*ones(1,
        length(times1)), t);
[cor_el_l(i), cor_el_l_1d(i), cor_el_l_2d(i)] = gen_linear(times1, zeros(1,length(times1)), t);
[cor_el_r(i), cor_el_r_1d(i), cor_el_r_2d(i)] = gen_linear(times1, zeros(1,length(times1)), t);

if j==1  % 전반부
  if strcmp(turn_dir, 'RIGHT' )
    [tran_hp_l(i), tran_hp_l_1d(i), tran_hp_l_2d(i)] = gen_linear(times1, [0 0
        TRAN_HP_L_MID_ANG TRAN_HP_L_MID_ANG TRAN_HP_L_MID_ANG], t);
    tran_hp_r(i) = 0; tran_hp_r_1d(i) = 0; tran_hp_r_2d(i) = 0;
  elseif strcmp(turn_dir, 'LEFT' )
    [tran_hp_r(i), tran_hp_r_1d(i), tran_hp_r_2d(i)] = gen_linear(times1, [0 0 TRAN_HP_R_MID_
        ANG TRAN_HP_R_MID_ANG TRAN_HP_R_MID_ANG], t);
    tran_hp_l(i) = 0; tran_hp_l_1d(i) = 0; tran_hp_l_2d(i) = 0;
  end
else  % 후반부
  if strcmp(turn_dir, 'RIGHT' )
    [tran_hp_l(i), tran_hp_l_1d(i), tran_hp_l_2d(i)] = gen_linear(times1, [TRAN_HP_L_MID_ANG
        TRAN_HP_L_MID_ANG 0 0 0], t);
    tran_hp_r(i) = 0; tran_hp_r_1d(i) = 0; tran_hp_r_2d(i) = 0;
  elseif strcmp(turn_dir, 'LEFT' )
    [tran_hp_r(i), tran_hp_r_1d(i), tran_hp_r_2d(i)] = gen_linear(times1, [TRAN_HP_R_MID_ANG
        TRAN_HP_R_MID_ANG 0 0 0], t);
    tran_hp_l(i) = 0; tran_hp_l_1d(i) = 0; tran_hp_l_2d(i) = 0;
  end
end

% 시상면에서 상체 90° 조건 및 자유 다리 지면에서 90° 조건
% 관상면에서 상체 90° 조건
  ⋮
th = ang(1:8);   th_1d = ang_1d(1:8);   th_2d = ang_2d(1:8);
phi = ang(9:16);  phi_1d = ang_1d(9:16);  phi_2d = ang_2d(9:16);
psi = ang(17:18); psi_1d = ang_1d(17:18); psi_2d = ang_2d(17:18);

if strcmp(md, 'DH' )==1
```

```
        res = func_robot_motion_dh(link, mass, sf, sp, GAMMA, th, th_1d, th_2d, phi, phi_1d,
              phi_2d, psi, psi_1d, psi_2d, 1, sim_type, flags);
      elseif strcmp(md, 'PB' )==1
        error( 'PB model is not used in rotation' );
      end
   end
end
```

〈코드 5.11〉 sim_rotate.m 코드

5.5 앞차기

휴머노이드 로봇이 인간과의 감성적 교류(human-robot interaction)을 통해 지능형 서비스를 수행하기 위해서는 사람이 할 수 있는 다양한 동작을 구현할 수 있어야 한다. 사람이 보행 이외에 전신을 이용해서 행하는 동작으로는 춤, 무술, 스포츠 등이 있다. 이번 절에서는 한국 고유의 무술인 태권도의 기본 다리 동작(앞차기, 옆차기, 뒤돌려차기) 중 하나인 앞차기를 휴머노이드 로봇으로 구현하는 것에 관해 알아보자.

그림 5.42는 태권도 앞차기의 구분자세를 보인 것으로 준비자세, 무릎을 굽힌 채 다리 들어 올리기, 무릎 펴서 앞차기의 단계로 나눌 수 있다. 그림 5.43은 세 가지 자세를 sim_pose.m 코드를 이용해서 시뮬레이션한 것을 나타낸다. <코드 5.12>는 sim_pose 코드를 이용해서 각 구분자세를 구현할 때 필요한 시상면과 관상면의 관절 모터각을 나타낸다. 횡평면 각도는 편의상 0°로 설정했다.

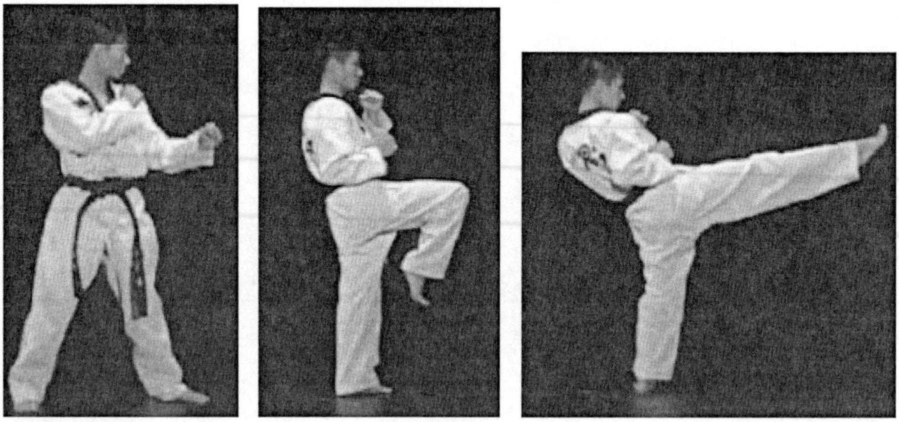

그림 5.42 태권도의 앞차기의 구분자세

```
% 태권도 앞차기 준비자세
mth = [13.0 40.4 27.3 4.5 34.4 30.0 20.0 20.0];
mphi = [0 0 0 0 10 -20 -10 20];
% 태권도 앞차기 중간자세
mth = [0 0 -10 110 110 0 20 -20];
mphi = [15 -15 0 0 20 -20 -20 20];
% 태권도 앞차기 최종자세
mth = [0 0 -15 110 0 0 20 -20];
mphi = [15 -15 0 0 20 -20 -20 20];

mpsi = [0 0];
```

〈코드 5.12〉 sim_pose.m 파일로 앞차기 구분자세를 구현하기 위한 관절 모터각 설정

간단한 앞차기 자세를 구현하기 위해 그림 5.43의 구분자세에 해당하는 관절각도를 gen_linear 함수를 이용해서 직선으로 이어 붙이는 방법을 사용해 보자. 이를 위해 sim_kick.m 코드를 작성했는데, sim_walk나 sim_rotate 코드와는 달리 관절각 사이에 어떤 조건도 부여하지 않고 경유각 정보만을 이용해서 관절의 궤적을 생성한다. 이 방식은 보행 이외에 임의의 자세를 만들어내는 방법에 유용하다.

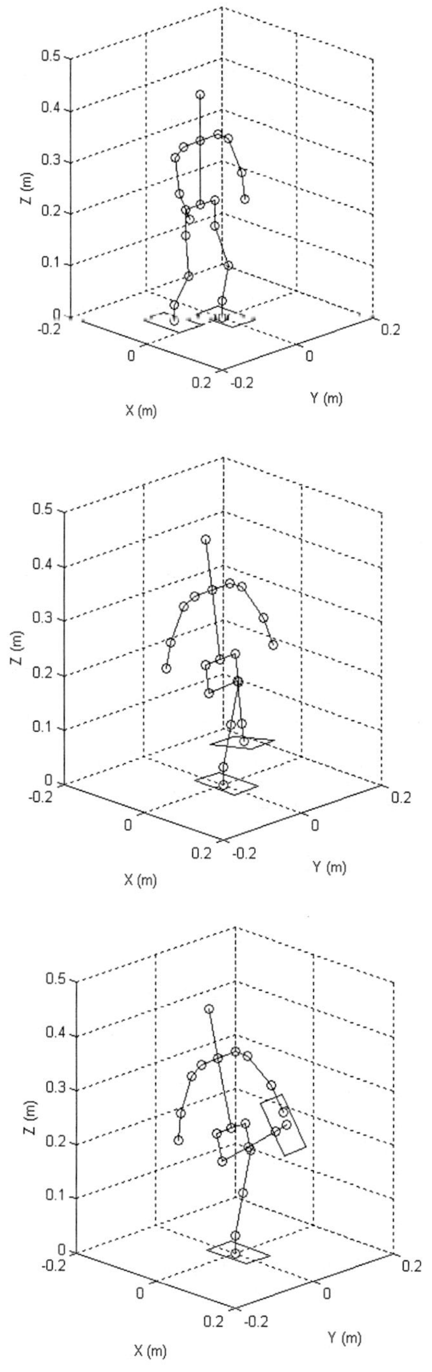

그림 5.43 앞차기를 위한 세 가지 구분자세

<코드 5.13>에서 눈여겨볼 것은 오른발로 지지하고 왼발로 앞차기하는 경우의 구분자세 관절각도는 왼발로 지지하고 오른발로 앞차기 하는 경우의 각도로부터 왼쪽 다리의 관절각과 오른쪽 다리의 관절각을 서로 교환하면 된다는 점이다. 즉, 왼발 지지의 경우 sag_an_l이 13.0° 이고 sag_an_r이 30.0° 인데, 오른발 지지의 경우에는 sag_an_r을 13.0° 로 sag_an_l을 30.0° 로 서로 바꾸면 된다. 하체의 다른 관절각들도 이와 같은 관계를 가진다.

```
           ⋮
if strcmp(sf, 'LEFT_BASE' )  % 왼발로 지지하고 오른발 앞차기
   % 앞차기 준비자세
   mth1 = deg2rad([13.0  40.4  27.3  4.5  34.4  30.0  20.0  20.0]);
   mphi1 = deg2rad([0 0 0 0 10 -20 -10 20]);
   % 앞차기 중간자세
   mth2 = deg2rad([0  0  -10  110  110  0  20  -20]);
   mphi2 = deg2rad([15 -15 0 0 10 -20 -10 20]);
   % 앞차기 최종자세
   mth3 = deg2rad([0  0  -15  110  0  0  20  -20]);
   mphi3 = deg2rad([15 -15 0 0 10 -20 -10 20]);
else  % 오른발로 지지하고 왼발 앞차기
   % 앞차기 준비자세
   mth1 = deg2rad([30.0  34.4  4.5  27.3 40.4 13.0  20.0  20.0]);
   mphi1 = deg2rad([0 0 0 0 10 -20 -10 20]);
   % 앞차기 중간자세
   mth2 = deg2rad([0  110  110  -10  0  0  20  -20]);
   mphi2 = deg2rad([0 0 15 -15 10 -20 -10 20]);
   % 앞차기 최종자세
   mth3 = deg2rad([0  0  110  -15  0  0  20  -20]);
   mphi3 = deg2rad([0 0 15 -15 10 -20 -10 20]);
end
mpsi = [0 0];

for j=1:2   % 1: 킥하기, 2: 원위치
   if j==1
      times1 = [0 1 2];
   else
      times1 = [2 3 4];
   end
```

```
Ti = min(times1);        % 시작 시간
Tf = max(times1);        % 최종 시간
ns = floor((Tf-Ti)/st);    % 샘플 수

for i=1:ns
   t = i*st+Ti;
   t_i(i) = t;
   if j==1   % 전반부
    [sag_an_l(i), sag_an_l_1d(i), sag_an_l_2d(i)] = gen_linear(times1, [mth1(1) mth2(1) mth3(1)], t);
    [sag_kn_l(i), sag_kn_l_1d(i), sag_kn_l_2d(i)] = gen_linear(times1, [mth1(2) mth2(2) mth3(2)], t);
    [sag_hp_l(i), sag_hp_l_1d(i), sag_hp_l_2d(i)] = gen_linear(times1, [mth1(3) mth2(3) mth3(3)], t);
    [sag_hp_r(i), sag_hp_r_1d(i), sag_hp_r_2d(i)] = gen_linear(times1, [mth1(4) mth2(4) mth3(4)], t);
    [sag_kn_r(i), sag_kn_r_1d(i), sag_kn_r_2d(i)] = gen_linear(times1, [mth1(5) mth2(5) mth3(5)], t);
    [sag_an_r(i), sag_an_r_1d(i), sag_an_r_2d(i)] = gen_linear(times1, [mth1(6) mth2(6) mth3(6)], t);
    [sag_sh_l(i), sag_sh_l_1d(i), sag_sh_l_2d(i)] = gen_linear(times1, [mth1(7) mth2(7) mth3(7)], t);
    [sag_sh_r(i), sag_sh_r_1d(i), sag_sh_r_2d(i)] = gen_linear(times1, [mth1(8) mth2(8) mth3(8)], t);
    [cor_an_l(i), cor_an_l_1d(i), cor_an_l_2d(i)] = gen_linear(times1, [mphi1(1) mphi2(1) mphi3(1)], t);
    [cor_hp_l(i), cor_hp_l_1d(i), cor_hp_l_2d(i)] = gen_linear(times1, [mphi1(2) mphi2(2) mphi3(2)], t);
    [cor_hp_r(i), cor_hp_r_1d(i), cor_hp_r_2d(i)] = gen_linear(times1, [mphi1(3) mphi2(3) mphi3(3)], t);
    [cor_an_r(i), cor_an_r_1d(i), cor_an_r_2d(i)] = gen_linear(times1, [mphi1(4) mphi2(4) mphi3(4)], t);
    [cor_sh_l(i), cor_sh_l_1d(i), cor_sh_l_2d(i)] = gen_linear(times1, [mphi1(5) mphi2(5) mphi3(5)], t);
    [cor_el_l(i), cor_el_l_1d(i), cor_el_l_2d(i)] = gen_linear(times1, [mphi1(6) mphi2(6) mphi3(6)], t);
    [cor_sh_r(i), cor_sh_r_1d(i), cor_sh_r_2d(i)] = gen_linear(times1, [mphi1(7) mphi2(7) mphi3(7)], t);
    [cor_el_r(i), cor_el_r_1d(i), cor_el_r_2d(i)] = gen_linear(times1, [mphi1(8) mphi2(8) mphi3(8)], t);
  else
    [sag_an_l(i), sag_an_l_1d(i), sag_an_l_2d(i)] = gen_linear(times1, [mth3(1) mth2(1) mth1(1)], t);
    [sag_kn_l(i), sag_kn_l_1d(i), sag_kn_l_2d(i)] = gen_linear(times1, [mth3(2) mth2(2) mth1(2)], t);
    [sag_hp_l(i), sag_hp_l_1d(i), sag_hp_l_2d(i)] = gen_linear(times1, [mth3(3) mth2(3) mth1(3)], t);
    [sag_hp_r(i), sag_hp_r_1d(i), sag_hp_r_2d(i)] = gen_linear(times1, [mth3(4) mth2(4) mth1(4)], t);
    [sag_kn_r(i), sag_kn_r_1d(i), sag_kn_r_2d(i)] = gen_linear(times1, [mth3(5) mth2(5) mth1(5)], t);
    [sag_an_r(i), sag_an_r_1d(i), sag_an_r_2d(i)] = gen_linear(times1, [mth3(6) mth2(6) mth1(6)], t);
    [sag_sh_l(i), sag_sh_l_1d(i), sag_sh_l_2d(i)] = gen_linear(times1, [mth3(7) mth2(7) mth1(7)], t);
    [sag_sh_r(i), sag_sh_r_1d(i), sag_sh_r_2d(i)] = gen_linear(times1, [mth3(8) mth2(8) mth1(8)], t);
    [cor_an_l(i), cor_an_l_1d(i), cor_an_l_2d(i)] = gen_linear(times1, [mphi3(1) mphi2(1) mphi1(1)], t);
    [cor_hp_l(i), cor_hp_l_1d(i), cor_hp_l_2d(i)] = gen_linear(times1, [mphi3(2) mphi2(2) mphi1(2)], t);
    [cor_hp_r(i), cor_hp_r_1d(i), cor_hp_r_2d(i)] = gen_linear(times1, [mphi3(3) mphi2(3) mphi1(3)], t);
    [cor_an_r(i), cor_an_r_1d(i), cor_an_r_2d(i)] = gen_linear(times1, [mphi3(4) mphi2(4) mphi1(4)], t);
    [cor_sh_l(i), cor_sh_l_1d(i), cor_sh_l_2d(i)] = gen_linear(times1, [mphi3(5) mphi2(5) mphi1(5)], t);
    [cor_el_l(i), cor_el_l_1d(i), cor_el_l_2d(i)] = gen_linear(times1, [mphi3(6) mphi2(6) mphi1(6)], t);
    [cor_sh_r(i), cor_sh_r_1d(i), cor_sh_r_2d(i)] = gen_linear(times1, [mphi3(7) mphi2(7) mphi1(7)], t);
```

```
        [cor_el_r(i), cor_el_r_1d(i), cor_el_r_2d(i)] = gen_linear(times1, [mphi3(8) mphi2(8) mphi1(8)], t);
      end
      tran_hp_l(i) = 0; tran_hp_l_1d(i) = 0; tran_hp_l_2d(i) = 0;
      tran_hp_r(i) = 0; tran_hp_r_1d(i) = 0; tran_hp_r_2d(i) = 0;
       ⋮
    end
```

〈코드 5.13〉 sim_kick.m

그림 5.44는 sim_kick 코드에서 sf = 'LEFT_BASE' 로 설정하고 실행시킨 오른발 앞차기 시뮬레이션을 나타내고, 그림 5.45는 sf = 'RIGHT_BASE' 로 설정하고 실행시킨 왼발 앞차기 시뮬레이션을 나타낸다. 킥을 하고 원위치 하는 그림은 같으므로 따로 나타내지 않았다.

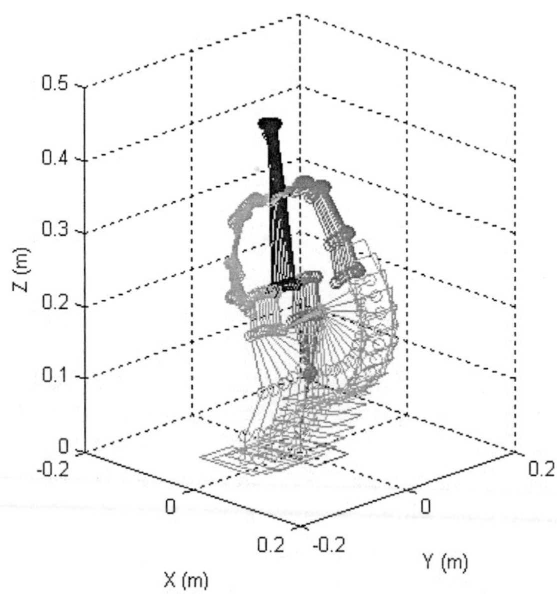

그림 5.44 오른발 앞차기 시뮬레이션

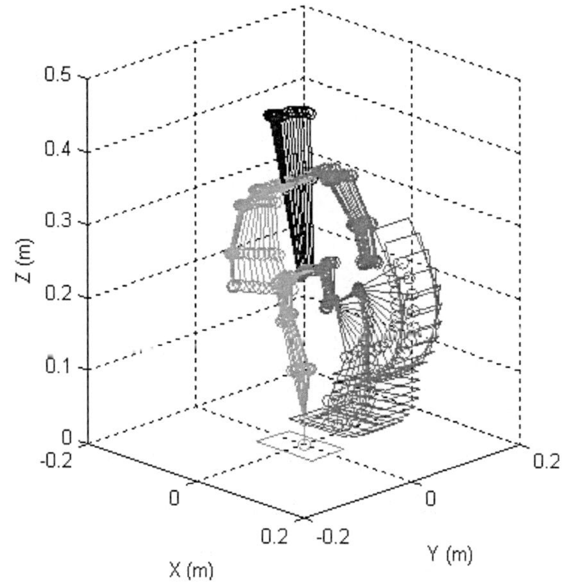

그림 5.45 왼발 앞차기 시뮬레이션

5.6 임베디드 C를 이용한 바이올로이드 이족 보행 구현

이번 절에서는 4.4절에서 배운 임베디드 C 예제를 활용해서 지금까지 시뮬레이션한 바이올로이드의 모션을 생성하는 코드를 작성하도록 하겠다. 메인 코드는 http://office.ucloud.com의 My ucloud/게스트폴더의 code\bioloid motion\APP\src 디렉터리의 main.c이다. WinAVR과는 달리 WinARM 컴파일러로는 부동소수점 실수(floating-point real number) 연산이 불가능해서 앞에서 사용한 Matlab 함수들을 임베디드 C로 구현할 수가 없다. 그러므로 메인 코드에서는 매 샘플링 시점에 다이나믹셀의 각도 데이터를 읽어와서 모션을 실행하는 방식을 채택했다.

동작 지시는 다음과 같이 CM-530 제어기의 방향 버튼을 이용하고, 버튼을 누를 때마다 해당 동작이 연속적으로 수행된다.

- START 버튼: 5cm 보폭으로 앞으로 전진하기
- LEFT 버튼: 제자리에서 왼쪽으로 방향 틀기
- RIGHT 버튼: 제자리에서 오른쪽으로 방향 틀기
- UP 버튼: 오른발 앞차기
- DOWN 버튼: 왼발 앞차기

아래 <코드 5.14>는 5개의 버튼을 이용해서 보행과 방향 틀기, 앞차기 등의 동작을 구현하기 위한 임베디드 C코드를 나타낸다. 메인함수는 while 문을 이용해서 사용자가 버튼을 누를 때까지 대기하고 있다가, 버튼이 눌러지면 그에 맞게 수행할 모션의 종류(cmd)와 다이나믹셀당 데이터 개수(ndata)를 결정한다. 그 후에 syncwrite 패킷을 만들어 해당 모션의 다이나믹셀 위치값 배열을 패킷에 담고 dxl_txrx_packet() 함수를 통해 전체 다이나믹셀을 동기 제어한다. 각 변수와 함수에 대한 설명은 4장과 5장의 내용과 각 주석을 참고하기 바란다.

```
#include "stm32f10x_lib.h"
#include "dynamixel.h"
#include "dxl_hal.h"
#include "bioloid_motion_data.h"      // 모션에 대한 다이나믹셀 데이터가 있는 헤더 파일

// 제어 테이블 주소
#define P_CW_COMPLIANCE_MARGIN        26
#define P_CCW_COMPLIANCE_MARGIN       27
#define P_CW_COMPLIANCE_SLOPE         28
#define P_CCW_COMPLIANCE_SLOPE        29
#define P_GOAL_POSITION_L             30
#define P_GOAL_POSITION_H             31
#define P_GOAL_SPEED_L                32
#define P_GOAL_SPEED_H                33

#define DEFAULT_BAUDNUM               1 // 1Mbps
#define NUM_ACTUATOR                  18 // 바이올로이드의 다이나믹셀 수
```

```
#define CONTROL_PERIOD          (100) // msec : 0.1초의 샘플링 시간
#define MAX_POSITION            1023

#define PORT_ENABLE_TXD         GPIOB
#define PORT_ENABLE_RXD         GPIOB
#define PORT_DXL_TXD            GPIOB
#define PORT_DXL_RXD            GPIOB

#define PORT_SW_UP              GPIOC
#define PORT_SW_DOWN            GPIOC
#define PORT_SW_RIGHT           GPIOA
#define PORT_SW_LEFT            GPIOA
#define PORT_SW_START           GPIOB
#define PORT_LED_POWER          GPIOC

#define PIN_SW_UP               GPIO_Pin_11
#define PIN_SW_DOWN             GPIO_Pin_10
#define PIN_SW_RIGHT            GPIO_Pin_14
#define PIN_SW_LEFT             GPIO_Pin_15
#define PIN_SW_START            GPIO_Pin_3
#define PIN_LED_POWER           GPIO_Pin_13
#define PIN_ENABLE_TXD          GPIO_Pin_4
#define PIN_ENABLE_RXD          GPIO_Pin_5
#define PIN_DXL_TXD             GPIO_Pin_6
#define PIN_DXL_RXD             GPIO_Pin_7
#define PIN_PC_TXD              GPIO_Pin_10
#define PIN_PC_RXD              GPIO_Pin_11

#define USART_DXL               0
#define USART_PC                2

#define word                    u16
#define byte                    u8

volatile byte                   gbpRxInterruptBuffer[256]; // dxl buffer
volatile byte                   gbRxBufferWritePointer,gbRxBufferReadPointer;
volatile vu32                   gwTimingDelay,gw1msCounter;
u32                             Baudrate_DXL = 1000000;
u32                             Baudrate_PC = 57600;
vu16                            CCR1_Val = 100;         // 1ms
```

```
vu32                    capture = 0;
byte                    i;
byte                    j;
byte                    id[NUM_ACTUATOR];
byte                    CommStatus;
word                    GoalPos[NUM_ACTUATOR];

byte                    sf; // 지지하는 발, 1: 왼발, 2: 오른발

void RCC_Configuration(void);
void NVIC_Configuration(void);
void GPIO_Configuration(void);
void USART1_Configuration(u32);
void USART_Configuration(u8, u32);
void SysTick_Configuration(void);
void Timer_configuration(void);
void TimerInterrupt_1ms(void);
void RxD0Interrupt(void);
void __ISR_DELAY(void);
void DisableUSART1(void);
void ClearBuffer256(void);
void CheckNewarrive(void);
void PrintCommStatus(int);
void PrintErrorCode(void);
void TxDByte_DXL(byte);
byte RxDByte_DXL(void);
void TxDString(byte*);
void TxDWord16(word);
void TxDByte16(byte);
void TxDByte_PC(byte);
void mDelay(u32);
void StartDiscount(s32);
byte CheckTimeOut(void);

int main(void)
{
   int cmd;    // 모션 명령
   int ndata;  // 모션 수행 시 다이나믹셀당 데이터 개수
   RCC_Configuration();
   NVIC_Configuration();
```

```
GPIO_Configuration();
SysTick_Configuration();
Timer_Configuration();

dxl_initialize( 0, 1 );
    USART_Configuration(USART_PC, Baudrate_PC);
    for( i=0; i<NUM_ACTUATOR; i++ ){
        id[i] = i+1;
    }
    // 상체를 지탱하기 위해 하체 모터의 유연성을 낮게 설정
    for(i=9; i<=18; ++i){
        dxl_write_byte(i, P_CW_COMPLIANCE_MARGIN, 1);
        dxl_write_byte(i, P_CCW_COMPLIANCE_MARGIN, 1);
        dxl_write_byte(i, P_CW_COMPLIANCE_SLOPE, 16);
        dxl_write_byte(i, P_CCW_COMPLIANCE_SLOPE, 16);
    }
    GPIO_ResetBits(PORT_LED_POWER, PIN_LED_POWER);  // POWER LED 켬
sf = 1;    // 초기는 왼발 지지
while(1){
if( GPIO_ReadInputDataBit(PORT_SW_START, PIN_SW_START) != SET ){  // 직진
      cmd = 1;
      ndata = 30;
}
else if( GPIO_ReadInputDataBit(PORT_SW_LEFT, PIN_SW_LEFT) != SET ){  // 왼쪽으로 틀기
      cmd = 2;
      ndata = 80;
}
else if( GPIO_ReadInputDataBit(PORT_SW_RIGHT, PIN_SW_RIGHT) != SET ){  // 오른쪽으로 틀기
      cmd = 3;
      ndata = 80;
}
else if( GPIO_ReadInputDataBit(PORT_SW_UP, PIN_SW_UP) != SET ){  // 오른발 앞차기
      cmd = 4;
      ndata = 42;
}
else if( GPIO_ReadInputDataBit(PORT_SW_DOWN, PIN_SW_DOWN) != SET ){  // 왼발 앞차기
      cmd = 5;
      ndata = 42;
}
else{
```

```
        cmd = 0;
        ndata = 0;
    }

    if( cmd 〉= 1 ){
        dxl_write_word( BROADCAST_ID, P_GOAL_SPEED_L, 100);
        // syncwrite 패킷 만들기
        dxl_set_txpacket_id(BROADCAST_ID);
        dxl_set_txpacket_instruction(INST_SYNC_WRITE);
        dxl_set_txpacket_parameter(0, P_GOAL_POSITION_L);
        dxl_set_txpacket_parameter(1, 2);
        for( j=0; j〈ndata; j++ ){
            for( i=0; i〈NUM_ACTUATOR; i++ ){
                if(cmd == 1){
                    if(sf == 1)      GoalPos[i] = ax_lb_per_walk_5cm[j][i];
                    else             GoalPos[i] = ax_rb_per_walk_5cm[j][i];
                }
                else if(cmd == 2)
                    GoalPos[i] = ax_turn_left_8sec[j][i];
                else if(cmd == 3)
                    GoalPos[i] = ax_turn_right_8sec[j][i];
                else if(cmd == 4)
                    GoalPos[i] = ax_right_kick_4sec[j][i];
                else if(cmd == 5)
                    GoalPos[i] = ax_left_kick_4sec[j][i];

                dxl_set_txpacket_parameter(2+3*i, id[i]);
                dxl_set_txpacket_parameter(2+3*i+1, dxl_get_lowbyte(GoalPos[i]));
                dxl_set_txpacket_parameter(2+3*i+2, dxl_get_highbyte(GoalPos[i])); TxDByte_PC( '\r' );
                TxDByte_PC( '\n' );
                TxDWord16(GoalPos[i]);   // 모터각의 엔코드된 값을 터미널에 출력
            }
            dxl_set_txpacket_length((2+1)*NUM_ACTUATOR+4);
            dxl_txrx_packet();
            CommStatus = dxl_get_result();
            if( CommStatus == COMM_RXSUCCESS )
                PrintErrorCode();
            else
                PrintCommStatus(CommStatus);
            mDelay(CONTROL_PERIOD);
```

```
            }
        // 보행 명령 시 왼발과 오른발 바꿈
            if(sf==1)  sf=2;
            else       sf=1;
        }
    }
    return 0;
}
```

〈코드 5.14〉 bioloid_motion.c 코드의 메인함수

```
#ifndef BIOLOID_MOTION_DATA_H_
#define BIOLOID_MOTION_DATA_H_
#endif /* BIOLOID_MOTION_DATA_H_ */

int ax_lb_per_walk_5cm[30][18] = {
{ 274, 886, 251, 772, 512, 512, 358, 666, 504, 504, 490, 600, 399, 626, 602, 487, 504, 504},
                                    ⋮
{ 137, 750, 251, 772, 512, 512, 358, 666, 512, 512, 423, 535, 399, 624, 536, 424, 512, 512}};

int ax_rb_per_walk_5cm[30][18] = {
{ 136, 750, 251, 772, 512, 512, 358, 666, 520, 520, 424, 534, 398, 625, 537, 422, 520, 520},
                                    ⋮
{ 273, 886, 251, 772, 512, 512, 358, 666, 512, 512, 489, 601, 400, 625, 600, 488, 512, 512}};

int ax_turn_right_8sec[80][18]={
{ 205, 818, 251, 772, 512, 512, 358, 666, 507, 507, 475, 549, 437, 587, 549, 475, 507, 507},
                                    ⋮
{ 205, 818, 251, 772, 512, 512, 358, 666, 512, 512, 475, 549, 437, 587, 549, 475, 512, 512}};

int ax_turn_left_8sec[80][18]={
{ 205, 818, 251, 772, 512, 512, 358, 666, 517, 517, 475, 549, 437, 587, 549, 475, 517, 517},
                                    ⋮
{ 205, 818, 251, 772, 512, 512, 358, 666, 512, 512, 475, 549, 437, 587, 549, 475, 512, 512}};

int ax_right_kick_4sec[42][18]={
{ 273, 750, 237, 786, 444, 580, 358, 666, 512, 512, 460, 642, 320, 725, 651, 431, 512, 512},
```

```
                                    ⋮
{ 273, 750, 237, 786, 444, 580, 358, 666, 512, 512, 460, 642, 320, 725, 651, 431, 512, 512}};

int ax_left_kick_4sec[42][18]={
{ 273, 750, 237, 786, 444, 580, 358, 666, 512, 512, 382, 564, 299, 704, 593, 373, 512, 512},
                                    ⋮
{ 273, 750, 237, 786, 444, 580, 358, 666, 512, 512, 382, 564, 299, 704, 593, 373, 512, 512}};
```

〈코드 5.15〉 bioloid_motion_data.h 파일

<코드 5.15>는 메인함수에서 사용하는 다이나믹셀 위치 값 배열을 저장하고 있는 bioloid_motion_data.h 파일이며, code\bioloid motion\APP\inc 디렉터리에 있다. 이 배열 값들은 앞의 sim_rotate.m, sim_kick.m 등의 Matlab 코드에 <코드 5.16>을 삽입하여 텍스트 파일을 생성하고 이 값을 복사함으로써 만들 수 있다. motor2ax12.m 파일은 <코드 5.2>를 참고하기 바란다.

```
                                    ⋮
% 관절 모터각을 관절 기하각으로 변환
ang = motor2dh(mth, mphi, mpsi, 'non' ,' rad' , sf);
ang_1d = motor2dh(mth_1d, mphi_1d, mpsi_1d, 'deriv' ,' rad' ,sf);
ang_2d = motor2dh(mth_2d, mphi_2d, mpsi_2d, 'deriv' ,' rad' ,sf);

% 관절 모터각을 AX-12A 모터의 부호화된 위치 값으로 변환
ax = motor2ax12(mth, mphi, mpsi, 'rad' );
% 파일로 저장
fid1 = fopen( 'ax_motor.txt' ,' a' );
fprintf(fid1,' \n{%4d,%4d,%4d, %4d, %4d, %4d, %4d, %4d, %4d, %4d, %4d, %4d, %4d, %4d,
%4d, %4d, %4d, %4d},' , ax(1), ax(2), ax(3), ax(4), ax(5), ax(6), ax(7), ax(8), ax(9), ax(10), ax(11),
   ax(12), ax(13), ax(14), ax(15), ax(16), ax(17), ax(18));
fclose(fid1);

th = ang(1:8);    th_1d = ang_1d(1:8);    th_2d = ang_2d(1:8);
phi = ang(9:16);  phi_1d = ang_1d(9:16);  phi_2d = ang_2d(9:16);
psi = ang(17:18); psi_1d = ang_1d(17:18); psi_2d = ang_2d(17:18);
                                    ⋮
```

〈코드 5.16〉 바이올로이드의 모션 시 관절각도의 엔코드된 데이터를 얻기 위한 코드

지금까지 설명한 bioloid_motion.c 코드를 컴파일해서 CM530.hex 코드를 생성 후, 로보플러스 터미널로 CM-530 제어기에 포팅하면 바이올로이드는 비로소 움직일 준비가 된다. 앞에서 설명한 대로 제어기의 5개 버튼으로 생성할 모션의 종류를 선택 후 4개의 방향 버튼을 눌러보면 시뮬레이션을 통해 보았던 동작들과 유사하게 바이올로이드가 움직이는 것을 확인할 수 있다. 그러나 시뮬레이션과는 달리 이족 보행에서 들어 올린 발이 바닥에 끌리고, 방향 전환이나 앞차기 시 바이올로이드가 균형을 잃고 쓰러지는 것을 볼 수 있는데 이는 큰 힘을 받는 발목과 고관절 부위의 AX-12A 모터의 정지 토크가 충분하지 못하고, 자이로 센서나 가속도 센서를 이용한 피드백 제어를 시행하지 못했기 때문이다. 이를 고려해서 각도 값을 적절히 보정해 줄 필요가 있는데 이는 여기까지 열심히 따라 온 독자의 몫으로 남겨두겠다.

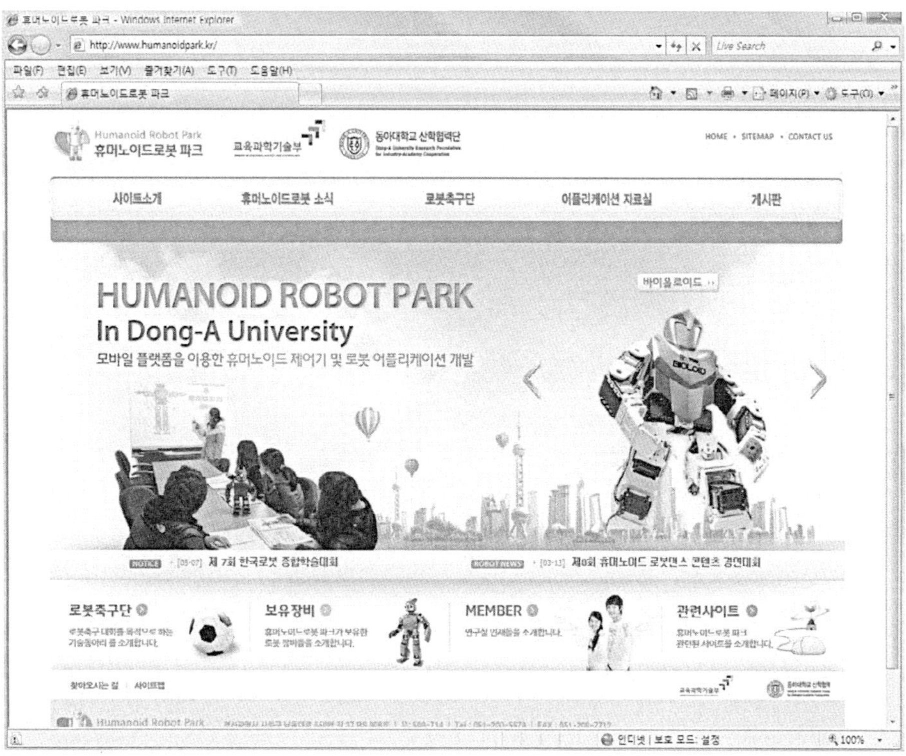

그림 5.47 휴머노이드 로봇 파크 홈페이지 메인 화면

저자는 2012년 초에 '휴머노이드 로봇 파크' (http://www.humanoidpark.kr/)라는 휴머노이드 로봇 전용 홈페이지를 개설했으며(그림 5.47), 이 책의 내용을 기반으로 바이올로이드의 모션을 다양하게 생성하는 Matlab 코드와 임베디드 C 코드를 작성해서 애플리케이션 자료실에 지속적으로 올릴 예정이다. 독자 여러분의 많은 관심과 참여, 그리고 지적과 격려를 부탁드린다.

참고문헌

[1] J. Denavit and R. S. Hartenberg, "A kinematic notation for lower-pair mechanisms based on matrices," J. App. Mech., vol. 77, pp. 215-221, 1955.

[2] E. Kim, T. Kim, and J. -W. Kim, "Three-dimensional modeling of a humanoid in three planes and a motion scheme of biped turning in standing," IET Control Theory and Application, vol. 3, no. 9, pp. 1155-1166, Sept. 2009. (SCI) ISSN 1751-8644.

[3] 김용수, MATLAB 입문과 활용, 높이깊이, 2005.

[4] Steve Parker, 박경한 외 4인 옮김, 인체(The human body book), 사이언스북스, 2009.

[5] M. W. Spong, S. Hutchinson, and M. Vidyasagar, *Robot Modeling and Control*, John Wiley & Sons, Inc., 2006.

[6] K. S. Fu, R. C. Gonzalez, C. S. G. Lee, Robotics-Control, Sensing, Vision and Intelligence, McGraw-Hill, Inc., 1987.

[7] M. Vukobratović and D. Juričić, "Contribution to the synthesis of biped gait," *Proc. IFAC Symp. Technical and Biological Problem on Control*, Erevan, USSR, 1968.

[8] 김은수, 김조환, 김종욱, "최적화 기법인 mDEAS의 개발 및 휴머노이드 이족보행 시 최적 관절궤적 생성에의 적용", 대한전기학회 논문지, 58권, 2호, pp. 382-390, February 2009.

[9] 김은수, 김만석, 김종욱, "유전 알고리듬을 이용한 이족 보행 로봇의 계단 오르기 최적 보행 궤적 생성", 대한전기학회 논문지, 58권, 2호, pp. 373-

381, February 2009.

[10] S. Kajita, F. Kanehiro, K. Kaneko, K. Fujiwara, K. Harada, K. Yokoi, and H. Hirukawa, "Biped walking pattern generation by using preview control of zero-moment point," *Proc. IEEE International Conference on Robotics & Automation*, pp. 1620-1626, Taipei, Taiwan, Sept. 14-19, 2003.

[11] Q. Huang, K. Yokoi, S. Kajita, K. Kaneko, H. Arai, N. Koyachi, and K. Tanie, "Planning walking patterns for a biped robot," *IEEE Trans. Robotics and Automation*, vol. 17, no. 3, pp. 280-289, June, 2001.

[12] J. Kennedy and R. Eberhart, "Particle swarm optimization," *IEEE International Conference on Neural Network*, vol. 1, Ⅳ , Perth, Australia, Nov./Dec. 1995.

[13] D. E. Goldberg, Genetic Algorithm in Search, Optimization and Machine Learning, Addison Wesley, 1989.

[14] 이중상, 이상욱, 장석철, 석상문, 안병하, "Particle swarm optimization을 이용한 블랙 숄츠 옵션가격 결정모형", 한국경영과학회 춘계학술대회, pp.745-747, April 2005.

[15] Y. Shi and R Eberhart, "Parameter selection in particle swarm optimization," *Annual Conference on Evolutionary Programming*, San Diego, USA, 1998.

[16] L. Chuan and F. Quanyuan, "The standard particle swarm optimization algorithm convergence analysis and parameter selection," *Natural Computation*, vol. 3, pp.823-826, Aug. 2007.

찾아보기

이 책의 부록 파일은 도서출판 홍릉 홈페이지(www.hongpub.co.kr)에서 내려받을 수 있습니다.

홈페이지에서 도서명 검색 후 보조자료를 다운로드하시기 바랍니다. (Chrome 웹브라우저 사용 권장)

| 저자 약력 |

김종욱

동아대학교 전자공학과 교수
포항공과대학교 전자전기공학과(공학박사)
관심분야 : 임베디드시스템, 지능로봇, 최적화 알고리듬

이 책은 2012년도 교육과학기술부의 재원으로 한국연구재단의 지원을 받아 수행된 기초연구사업(KRF-2010-0010463)의 결과물입니다. 정부의 지원에 감사드립니다.

정가 19,000원

혼자서도 즐기는 휴머노이드 로봇 : 바이올로이드 편

2012년 8월 22일 초판 인쇄
2012년 8월 30일 초판 발행

저자와의 협의하에 인지생략

저　자 : 김 종 욱
발행자 : 우 명 찬 · 송 준
발행처 : 홍릉과학출판사
주　소 : ㊟ 142-885 서울시 강북구 인수동 455-60
등　록 : 1976년 10월 21일 제5-66호
전　화 : 999-2274~5, 996-8341, 903-7037
팩　스 : 905-6729
ISBN : 978-89-97570-33-1
hongpub@hongpub.co.kr
www.hongpub.co.kr